Jim Gettmann

Der Ruf des Schofars

JIM GETTMANN

Der Ruf des Schofars

Das ursprüngliche, hebräisch geprägte Christsein wiederentdecken

GLORYWORLD-MEDIEN

1. Auflage 2010
© 2010 Jim Gettmann; Originaltitel: „Responding to the Shofar's Call"
© 2010 GloryWorld-Medien, Bruchsal, Germany
Alle Rechte vorbehalten

Bibelzitate sind, falls nicht anders gekennzeichnet, der Elberfelder Bibel, Revidierte Fassung von 1985, entnommen.

Weitere Bibelübersetzung:
[Lu84]: Lutherbibel, Revidierte Fassung von 1984
Das Buch folgt den Regeln der Deutschen Rechtschreibreform. Die Bibelzitate wurden diesen Rechtschreibregeln angepasst.

Übersetzung: rde
Lektorat / Satz: Manfred Mayer
Umschlaggestaltung: Kerstin & Karl Gerd Striepecke, www.vision-c.de
Foto: istockphoto
Druck: Schönbach-Druck GmbH, Erzhausen

Printed in Germany

ISBN: 978-3-936322-44-6

Bestellnummer: 359244

Erhältlich beim Verlag:

GloryWorld-Medien
Postfach 4170
D-76625 Bruchsal
Tel.: 07257-903396
Fax: 07257-903398
info@gloryworld.de
www.gloryworld.de
oder in jeder Buchhandlung

INHALT

Vorwort 9
Einleitung 13

TEIL I – DAS EWIGE ZIEL

1 Liebe – das bestimmende Ziel 33
2 Die Rolle Israels 55
3 Die Dinge vom Sinai aus gesehen 73

TEIL II – DER MOSAISCHE BUND: DIE THORA

4 Wozu wurde die Thora gegeben? 83
5 Die Anweisung des Vaters 97
6 Ein verlässliches Versprechen 113
7 Die Thora – eine dienende Pädagogin 131

TEIL III – DER NEUE BUND

8 Alles wird neu 145
9 In unmittelbarer Gemeinschaft mit Gott leben ... 155
10 Das Reich Gottes – der große Übergang 177
11 Die Braut rückt in den Mittelpunkt 229
12 Wie also sollen wir leben? 269

Anhang: Die Beziehung der Gemeinde zu Israel 305

DANK

Mein herzlicher Dank geht an meine kluge Frau Linda, die immer da war, um sich neue Abschnitte und Ideen anzuhören. Du hast mir geholfen, nicht abzuheben. Danke auch an Jonathan, meinen Sohn, dass du dich viele Jahre in Geduld geübt hast, wenn Dad nicht verfügbar war, weil „er jetzt an seinem Buch arbeitet".

Kurt Holman gab wertvolle Beiträge zu wichtigen Kapiteln. Danke, mein Freund. Dein Feedback, deine Korrekturen und Vorschläge waren mir eine große Hilfe.

Und natürlich Danke auch an Mutter und Vater: Ihr wart immer bereit, „unvoreingenommen" Ermutigung und Feedback zu geben. Euer Einfluss auf mich war natürlich einer der prägendsten. Danke, dass ihr so ein wunderbares Fundament gelegt habt.

VORWORT

Abgesehen von meiner Liebe zum Herrn, zu meiner Frau und zu meinem Sohn gibt es in meinem Leben drei große Leidenschaften. Ich liebe Geschichte. Was ich vor allem wissen möchte: wie war es damals denn nun *wirklich*? Wie war das Leben wirklich in der Zeit vor Noah, zur Zeit Moses und dann in den Zeiten Jesu und der Urgemeinde? Je mehr ich gelesen und nachgeforscht habe, umso mehr bin ich überzeugt, dass das, was wir im Allgemeinen über diese Zeiten denken, wenig damit zu tun hat, wie es wirklich gewesen ist.

Genauso gern denke ich über das nach, was kommen wird. Was hat der Herr für uns geplant? Worauf werden die Dinge in den nächsten paar Jahren wirklich hinauslaufen? Kommen wir in die Endzeit hinein, und falls ja, was möchte der Herr in dieser Zeit tun? Was besagt die biblische Prophetie wirklich, und was sagt der Herr seiner Gemeinde heute?

Darüber hinaus liebe ich Gottes Volk. Mehr und mehr ist in mir die Überzeugung gewachsen, dass Israel für die Gemeinde Jesu weit wichtiger ist, als wir es im Allgemeinen erkannt haben. In der jüdischen Kultur habe ich vieles entdeckt, was es zu respektieren und zu bewundern gilt. Ich entdeckte, dass die grundlegenden Wesenszüge, die der Herr in die Sprache und Kultur der Hebräer eingepflanzt hat, in gewissem Grad bis heute zu finden sind und dass darin etwas steckt, was die Gemeinde von den Hebräern lernen muss. Nicht dass es unter den Juden und in Israel weniger Korruption und Sünde gäbe als in irgendeiner anderen Kultur. Da machen sie gar keinen Unterschied. Und doch kann der an Jesus Christus gläubige Mensch viel von ihnen lernen. Israel und der ursprüngliche, gottgegebene hebräische Charakter des israelischen Volkes und seiner Sprache sind in meinem Leben zu Leidenschaften geworden. Neuerdings muss ich sagen, dass der Herr auch meine Leidenschaft für die Gemeinde wieder aufgefrischt hat, und zwar dadurch, dass ich angefangen habe zu sehen, was die Dinge, die wir von Israel lernen können, für uns, Jesu Gemeinde, bedeuten.

Würden Sie über eines dieser drei Themen mit mir ins Gespräch kommen, so garantiere ich Ihnen, dass ich leidenschaftlich reagieren würde. Normalerweise bin ich eher zurückhaltend und still, aber sobald ich über eines dieser Themen ins Reden komme, müssen Sie sich vorsehen. Ich kann dann sehr in Fahrt kommen.

Vor einigen Jahren habe ich mich viel mit Geschichte beschäftigt und außerdem noch versucht, Hebräisch zu lernen, und zwar mithilfe eines Fernkurses, erteilt von einer wundervollen messianischen Jüdin, die großen Wert darauf legte, sich mit dem „hebräischen Denken" vertraut zu machen, wie es sich in der Sprache und der Bibel niederschlägt. Irgendwann in dieser Zeit dachte ich über das offenkundige Rätsel nach, das Jesus seinen Zuhörern stellte, als er sagte, er sei nicht gekommen, das Gesetz aufzuheben, sondern es zu erfüllen, und nicht ein einziges Schriftzeichen des Gesetzes werde je vergehen. Gleichzeitig aber liegt auf der Hand, dass sich etwas verändert hat, sonst gäbe es ja keinen Bedarf an einem neuen Bund. Mir war aufgegangen, wie viel Gutes in der Thora zu finden war, in dem Lebensstil, der Israel von Gott aufgetragen war, und wie bewahrend dies sich in der Geschichte Israels ausgewirkt hatte. Wie konnte Jesus sagen, dieses gute, gottgegebene Gesetz werde nicht vergehen, während Paulus anzudeuten scheint, dass mit dem neuen Bund auch eine neue Lebensweise einhergeht?

Als ich die Antwort bekam, war ich überrascht. Diese Veränderung lässt sich sehr gut erklären, und die Antwort hat mit Gottes Leidenschaften zu tun und nicht mit unseren eigenen. Die Veränderungen, die Jesus herbeiführte, waren in Wirklichkeit die Erfüllung der Thora und verfolgten die Absicht, Israel und auch jeden Nichtisraeliten, der an ein noch viel erfüllenderes Leben in Gott glaubt, freizusetzen.

Während sich das Bild entfaltete, erkannte ich, dass alle drei meiner großen Leidenschaften damit zu tun haben. Wir müssen die wahre Geschichte Israels und der Gemeinde neu entdecken, genau wie die Absichten, die der Herr für beide hegt. Und zwar aus dem Grund, weil der Herr in diesen letzten Zeiten beide zu dem wiederherstellen will, wozu sie ursprünglich geschaffen waren. Wenn das geschieht, wird seine Leidenschaft Erfüllung finden! Was ihm für die kommenden Jahre am Herzen liegt, hat weit mehr mit Wiederherstellung als mit Gericht zu tun! Mit diesem Buch versuche ich die Antworten weiterzugeben, von denen ich glaube, dass der Herr sie mir in jener Zeit gab. Mag sein, dass ich hier einige Dinge etwas anders lehre, als Sie es früher gehört haben – oder aber mein Buch bestätigt Dinge, die Sie im Herzen schon immer gewusst haben, ohne dass Sie sie bislang je genauso gehört hätten wie hier.

Unsere Kultur – sei sie nun europäisch, amerikanisch, afrikanisch oder asiatisch – beeinflusst unsere Sicht von Jesus. Auch unsere 2000-jährige Kirchengeschichte hat unsere Wahrnehmung der Bibel in Weisen gefärbt, über die wir vielleicht noch gar nicht nachgedacht haben. Lassen Sie uns darum jetzt versuchen, einen Schritt Abstand von unserer Tradition und traditionellen Sichtweise der Dinge zu gewinnen und ganz neu auf das zu schauen, was der Herr uns tatsächlich geben wollte, sowohl im ersten als auch im neuen Bund.

In der Tat: Jesus ist nicht einer von uns – zumindest nicht von uns, die wir Nichtjuden sind. Jesus lebte ja tatsächlich als jüdischer Mann im Israel des 1. Jahrhunderts. Damit wir das nicht vergessen, wollen wir in diesem Buch Jesu Name fortan so aussprechen, wie es seine Mutter getan hatte: **Jeschua**. Das soll uns immer wieder daran erinnern, dass er in der Tat nicht aus unserer eigenen Kultur stammt.

In diesem Buch geht es darum, eine Reich-Gottes-Kultur zurückzugewinnen. Es wird Sie zum Nachdenken bringen. Bitte tun Sie das. Gleichzeitig habe ich mein Bestes getan, um Ihnen das Lesen zu einem Genuss zu machen, auch wenn es vielleicht keine leichte Kost ist, die ich Ihnen biete. Mein Gebet für Sie als Leser ist,

... dass der Gott unseres Herrn Jesus Christus, der Vater der Herrlichkeit, euch gebe den Geist der Weisheit und Offenbarung in der Erkenntnis seiner selbst.

EINLEITUNG

Blast das Horn auf Zion und erhebt das Kriegsgeschrei auf meinem heiligen Berg! Beben sollen alle Bewohner des Landes! Denn es kommt der Tag des HERRN, ja, er ist nahe (Jo 2,1). *Denn auch wenn die Posaune einen undeutlichen Ton gibt, wer wird sich zum Kampf rüsten?* (1 Kor 14,8).

Haben Ihre Ohren es schon vernommen? Ist Ihr Herz schon voller Sehnsucht nach dem Herrn, während die gewaltigen Schofarstöße über Ihren Geist hinwegjagen? Haben Sie in sich die Sehnsucht entdeckt, zur Schlichtheit des Glaubens und Klarheit des Denkens zurückzufinden, wie sie das Buch der Apostelgeschichte bezeugt?

Es gibt in diesen Tagen ein Schofar[1], eine Trompete, die im Geist geblasen wird. Es ist die Trompete des Monats Elul, in alter Zeit der Monat der Buße, der den drei Herbstfesten des Herrn voranging, die eine prophetische Darstellung der Endzeit sind. Es gibt eine Zeit der Buße und Rückkehr, in die wir nunmehr eingetreten sind – Buße nicht nur über Sünde, sondern zugleich eine Buße, in der wir zur Schlichtheit der Erkenntnis Gottes zurückkehren, damit wir den Herrn wieder so erkennen, wie er sich uns im Anfang offenbart hat. Diesem Prozess der Wiederherstellung müssen wir uns unterwerfen, denn in ihm werden wir auf die Aufgaben vorbereitet, die uns in den letzten Tagen gestellt sind.

Durch Mose gab uns der Herr Jahrestage der Erinnerung an seine übernatürlichen Erlösungstaten, die zugleich der Vorbereitung auf kommende Schicksalstage dienen. Die ersten drei Feste nahmen zeichenhaft das Kommen Jeschuas als des sündlosen Opferlammes vorweg, das von den Toten aufersteht, um die Welt von der Sünde zu erlösen. Das vierte brachte den Heiligen Geist ins

---

[1] Der Schofar (auch Halljahrposaune genannt) ist ein aus Widder- oder Antilopenhorn gefertigtes Musikinstrument, das in der israelitischen Königszeit benutzt wurde, um das Volk zur Buße, zur Versammlung, zum Heereszug oder zu Festen zu rufen.

Spiel, der als Gesetzgeber im Menschenherzen lebt. Die drei letzten führen prophetisch den Tag des Herrn herauf, den Tag der apokalyptischen Verwandlung und des Kommens Jeschuas als König. Diesen Festen geht im hebräischen Kalendermonat Elul ein voller Monat der Buße voraus. An jedem der dreißig Tage dieses Monats sieht sich der Einzelne aufgefordert, sein Leben unter die Lupe zu nehmen und in Vorbereitung auf den letzten Stoß der Posaune Buße über seine Sünden zu tun. Der letzte Posaunenstoß ergeht am Tag des Posaunenschalls, *Jom Teruah*. Mit diesem Tag brechen die abschließenden zehn „Tage der Ehrfurcht" an, wie sie manchmal genannt werden, an denen man für die Nationen Buße und Fürbitte tut, da der zehnte Tag ja *Jom Kippur*, der Tag des Gerichts, ist. Das siebte Fest ist der Höhepunkt des Endzeitprozesses. Es ist ein Freudenfest, bei dem sieben Tage lang unsere Ewigkeit beim Herrn gefeiert wird, in der wir für immer unsere „Hütte" bei ihm haben werden.

In unseren Tagen erschallen noch andere Posaunen, Posaunen, die lautstark in die Gemeinden hineinrufen, aber in unseren Ohren eher wie Sirenen klingen, als dass wir Gottes Schofar in ihnen vernähmen. Die Sirenen waren griechische Halbgöttinnen, die verführerische Lieder sangen, um achtlose Seeleute auf die Klippen zu locken und zu vernichten. Ihre Lieder wiesen nicht nur schöne Melodien auf, sondern versprachen denen, die sich ihnen näherten, geradezu überirdische Weisheit.

Die Sirenenlieder von heute versprechen die Weisheit ökumenischer Einheit, die große Hilfe, die die Psychologie für unseren Seelsorgedienst sein kann, oder rapides Wachstum unserer Gemeinden bei Anwendung ausgeklügelter, erprobter Marketing-Strategien. Sie legen uns nahe, alles werde weit besser laufen, wenn wir nur neue Gemeinden für eine neue Welt entwürfen und unsere Christenheit stromlinienförmig der postmodernen Kultur anpassten.

Aber es gibt auch nostalgisch klingende Sirenenlieder. Sie rufen uns zu, wir mögen zur Weisheit mittelalterlicher Ausdrucksformen des Glaubens und der religiösen Erfahrung zurückkehren, auch wenn ihre Sänger sich selbst als die Propheten der *Emerging Church* darstellen und uns das Gefühl geben, avantgardistisch zu sein. Sie versprechen Frieden durch eine Rückkehr zu mystischen Glaubensformen, durch Trance-Meditation, Kerzen und mönchische Traditionen, die uns durch ihren einfachen Lebensstil der Armut und des Rückzugs vom hektischen Leben unserer Tage reizvoll erscheinen.

Verglichen damit klingt der Stoß des Schofars zuweilen ein wenig blechern und nicht ganz so reizvoll. Er ruft uns zur Rückkehr zur biblischen Form des Glaubens auf, zum „Weg" der Apostel. Er ruft uns auf, zu einer Denkweise und einer Glaubenskultur zurückzukehren, wie sie, um es geradeheraus zu sagen, den meisten Christen heute fremd sind. Nichtsdestotrotz müssen wir Gottes Posaunenruf zur Kenntnis nehmen, denn auch wenn er uns anfangs ein wenig kulturfremd vorkommen mag, setzt er unser Denken und Handeln doch so frei, dass wir darin dem Denken und Handeln des Herrn selbst weitaus näher sind. Und wenn wir uns mit dem Herrn eins machen, werden wir Freisetzung zu einer Beziehungstiefe und einem Lebensstil erfahren, womit wir Schneisen in die Bollwerke des Feindes schlagen, statt dass wir immer nur seine Angriffe auf uns abzuwehren suchen.

Eine Rückkehr zu den Wegen des Herrn macht uns immer frei, das zu sein, wozu wir geschaffen wurden. Wenn wir uns mit ihm eins machen, können wir endlich so leben, wie er sich unser Leben gedacht hat, statt nur unseren Vorstellungen nachzugehen.

Zunehmend geht Christen auf, dass die Gemeinde Brücken zur Welt bauen muss, damit wir nicht als Überbleibsel der Vergangenheit oder aber als so fremdartig und anders wahrgenommen werden, dass die Menschen weder zu uns noch zu dem Herrn, für den wir stehen, Zugang finden. Da ist viel Wahres dran. Zu viele Christen repräsentieren eine altmodische Religiosität, die die Menschen in der Welt als abstoßend empfinden und die auch wir so empfinden sollten. Zu viele haben keine Ahnung mehr, wie man jemandem, der nicht glaubt, ein Freund ist. Genau wie die Mönche alter Zeiten umgeben sie sich ausschließlich mit Gleichgesinnten.

Die entgegengesetzte Gefahr liegt darin, dass wir der Welt gleichwerden; denn wenn wir das tun, büßen wir die Kraft ein, die Welt zu verändern, und werden vielmehr unsererseits von ihr verändert. Statistiken scheinen nahezulegen, dass genau das heutzutage in der westlichen Welt geschieht. So ist z. B. die Scheidungsrate unter Christen nicht weit von der in der Welt entfernt. Wenn wir die Kraft verlieren, die Welt zu verändern, bleibt uns, sofern wir wachsen und dynamisch erscheinen wollen, nur eine Alternative übrig, nämlich alles abzutun, worin wir der Welt ein Anstoß sind und uns von ihr unterscheiden, und sie einzuladen, sich mit uns zu vereinen.

Wir stecken mitten in einem Kulturkrieg. Die wahre biblische Kultur des Gläubigen ist ihrem Wesen nach hebräisch. Achtung: Ich sage nicht, sie ist jüdisch. Wie wir noch sehen werden, ist die heutige jüdische Kultur nicht biblisch, auch wenn sie im Allgemeinen das biblische Aroma besser gewahrt hat als viele christliche Kulturen. Die Frage ist: Welche Kultur repräsentieren wir als an Jeschua Glaubende? Jeschua kam und verkündigte das Reich Gottes. Wo Gottes Reich voranschreitet, verändert es die Kultur der Menschen, die es annehmen – und niemals umgekehrt.

Es ist nichts Verkehrtes daran, eine biblische Kultur vorzuleben und sich dennoch in der Kultur, die unserem eigenen Volk angestammt ist, voll und ganz zu Hause zu wissen – solange es unsere biblische Kultur ist, die uns beherrscht, und solange die Eigenheiten unserer nationalen Kultur unserem Glauben und Wandel im Herrn nicht schaden. Bitte verstehen Sie recht: Kultur ist alles, was mit unseren Denkstrukturen und den Werten unseres Herzens zu tun hat, nicht nur Äußerlichkeiten wie unsere Feiertage oder unser Vokabular. Ein Mensch kann durch und durch hebräisch sein, auch wenn er nicht ständig „Halleluja!" und „Preis dem Herrn!" ruft, um seine Freunde zu beeindrucken. Eine hebräische Kultur zu haben, hat nichts mit Schofarblasen oder Kippatragen zu tun.

Was wahre hebräische Kultur ist, lebte Jeschua vor: Als der heilige Sohn Gottes fühlte er sich völlig wohl in seiner Haut, und zugleich war er ein praktisch veranlagter, einfach lebender Hebräer. Theoretisieren und Theologisieren waren seine Sache nicht. Er strebte nicht nach Wissen und gab ihm keinen hohen Rang. Er pries solche selig, die mit demütigem Herzen auslebten, was sie glaubten. Er war fähig, Kontakte zu denen aufzubauen und ein Freund derer zu werden, die in Sünde lebten, d. h. in einer weltlichen Kultur, wie z. B. den Zolleinnehmern und anderen „Sündern" – wobei er diesen Menschen niemals gleich wurde.

Was ist mit dem Ausdruck „hebräisch" also gemeint? Was dieses Buch angeht, steht „hebräisch" für die ursprüngliche Ausrichtung und Kultur Israels, insbesondere in der Zeit von Abraham bis David. Danach hatte sich Israel immer stärker heidnischen Einflüssen und menschlichen Gedanken geöffnet, was schließlich zum Aufkommen von Rabbinen und rabbinischer Autorität, zum Talmud und wöchentlich institutionalisierter Veranstaltungen führte. Der ursprüngliche Glaube Israels zeichnete sich dadurch aus, dass er sehr einfach, praktisch und beziehungsorientiert war. Er war weder institutionell noch ritualisiert. Zwar gab es einige wenige Rituale, z. B. für die Tieropfer im Tempel, aber das machte nur einen kleinen Teil ihres Lebens aus. Die meisten Israeliten besuchten den Tempel bzw. das Heiligtum nur an Festtagen oder speziellen Anlässen, also selten öfter als drei oder vier Mal im Jahr Für das tägliche Leben gab es keine institutionalisierten Praktiken, keine wöchentlichen Synagogengottesdienste und keine religiösen Führer, denen man gehorchen musste. (Die Priester bestimmten nur über den Tempeldienst, nicht über das tägliche Leben.)

Die Israeliten verbrachten ihre Zeit nicht damit, Theorien über das Wesen Gottes aufzustellen. Es ging darum, Gott zu suchen, zu erfahren, zu erkennen, zu lieben und zu gehorchen. Sie analysierten ihn nicht. Diese arrogante Praxis nahm viele Jahre später in Griechenland durch Plato ihren Anfang. Den Israeliten war weniger wichtig, was sie über Gott glaubten, als wie sie mit ihm lebten. Für sie ging es darum, Gott zu kennen und zu gehorchen und die anderen gerecht zu behandeln.

Ein hebräischer Glaube ist ein einfacher Glaube, ein Glaube, der Offenbarung von Gott sucht und empfängt. Er ist auf die tägliche Erfahrung, Gott zu erkennen, zu lieben und mit ihm zu leben ausgerichtet. Wie wir später sehen werden, setzte der Neue Bund ein ganz neue Ebene der Beziehung zu Gott frei. Das Leben im Neuen Bund, wie es Gott vorgesehen hatte – nicht unbedingt, was wir daraus gemacht haben –, ist von Natur aus noch „hebräischer" als die Erfahrung im Alten Bund. Die Gemeinde des 1. Jahrhunderts war in ihrer Lebensweise äußerst hebräisch.

Einst, als die christliche Gemeinde noch jung war, ließen wir einen kulturellen Wandel zu. Wir vergaßen, was Jeschua uns gelehrt hatte. Wir vernachlässigten die Verbundenheit mit der Wurzel, die uns genährt hatte, der israelitischen, und verliebten uns in die Dinge, die die Welt „cool" fand.

Seinerzeit fand die Welt es toll, tiefschürfende Diskussionen über die Wahrheit zu führen. Man genoss es, mehr zu wissen als der andere. Man blickte zu Menschen auf, die großes Wissen hatten, und machte solche Menschen zu Idolen, besonders diejenigen, die über die Gabe verfügten, überzeugend zu reden – unabhängig davon, ob das, was sie vortrugen, stimmte oder nicht. Ja, man betrachtete es als Zeichen der Größe, wenn jemand es verstand, eine bestimmte „Wahrheit" zu verfechten, nur um danach das Publikum vom geraden Gegenteil zu überzeugen!

Wir hielten es für kühn, auf Ideen und Vokabular der griechischen Philosophen zurückzugreifen und dieses Gedankengut auf das Glaubensleben anzuwenden. Damit zeigten wir, dass wir eben nicht so ein rückwärtsgewandtes, traditionsverhaftetes Völkchen waren wie jene Juden in Israel. Nach gar nicht langer Zeit wollten wir nicht mehr als ein Volk gelten, das auf Gottes Stimme und Richtungsweisung lauschte, um ihm zu gehorchen – nein, wir wollten als hochgebildete Leute gesehen werden, fähig, die Tiefen Gottes zu analysieren und zu begreifen und unsere eigenen Theorien darüber aufzustellen, wie er wirklich sei. In gewisser Hinsicht könnte man sagen, unsere neu entdeckte Fähigkeit zur Gottesanalyse verstärkte in uns das Gefühl, mächtig und weise zu sein – zumindest in unseren eigenen Augen.

Es schlichen sich auch einige Irrtümer ein, die nicht nur Folge unseres Anpassungswillens an die griechische Kultur waren, sondern dessen, dass die Kirche den maßlosen antisemitischen Verfolgungen entgehen wollte, die die römische Welt heimsuchte. *Wenn die Welt uns nicht länger als Teil der jüdisch-israelitischen Kultur sieht, wird sie uns vielleicht nicht mehr ganz so sehr hassen,* dachte man.

Durch immer mehr kleine Schritte vollzog sich in unserem Denken ein Wandel, der Wandel vom hebräischen zum griechischen Denken, und zwar in der Zeit zwischen 55 und 313 n. Chr. Als dieser Wandel vollendet war, war die Kirche des apostolischen Glaubens verschwunden. An ihre Stelle war etwas getreten, das sich zwar weithin derselben Worte bediente und vorgab, an dasselbe Buch, die Bibel, zu glauben, aber in Lehre, Praxis und Denkweise etwas vollkommen anderes geworden war.

Seit den Zeiten der Reformatoren hat der Schofar nicht aufgehört, uns wieder zurückzurufen. In den letzten 600 Jahren, also seit die Reformatoren ihr Leben aufs Spiel setzten, die wahre Gemeinde wieder aus der Grube herauszuholen, in die sie gefallen war, hat sich viel verändert. Leider hängen die meisten dieser

Veränderungen mit der Theologie zusammen. Die Versuche, unsere Praktiken und Denkweisen zu reformieren, waren meist rein kosmetischer Natur. Von außen gesehen schienen wir zwar ganz anders und sehr modern zu sein, aber die Veränderungen gingen kaum unter die Oberfläche.

In unserer Zeit verändert der Schofar seinen Ton und die Dringlichkeit seines Rufs. Die Zeit ist kurz. Heute kommt es darauf an, dass wir die hebräische Lebenspraxis, vor allem aber die hebräische, biblische Gesinnung zurückgewinnen, die wir einst besaßen. Was wir heute dringend brauchen, ist ein erneuter Wandel, der Wandel vom griechischen zum hebräischen Denken. Die Kirche ist dabei, ihren Motor abzuwürgen, und dabei müsste sie doch in den höchsten Gang schalten, da die Welt auseinanderfällt! Die Endzeit ist angebrochen, und es ist an der Zeit, dass wir unsere Bestimmung als Überwinder ergreifen. Daraus aber wird nichts werden, solange wir nicht zu jener Lebens- und Denkweise zurückkehren, die uns erst befähigt zu überwinden!

Der wahre biblische Glaube ist hebräisch und israelitisch, und zwar nicht in erster Linie, was äußerliche Dinge angeht, sondern in Bezug auf die Art zu denken. Wenn die Kirche fähig werden soll, in der Kraft zu wandeln, die nicht nur dafür vonnöten ist, den kommenden Tag des Herrn zu überleben, sondern die wir brauchen, um überhaupt wesentliche Schritte nach vorn tun zu können, dann müssen wir uns vom griechischen Geist und vom griechischen philosophischen Denken lösen, das in uns wie ein Angelhaken wirkt, durch den wir uns nur allzu leicht in weltliches Denken und Handeln zurückziehen lassen.

Wir stehen vor einer entscheidenden Schlacht. Diese Schlacht wird in den politischen und kulturellen Arenen der Welt stattfinden, aber genauso im Herzen eines jeden von uns, die wir in der westlichen Zivilisation mit ihrem rationalistischen und humanistischen (aufklärerischen) Denken aufgewachsen und ausgebildet sind, und zwar so lange, bis wir eine neue Denkweise erlernen, die im Einklang mit der Denkweise des Herrn steht. Die letzte Frontlinie wird zwischen den Söhnen Zions und den Söhnen Griechenlands verlaufen, so wie es in Sacharja 9,13-14 geschildert ist:

Ich wecke deine Söhne, Zion, gegen die bewährten Kämpfer Griechenlands und mache dich wie das Schwert eines Helden. Und der HERR wird über ihnen erscheinen, und sein Pfeil fährt aus wie der Blitz. Und der Herr, HERR, stößt ins Horn und zieht einher in Stürmen des Südens.

Wir müssen es dem Herrn erlauben, in unseren Herzen zu wirken, so lange, bis wir wieder wahre Söhne Zions sind, die den vollen Preis bezahlt und alles getan haben, um das fremde Feuer (vgl. 3 Mo 10,1) des griechischen Geistes auszulöschen, damit es nicht mehr unter uns grassieren und uns antreiben kann und damit es nicht länger das ist, was wir dem Herrn als christlichen Gottesdienst darbringen.

Weil es so wichtig ist, dass wir diesen Vorgang verstehen, möchte ich den Wandel vom hebräischen zum griechischen Denken noch einmal anders und historisch eingehender darstellen. Seit dem Ende des 1. Jahrhunderts ist der Leib Jeschuas nicht mehr das, was er eigentlich sein soll. Wie es die Apostel warnend vorhersahen (vgl. 1 Tim 4,1-3; 2 Pt 2,1-3; 3,2-4.17; 1 Joh 2,18-19), stand der von Jeschua geweissagte große Abfall[2] unmittelbar bevor, ja er hatte sogar schon begonnen. Viele Gemeinden waren dazu übergegangen, die Lehren und Mahnungen der Apostel abzulehnen. Gegen Ende seiner Lebensreise beklagte sich Paulus in einem Brief an Timotheus, „dass alle, die in Asien sind, sich von mir abgewandt haben" (vgl. 2 Tim 1,15). Viele verkehrte Lehren und Praktiken breiteten sich aus, und die Ortsgemeinden missbrauchten die große Freiheit, die ihnen eingeräumt worden war, um diesen Irrtümern zu folgen. Vor allem die griechischen Gläubigen waren anfällig für philosophische „Weisheit", während die jüdischen Gläubigen dazu neigten, sich einschüchtern zu lassen und in eine sklavische Art, die „Thora einzuhalten", zurückzufallen. *Das war der Anfang des Umschwungs vom hebräischen zum griechischen Denken.* Gottes Volk wurde auseinandergerissen.

Als die Lage sich verschlechterte, begannen örtliche Älteste damit, sich Vollmachten anzumaßen, wie sie selbst die Apostel nie innegehabt hatten. Diese Männer etablierten sich in den Gemeinden als autorisierte Sprecher Jeschuas mit der Begründung, fal-

---

2 vgl. Mt 24,10-13: „*Und dann werden viele verleitet werden und werden einander überliefern und einander hassen; und viele falsche Propheten werden aufstehen und werden viele verführen; und weil die Gesetzlosigkeit überhandnimmt, wird die Liebe der meisten erkalten; wer aber ausharrt bis ans Ende, der wird gerettet werden.*"

sche Lehren draußen zu halten.³ Leider erwies sich die Medizin als ebenso verderblich wie die Krankheit. Aus einfachen Gemeinschaften, die sich in Wohnhäusern trafen und in denen jedes Mitglied seinen Teil im Dienst an den anderen beitrug und deren Treffen vom Messias selbst durch seinen Geist geleitet wurden – mit anderen Worten, in denen man das Priestertum aller Gläubigen wirklich praktizierte und Jeschua in der Lage war, sich in ihrer Mitte in Gestalt seines Wirkens durch jeden, aber auch jeden Gläubigen auszudrücken –, entwickelten sich allmählich Institutionen, die von einer speziell ausgebildeten Klasse dominiert wurden. Leider verhinderte das sich ausbreitende, strikt leiterschaftsdominierte System die Häresie nicht, sondern trug nur dazu bei, andere Irrtümer erst recht zu festigen und für die Zukunft zu zementieren.

Im 4. Jahrhundert hatten sich die Gemeinden durch den Sirenenruf griechisch-römischer „Weisheit" überwinden lassen, einer Denkweise, die sie davon überzeugt hatte, die römischen, hierarchischen Leiterschaftsstrukturen zu übernehmen, um die Amtsgewalt der Leiter besser organisieren und absichern zu können. Voll und ganz schluckten sie den Köder nichtjüdischer Leiterschaftsideen, obwohl Jeschua jene Form der Leiterschaft ausdrücklich verboten hatte, in der ein Bruder über den anderen herrschte oder Autorität ausübte⁴: *„Unter euch wird es nicht so sein"*, stellte Jeschua fest.

Doch jetzt bläst der Geist Gottes wieder sein Schofar und führt uns zurück zu der Grundlage, die wir einst hatten, ebenjener Grundlage, die es der frühen Kirche ermöglichte, binnen weniger kurzer Jahre das ganze römische Weltreich zu durchdringen. Er

---

³ Siehe die Schriften des Ignatius, Bischof von Antiochien, aus der Zeit um 107 n. Chr., in denen er eine extreme Form der Unterwerfung unter die Autorität des Bischofs (Gemeindeleiters) propagierte, von dem er behauptete, er sei der Einzige, dem es zustehe, in irgendeiner Weise zu lehren oder geistlich zu dienen, und solle so geehrt und behandelt werden, als wäre er, der Bischof, Jeschua höchstselbst.

⁴ „Autorität ausüben" ist die Bedeutung des griechischen Wortes *kataexousiazo*, welches Jeschua an der einschlägigen Stelle, Mt 20,25-26, benutzte: *„Jesus aber rief sie heran und sprach: Ihr wisst, dass die Regenten der Nationen sie beherrschen und die Großen Gewalt gegen sie üben. Unter euch wird es nicht so sein; sondern wenn jemand unter euch groß werden will, wird er euer Diener sein ..."* Ist nicht „Autorität ausüben" genau das, was heute in den meisten Kirchen und Gemeinden geschieht, ohne dass wir deswegen auch nur erröteten?

ruft uns auf, zu einer einfachen, hebräischen Lebensweise mit ihm zurückzukehren sowie zu einem beziehungsorientierten Gemeindeleben, in dem wir allesamt schlicht Glieder voneinander sind. Es kommt darauf an, wie wir auf diesen Ruf reagieren.

Obwohl der Schofar schon seit einigen Jahren zu hören ist, ist die Reaktion darauf leider hinter dem zurückgeblieben, was sie hätte sein sollen. Einige haben ihn noch nie gehört. Andere haben den Ton wahrgenommen, aber ignoriert, weil sie der Meinung waren, er habe für die Aufgabe, die Verlorenen zu erreichen, keine Bedeutung. Manche dieser Leute betrachten den Ruf nach Rückkehr zu den hebräischen Wurzeln gar als gefährlichen Abweg, durch den es Menschen nur zusätzlich erschwert wird, errettet zu werden. Wie sagte doch neulich ein Mann zu mir: „Es ist schon für Ungläubige schwer, sich einer ‚normalen' christlichen Kultur anzupassen – wie viel schlimmer wäre es, wenn wir von ihnen den Eintritt in eine Kultur erwarteten, die man als jüdisch wahrnehmen könnte!"

Wieder andere haben den Ton des Schofars gehört und eifrig und von ganzem Herzen darauf geantwortet. Und schon wird es diffizil. Genau wie jede andere neu aufbrechende Bewegung in der Geschichte hat auch die Bewegung hin zum Hebräischen vorhersehbarerweise sofort Extreme ausgebildet. Zwar andere Extreme als in vorausgegangenen Bewegungen, dafür aber spezifisch „jüdische" Extreme.

Als ehrliche, Christus liebende und bibelgläubige Christen den Schofar hörten und anfingen zu erkennen, dass wir im Lauf der Jahrhunderte etwas sehr Wertvolles verloren haben, indem wir jegliche irgendwie als jüdisch zu identifizierende Zeichen oder Symbole von uns wiesen, sind viele von ihnen ins entgegengesetzte Extrem verfallen, indem sie meinten, wir müssten nunmehr voll und ganz zur Lebensweise und sämtlichen Verordnungen der Thora, des mosaischen Gesetzes, zurückkehren. Während ich denke, wir haben vonseiten des Messias die Freiheit, das zu tun, sofern der Heilige Geist uns dahin führt, meinen diese Leute, dies sei ein Muss für alle Gläubigen. Jemand, der nicht zur vollen Thora-Einhaltung zurückkehrt, ist in ihren Augen ein abgefallener Christ.

Leider – oder vielleicht glücklicherweise, je nach Blickwinkel – ist das in der Praxis unmöglich. Viele Anweisungen der Thora sind unlöslich an den Tempel und die dortigen Opferrituale gebunden. Ohne Tempel ist es unmöglich, die Thora zu erfüllen. Das ist der Hauptgrund für das Aufkommen des judaistischen Rabbinentums. In Wahrheit ist der Judaismus heute mitnichten biblisch. Ein Christ, der voll und ganz zur Lebensweise und den Verordnungen der Thora zurückkehren möchte, sieht sich alsbald in Schwierigkeiten, muss er doch erklären können, wie man heute Regularien einhalten kann, die sich auf etwas beziehen, das nicht mehr existiert, nämlich den Tempel. Folglich schießen viele übers Ziel hinaus: Sie lassen es nicht damit gut sein, zum hebräischen Herzschlag der Heiligen Schrift zurückzukehren, sondern schauen auf das rabbinische Judentum, um von dort zu erfahren, wie man ein Leben nach den Verordnungen der Thora verwirklichen kann. Manche sind so weit gegangen, sich mit der Kabbala einzulassen, die als okkult klassifiziert werden muss. Einige wenige haben am Ende sogar Jeschua als den Messias Israels verleugnet und ihren Glauben aufgegeben.

Andere sind zwar nicht so weit gegangen, aber doch so weit, dass sie einige essentielle Wahrheiten eingebüßt haben. Manche schrauben die Bedeutung des Neuen Testaments als Heilige Schrift herunter, während sie die Thora auf ein solches Podest heben, dass sie sagen, jede Wahrheit müsse in der Thora oder zumindest im Tanach, dem Alten Testament, zu finden sein, ehe man sie als gültig akzeptieren könne. Das führt häufig zu dem Versuch, die Lehren des Neuen Testaments wegzudiskutieren, um auch ja dem heutigen Judentum keinerlei Anstoß zu geben. Zu meinem Leidwesen muss ich sagen, dass ich auf diesem ganzen Feld noch keine Lehrrichtung gefunden habe, die nicht an irgendeiner Stelle entgleist und in Gesetzlichkeit steckengeblieben wäre.

Ich möchte hier niemandem falsche Beweggründe unterstellen. Mit sehr hoher Wahrscheinlichkeit kann man sagen, es waren die allerbesten Motive und eine tiefe, zu Herzen gehende Liebe zur Wahrheit, die viele auf diese Wege geführt haben, ebenso wie es zutrifft, dass die meisten derjenigen, die den Schofarruf noch nicht gehört haben, aus den allerbesten Motiven heraus handeln. Wir können den vielen Menschen, die an dem festhalten, was man sie gelehrt hat, nichts vorwerfen, schon gar nicht inmitten einer Welt, die es darauf anlegt, ihren Glauben zu zerstören. Leider hat die typische heutige Sicht sowohl des mosaischen als auch des Neuen Bundes ihre Ursache darin, dass es schon in der Antike einen Abfall vom Glauben gab, der durch die große Vermählung des Glaubens mit der Macht des Staates während der Zeit Konstantins im 4. Jahrhundert zementiert wurde.

Innerhalb dieser Denkschule scheinen diejenigen, die der Meinung sind, das Gesetz Moses sei seit der Ankunft Jesu obsolet geworden, biblischen Grund für ihre Haltung zu haben:

Denn Christus ist des Gesetzes Ende, jedem Glaubenden zur Gerechtigkeit (Röm 10,4).

Das wird so verstanden, dass das Gesetz mit dem Kommen des Neuen Bundes zum Abschluss gelangt sei. Es gibt ja auch noch den Satz aus Hebräer 8,13:

Indem er von einem „neuen" Bund spricht, hat er den ersten für veraltet erklärt: was aber veraltet und sich überlebt, ist dem Verschwinden nahe.

Folglich gelangen viele beim Lesen dieser Verse zu der Auffassung, das Gesetz Moses sei durch das Neue Testament ersetzt worden und das Alte Testament habe uns nichts mehr zu sagen. Manche gehen sogar so weit, dass sie das Alte Testament voll und ganz verwerfen und sagen, es gelte nur den Juden, sei veraltet und bedeute für uns heute nichts mehr. Ich las einst von einem amerikanischen Pastor, der auf die Verlesung eines Verses aus dem Alten Testament, mit dem jemand die Bedeutung des modernen Israel aufweisen wollte, wütend reagierte und sagte: „Das hat für uns heute keinerlei Bedeutung! Das Neue Testament ist gekommen und das Alte ganz und gar vergangen!"

In weiten Teilen des herkömmlichen Christentums ist das eine alte, für ehrbar gehaltene Sichtweise, wenngleich eine, die sich historisch gesehen zu dem Extrem ausgewachsen hat, das Nazitum und die Entmenschlichung der Juden unter Hitler zu legitimieren. Aufgrund dieser Sicht, die sich häufig mit der Theologie verband, die Kirche sei als Gottesvolk an die Stelle Israels getreten und Erbin der Israel zugesprochenen Verheißungen, war die deutsche protestantische Kirche unfähig, dem Druck nationalsozialistischen Denkens zu widerstehen, und wurden manche Kirchenleute gar zu willfährigen Handlangern der sogenannten Endlösung. Manche Pastoren jener Zeit rissen sogar das Alte Testament aus ihren Bibeln heraus mit der Begründung, es sei „obsolet" geworden.

Es stimmt, dass sich mit dem Kommen des Neuen Bundes etwas verändert hat, aber wenn wir diese Veränderung nicht korrekt verstehen, treten wir in immer dieselbe Falle eines falschen Verständnisses des historischen Israel und möglicherweise einer Verfolgung des heutigen, und es wiederholt sich das, was im Lauf der ersten Jahrhunderte geschah. Das Loslassen der Gemeindewurzeln, deren Boden Israel war, ging einher mit dem Kollaps des biblischen Christentums, wie er um die Mitte des 1. Jahrhunderts begann und im 4. und 5. Jahrhundert durch Konstantin, Gregor, Augustin und andere vollendet wurde. Was sie an seine Stelle setzten, war eine Monstrosität, die mit dem ursprünglichen Glauben absolut nichts mehr zu tun hatte.

Weniger extrem war ein offener Brief[5], der Ende 2004 erschien und den Seminardozenten und Pastoren scharenweise unterzeichneten, die damit ihre „biblischen Gründe" dafür herausstreichen wollten, dem modernen Israel jegliche biblische oder prophetische Bedeutung für die Gegenwart abzusprechen und deutlich zu machen, es sei dem Herzen und den Plänen Gottes keinen Deut wichtiger als jedes andere Volk auch. Beim Lesen des Briefes bewunderte ich die intellektuelle Ausgewogenheit und scheinbare Schlüssigkeit ihrer Sichtweise, ohne jedoch zu übersehen, dass der Text vollkommen an dem vorbeiging, wovon ich glaube, dass es Gottes Herzschlag ist, wie er sich in seinem Handeln an der Menschheit von Anfang an gezeigt hat.

Es ist erstaunlich, zu sehen, wie Gott es vermag, einen Plan mit dem anderen zu verknüpfen, prophetisch zu mehreren Gruppen gleichzeitig zu reden und niemals die Übersicht über die vielen verschiedenen Handlungsstränge zu verlieren, die er initiiert hat. Am Ende, glaube ich, wird er all diese Stränge bündeln, die scheinbare Niederlage in einen Sieg verwandeln und Versagen, Sünde und Abfall seines Volkes, sei es Israel oder die Gemeinde, zu einem Beispiel seiner Größe machen, indem er Böses in Gutes verwandelt, sodass man die ganze Ewigkeit darüber staunen wird. Zu viele „theologische Erklärungen" sind schwach, weil sie weder

---

[5] Zu finden auf der Homepage des Knox Theological Seminary: *The Wittenburg Door.* An Open Letter to Evangelicals and Other Interested Parties: The People of God, the Land of Israel, and the Impartiality of the Gospel.

Gottes Größe erkannt haben noch in der Lage waren, sich der Heiligen Schrift hebräisch denkend zu nähern. Unser überkommenes Gottesbild ist viel zu eng!

Der Hingabe und dem achtbaren Wunsch jener geistlichen Leiter, Gottes Wort recht auszulegen, bringe ich Respekt entgegen. Jedoch befürchte ich, dass sie in ihrem Bestreben, die Theologie systematisch, logisch und so begreiflich wie irgend möglich zu erklären, den Blick für Gottes Herz und seine Ziele verloren haben. Tatsächlich verhält es sich so: Setzt man sich zum Ziel, Gottes Offenbarung systematisch und logisch zu beschreiben, sieht man sich in diesem Bemühen sehr eingeschränkt durch die Tatsache, dass die Quelle jener Offenbarung, die Bibel, nicht in einer Kultur geschrieben wurde, die, wie unsere, vom griechischen Denken beherrscht war, und dass ihre Verfasser keinen Wert darauf legten, das Offenbarungsgut systematisch darzubieten. Griechische Gelehrsamkeit „strebte danach, regelhafte Ordnung aufzufinden. Aus diesem Bestreben heraus ordnete man Einzelheiten ins jeweils größere Ganze ein und zwängte sie in vorgefasste Strukturen. Das hebräische Denken schreitet von Einzelheiten zu Regeln fort, von konkreten Beobachtungen zu Idealen. *Von daher kennt die Bibel weder ein Dogma noch ein System als solches.* Vielmehr weist sie zwei charakteristische Redeweisen auf: Erzählung und ein Gesetz, das als Lebensführer gelten soll … Anstelle der griechischen Liebe zur Systematik entfaltet die Bibel ein assoziatives Denken, in welchem jede Einzelheit sich unmittelbar mit dem Ganzen verbindet und sämtliche Teile miteinander zusammenhängen."[6]

Wieso ist das so wichtig? Ganz einfach: Wenn man versucht, die Schriften der Bibel zu verstehen, ohne sich ihnen in dem Verständnishorizont zu nähern, in dem sie entstanden sind, wird man den Absichten der biblischen Autoren fast unweigerlich Gewalt antun.

Der Herr hat die Dinge so angelegt, dass wir nicht in der Lage sind, unsere Aufgaben auf uns allein gestellt zu erfüllen. Er legt Wert auf Einheit und möchte, dass wir einander brauchen. Deshalb glaube ich, er möchte uns fester mit unseren hebräischen Wurzeln verbunden sehen, sodass wir Einsichten in sein Wort und

---

[6] Risto Santala, *The Messiah in the Old Testament: In the Light of Rabbinical Writings*, 1992, S. 24 f. (dt. u. d. T.: *Der Messias im Alten Testament im Licht der rabbinischen Schriften*, Neuhausen 1997).

seine Wege zurückgewinnen können, die uns abhanden gekommen sind. Infolgedessen werden wir nicht mehr länger so distanziert von unseren jüdischen Brüdern sein, wie wir es in der Geschichte gewesen sind, ungeachtet dessen, dass die meisten von ihnen noch nicht wieder in den Ölbaum eingepfropft worden sind (vgl. Röm 11,23-24). Rick Joyner sagt, der Herr habe der Heidenkirche des 1. Jahrhunderts die Freiheit eingeräumt, „einen Stil zu entwickeln, der völlig neu und unverbraucht war. Denn solange jüdische und nichtjüdische Gläubige in Gemeinschaft miteinander verbunden blieben, würden die entscheidenden Verankerungen der Kirche, die im geschichtlichen Erlösungshandeln Gottes durch Israel lagen, dank der jüdischen Wurzeln der Kirche intakt erhalten werden"[7]. Inzwischen besitzen wir diese Verankerungen nicht mehr …

Ich glaube, ein guter Teil der Problematik auf beiden Seiten entspringt daraus, dass wir weder Gottes Ziele verstanden noch in unseren theologischen Puzzlespielen versucht haben, seine Zielsetzung und Absichten in unserer Schöpfung und mit der Menschheit mit einzubauen. **Deshalb sollten wir nicht fragen: „Wie viel von der Thora und dem mosaischen Bund trifft für mich und meine Situation zu, wie viel ist abgetan, und inwieweit bin ich verpflichtet, Gehorsam zu leisten?"**, sondern: **„Welche Absichten verfolgte der Herr durch das mosaische Gesetz und die beiden Bünde, sowohl den Alten als auch den Neuen?"** Wenn wir darauf eine Antwort finden, werden wir den Schlüssel für alle weiteren Fragen in der Hand haben.

Alle diese Fragen sind wichtig und wir müssen darauf Antworten finden. Die Heilige Schrift stellt klar, dass am Ende, während das Tausendjährige Reich näher rückt, die israelische Nation und die Juden weltweit in immer größerer Zahl beginnen werden, sich ihrem Messias, Jeschua, zuzuwenden. Wie es die Propheten immer wieder offenbart haben, ist der erste Schritt dazu die Heimkehr in das Land ihrer Väter und der zweite die Erschließung ihrer Herzen für ihren Gott.[8] Wenn Israel zu Gott zurückkehrt[9] und seinen Mes-

---

[7] Rick Joyner, *Shadows of Things to Come:* A Prophetic Look at God's Unfolding Plan, Nashville, TN 2001, S. 63 (dt. u. d. T.: Prophetische Zeichen. Gottes Plan in Vergangenheit, Gegenwart und Zukunft, Winterthur 2002).

[8] Dies zeigt sich deutlich in fast jedem Vers, der von der Heimkehr ins verheißene Land handelt, z. B. Hesekiel 36,24-27: *„Und ich werde euch aus den Nationen holen … und*

sias kennenlernt, wird es sehr darauf ankommen zu verstehen, welche Absicht Gott in und mit der Thora verfolgt. Sonst wird man nicht klar sehen können, wie die Juden in dieser neuen Jeschua-Offenbarung leben sollen.

Der Apostel Paulus war ein sehr gesetzlicher Jude, genauso eifrig und radikal darauf bedacht, traditionell judaistisch zu leben wie alle ultraorthodoxen Juden unserer Tage. Seine Konfrontation mit dem auferstandenen Jeschua war für sein Denksystem ein ebensolcher Schock wie seine Erblindung für seinen Körper, die zugleich sein Problem symbolisierte: Er war blind gegenüber jedem wahrhaftigen Verständnis genau der Inhalte, von denen er meinte, sie in aller Klarheit zu durchschauen: der Thora!

Paulus brauchte eine Deprogrammierung: Er musste sich lösen von dem ihn total dominierenden kulturellen System des Pharisäismus und des *rabbinischen* Judentums, dem er angehörte, und sah sich gezwungen, sich auf ein völlig neues Verständnis der Thora einzulassen. Das war wohl auch der Grund dafür, dass der Herr ihm für seine evangelistischen Bemühungen in Damaskus nach seiner Bekehrung nur sehr wenig Zeit gab. Paulus verbrachte drei Jahre in Arabien, ehe er nach Jerusalem zurückkehrte, um sich mit Petrus und Jakobus zu treffen. Danach kam er erst 14 Jahre später wieder zurück, nachdem er eine Offenbarung empfangen hatte, die er Jakobus und den Ältesten vortragen wollte. Er suchte nach Bestätigung dafür, dass seine Offenbarung, die mit seinem Evangeliumsverständnis zusammenhing, wirklich korrekt war, ehe er weiter in diesem Sinne predigte (vgl. Gal 1,15-18; 2,1-5).

Nachdem Paulus in aller Ausführlichkeit, vor allem im Römer- und im Galaterbrief, darlegt, wozu die Thora da ist und wie sie mit Glauben und Gehorsam zusammenhängt, halte ich es für wahrscheinlich, dass seine Offenbarung zumindest teilweise mit

---

euch in euer Land bringen. Und ich werde reines Wasser auf euch sprengen ... Und ich werde euch ein neues Herz geben ..." Ein anderes Beispiel findet sich in Hesekiel 37,1-14. Die Vision von den Totengebeinen ist eine zweistufige Prophetie. Als erstes soll der Prophet den Totengebeinen weissagen, dass sie sich aufrichten und ein großes Heer bilden. Danach soll er dem Odem weissagen, damit Gottes Odem in sie hineinkomme und sie lebendig werden: *"Und ich gebe meinen Geist in euch, dass ihr lebt."*

[9] Die meisten heute lebenden Juden sind säkular, sogar in Israel, und glauben nicht wirklich an den Gott der Bibel.

dieser Thematik zu tun hatte. Es war also ein Verständnis des Sinns und Zwecks der Thora und des mosaischen Bundes, welches ihm direkt *offenbart* wurde, sodass wir ganz besonders in diesen Passagen seiner Briefe sicher sein dürfen, es nicht nur mit seiner persönlichen Meinung zu tun zu haben.

Genauso muss die Gemeinschaft der Gläubigen heute, ob es sich nun um messianisch gläubige Juden oder um nichtjüdische Gläubige handelt, mit diesem Thema zurande kommen. Ein klares Begreifen dieser Wahrheiten hält für uns alle Lohn bereit: für den Juden, der Jeschua als seinen Messias entdeckt hat, eine Neudefinition von Rahmen, Kern und Zweck des mosaischen Bundes und Gesetzes, vor allem im Blick auf die Notwendigkeit eines neuen Bundes, die ihm dann hilft zu sehen, was sowohl der Alte als auch der Neue Bund für ihn bedeuten. Für den nichtjüdischen Gläubigen geht es darum, zu sehen, dass die Thora nichts beinhaltet, was ihm Angst machen müsste, wobei er vielleicht nebenher noch Reichtum und Fülle der Lebensweise entdecken mag, die Gott Israel zu seinem eigenen Schutz zugedacht hat. Es steht zu hoffen, dass infolge dieses Erkenntnisprozesses sowohl der Jude als auch der Nichtjude sich die Zielsetzung der Thora zu eigen macht, nämlich ein Leben in dem Messias höchstselbst und unter der Leitung des Geistes Gottes, nicht nach dem Buchstaben, sondern mit einem Herzen, auf das Gottes Gesetz geschrieben ist, sodass wir unsere Liebesbeziehung zu unserem Schöpfer in vollen Zügen ausleben können.

Wie wir sahen, birgt das Hören auf den Ruf des Schofars Gefahren in sich. Ich hoffe, dieses Buch verhilft dazu, die Fallstricke zu meiden, denen wir auf unserer Rückkehr zum alten „Weg"[10] der frühen Kirche gegenüberstehen mögen. Wenn wir auf der einen oder anderen Seite des Weges in den Graben gerutscht sind, müssen wir das erkennen, damit wir auf den Weg des Herrn zurückkehren können. Damit das geschehen kann, werden wir uns sehr eingehend die beiden wichtigsten, ausschlaggebenden Bünde Gottes ansehen, die uns das Leben offenbaren, das wir mit Gott führen sollen: den mosaischen Bund und den Neuen Bund, den Jeschua ausgerufen hat. Vielleicht werden Sie zuweilen empfinden, sich bei der Lektüre tiefer und detaillierter ins Alte Testa-

---

[10] Apg 9,2; 19,9.23; 22,4 und 24,14.22 sprechen von der Christenheit als „dem Weg".

ment zu verstricken, als Sie es jemals von sich aus tun würden. Dann denken Sie einfach daran, dass wir das Neue Testament niemals voll und ganz verstehen können, solange wir nicht begreifen, warum das Alte gegeben wurde, worin dessen Begrenzungen liegen und wieso ein neuer Bund nötig war.

Auf unserem Weg werden wir entdecken, was uns verlorengegangen ist, dadurch dass wir unsere hebräischen Wurzeln verleugnet haben. Wir werden mit dem Prozess beginnen, wieder auf hebräische Weise zu denken und zu begreifen, dass das Leben, welches der Herr von allem Anfang an für uns beabsichtigte, viel einfacher, praktischer und schöner war, als wir bisher erkannt haben.

TEIL I

Das ewige Ziel

KAPITEL 1

Liebe – das bestimmende Ziel

Bald nach dem Fall der Berliner Mauer und der Grenzöffnung der osteuropäischen Länder zum Westen hin erhielt ein rumänisches Waisenhaus eine Hilfslieferung, die auch Pakete mit Wegwerfwindeln enthielt. Wie die meisten von uns, wenn wir mit etwas Neuem konfrontiert sind, taten die Mitarbeiterinnen des Waisenhauses das, was sie immer getan hatten, wenn sie neue Windeln bekamen: Sie wuschen sie vor Gebrauch! Zu ihrem Schrecken mussten sie feststellen, dass all diese wunderbaren, nagelneuen Windeln sich in papierumhüllte Klumpen aus klebriger Gelmasse verwandelt hatten.

In unserem Bemühen, die Heilige Schrift und die Gebote Gottes zu verstehen, gleichen wir in mancherlei Hinsicht diesen rumänischen Frauen. Wir denken so, wie man es uns beigebracht hat. In der Schule haben wir gelernt zu analysieren und logisch zu denken. In der Bibelschule lehrte man uns, auf den Kontext zu achten und uns die kulturelle und historische Situation vor Augen zu halten. Man sagte uns, wir sollten immer nach Beweistexten suchen, um unsere Behauptungen zu untermauern. All das machen wir, und trotzdem empfinden wir das Ergebnis nur allzu oft als einen sehr persönlichen Fall von klebriger Bibelmasse. Und noch schlimmer, wir entdecken, dass der angehende Theologe nebenan genau dasselbe gemacht hat, bei ihm aber eine ganz andere Sorte klebrigen Gels herausgekommen ist (was üblicherweise zu einem geistlichen Wettbewerb im Gelwerfen führt).

Nicht dass diese Methoden der Schriftauslegung falsch wären. Nur reichen sie für sich alleine nicht aus. Mir scheint, wir sollten die biblischen Schriften so anwenden, wie es ursprünglich einmal gedacht war, nämlich als Offenbarung Gottes und seiner Ziele, und zwar im Rahmen hebräischen Denkens. Solange wir nicht verstehen, was der Herr damit beabsichtigte, als er uns schuf, solange wir nicht begreifen, welche Ziele er mit seinem Handeln verfolgt, so lange werden wir absolut außerstande sein zu entdecken, wie wir seine Worte, seine Bünde und seine Gebote verstehen und ihnen gehorchen sollen.

Deshalb besteht unsere erste Aufgabe darin, zu entdecken, was Gott vorhatte, als er uns schuf. Wozu setzte er uns auf diese Erde? Was sollten wir sein und was sollten wir tun? Worin bestehen seine Prioritäten, und was möchte er aus unserem Leben herausholen?

Wenn ich mit Menschen hier in Deutschland spreche, höre ich immer und immer wieder dieselbe Rationalisierung: „Mit meinem Leben ist alles in Ordnung, ich bin ein guter Mensch. Ich versuche immer, richtig mit Menschen umzugehen – was kann Gott denn noch mehr von mir erwarten?" Aber ein „gutes Leben" ist nicht das, wonach Gott bei uns in erster Linie sucht, und er schuldet uns auch kein „gutes Leben", wie sehr auch manche heute populären christlichen Bücher das nahezulegen scheinen. Nein, wonach er sucht, das ist ein Leben, das „im Glauben mit Gott und in Gott" gelebt wird.

Genau das offenbart der Anfang der Heiligen Schrift. In der Schöpfungsgeschichte sehen wir, wie Adam und Eva in der Kühle des Tages mit Gott wandelten. Es war ihre Gewohnheit und Freude, jeden Tag Zeit mit Gott zu verbringen. Wenn wir weiterlesen, sehen wir, dass auch Henoch Gottes Herz so erfüllte, während er „mit Gott wandelte", dass Gott nicht länger zuwarten wollte und ihn schon nach der relativ kurzen Zeit von 365 Jahren zu sich nahm. Gemessen an der gegenwärtigen kurzen Lebensspanne eines Menschen wäre Henoch zu diesem Zeitpunkt etwa dreißig Jahre alt gewesen. Dieser „Wandel" muss etwas mit dem zu tun haben, wonach der Herr in uns sucht, was immer das auch ist. Um diesen „Wandel" muss es uns im Leben gehen[1] – nicht nur darum, ein gutes Leben zu haben, sondern ein Leben, das „mit Gott" ist, das also eine enge und tiefe Beziehung zu ihm demonstriert.

Wozu sind wir auf der Erde? Wo finden wir in der Heiligen Schrift sonst noch Aussagen darüber, was Gott beabsichtigte, als er uns erschuf? Epheser 1,4-5 liefert ein paar Schlüssel:

> ... wie er uns in ihm [Christus] auserwählt hat vor Grundlegung der Welt, dass wir heilig und tadellos vor ihm seien in Liebe, und uns vorherbestimmt hat zur Sohnschaft durch Jesus Christus für sich selbst nach dem Wohlgefallen seines Willens ...

Aus der Größe seiner Liebe heraus wurden wir geschaffen, erwählt und ersehnt. So sagt es auch Johannes 3,16:

> Denn so hat Gott die Welt geliebt, dass er seinen eingeborenen Sohn gab, damit jeder, der an ihn glaubt, nicht verloren geht, sondern ewiges Leben hat.

Ähnlich Epheser 5,2:

> Und wandelt in Liebe, wie auch der Christus uns geliebt und sich selbst für uns hingegeben hat als Opfergabe und Schlachtopfer; Gott zu einem duftenden Wohlgeruch!

Wenn die Liebe des Vaters so groß war, dass er Jeschua für uns gab, wenn Jeschuas Liebe zu uns so groß war, dass er es für eine Freude hielt, für uns zu leiden, um uns wieder zur Gemeinschaft mit ihm und dem Vater zu versöhnen, dann liegt es doch auf der Hand, dass diese Liebe ganz viel mit dem zu tun gehabt haben muss, was Gott eigentlich mit der Schöpfung vorhatte! Wenn das Kreuz Dreh- und Angelpunkt der gesamten Geschichte ist und Liebe der Grund für das Kreuz war, dann muss die Liebe – zu den Menschen, die Gott aus Liebe heraus und um sie lieben zu können schuf – der Hauptzweck des Universums sein.

In meinen gelegentlichen Unterhaltungen mit Muslimen in Europa hat sich rasch herausgestellt, dass das Kreuz ohne ein Verständnis dieses Liebesmotivs sinnlos wird, weil es der Idee eines

---

[1] Vgl. 5 Mo 10,12: „Und nun, Israel, was fordert der HERR, dein Gott, von dir, als nur, den HERRN, deinen Gott, zu fürchten, auf allen seinen Wegen zu gehen und ihn zu lieben und dem HERRN, deinem Gott, zu dienen mit deinem ganzen Herzen und mit deiner ganzen Seele ... "

heiligen, gerechten Gottes nicht standhält. Muslime, die den Islam verstehen, haben einen ziemlich ausgeprägten Begriff vom Charakter Allahs. (Viele Muslime wissen nicht, woran sie glauben. Auch wenn sie vielleicht bereit sind, für den Islam zu kämpfen und zu sterben, scheinen sie, genau wie viele Christen, nur sehr dürftige Vorstellungen von dem zu haben, was sie glauben.) Sie begreifen, dass Gott, dem Koran zufolge, vollkommen und absolut gerecht ist. Deshalb ist es aus ihrer Sicht unmöglich, dass Gott Jeschua hätte sterben lassen sollen. Der Koran sagt ihnen, Jeschua war sündlos, der Mensch stirbt aber nur aufgrund der Sünde, weil der Tod Lohn und natürliches Resultat der Sünde ist. Deshalb konnte ein gerechter Gott nicht zulassen, dass Jeschua starb.[2] Erst wenn ein Muslim anfängt zu verstehen, dass Jeschua sich *entschied*, sich für uns hinzugeben und unsere Stelle einzunehmen, und das ausschließlich aufgrund seiner unermesslichen Liebe zu uns, kann er annehmen, dass Jeschua tatsächlich am Kreuz starb. Bei Muslimen, die bereit waren, sich dieser Frage offen zuzuwenden, habe ich diese Erkenntnis heraufdämmern sehen, und es ist verblüffend, wie die schlichte Idee der Liebe Gottes zu uns die ganze Gleichung für sie verändert.

In den Psalmen fand ich Gottes Absichten mit der Schöpfung besonders ausdrucksstark dargestellt. Psalm 136 ist offenkundig ein Lied, das in der gottesdienstlichen Versammlung gesungen werden soll, wiederholt doch der zweite Teil eines jeden Verses den Refrain: „Denn seine Gnade währt ewig." Vielleicht meinte irgendein Liederdichter in alter Zeit, das setze einen rhythmischen Kontrapunkt zu einer Aufzählung all dessen, was Gott von der Schöpfung an bis in seine Tage für Israel getan hatte. Wenn man freilich den Psalm liest, kann die Wiederholung des immer Gleichen das Auge verleiten, rasch darüber hinwegzugehen, sodass man den Sinn gar nicht mehr erfasst. Aber nachdem ich eines Tages die Bedeutung des hebräischen Wortes חֶסֶד *(chäsäd)* im Wörterbuch entdeckt hatte, schlug ich meine hebräische Bibel bei Psalm 136 auf, und plötzlich sprang die Bedeutung mich regelrecht an.

---

[2] Offizielle islamische Lehre sagt, Gott habe auf übernatürliche Weise Angesicht und Stimme Jeschuas auf Judas übergehen lassen, sodass dieser versehentlich gekreuzigt wurde, und dann seien vier Engel gekommen und hätten Jeschua in den Himmel aufgehoben.

Chäsäd ist das hebräische Wort, das in dem zitierten Refrain mit „Gnade" übersetzt wird. Andere Übersetzungsmöglichkeiten sind: (treue) Liebe, Gunst, Güte, Wohlwollen, Barmherzigkeit. Diese reiche Vielfalt an Äquivalenten legt stummes Zeugnis von den Schwierigkeiten ab, die es Übersetzern offensichtlich bereitet hat, das eine passende Wort zu חֶסֶד zu finden, das es treffend wiedergibt.

Es ist einen kleinen Exkurs wert, zum Bedeutungskern dieses wichtigen biblischen Wortes vorzudringen. Die ursprüngliche Bedeutung der althebräischen Wurzel von *chäsäd* ist die, dass „ein Größerer respektvoll sein Haupt vor einem Geringeren neigt"[3]. Das Wörterbuch von Vine[4] erklärt das Wort vor dem Hintergrund zwischenmenschlicher Beziehungen: Es hat sowohl mit Verpflichtetsein als auch mit Großherzigkeit zu tun – der Schwächere sucht Schutz und Segen, während der Stärkere an die Zusage, die er gegeben hat, gebunden ist, aber selbst darüber entscheidet, wie und wann er sie erfüllt. Im Zusammenhang sehen wir, dass *chäsäd* sich auf die eheliche Liebe bezieht – in diesem Sinne gebraucht Hosea das Wort[5]. Die Ehe ist eine bündnishafte Verpflichtung, aber die zwischenmenschliche Liebe in der Ehe geht weit über rein juristische Regelungen hinaus: Verpflichtung paart sich mit Herzenshingabe.

Das deutsche Wort „Zuneigung" bringt recht gut zum Ausdruck, um was es geht. Buchstäblich beschreibt das Wort ein körperliches Geneigtsein zu jemandem hin. Im Sprachgebrauch steht es jedoch für Anziehung, Einander-Mögen. Genauso ist der hebräische Wortsinn: Gott neigt sich uns zu, vielleicht voll Sehnsucht, er neigt respektvoll sein Haupt vor seinen Geschöpfen, nach denen er verlangt. Wenn man darüber nachdenkt, ist das ein sehr aussagekräftiges Bild. Dass sich der unendliche Schöpfer so herabneigt, sich sehnsüchtig vor bloßen Menschen beugt – noch dazu vor Menschen, die sündhaft und oft untreu sind –, ist ein Ding der Unmöglichkeit, es sei denn, dass ihn eine überwältigende Liebe dazu motiviert. Ich habe angefangen, dieses Wort *chäsäd* um des-

---

[3] So J. Brenner auf der Homepage des *Ancient Hebrew Research Center* (nach einer E-Mail-Mitteilung).
[4] W. E. Vine, Vine's Concise Dictionary of Bible Words, Nashville, TN 1999, S. 226 f.
[5] Z. B. Hos 2,21: *„Und ich will dich mir verloben in Ewigkeit, und ich will dich mir verloben in Gerechtigkeit und in Recht und in Gnade* [chäsäd] *und in Erbarmen ..."*

sen willen, was es uns über die Herzenshaltung des Vaters zu uns sagt, zu lieben.

Alles zusammengenommen ist die Bedeutung von *chäsäd, bezogen auf Gottes Empfindungen uns gegenüber, in etwa so: beständige, treue Bundesliebe, die so groß ist, dass sie sich nicht auf den Rahmen eines Bundes beschränken lässt, weil ein Bund auf Bedingungen beruht – „ich tue dir dies, wenn du das tust"*. Nein, *diese Liebe sprengt den Rahmen des Bundes, sie gibt bedingungslos und ohne Verdienst der Empfangenden.* (Kann es sein, dass Gott die Vorgaben nicht einhält?) In diesem Geben weit über das Geforderte hinaus und an solche, die es nicht verdient haben, dürfte der Grund dafür liegen, dass das Wort üblicherweise mit „Gnade" oder „Barmherzigkeit" übersetzt wird.

Natürlich streben wir danach, in unserer Definition auf *ein* bestimmtes Wort oder *eine* Formel zu kommen. „*Unverdiente Liebe*" ist eine gute Annäherung an die Wortbedeutung, obwohl man auch „überwältigende Liebe" oder „überschwängliche Liebe" sagen könnte. Damit wird eine Neuübersetzung von Psalm 136 weitaus einfacher! Der so oft wiederholte Satz lautet: כִּי לְעוֹלָם חַסְדּוֹ *(ki l'olam chasdo). l'olam* bedeutet „für immer", entstammt aber dem Wort für „All", „grenzenlos". Deshalb sollte unsere Übersetzung in etwa lauten: „*weil seine unverdiente Liebe grenzenlos ist*" (vor allem zeitlich gesehen: sie dauert unendlich an). Damit sehen wir nun in diesem Kapitel ein gewandeltes Bild vor uns. Fortwährend ruft der Psalmist Gottes Motivation in Erinnerung, wenn er sein Wesen und seine Werke beschreibt, vor allem die Schöpfung und seine anhaltend in das Leben Israels einwirkende Fürsorge: „weil seine unverdiente Liebe unbegrenzt ist!"

> *Den [preist], der große Wunder tut, er allein.*
> *Denn seine unverdiente Liebe ist grenzenlos!*
> *Den, der den Himmel gemacht hat mit Einsicht.*
> *Denn seine unverdiente Liebe ist grenzenlos!*
> *Den, der die Erde ausgebreitet hat über dem Wasser.*
> *Denn seine unverdiente Liebe ist grenzenlos!*
> *Den, der große Lichter gemacht hat.*
> *Denn seine unverdiente Liebe ist grenzenlos!*
> *Die Sonne zur Herrschaft am Tage –*
> *denn seine unverdiente Liebe ist grenzenlos!*

*Den Mond und die Sterne zur Herrschaft in der Nacht.
Denn seine unverdiente Liebe ist grenzenlos!*[6]

Ich meine, dies ist eine der deutlichsten Bekundungen dessen, was Gott mit der Schöpfung bezweckt und anstrebt, nämlich dieser überschwänglichen und unverdienten Liebe Ausdruck zu verleihen, die nach dem Geliebten verlangt, nach dem Bund mit ihm, damit sie eine hingegebene, niemals aufhörende Liebe sein kann, und die doch nicht anders kann, als sich so oft wie nur irgend möglich in Gestalt reiner Barmherzigkeit und Gnade zu verschenken.

Vielleicht ist Ihnen aufgefallen, dass *chäsäd* eine ganz ähnliche Bedeutung hat wie *agape*. Als ich das Wort *chäsäd* zu entdecken begann, fragte ich mich, ob es wohl der hebräische Kontrapunkt zum neutestamentlich-griechischen Begriff der *agape* sein könne. Als ich mit dem Hebräischlernen anfing, fand ich es befremdlich, dass das einzige hebräische Wort, das ich im Wörterbuch für „Liebe" fand, eine ebenso allgemeine Bedeutung zu haben schien wie unser Wort „Liebe" und scheinbar nicht für „selbstlose, bedingungslose *agape*-Liebe" stand. Wieso gab es im Tanach, dem Alten Testament, keine *agape*? Hatte sich Gott im Zusammenhang mit der Geburt Jeschuas irgendwie verändert? Das konnte nicht sein, ist er doch derselbe gestern, heute und in Ewigkeit. Hatten die Apostel in der griechischen Sprache irgendwas Neues entdeckt, etwas, das besser zum Ausdruck brachte, was Jeschua sie gelehrt hatte? Auch das erschien wenig naheliegend. In Wirklichkeit wurde das Wort *agape* im antiken Griechisch sehr selten benutzt, fast nur die Philosophen führten es im Munde.

Tatsächlich ist אַהֲבָה *(ahavah)*, das geläufige hebräische Wort für Liebe, gar nicht so gewöhnlich, wie es scheint. Im hebräischen Denken haben Ideen an und für sich nur wenig Bedeutung. Die Faustregel ist: Alles muss praktisch und konkret sein. Deshalb hat Liebe als warmes, kuscheliges Gefühl, in dem es im Wesentlichen um mich und meine Emotionen geht, mit dem hebräisch-biblischen Denken nur wenig zu tun. Hier ist Liebe kein Gefühl als solches. Vielmehr hat Liebe mit Verantwortung zu tun, der Verantwortung, die Familie, die einem geschenkt ist, zu versorgen

---

[6] Ps 136,4-9; der erste Versteil ist jeweils der Revidierten Elberfelder Übersetzung entnommen.

und zu beschützen. „Verliebtsein" und „Miteinander-Gehen" waren bis vor kurzem völlig unbekannt. Die Auswahl eines Ehepartners geschah nur in seltenen Ausnahmen auf der Grundlage von warmen Gefühlen und sexueller Anziehung; sie oblag Eltern und Paten, die im Idealfall nach dem bestmöglichen Lebenspartner für das ihnen anvertraute Kind Ausschau hielten. Mithin war eine Familie ein Geschenk, das Verantwortung forderte, und wer einen Mann oder eine Frau hatte, genoss ein Privileg.[7]

Wenn wir Liebe, *ahavah*, als eine Verantwortung und Entscheidung zum Geben, Versorgen und Beschützen begreifen, wird uns deutlich, dass die Apostel, die mit diesem hebräischen Wort großgeworden waren, vor der Wahl standen, welches griechische Wort sie benutzen sollten, um *ahavah* zu übersetzen. Sollten sie sich für eines der landläufigen Wörter entscheiden wie *storge*, was ausschließlich für die elterliche Liebe zu den eigenen Kindern stand, oder *eros*, was das sexuelle Begehren meinte? Oder sollten sie *philia* wählen, das Gefühl, das man für nahe Freunde oder Verwandte hegt?

Offenkundig neigten sie zu einem wenig gebrauchten griechischen Wort, welches durchaus eine Transliteration der hebräischen Wurzel *ahav* ins Griechische sein kann. Selbst wenn man nur ein linguistisches Basiswissen hat, zeigt sich das ohne weiteres: Um *ahavah* auf Griechisch zu sagen oder zu schreiben, musste man ein paar Buchstaben verändern, weil das Griechische die Buchstaben H und V nicht kennt. In der Linguistik wird ein im Alphabet einer Sprache fehlendes H normalerweise durch ein G ersetzt. Das wissen alle, die Russisch sprechen, denn auch das Russische kennt kein H. Deshalb heißt in Russland ein Hamburger „*Gamburger*"! Das V formt man mit den Lippen, und die nächstliegende Alternative, die das Griechische bietet, ist P oder B. So wird aus *ahav agap(e)*. Könnte es sein, dass einem Linguisten, der dies liest, gerade ein leises „Aha!" entschlüpft ist? *agape* ist *ahav* so verblüffend ähnlich, dass es sich mit hoher Wahrscheinlichkeit um ein altes Lehnwort aus dem Hebräischen handelt – ein ganz normaler Vorgang zwischen verschiedenen Sprachen.

---

[7] So J. Brenner auf der Homepage des *Ancient Hebrew Research Center* (nach einer E-Mail-Mitteilung).

Es ist beruhigend, zu sehen, dass Gott der Vater sich in Wirklichkeit vom Alten zum Neuen Testament keinen Deut geändert hat! Seine Liebe war in den alten Zeiten eines Mose *ahavah* oder *agape*, und das galt auch noch in den Zeiten eines Petrus und Paulus. Darüber hinaus erkennen wir, dass seine Liebe für uns eine neue Form angenommen hat; wir können jetzt sehen, dass sie auch *chäsäd* beinhaltet: die reiche, unverdiente Herabneigung des Vaterherzens zu uns, seinen Geschöpfen.

Wenn Jeschua selbst die Beziehung beschreibt, die er sich zu uns ersehnt, geht er weit darüber hinaus, nur ein „irgendwie" warmes Gefühl des Sich-Mögens zwischen Gott und den Menschen zu benennen. Er geht sogar weiter, als nur zu sagen, er suche nach *agape*- oder *chäsäd*-Liebe, jener selbstlosen, sich hingebenden, bedingungslosen und überfließenden Bundesliebe. Er sagt, das, was er beabsichtigt, ist, dass niemand Gott gehorchen, Gott lieben oder Gott dienen kann, außer in einer völligen Abhängigkeit von ihm und in einem ständigen Verbundensein mit ihm. Das finden wir in Johannes 15,1-5 so wunderbar beschrieben. Solange wir nicht am Weinstock bleiben, verbunden mit ihm leben, können wir nichts tun! Das ist weit mehr als einfach nur „an Gott glauben". Es ist völlige Hingabe, völlige Kapitulation und dass man von seinen Worten und durch seine Kraft lebt. Das hat er mit uns vor: nicht nur eine Liebesbeziehung, sondern eine bis in die Tiefen reichende Beziehung mit denen, die durch das Vereintsein mit ihm vortreffliche Menschen werden.

Die höhere Berufung

Während seiner letzten Stunden, die er mit seinen Freunden zubrachte, offenbarte Jeschua noch eine weitere Ebene von Gottes grundlegender Absicht mit unserer Schöpfung. Diese lässt erkennen, dass es ihm umso viel mehr geht als lediglich eine leidenschaftliche Liebe zu seinen Geschöpfen. Nach dem, was Jeschua selbst in Johannes 17 gesagt hat, besteht das äußerste Ziel der Liebe Gottes für uns und seines Handelns mit uns darin, uns ins Einssein mit der Gottheit hinaufzuziehen.

Ja, genau das habe ich gesagt! Wir wurden dazu geschaffen, mit Gott vereint zu sein, und zwar auf einer Ebene, die weit jenseits unserer Möglichkeiten und dessen, was wir uns vorstellen können, liegt. Jeschua sagte es so:

> *Dies aber ist das ewige Leben, dass sie dich [Vater], den allein wahren Gott, und den du gesandt hast, Jesus Christus, erkennen* (V. 3). *Und ich bin nicht mehr in der Welt, und diese sind in der Welt, und ich komme zu dir. Heiliger Vater! Bewahre sie in deinem Namen, den du mir gegeben hast, dass sie eins seien wie wir!* (V. 11).

Als Erstes stellt Jeschua klar, dass das Wesen des ewigen Lebens in der Beziehung zum Vater und zum Sohn besteht. Weil sein Ziel mit uns ist, in *ihm* zu sein und ihn ganz intim zu kennen, werden auch wir ewig leben. Dann sagt er, die Bestimmung der Zwölf sei, eins zu sein. Sie sollen genauso vollkommen eins sein, wie Vater, Sohn und Geist eins sind. In den Versen 20 und 21 weitet er dann den Rahmen aus, sodass er alle einschließt,

> *... welche durch ihr Wort an mich glauben, damit sie alle eins seien, wie du, Vater, in mir und ich in dir, dass auch sie in uns eins seien, damit die Welt glaube, dass du mich gesandt hast.*

Noch einmal sagt Jeschua hier, dieselbe Art von Einheit, die zwischen Vater und Sohn besteht, ist auch die, die er mit uns allen zusammen haben möchte. Hören Sie auch noch auf diese Worte, denn er wiederholt es mehrere Male:

> *Und die Herrlichkeit, die du mir gegeben hast, habe ich ihnen gegeben, dass sie eins seien, wie wir eins sind – ich in ihnen und du in mir –, dass sie in eins vollendet seien, damit die Welt erkenne, dass du mich gesandt und sie geliebt hast, wie du mich geliebt hast ... Und ich habe ihnen deinen Namen kundgetan und werde ihn kundtun, damit die Liebe, womit du mich geliebt hast, in ihnen sei und ich in ihnen* (V. 22-23.26).

Vielleicht weil diese Berufung zur Einheit mit Gott so hoch und unglaublich ist, spürte Jeschua die Notwendigkeit, sie immer wieder und auf verschiedene Weise auszudrücken, bis es bei uns endlich „klick" macht.

Leider zeigt die Geschichte, dass es bei uns Gläubigen kaum „klick" gemacht hat. Statt dass man uns wegen unserer Liebe zueinander, unserer Einheit miteinander und mit Gott kennt, kennt man uns wegen unseres Mitleids mit den Armen, unseres evangelistischen Eifers, unserer korrekten Glaubenslehren, guten Predigten, unserer moralischen Aufrichtigkeit und Güte und wegen unserer Freundlichkeit. Und das auch nur, wenn die Dinge gut laufen und wir nicht wegen unserer Gesetzlichkeit, unseres mangelnden Einsatzes für die Armen, unserer nach innen gerichteten Selbstsucht und unseres Abscheus gegen die Sünder im Rampenlicht stehen! Ich bin sicher, Sie verstehen genau, was ich meine, und erkennen, dass ich nicht einfach nur kritisieren will. Ich selbst habe ja auch zu dem Problem beigetragen.

Bitte beachten Sie auch, dass ich *nicht* gesagt habe, wir würden eines Tages Götter sein oder selbst Gott werden. Ich habe mich niemals zum Mormonentum oder irgendwelchen *New-Age-*Lehren bekehrt! Was ich uns an dieser Stelle zeigen möchte, ist, dass wir auf die Ebene Gottes berufen sind. Es ist nicht so, dass er sich auf unsere Ebene herablässt, um einfach so zu werden wie wir. Nein, in seiner Liebe und Leidenschaft für uns möchte er uns tatsächlich emporheben zu einer unglaublichen Einheit mit der ganzen Person Gottes: Vater, Sohn und Heiliger Geist. Wir werden Teil dieser unglaublichen Gemeinschaft, indem wir mit einer dieser Persönlichkeiten verbunden werden: Jeschua! Das ist eine der Nebenwirkungen, wenn wir zur „Braut Christi" werden. Wir werden verbunden und vereint mit ihm.

Wir sind auch sein Leib. Deshalb sind auch wir dort, wo er ist. Ist er in Gemeinschaft mit dem Vater verbunden, so auch wir. Das macht uns nicht zu Göttern, sondern zu Wesen, die über jedes Maß der Liebe hinaus geliebt sind – eine wahre Definition von *chäsäd!* Der Große hat sich so sehr zu uns, den Kleinen, herabgeneigt, dass er uns emporhebt in die Gemeinschaft und Einheit mit sich selbst.

Es ist wichtig, dieses Fundament zu legen, denn wir werden sehen, dass Gottes Absicht, als er die Thora gab, jenen bestimmenden Bund mit seinem Volk, genau wie seine Absicht und sein Ziel im Neuen Bund, ganz wesentlich damit zusammenhängt, weshalb er uns auf die Erde gesetzt hat. Diese beiden Bünde müssen, genau wie das Wesen der anderen seiner Bünde, **seine Ziele mit der Menschheit widerspiegeln.**

Wie bereits gesagt, wurde die Bibel als Erzählung über das Handeln Gottes mit der Menschheit geschrieben sowie als Lehre, die ein Leitfaden fürs Leben darstellt. Wenn wir deshalb die Bibel im Rahmen der Sitten und kulturellen Gegebenheiten verstehen wollen, in dem sie entstand, müssen wir auch die Erzählung untersuchen, bestehend aus Geschichten, die die Theologie Gottes untermauern und offenbaren. Das heißt also, dass seine Ziele und sein Wille zum Teil in seinen Beziehungen zu den wichtigen Menschen der Bibel ersichtlich werden und nicht notwendigerweise in reiner theologischer Lehre.

Wenn Gott eine Beziehung zu den Menschen anstrebt, werden wir an seinem Umgang mit diesen sehen können, dass er sich solche aussucht, die ihn lieben und ihrerseits eine Beziehung zu ihm wollen. Richtet sich sein primäres Interesse auf die Gesetzgebung, auf Rituale, Regeln und Theologie, um dadurch den Menschen zu zeigen, wie sie richtig leben und ihm rechten Lobpreis entgegenbringen können, so wird sich auch das in seiner Auswahl von Menschen und seinem Umgang mit ihnen niederschlagen. Die Beziehung zu Adam und Eva, derer Gott sich erfreute, haben wir schon angesehen; jetzt aber wollen wir noch einige „wichtige Leute" mehr in den Blick nehmen, um zu sehen, welche Hinweise wir dafür entdecken können, weshalb Gott sie erwählte und was ihren Umgang mit Gott charakterisierte. Wir schauen uns nur ein paar der Allerwichtigsten an: Henoch, Noah, Abraham, Mose und David.

Henoch – der mit Gott wandelte

Kurz erwähnt haben wir ihn schon mal, es lohnt aber näheres Hinschauen. Wir wissen nur wenig über diesen bemerkenswerten Mann, aber was wir erfahren, ist verblüffend. Henoch, der Siebte nach Adam, *wandelte* mit Gott. Aber das Ergebnis dieses Wandels war, dass Gott ihn zu sich nahm – ohne dass er starb! Offenkundig lebte Henoch ein (in Gottes Augen) so attraktives Leben, dass Gott es im Himmel nicht aushielt, ohne ihn an seiner Seite zu haben, und ihn direkt zu sich nahm. In Hebräer 11,5 heißt es: *„denn vor der Entrückung hat er [Henoch] das Zeugnis gehabt, dass er Gott wohlgefallen habe"*. Es war kein heroischer Akt, auch kein Akt irgendeines großen Opfers, sondern eher die Folge dessen, dass er täglich Gott liebte und dieser Liebe den anderen Menschen gegenüber Ausdruck verlieh, was ihn für den Herrn unwiderstehlich machte.

Noah – der in seiner Generation gerecht und ungeteilten Herzens war

Noah und seine Angehörigen wurden als Einzige von allen, die seinerzeit auf der Erde lebten, gerettet. Gott wurde auf ihn aufmerksam und entschied sich, ihn zu retten, so viel ist klar – aber auf welcher Grundlage? Wir lesen: *„Noah war ein gerechter Mann, untadelig* [durch und durch gerecht] *war er unter seinen Zeitgenossen; Noah lebte mit Gott"* (1 Mo 6,9).[8] Noah war nicht sündlos, aber gerecht – bezogen darauf, wie er sein Leben vor Gott und den anderen Menschen führte: Er suchte das zu tun, was in Gottes Augen recht war –, und er wandelte mit Gott. Außerdem war er in allem, was Gott ihm auftrug, absolut gehorsam.

In Jakobus 4,6 heißt es: *„‚Gott widersteht den Hochmütigen, den Demütigen aber gibt er Gnade.'"* In Noahs Gehorsam sehen wir zugleich seine Demut. Also empfing Noah Gunst und Gnade von Gott aufgrund seiner Demut. Eine weitere Sache, die wir hier festhalten sollten, ist, dass Noah mit Gott im Gespräch war. Er hatte Gott gesucht und gelernt, seine Stimme zu hören. Das ist ein Bild dafür, dass er mit Gott wandelte, und bekundet deutlich, dass er tagein und tagaus in enger Gemeinschaft mit Gott lebte. Noahs Leben zeigt uns, dass Gott auf Menschen eingeht, die in Gehorsam, Demut und Gerechtigkeit leben – und auf solche, die eine Beziehung zu ihm haben.

Abraham – der „Freund Gottes" und Vater aller, die glauben

Dieser Mann wurde von Gott zum Vater aller erwählt, die glauben und die man Israel, sein Glaubensvolk, nennen würde. Sein Leben und sein Umgang mit Gott müssen etwas aufzeigen, das Gott in uns allen sucht; sonst wäre diese Aussage Gottes bedeutungslos. Was also machte Abraham, das so fundamental und vorbildlich war, dass Gott ihn ansah und sagte: „Genau das ist es, wonach ich

---

[8] Man könnte diesen Vers auch in dem Sinne verstehen, dass Noah seinem genetischen Erbe nach rein war, d. h., er war in keiner Weise Abkömmling der Nephilim. Wie dem auch sei, fest steht jedenfalls, dass Noah in seiner Lebensweise dem Herrn wohlgefiel.

gesucht habe! Jeder, der mir gefallen möchte, muss genau so leben!"

Nirgendwo wird uns gesagt, dass Abraham als Jurist arbeitete oder ein Richteramt innehatte. Nichts erfahren wir über seine Ausbildung, und er war auch kein Nachkomme von Priestern oder sonst jemandem, dessen Name ihn zu etwas Besonderem qualifiziert hätte. Es war auch nicht so, dass Gott ihm eine Liste mit Anweisungen gegeben hätte, die er befolgen sollte, und dann genau aufpasste, ob er irgendwelche Fehler machte. Er sagte Abraham noch nicht einmal, was er glauben sollte, um ihn dann dahingehend zu prüfen, ob er sich auch alles korrekt eingeprägt hatte.

Stattdessen sehen wir, dass Gott von Anfang an zu ihm redete. Die erste Qualifikation, die wir entdecken, ist die, dass Abraham gelernt hatte, Gottes Stimme zu hören. Mag sein, dass diese Stimme vom Himmel herabdonnerte. Mag sein. Manchmal redet Gott auf diese Weise, aber das geschieht extrem selten. Normalerweise spricht er so, dass wir es überhören, wenn wir unser Herz nicht darin geübt haben, ihn zu kennen und das leise innere Flüstern wahrzunehmen. Da wir gewiss sein dürfen, dass Gott sich nicht verändert, darf man gut und gerne sagen, er zieht es immer noch vor, nur dann zu sprechen, wenn wir ruhig genug werden, um zuzuhören – er kennt einfach die Menschen. Und selbst dann spricht er stets noch leiser als unsere eigene innere Stimme, sodass wir uns auf ihn konzentrieren müssen, um ihn zu hören. Weder Gott noch die Menschen haben sich sehr geändert. Also hatte Abraham irgendwann gelernt zu hören, das heißt, er muss sich Zeit fürs Gebet und die Stille vor Gott genommen haben.

Falls das Buch Jaschar zuverlässig ist, liefert es uns den Schlüssel insofern, als es berichtet, dass Abraham als Kind von seinem Vater, dem obersten General der Armee Nimrods, im Verborgenen gehalten wurde, um sein Leben zu retten. Bei der Geburt Abrahams erging eine Prophetie, welche Nimrod den Knaben fürchten ließ, sodass er Terach befahl, seinen Sohn zu töten. Nachdem Abraham sich jahrelang in einer Höhle verborgen gehalten hatte, schickte Terach ihn schließlich weg, damit er im Hause Noahs und Sems aufgezogen würde, welche strikt biblischer Chronologie zufolge zu dieser Zeit noch am Leben waren. Noah und Sem wurden Priester der Gerechtigkeit genannt und unterwiesen, dem Buch Jaschar zufolge, Abraham in der Gotteserkenntnis.[9]

Je mehr Abraham in seiner Gottesbeziehung wuchs, auf umso schwierigere Vertrauensproben stellte der Herr ihn. *Vertraust du mir genug, um alles hinter dir zurückzulassen, was dir vertraut ist? Traust du mir zu, dass ich dich unter denen beschütze, die dir nach dem Leben trachten werden oder auch nach deiner Frau? Vertraust du mir, wenn ich dir sage, ich werde dir einen Sohn geben (woraufhin 25 lange Jahre des Wartens verstrichen)? Vertraust du mir, wenn ich dir sage, du sollst ihn auf einem Altar opfern, wodurch scheinbar all die schwierigen Jahre sinnlos waren und ich in meiner Güte sogar deinen Glauben bis auf die Grundfesten erschüttere?* Vertrauen steht im Zentrum von Beziehung und Liebe. Also nannte Gott Abraham den Vater des Glaubens und aller Menschen, die Glauben an Gott haben, denn Abraham hatte sich entschieden zu glauben und Gott ungeachtet alles Sichtbaren und jeglicher Umstände zu vertrauen.

Vielleicht enthält Jakobus 2,23 die ausschlaggebende Charakterisierung Abrahams: „*... er wurde ‚Freund Gottes' genannt.*" Das Original, aus dem Jakobus zitiert, sagt es noch pointierter. Jesaja gab Gottes Reden so wieder: „*Du aber, Israel, mein Knecht, Jakob, den ich erwählt habe, du Spross Abrahams, meines Geliebten ...*" (Jes 41,8 Lu84).[10] Was üblicherweise mit „Freund" übersetzt wird, ist im Ursprungstext das Wort אֹהֵב (*ahev*), eine Ableitung von אַהֲבָה (*ahavah* = Liebe). *ahev* ist aber nicht das gewöhnliche Wort für „Freund". Die Konnotation ist eher die eines „Geliebten"[11] als die eines bloßen „Freundes". Was für eine gewaltige Beschreibung von Abrahams Beziehung zu Gott!

Worin also bestanden Abrahams Qualifikationen, dass er das Vorbild für Gottes Glaubensvolk sein konnte? Er war Gottes Freund. Er kannte ihn. Er vertraute ihm. Er gehorchte. Er liebte Gott. Er war gläubig und treu.

---

[9] Das Buch Jaschar wird in Jos 10,13 erwähnt und in 2 Sam 1,18-19 zitiert. In alttestamentlicher Zeit galt es als vertrauenswürdige Geschichtsüberlieferung. Inwieweit die bis heute erhalten gebliebene Version zuverlässig ist, ist umstritten.

[10] Vgl. auch 2 Chr 20,7: „Freund" = *ahev*.

[11] Gesenius' Wörterbuch (17. Aufl. 1915, S. 12) gibt als Äquivalent „liebender Freund" an. – Anm. d. Übersetzers.

Mose – der demütigste Mensch auf dem Erdboden

Warum erwählte Gott Mose? Mose beschrieb sich selbst, vor seinem brennenden Dornbusch stehend, als dürftigen Redner und alles andere als erste Wahl für den Befreier Israels. Nichtsdestotrotz ist klar, dass Gott höchstselbst Mose schon lange vor diesem Geschehen auf die Rolle, die er spielen sollte, vorbereitet hatte. Als Säugling wurde er durch ein Wunder vor dem Pharao gerettet und dann im Hause des Pharaos selbst als privilegiertes Mitglied der königlichen Familie aufgezogen. Dem jüdischen Historiker Josephus aus dem 1. Jahrhundert zufolge wurde er in den Künsten der Kriegführung und der Politik unterwiesen und sammelte Erfahrungen als Kommandeur der ägyptischen Armee im Krieg gegen die Äthiopier. Aber ist das der Grund dafür, dass Gott ihn erwählte?

Ganz gewiss dürfen wir nicht die Tatsache übersehen, dass Gott ihn schon vor seiner Geburt auserwählt hatte und durch sein souveränes Einwirken all diese Faktoren beeinflusste, sodass sie sich in seinem Leben auswirkten. Jedoch sehen wir im Römerbrief, dass Gott die erwählt, die er im Vorhinein erkannt hat (vgl. Röm 8,29) – so als sähe er aus seiner Ewigkeitsperspektive direkt ins Herz der Menschen –, und dann Himmel und Erde dienstbar macht, ihr Werk an dem Betreffenden zu tun, um ihn so zu gestalten und zu formen, dass er die richtigen Entscheidungen fällt, Entscheidungen, die ihn in die Art von Mensch verwandeln, die Gott nur allzu gern gebrauchen möchte, um jene großen Dinge zu tun, die in jeder Generation nötig sind. In einer solchen Person fallen Prädestination und freier Wille des Menschen harmonisch zusammen.

Von Mose werden verblüffende Dinge ausgesagt. *"Und der HERR redete mit Mose von Angesicht zu Angesicht, wie ein Mann mit seinem Freund redet"* (2 Mo 33,11). Gott selbst zog einen Vergleich zwischen seiner Beziehung zu Mose und der, die er zu seinem Hohepriester Aaron hatte:

> *Wenn ein Prophet des HERRN unter euch ist, dem will ich mich in einer Erscheinung zu erkennen geben, im Traum will ich mit ihm reden. So steht es nicht mit meinem Knecht Mose. Er ist treu in meinem ganzen Haus; mit ihm rede ich von Mund zu Mund, im Sehen und nicht in Rätselworten, und die Gestalt des HERRN schaut er* (4 Mo 12,6-8).

Ganz klar stellt der Herr hier Beziehung über Formen und Regeln. Aaron hatte er zum Hohepriester für das ganze Volk erwählt, und doch konnte er nur gemäß der Regeln mit ihm umgehen, wohingegen der Mann, der ihn *kannte*, ganz natürlich mit ihm sprechen konnte.

In demselben Textabschnitt wird Mose als „sehr demütig, mehr als alle Menschen, die auf dem Erdboden waren", beschrieben, was uns erneut in den Blick rückt, wonach Gott bei ihm Ausschau hielt – zumal uns Jesaja 66,2 ganz ähnlich sagt: *„Aber auf den will ich blicken: auf den Elenden und den, der zerschlagenen Geistes ist und der da zittert vor meinem Wort."* Mose begann seinen „Weg zur Größe", indem er versuchte, die Befreiung Israels aus seiner eigenen Kraft zu erreichen, was ganz fürchterlich schiefging. Im Lauf von vierzig Jahren mit den Schafen in der Wüste bearbeiteten die Einsamkeit und der Geist Gottes sein Herz, um ihn zu zerbrechen und ihm alle Selbstgenügsamkeit zu nehmen. Das geringe Selbstbild, das er bei der Begegnung am brennenden Dornbusch zur Schau trug, macht klar, dass er sich nicht mehr auf seine Ausbildung und seine Fähigkeiten stützte. Nach wie vor bedurfte der Diamant der Politur, und doch war er jetzt erstmals und endlich in der Lage zu führen, weil er ein sanftmütiger, demütiger Mann geworden war, der auf den Herrn hörte und gehorchte. Er war dahin gelangt, den Herrn zu kennen, und hatte die Furcht des Herrn erlernt. In seiner Demut wurde er zu einem solchen Mann, wie Gott ihn suchte. Nichts von alledem hat mit den Leistungen an sich zu tun, die er erbrachte, ebenso wenig wie mit seiner Loyalität den gegebenen Regeln, Lehren oder Gesetzen gegenüber. Es lag ausschließlich an seinem Gehorsam gegen die Stimme Gottes. Und genau das war es, was Gott in ihm suchte.

David – der Mann nach dem Herzen Gottes

So oft betrachten wir David als den großen Helden, als den, der Goliath dank seines gigantischen Glaubens überwand, der den 23. Psalm und so viele andere Psalmen schrieb, der gehorsam und gerecht vor Gott war. Wir sehen ihn als den größten König Israels, den König des goldenen Zeitalters Israels, der dessen Grenzen weit hinausschob, und als denjenigen, der die Pläne für den Tempelbau entwarf und die Vision seiner Errichtung hatte. *Aber wieso erwählte Gott David, und was machte ihn so groß in Gottes Augen?* In aller Eindeutigkeit beantwortet der Herr diese Frage durch den Mund Samuels:

> Der HERR hat sich einen Mann gesucht nach seinem Herzen, und der HERR hat ihn zum Fürsten über sein Volk bestellt; denn du [Saul] hast nicht gehalten, was der HERR dir geboten hatte (1 Sam 13,14).

Gott suchte nach einem Mann, der seinem, Gottes, eigenen Herzen wohlgefiel. Was bedeutet das? Offenkundig hat es mit Gehorsam zu tun, denn Saul wurde zurückgewiesen, weil er nicht eingehalten hatte, was ihm befohlen worden war.

Wenn wir Davids Leben anschauen, finden wir jedoch keineswegs einen Mann, der sich in puncto Gehorsam besonders auszeichnete. Wenn Sie sich vor Augen halten, dass David log (vgl. 1 Sam 21,2), in unmittelbarem Ungehorsam gegen Moses Gebot für künftige Könige polygam lebte, Ehebruch beging, sich eines Mordkomplotts schuldig machte, nach Feldzügen Unschuldige abschlachtete sowie stolz und hartnäckig die Bitte seines Befehlsgebers ignorierte, eine Volkszählung, von der er eindeutig wusste, dass sie falsch war, und die zum Tod Tausender führte, nicht anzusetzen – wenn man all das in Rechnung stellt, sieht es nicht so aus, als hätte der Herr mit diesem Mann den richtigen erwählt. Mit anderen Worten: Es wäre nicht gerade ein schlagender Beweis für Gottes Durchblick in Sachen menschliches Herz, *wenn Gehorsam allein die Hauptsache gewesen wäre, nach der er suchte.*

Was also war es, das Gott in Davids Herz fand und das ihn begeisterte? Erstens, er fand einen Mann, der seine Gebote *hielt.* Mag sein, dass David nicht allezeit perfekten Gehorsam übte, doch wenn er zurechtgewiesen, seine Aufmerksamkeit auf seine Sünde gelenkt wurde, tat er stets sofort Buße – das macht deutlich, dass er Gottes Gebot in seinem Herzen bewahrte und ehrte.

Genau das meint die oftmals wiederholte biblische Ermahnung, das Gesetz bzw. die Gebote zu „halten". Das Wort שָׁמַר (*šamar*, „halten") meint seinem ursprünglichen Sinn nach: etwas einfassen, einfriedigen, so wie wenn man eine dornige Hecke um etwas herum pflanzt, etwas Wertvolles schützen. Es bedeutet etwas bewahren, eifersüchtig darüber wachen, es ehren und schützen.

Wenn wir Gottes Wort in unserem Herzen „halten", wachen wir eifersüchtig darüber, um sicherzugehen, dass es uns fortwährend vor Augen steht; wir ehren und befolgen es. *Ein Gebot halten* bedeutet nicht, dass wir niemals einen Fehler machen bzw. das Gebot niemals brechen. Es bedeutet, wir ehren und bewahren es in unserem Herzen, sodass wir, wenn wir es brechen und dann erkennen, was wir getan haben, sofort umkehren und von ganzem Herzen Buße tun. Und genau das war die Lebensgewohnheit Davids.

Zweitens wusste er um die Emotionen des Herzens Gottes. Besser als jeder andere verstand David die Tiefe der Leidenschaft, die Gott in seinem Herzen für ihn hegte. Das wird uns immer und immer wieder in seinen Psalmen vermittelt. Es war für ihn über jeden Zweifel erhaben, dass der Herr ihn leidenschaftlich liebte – das wusste er mit dem Herzen, nicht mit dem Kopf. Deshalb wusste er auch, als er gesündigt hatte, dass er direkt in Gottes Arme laufen konnte – er lief nicht von Gott weg, wie wir es so oft tun. Vielleicht war es mehr als alles andere dies, was Gott meinte, als er Samuel sagte, dass dieser David ein Mann nach seinem ureigenen Herzen sein würde.

Gewiss lernte David Gottes Herz so gut kennen wie nur wenige andere. Er schwelgte in der Liebe, die der Allmächtige zu ihm hegte. Nachts, während er auf seinem Bett meditierte, hörte er die Stimme des Allerhöchsten zu sich reden. David unterhielt eine innige Beziehung zu seinem Schöpfer, eine Beziehung, die ihren Anfang nahm, als er in seiner Jugend mit den Schafen draußen war, und sich auch dann nicht veränderte, als er wie ein Krimineller gejagt wurde: *„Gott, mein Gott bist du, nach dir suche ich. Es dürstet nach dir meine Seele, nach dir schmachtet mein Fleisch in einem dürren und erschöpften Land ohne Wasser"* (Ps 63,2[12]). David war ein Mann der Liebe, der Buße, der Rechtschaffenheit und der Gottesfurcht. Dabei war er aber gar nicht so sehr ein Vorbild vollkommenen Gehorsams, und ich bin irgendwie froh darüber, dass er das nicht war, weil das denjenigen unter uns Hoffnung macht, deren Gehorsamserfolge mit ihrer Herzenssehnsucht, gehorsam zu sein, nicht ganz mithalten kann.

---

[12] Diesen Psalm verfasste David, während er sich in der Wüste vor Saul verbarg.

Wieso erwählte Gott David? Wegen seines Herzens, das stets danach strebte, diesen Gott, der ihn so tief liebte, leidenschaftlich wiederzulieben – und weil er Gott wirklich glaubte, als dieser sagte, er liebe ihn.

Was haben wir aus der Untersuchung der bedeutenden Menschen der Heiligen Schrift gelernt? An jedem von ihnen entdecken wir ähnliche Eigenschaften. Ja, anhand ihrer Vorbilder können wir bestimmen, was es ist, wonach Gott bei der Menschheit sucht, was uns wiederum verdeutlicht, dass es genau diese Dinge sind, auf die er mit unserer Schöpfung hinzielt. Und wir haben ja nicht nur diese Beispiele für das, was der Herr sucht, sondern er selbst hat es in folgenden Versen niedergelegt:

> *‚Man hat dir mitgeteilt, Mensch, was gut ist. Und was fordert der HERR von dir, als Recht zu üben und Güte zu lieben und bescheiden zu gehen mit deinem Gott?"* (Mi 6,8).
>
> *Denn des HERRN Augen durchlaufen die ganze Erde, um denen treu beizustehen, deren Herz ungeteilt auf ihn gerichtet ist* (2 Chr 16,9a).
>
> *Ich liebe, die mich lieben; und die mich suchen, finden mich* (Spr 8,17).

Der Herr sucht nach Menschen, die ihn lieben, die sich mit ganzem Herzen nach ihm sehnen und die diese extravagante Liebe Gottes, die er auch in ihre Herzen hineinlegt, auf ihren Umgang mit anderen Menschen anwenden. Ist das nicht genau das, was Jeschua seinen Jüngern sagte, und zwar sowohl als Zuspruch an sie wie auch als Befehl, der ihnen galt:

> *Ihr seid meine Freunde, wenn ihr tut, was ich euch gebiete* (Joh 14,15).
>
> *Ein neues Gebot gebe ich euch, dass ihr einander liebt, damit, wie ich euch geliebt habe, auch ihr einander liebt* (Joh 13,34).

Wieso haben wir so viel Zeit darauf verwendet, uns diese Leute anzuschauen und über den Gedanken zu reflektieren, dass Gottes Motiv Liebe war? Weil wir Folgendes tief verinnerlichen müssen: Der Grund für absolut alles, das Herzstück der Theologie und der

Wegweiser, um Gott und seine Werke verstehen zu können, ist diese ihn umtreibende Motivation seiner Liebe zu uns und seine Sehnsucht nach Gemeinschaft mit uns. Er möchte aus uns ein großartiges Volk mit einer Bestimmung machen: seine Braut. Die ganze Geschichte dreht sich letztlich um die Zubereitung dieser Braut Jeschuas.

KAPITEL 2

Die Rolle Israels

Wenn wir einen wirkungsvollen Wechsel vom griechischen zum hebräischen Denken bewerkstelligen wollen, müssen wir erfolgreich in den schwierigen Gewässern navigieren, die sich auftun, wenn wir verstehen wollen, mit welcher Absicht Israel ins Leben gerufen wurde – denn Israel ist die Quelle des *Hebräischen* am hebräischen Denken! Wir müssen begreifen, wieso Israel eine Notwendigkeit im Handeln Gottes an den Menschen war und worin seine bis heute fortdauernde Bedeutung besteht.

Typischerweise neigen nichtjüdische Gläubige zu einem von zwei Extremen: Entweder sie verherrlichen Israel, oder sie geben ihm keine Beachtung. Dies hat normalerweise mit den jeweiligen Erwartungen in Bezug auf die Endzeit zu tun. Anhänger einer dispensationalistischen Theologie und eines futuristischen Endzeitszenarios mit einem Antichristen, der einen Tempel errichtet und einen siebenjährigen Frieden ausruft, unterstützen meist Israel, aber viele tun das auf eine Weise, die den Israelis wie auch den säkularen Medien klarmacht, dass diese Israel-Unterstützung in erster Linie dem Zweck dient, das Endzeitgeschehen zu „beschleunigen", damit sie, die Gläubigen, so bald wie möglich entrückt werden können. Seien wir ehrlich: Für den Leib des Messias ist das nur peinlich und es ist offensichtlich selbstsüchtig. Diese Leute haben eine Dichotomie (Aufspaltung) zwischen dem „früheren" dispensationalistischen Werk Gottes (Israel) und dem „gegenwärtigen" Werk Gottes (der Gemeinde) sowie dem „zukünftigen" Werk Gottes (abermals Israel für die sieben Jahre der Bedrängnis) konstruiert. Da Israel für ihr Verständnis des Zukünftigen unerlässlich ist, bejubeln sie jedes Ereignis, das mit Israel zu tun hat, aber nicht aus einer Beziehungsperspektive, wie Gott sie einnimmt, indem er den Tag der Rückkehr der Juden zu ihrem Messias herannahen sieht, sondern aus der Hoffnung heraus, durch das betreffende Geschehen dem Himmel und der ewigen Herrlichkeit einen Schritt näherzukommen.

Die Anhänger anderer eschatologischer Szenarien schlagen oft einen anderen Weg ein. Manche gehen davon aus, dass Israel seit der Einführung des Neuen Bundes keinen Deut mehr Gewicht hat als jede andere Nation auch, weil sie entweder nicht an eine kommende Millenniumszeit glauben oder der Meinung sind, die ganze Offenbarung Gottes sei bereits im 1. Jahrhundert mit der Zerstörung Jerusalems zur Erfüllung gelangt. Ob wir es schaffen, unsere Lieblingstheorie mal einen Augenblick außer Acht zu lassen, um uns eine aufschlussreiche Frage zu stellen? Wenn Israel in Gottes Augen verglichen mit anderen Völkern keinerlei Besonderheit hat – eine Überzeugung, die oft mit der biblischen Bekundung gerechtfertigt wird, dass es in Christus keinen Unterschied zwischen Juden und Griechen gibt (vgl. Röm 10,12; Gal 3,28; Kol 3,11[1]) –, was sagt uns das über Gott selbst? Ist es denkbar, dass Gott ein Volk seinen ureigensten Schatz nennt, sich selbst mit diesem Volk verlobt, um es zu ehelichen, es *gebraucht*, um seine Heilsabsichten für die Welt ins Werk zu setzen, und es dann einfach wegwirft, nachdem es in Unglauben und Sünde gefallen ist? „*... die Gnadengaben und die Berufung Gottes sind unbereubar*" – mit diesem Satz reagiert Paulus in Römer 11,29 auf solcherlei Ideen und streicht in aller Deutlichkeit heraus, dass Gott Israel keineswegs verworfen hat.

Denken Sie einmal darüber nach. Hätte Gott Israel verworfen oder hätte er es auf den „Genau-wie-alle-anderen-Völker-auch"-Misthaufen der Geschichte geworfen, wie würde sich das auf unser Vertrauen zu ihm heute auswirken? Welch eine Person wäre er, hätte er Israel *benutzt* und dann weggeworfen, weil es seinen Erwartungen nicht vollauf genügte? Umso mehr, als das, was sich

---

[1] Alle diese Verse handeln von unserer Annahme durch Gott und von den Dingen, durch die wir uns auseinanderdividieren lassen: In all diesen Dingen gibt es vor Gott keinen Unterschied mehr. Wir sind allesamt angenommen, geliebt und zugehörig. Diese Verse handeln aber nicht vom Status Israels als erwähltes Volk Gottes.

die sichtbare Kirche in der Geschichte geleistet hat, sich *schlimmer* darbietet als die Verfehlungen Israels? Wir müssen daran denken, dass Gott in erster Linie weder theologisch noch organisationsbezogen ist: Er ist beziehungsorientiert.

Ich liebe Israel nicht um dessentwillen, was es für mich tun kann – z. B. die Wiederkunft des Herrn näherrücken lassen –, sondern weil ich den Herzschlag meines Vaters für mein entfremdetes Familienmitglied spüren kann. Israel *ist* etwas Besonderes für den Herrn. Und ich bin es auch! Mit den Worten des Paulus: die Zweige sind herausgebrochen worden, aber sie können wieder eingepfropft werden. Im Unglauben betrachten sie sich als Feinde Jeschuas, aber ich glaube, in seinem Herzen erfreut er sich schon jetzt des Tages, an dem sie heimkehren und mit uns zusammen als Gottes wiederhergestelltes Israel ihren vollen Raum einnehmen werden. Und das ist eine Beziehungssache – wie im Grunde immer, wenn es um Gottes Handeln mit uns geht. Die Pläne und Ziele, die in Gottes Geschichte eine Rolle spielen, sind weit mehr *im Fluss* und miteinander verwoben, als unsere theologischen Strukturen es uns wahrhaben lassen.

Ehe wir also die Gottesbünde betrachten, müssen wir uns diese zweite große Zielsetzung Gottes genauer anschauen. Die Frage „Wieso brauchte Gott Israel im Fluss der Geschichte?" ist ausgesprochen wichtig, bevor wir uns sehr detailliert den Bünden Gottes mit diesem Volk zuwenden. Denn schließlich muss man doch fragen: Wenn das Kreuz für die Geschichte zentrale Bedeutung hat, wieso wurde es dann nicht schon ganz zu Anfang eingeführt? Wozu das lange Warten? Warum tat der Vater sich im Lauf der vielen Jahre, in denen er darauf wartete, dass Israel ihn liebte und ihm gehorchte, so viel Pein an? Wieso ertrug er so viel Ablehnung und Schmerz?

Wieso Israel?

Vor einigen Jahren arbeitete ich in einem Team mit, das in Süddeutschland unter Flüchtlingen und Asylsuchenden evangelisierte. Wir hatten einige Kurzzeit-Missionare aus Texas bei uns und suchten Flüchtlingsunterkünfte auf. Dort teilten wir Bibeln in verschiedenen Sprachen aus und versuchten, mit den Bewohnern in ein sinnvolles Gespräch zu kommen. Ich betrat eine Unterkunft, die von indischen und pakistanischen Sikhs belegt war. Sie waren sehr freundlich, aber niemand von ihnen sprach gut genug Deutsch oder Englisch, um sich über mehr als das Allereinfachste verständigen zu können. Nachdem ich jedem von ihnen eine Bibel gegeben hatte, erwähnte einer von ihnen, im ersten Stock schlafe ein Mann, der gut Englisch spreche. Als dieser Mann nach unten kam, nahm er nur allzu gern die Gelegenheit wahr, sich eine Weile mit mir zu unterhalten.

Aus reiner Neugierde fragte ich ihn, was ein Sikh glaubt. Diese Frage schien ihm zu gefallen, und die nächste Dreiviertelstunde brachte er damit zu, den Sikh-Glauben zu erläutern. Ihr wichtigster Glaubensinhalt ist, dass man langes Haar haben soll, das mit einem speziellen Kamm zusammengehalten wird. Außerdem soll man ein Schwert, einen Turban und spezielle Unterwäsche tragen. Ich versuchte den Mann zu bewegen, mir etwas über seinen Gottes- oder auch Götterglauben, seine Lebensphilosophie und dergleichen mitzuteilen, aber er schien einfach nicht über die Unterwäsche hinauszukommen. Schließlich deutete er vage an, die Sikhs hätten bestimmte Propheten, sonst aber gleiche ihr Glaube dem der Hindus. Dann sah er mich mit interessiertem Blick an und fragte: „Und was glauben Sie?"

Das musste er mich nicht zweimal fragen! Die folgende Dreiviertelstunde verging damit, dass ich ihm von Gottes Liebe von der Schöpfung bis zum Kreuz und durch die Kirchengeschichte hindurch erzählte. Als ich ihm zu erzählen begann, merkte ich, dass er nicht die geringste Ahnung vom Christentum hatte. Jegliches „Gottesbild" in ihm war geprägt durch seine Erziehung im Hinduismus und Sikhismus, die nur eine Vielzahl individueller und kapriziöser Götter kennen. Also musste ich bei der Wahrheit ansetzen, dass es nur einen einzigen Gott gibt, der sich aber in drei Personen offenbart. Dann schilderte ich die Schöpfung, und schließlich kam ich zu Abraham und Israel. Wenn du mit jemandem sprichst, der keinen jüdisch-christlichen Hintergrund hat, musst du erst mal einen Szenenhintergrund ausmalen, der den Zuhörer befähigt, die Wahrheit so aufzufassen, wie Gott sie sieht. Ein Volk, das Gott erlebt hat, kennt diesen Hintergrund ja schon – sowohl die Segnungen des Wandels mit ihm als auch den unüberbietbaren Schmerz der Rebellion.

Genauso musste auch der Herr für das Kommen des Messias erst einmal die Bühne bereiten. Er konnte unmöglich in die kanaanitische Kultur mit ihren vorherrschenden religiösen Ritualen der Tempelprostitution hineingeboren werden. Das hätte definitiv zu einem Missverstehen der Liebe Gottes geführt. Doch auch in die Kulturen der Griechen und Römer konnte der Messias nicht hineingeboren werden, waren doch auch diese Kulturen gesättigt von einer Vielzahl launenhafter Götter und Göttinnen, die ebenso mit sich selbst beschäftigt wie sinnlich-erotisch veranlagt waren und ständig beschwichtigt werden mussten. In einer solchen Kultur wäre das Wesen Gottes – ganz zu schweigen von seiner Heiligkeit – voll und ganz durch eine Denkweise ausgehöhlt worden, in der man seine Worte und Werke gemäß dem aufgefasst hätte, was man von jeher gedacht hatte, anstatt sie so zu verstehen, wie sie verstanden werden wollten.

Nur in eine Kultur, die – durch Schmerz und Wunder – die Heiligkeit, den Charakter und die Wahrheit über Gott kannte und darstellte, konnte Jeschua kommen. Und selbst war es für das Volk schwer, ihn zu verstehen und anzunehmen! Da jedoch das Volk Israel über die ganze Welt zerstreut worden war und es in fast jeder Stadt jüdische Gemeinschaften gab, waren die Lebensweise und Glaubensinhalte der Juden im Allgemeinen bekannt. Von daher konnten die frühen Apostel und Missionare auf den Glauben Israels, seine Vorstellungen von nur einem Gott und von Heiligkeit Bezug nehmen, und die Heidenwelt wusste, wovon die Rede war.

Nach meinem Schnelldurchgang durch die Geschichte schwieg mein Sikh-Bekannter. Dann fragte er vorsichtig: „Steht von alledem irgendwo was geschrieben? Und gibt's nicht gleich da hinten eine Kirche? Darüber würde ich gern mehr hören." Ich grinste und zog eine Urdu-Bibel für ihn aus der Tasche ...

Dem Messias den Weg bereiten

Natürlich gibt es mehr Gründe für die Existenz Israels als nur den, den kulturellen Rahmen zu bilden, um Gott zu verstehen. Aber es war dieser Rahmen, in dem der Herr durch seine Interaktion mit seinem Volk offenbaren konnte, wer er ist. Wie schon erwähnt, ist die Heilige Schrift dank des ihr zugrunde liegenden hebräischen Denkens ein erzählendes Buch, das uns zeigt, wie wir leben sollen, also den Weg des Lebens markiert. Dafür gibt es einen guten Grund, zumindest wenn man es aus der Perspektive betrachtet, was ich als Ziele Gottes ansehe. Wenn sein Hauptziel darin besteht, sich ein Volk zu schaffen, das ihn liebt und sein Wesen und seine Güte teilt, und wenn diese Beziehung das ist, was ihn motiviert, dann kann eine erzählende Beschreibung dessen, wie andere Menschen Gott erlebt haben, weit mehr bewirken als eine theologische Abhandlung. Mit den Worten des Paulus:

> *Denn alles, was früher geschrieben ist, ist zu unserer Belehrung geschrieben, damit wir durch das Ausharren und durch die Ermunterung der Schriften die Hoffnung haben* (Röm 15,4).

Durch dieses Volk konnte Gott sich also den Menschen anderer Kulturen ebenso vorstellen wie uns, die wir erst noch geboren werden sollten, indem er uns durch sein dynamisches Interagieren mit den Israeliten zeigte, wer er ist, worin seine Werte bestehen und was er wünscht.

Von der Warte der Ziele Gottes her betrachtet, erkennen wir also gleich zwei der Hauptgründe dafür, dass er sich Israel aus allen Nationen erwählte, damit es ein für ihn abgesondertes Volk sei: Erstens würde er durch Israel die Erlösung der ganzen Welt bewirken. Und zweitens würde er mit Israel ein heiliges Volk besitzen, sein heiliges Volk auf Erden, das Volk, das er zu seinem Gegenüber, seiner Braut, seiner Frau machen würde.

Israels Erlösungsmission

Jeschua sagte es in aller Deutlichkeit: *„Ihr betet an, was ihr nicht kennt; wir beten an, was wir kennen, denn das Heil ist aus den Juden"* (Joh 4,22). Gottes Heil, sei es nun gemeinschaftlich oder individuell, hat seinen Ursprung in Israel. Gottes Umgang mit dieser Welt zielt zuerst und zuvörderst auf Israel und richtet sich sodann durch Israel an die übrige Welt. Zuerst dient der Herr denen, die sein Volk sein sollen, indem er ihnen die Mittel zur Verfügung stellt, Vergebung zu erlangen, von der Sklaverei der Sünde befreit zu werden, vor ihm gerechtfertigt und zu einem Volk verwandelt zu werden, das ihm abgesondert ist. Das tat er durch Israel, indem er Israel erwählte, das Volk zu sein, aus dem der Erlöser kommen würde, der dann auch sie erretten würde. Dies ist der Kernpunkt des israelitischen Messiasglaubens. Jahwe erwählte sich selbst ein Volk und erteilte ihm die Berufung, für ihn abgesondert zu sein. Dann redete er zu diesem Volk immer wieder durch dessen eigene Propheten, dass aus ihnen einer hervorgehen werde, der Retter des Volkes Gottes sein werde. Diese sagten jeden Aspekt seiner Person und seines Dienstes voraus, damit das Volk ihn würde erkennen können, wenn er käme.

Aus diesem Grund beginnt das Matthäus-Evangelium mit einer Genealogie. Dieser Stammbaum ist nicht nur ein historisch-kulturelles Dokument, über das man rasch hinwegliest, um zur eigentlichen Geschichte zu kommen. Ohne diese Genealogie fände man im Neuen Testament überhaupt keinen Messias – aus dem einfachen Grund, dass dieser israelitisch sein, aus dem Stamm Juda, und zwar dem Haus Davids, kommen und in Bethlehem geboren werden musste. Würde Jeschua nicht all diese Kriterien erfüllen, könnte er nicht der Messias sein. Genau das las der äthiopische Eunuch in seiner Jesajarolle:

> Er wurde wie ein Schaf zur Schlachtung geführt, und wie ein Lamm stumm ist vor seinem Scherer, so tut er seinen Mund nicht auf. In seiner Erniedrigung wurde sein Gericht weggenommen. Wer aber wird sein Geschlecht [γενεὰ (genea)] beschreiben? Denn sein Leben wird von der Erde weggenommen (Apg 8,32-33[2]).

Der Hauptgedanke dieser Textpassage ist die Frage nach der Beschreibung seiner Abstammung, also seiner *genealogischen* (von γενεὰ - Geschlecht, Generation) Herkunft.[3]

Das ist von ausschlaggebender Bedeutung, denn ohne seine jüdische Genealogie ließe sich nicht nachweisen, dass es sich bei Jeschua um den Messias handelt. Die bei Matthäus und Lukas vorfindlichen Genealogien proklamieren Jeschua als den Messias, den Erben Davids, des Königs Israels, auf dessen Thron der Messias sitzen wird, welcher aus Abraham hervorging, dem Vater des Volkes Israel. Erstaunlich genug, dass dies die einzige Genealogie zu sein scheint, die die Zerstörung Jerusalems und des Tempels 70 n. Chr. überstand. Dies ist deswegen von Belang, weil in Ermangelung anderer Genealogien seit 70 n. Chr. niemand sonst in der

---

[2] Lukas zitiert hier die Septuaginta.
[3] Vgl. D. Gruber, *The Church and the Jews:* The Biblical Relationship, Hanover, NH 1991, S. 74.

Lage war, etwaige Ansprüche auf den Messiasthron zu belegen. Es war unbedingt notwendig, dass der Messias vor jenem Zeitpunkt kam, und seine Genealogie ist die einzig überlieferte! Mit den Worten Jesajas: Niemand sonst war in der Lage, „sein Geschlecht [zu] beschreiben", will sagen, seine messianische Legitimation nachzuweisen. Jeschua ist also der Einzige, der diese Prophetie erfüllen kann bzw. konnte.

Damit der Messias, der durch diese Genealogien angekündigt wurde, ins Leben treten konnte, ließ der Herr ihm eine ganze Reihe von Vorfahren erstehen. Bestimmte Menschen wurden zu Trägern der Verheißung ausersehen, andere verworfen. Den ersten Hinweis auf diesen heiligen Samen liefert 1. Mose 3,15:

> *Und ich werde Feindschaft setzen zwischen dir und der Frau, zwischen deinem Samen und ihrem Samen; er wird dir den Kopf zermalmen, und du, du wirst ihm die Ferse zermalmen.*

Aufs Neue sprießt er im Abrahamssegen, wie ihn Galater 3,16 darlegt:

> *Dem Abraham aber wurden die Verheißungen zugesagt und seiner Nachkommenschaft. Er spricht nicht: „und seinen Nachkommen", wie bei vielen, sondern wie bei einem: „und deinem Nachkommen", und der ist Christus.*

Die Perspektive verengt sich sodann auf Isaak und nicht Ismael: „*Denn nach Isaak soll dir die Nachkommenschaft genannt werden*" (1 Mo 21,12[4]). Noch später wird Esau verworfen und Jakob erwählt. Und das alles weist hin auf den Messias, weissagt ihn, den Kommenden. Der zitierte Text aus Galater 3 trifft tatsächlich die erstaunliche Feststellung, dass die Weissagung nicht an das Volk Israel und auch nicht an die engere Linie der Vorfahren des Messias ergeht, sondern an den Messias direkt: „*und deinem Nachkommen*", welcher Christus ist. Die im Glauben mit dem Messias verbunden sind, haben mit ihm Anteil an den Verheißungen, ob sie nun vor oder nach seinem Kommen gelebt haben. Sind wir im Glauben mit ihm verbunden, dann sind wir das Volk der Verheißung.

---

[4] Vgl. Röm 9,6-8.

Das alles stellt klar: Die Verheißung der Erlösung und der Plan zu ihrer Durchführung sollten durch das Volk Israel verwirklicht werden. *Das Heil ist aus den Juden.* Sie sollten die Mütter und Väter sein, die den Samen weitertragen, sie sollten vorexerzieren, was Leben im Glauben heißt, sie sollten Vorreiter eines Lebens mit Gott in einer Liebesbeziehung sein; ja, selbst ihre Fehlschläge sollten kommende Generationen lehren, was man in diesem Wandel mit Gott tunlichst vermeiden sollte.

Dieses exklusive Voreingenommensein mit Israel, dem Gott sich in jener Zeit hingab, richtete sich an die Israeliten persönlich: Sie sollten verstehen, dass Jahwe *für sie* da war, dass sie sein Volk waren und er ihr Gott. Und doch investierte er in Israel genauso viel um der Welt willen: Israel sollte Träger dieser Botschaft an die Völker sein, damit die Abrahamsverheißung erfüllt würde, dass in ihm alle Nationen der Erde gesegnet sein sollten.

Höre, Volk Gottes! Wenn Sie jemals ein Pionier waren, wissen Sie, wie einsam man in einem solchen Leben ist. Sie machen viele Fehler. Sie machen es verkehrt, ehe Sie es richtig machen. Und alles, was Sie richtig oder auch falsch machen, ebnet den Weg und macht es für die nach Ihnen Kommenden weitaus leichter. Würde Gott jemals dieses Pioniervolk verwerfen, nur weil die Israeliten irgendwo auf dem Weg das Ziel aus dem Auge verloren und die nebensächlichen Dinge zur Hauptsache machten, und zwar unglücklicherweise genau zu dem Zeitpunkt, zu dem sich alle ihre Träume erfüllten? Lehrt uns nicht schon die Natur, dass es genau dann zur Desorientierung kommt, wenn es an der Zeit ist, das Baby durch den Geburtskanal hinauszustoßen? Nein, Israel ist aller Ehre wert, denn ihm verdanken wir es, dass wir es so viel leichter haben. Wo wir seine Desorientierung und zeitweise Feindschaft gegen das Evangelium wahrnehmen, sollten wir das zum Anlass nehmen, uns nur umso entschlossener ins Gebet und in alles, was praktisch in unseren Kräften steht, zu investieren, damit nun *Israel* seine geistliche Reise zurück zu Gott erleichtert wird.

Mehr als jede andere prophetische Stimme war es Jesaja, der das Verlangen im Herzen Gottes weissagte, die Nationen in die Verheißungen einzubinden und zum ewigen Leben zu führen. Diesen Wunsch Gottes hat Israel nie wirklich begriffen, weil er, soweit die Israeliten sehen konnten, dem an sie ergangenen unzweideutigen Gebot widersprach, ein abgesondertes Volk zu sein und sich weder blutmäßig noch kulturell mit anderen Völkern zu mischen – ein Gebot, an dessen Einhaltung Israel nur allzu oft scheiterte, weshalb es immer wieder der Zurechtweisung bedurfte, damit es auf den Pfad der Absonderung und Heiligkeit zurückkam. Allerdings existiert kein Konflikt zwischen Gottes Anweisung, heilig und für ihn abgesondert zu leben, und seinem Gebot, auch andere in diesen Lebensstil der Heiligkeit und Gottesbeziehung mit einzubeziehen.

Doch infolge ihrer Geschichte, in der sie durch Fremdheiraten und geistlichen Ehebruch immer wieder Gottes Gericht auf sich gezogen hatten, entwickelten die Juden eine reflexhafte Abwehr gegen jeden Gedanken daran, mit dieser Botschaft zu den Nichtjuden zu gehen. Deswegen reagierten die Bewohner von Nazareth so hysterisch, als Jeschua sie daran erinnerte, dass sogar die alten Propheten zuweilen zu den Nichtjuden gesandt worden waren, wenn Israel den Glauben verweigerte: Sie ergriffen ihn, stürmten aus der Synagoge und versuchten ihn kopfüber die nächste Klippe hinabzustürzen!

Doch ungeachtet Israels Mangel an Erkenntnis stellten die Propheten klar, dass Israel damit beauftragt war, die Nationen zu segnen und ihnen die Botschaft vom Leben Gottes zu überbringen. Der Tag werde kommen, an dem die Nationen sich durch den Messias, aber auch durch Israel Gott zuwenden würden, wie Jesaja schrieb:

So mache ich dich auch zum Licht der Nationen, dass mein Heil reiche bis an die Enden der Erde (Jes 49,6b).

Und Sacharja weissagte:

Und an jenem Tag werden sich viele Nationen dem HERRN anschließen. So werden sie mein Volk sein (Sach 2,15a).

Diese Mission war Israel von Anfang an aufgetragen. Sie sollte nicht erst mit dem Erscheinen des Messias ihren Anfang nehmen. Zum Teil begriffen das die Pharisäer, und doch riefen sie Jeschuas Zorn hervor, weil sie, anstatt Nichtjuden unter der Thora in Beziehung zu Gott zu bringen, diese einer gesetzlichen Sklaverei, einem Geflecht von Regeln und Verordnungen, unterwarfen, die zumeist aus dem mündlich überlieferten Gesetz, dem Talmud, und nicht aus Gottes geoffenbartem Wort entnommen waren. Und genau das brachte Jeschuas Blut zum Kochen: Sie missachteten die Schrift, durch die die Menschen in eine Beziehung mit dem Vater hineingekommen wären, und pressten sie stattdessen in eine von Menschen erdachte Zwangsjacke.

Was war so schlecht an diesem Bild, das den Menschen übermittelt wurde? Dass Gott ein Gott der Regeln und Verordnungen sei, der stets nur einen Vorwand sucht, um beim kleinsten Verstoß den Knüppel gegen die Menschen zu schwingen. Wo Gott mittels der Thora vorhatte, den Menschen einen sicher eingefriedeten „Garten" zu schenken, in dem sie als seine künftige Braut in ihrer Beziehung zu ihm wachsen konnten, machten die Pharisäer daraus ein Gefängnis blinden Gehorsams, der aus Angst entsprang. Diese Angst war keine gesunde Gottesfurcht, sondern eine lähmende, beklommen machende Grundstimmung, in der man stets und ständig befürchten musste, Gott durch irgendeine noch nicht einmal bemerkte Gesetzesübertretung zu verärgern. Hier kommt der Gedanke auf: Kann es sein, dass die Systematische Theologie dem „Volk des Neuen Bundes" genau dasselbe angetan hat? Haben wir aus „Gott kennen" „etwas über Gott wissen" gemacht? Pressen wir die Menschen in eine theologische Zwangsjacke, nur damit wir uns ihrer „sicher" wähnen können, weil sie sich innerhalb der Umzäunung rechter Glaubenslehre bewegen?

Es scheint, als hätten wir unsere systematischen Theologien selbst zum Thema des Heils festgelegt und immer wieder verfeinert, bis zu dem Punkt, dass wir die Frage, ob jemand „errettet" ist oder nicht, daran festmachen, ob derjenige das „Übergabegebet des Sünders" gesprochen hat – wobei die Bibel keinerlei festes Bekehrungsgebet vorgibt. Vielleicht ist das noch ein reichlich harmloses Beispiel, aber diese Erfahrung werten wir oft höher als jeglichen Nachweis dafür, dass jemand in einer wirklichen Gottesbeziehung lebt, wie er etwa in echter Geistesfrucht zu sehen ist – womit eine weitaus biblischere Messschnur benannt wäre. Folglich neigen unsere Leute dazu, ihren Fokus darauf zu legen, dass sie ins Reich Gottes „hineinkommen" oder andere in den sicheren Hafen des „Errettetseins" hineinbugsieren, statt dass sie danach strebten, Gott besser kennenzulernen, und andere ebendies lehrten. Das ist ein Grund dafür, weshalb der Glaube vieler Christen heute so oberflächlich ist.

Auch andere systematische Theologien haben sich in der christlichen Welt herausgebildet, die genauso gesetzlich und nicht weniger beklemmend und angstauslösend sind als das System der Pharisäer. Ich habe in Osteuropa gewohnt und weiß aus Erfahrung, dass unter dem Kommunismus einige Kirchen so gesetzlich wurden, dass ihre Taufvoraussetzungen das Bekenntnis des Taufanwärters umfassten, nicht zu rauchen, zu trinken und zu tanzen, weder Schmuck noch Schminke zu tragen und nicht in Restaurants zu speisen, weil man dort auf Sünder trifft, die all das Verbotene tun. Unterscheiden sich diese bibelfremden Regeln in irgendetwas vom mündlichen Gesetz der Rabbinen? Unter solchen Umständen kommt es kaum vor, dass jemand wirklich Gott kennenlernt. In manchen dieser Gemeinden ging es so weit, dass jemand, der sagte, der Herr habe zu ihm geredet, auf der Stelle rausgeschmissen wurde. Man muss zugeben, dass in manchen dieser Gemeinden nur wenige Leute je Gelegenheit gehabt hatten, die Bibel zu lesen, aber weltweit gibt es jede Menge anderer gesetzlicher Kirchen, die sich nicht auf diese Ausrede zurückziehen können.

Die Kinder der Verheißung der Zeit vor wie nach dem Kreuz haben genau wie das Alte Israel die Aufgabe, die unerlöste Welt in eine Beziehung mit dem lebendigen Gott hineinzuführen.

Mithin ist Israel das Vehikel, durch welches – mittels des Messias – das Heil in die Welt kommt. Und es ist auch das Werkzeug, durch das die Botschaft von Gott in die Welt hinausgeht, damit man sie hört und darauf reagiert. Wahrhaftig, das Heil ist aus den Juden, aus Israel.

Israel: nicht ein Zeuge Gottes und seiner Wege, sondern zwei

Es ist sehr interessant, dass der Herr sogar die Spaltungen voraussah, die sich innerhalb Israels, seines Volkes, breitmachen würden, und sich entschloss, diese zu benutzen, um die Botschaft zu bestätigen. Wir wissen, dass es eine große Spaltung zwischen Juda und den zehn nördlichen Stämmen gab, die man *Israel* oder *Ephraim* nannte. Eine ähnlich tiefe Spaltung entstand innerhalb der glaubenden Gemeinschaft des 2. und 3. Jahrhunderts n. Chr., als die nichtjüdischen Gläubigen begannen, die Juden abzulehnen und sich von ihren israelitischen Wurzeln zu distanzieren. Diese Spaltung liegt wie eine gewaltige Kluft bis zum heutigen Tag zwischen Juden und Christen.

Doch legte der Herr in der Thora fest, dass jede Sache durch wenigstens zwei Zeugen bestätigt werden musste (vgl. 5 Mo 19,15). Als die Torheit Rehabeams, des Sohnes Salomos, zur Spaltung der Nation führte, erging an den Propheten Semaja überraschenderweise die Mahnung des Herrn, es sei genau richtig, dass dies geschehe:

Sage zu Rehabeam, dem Sohn Salomos, dem König von Juda, und zum ganzen Haus Juda und Benjamin und zum Rest des Volkes: So spricht der HERR: Ihr sollt nicht hinaufziehen und sollt nicht mit euren Brüdern, den Söhnen Israel, kämpfen! Kehrt um, jeder in sein Haus! Denn von mir ist diese Sache ausgegangen (1 Kön 12,23-24).

Sacharja liefert uns Hinweise auf die Bedeutung dieser Spaltungen innerhalb Israels:

Was sind diese zwei Ölbäume zur Rechten des Leuchters und zu seiner Linken? ... Da sprach er: Dies sind die beiden Gesalbten, die bei dem Herrn der ganzen Erde stehen (Sach 4,11.14).

Lange Zeit sah man den Olivenbaum als Symbol des Volkes Israel. Paulus sprach vom Olivenbaum als dem Baum, von dem die ungläubigen Juden abgebrochen werden sollten und in den die gläubigen Nichtjuden eingepfropft wurden. In dem zitierten Sacharjavers sagt der Engel dem Propheten, die beiden Olivenbäume seien „die beiden Gesalbten" – wörtlich: *Söhne des Öls* (womit im Hebräischen jenes Öl gemeint ist, mit dem man Lampen anzündet, also Licht hervorbringt) –, deren Wesensmerkmal es ist, bei dem Herrn der ganzen Erde zu stehen. Die hier im Hebräischen benutzte grammatische Konstruktion macht sehr deutlich, dass damit alle gemeint sind, die *beständig und gewohnheitsmäßig* für den Herrn eintreten – ein Charakteristikum von Zeugen in dem Sinne, dass sie beständig für den Herrn sprechen und ihn repräsentieren.

Jesaja spricht immer wieder für den Herrn und sagt aus, dass Israel dessen Zeuge sei (vgl. Jes 43,10-12; 44,8): Zeuge seiner Person, seiner Macht und der Erfüllung seines Wortes. Dies war ja eine der Aufgaben Israels und Teil seiner Mission, also Zeuge dafür zu sein, wer Gott ist und was er sowohl für Israel als auch für die Welt getan hat – vielleicht der Grund dafür, dass die Apostel immer wieder betonten, *Zeugen* dieser Dinge zu sein. Sie wussten, sie erfüllten Israels historische und prophetische Berufung.

Unser letzter Hinweis begegnet uns in Offenbarung 11,3-4:

Und ich werde meinen zwei Zeugen Vollmacht geben, und sie werden 1260 Tage weissagen, mit Sacktuch bekleidet. Diese sind die zwei Ölbäume und die zwei Leuchter, die vor dem Herrn der Erde stehen.

Dies ist eine Verbindung zu Sacharja 4, wie sie klarer nicht sein könnte, wahrscheinlich sogar ein direktes Zitat, das unterstreicht, dass es sich bei diesen beiden Olivenbäumen um genau dieselben handelt, die Sacharja geschaut hat. Nachdem die Ölbäume eindeutig die Häuser Israel und Juda darstellen, scheint mir, die zwei Zeugen sind das Volk Gottes, vielleicht voneinander getrennt, aber nach wie vor bezeugend, wer Gott ist und was er auf der Erde vorhat. Ohne hieraus ein Dogma machen zu wollen, hege ich den Verdacht, die Spaltung zwischen Israel und Juda nehme prophetisch die Spaltung vorweg, die zwischen Israel und den glaubenden Nichtjuden entstehen würde. Folglich wäre es biblisch weitaus solider abgesichert, die beiden Zeugen der Offenbarung als Israel und die Gemeinde anzusehen, den jüdischen und den nichtjüdischen Flügel des Hauses Gottes, die gewohnheitsmäßig für Gott einstehen, wie sie es seit Tausenden von Jahren getan haben, als dass man diesen Zeugen irgendeine individuelle Identität wie etwa die Moses und Elias zuschriebe.

Da der Herr in der Thora angeordnet hat, jede Sache von Bedeutung müsse durch zwei oder mehr Zeugen bestätigt sein, ist es nur natürlich, ja sogar notwendig, dass er selbst für diese zwei Zeugen sorgt, voneinander getrennt, aber beide mit der Identität Israels, seines Volkes, versehen, um seiner Botschaft über sich selbst Gehör zu verschaffen.

Israel: Gottes Gegenüber im Werden

In seinem Buch „The Divine Romance"[5] zeichnet Gene Edwards ein faszinierendes Bild davon, wie die Schöpfungsgeschichte das romantische, von Liebe erfüllte Herz Gottes aufzeigt. Wir lieben Romantik, weil derjenige, der uns gemacht hat, ein Bedürfnis

---

[5] Dt.: Gene Edwards, *Gottes Liebesgeschichte*, Leuchter, Erzhausen 2005.

nach Liebe und Romantik in uns hineingelegt hat. Auch wenn der Herr seit Ewigkeiten existiert und sich vollauf selbst genügt, scheint er doch so voller Liebe zu sein, dass er sich entschloss, sich ein Gegenüber zu schaffen, das mehr sein sollte als nur ein Geschöpf, das darauf programmiert wurde, zu lieben und gehorsam zu sein. Ein echtes Gegenüber, das fähig wäre, seine gewaltige Liebe zu empfangen, musste aus mehr als nur einer einzigen Person bestehen. Seine Liebe ist so groß, dass sie sich nicht nur einen, sondern Milliarden wünscht. Milliarden, die das gleiche Herz haben wie er, die ihn leidenschaftlich lieben und die miteinander in Einheit verbunden und von der gleichen Art selbstloser Liebe erfüllt sind, wie er sie zu ihnen hegt. Wenn zwischen ihnen eine ähnliche Einheit herrscht, wie er selbst sie hat – er, der einer und zugleich drei ist –, indem sie als viele Menschen doch wie ein einziger sind, können sie womöglich eine solche Würde erreichen, dass sie als sein Gegenüber geeignet sind.

Sie werden seine Werte teilen müssen, deshalb ist es für diese „Frau" notwendig, dass sie heilig ist, genauso wie es nötig sein wird, dass ihre Liebe durch Prüfungen getestet wird, aber dennoch stets freiwillig ist. Wenn Sie der Schöpfer wären: Wie brächten Sie ein solches Gegenüber zustande? Allerhöchste Liebe ist das Ziel, aber weil die Partnerin völlig frei bleiben muss zu lieben und zu gehorchen oder aber zu hassen und abzulehnen – denn sonst hätte ihre Liebe keinerlei Wert –, hilft eine Demonstration Ihrer unbegrenzten Schöpfermacht nicht weiter.

Die Geschichte des sechsten Schöpfungstages liefert uns einen Hinweis darauf, welche Wahl der Herr traf, um sein Dilemma zu lösen. Der Herr erschuf Adam. Er formte ihn aus dem Staub der Erde und blies ihm dann den Atem des Lebens in seine Nase. Um ihm den Lebensatem einzuhauchen, musste der Herr recht dicht an ihn heranrücken. Adam öffnete die Augen und sah Gottes Antlitz unmittelbar vor sich; er sah in die von Liebe erfüllten Augen des Herrn, die geradewegs in seine eigenen hineinschauten. Seine allererste Erfahrung war überwältigende Liebe und Freude.

Unmittelbar danach lesen wir, Jahwe habe Adam angewiesen, allen Tieren des Feldes Namen zu geben. War es denn zu dieser Zeit wirklich notwendig, dass die Tiere Namen empfingen? War das die allerwichtigste Aufgabe, die in diesen allerersten Tagen der neuen Welt erledigt werden musste? Oder hatte der Herr etwas ganz Bestimmtes im Sinn, etwas, das Adam erkennen und verinnerlichen sollte und das er besser durch eigene Erfahrung verstehen würde, als wenn man es ihm nur sagte? Wir lesen, dass Adam nach der Benennung der Tiere auffiel, dass es nichts Weibliches gab, kein Gegenüber für ihn selbst. Und darin, genau wie in Adams Gespür für die Notwendigkeit eines Gegenübers, das er lieben konnte, lag der Grund, weshalb er Adam diese Aufgabe auftrug.

Der Herr ließ Adam in einen tiefen Schlaf fallen und formte die Frau aus seiner Hüfte. Das ist ungemein wichtig. Er nahm sie aus der Nähe von Adams Herz, und er *formte* sie. Eva wurde nicht genauso geschaffen wie Adam. Gott weiß: Ein Gegenüber muss aus dem schon vorhandenen, lebendigen Fleisch gebildet werden. Ein Gegenüber muss ins Leben hereingelockt werden, es kann nicht durch ein Machtwort erschaffen werden. Er formte sie, gestaltete sie und machte sie vollkommen – eine perfekte Gefährtin für Adam. Adam wurde geschaffen, Eva aber sozusagen in Form gebracht.

Genau das macht der Vater auch für Jeschua: Er formt ihm ein Gegenüber, eine Gefährtin, eine Braut – aus Menschen, die schon geschaffen waren, aber der Formung bedurften, ehe sie eine zu Jeschua passende Gefährtin abgeben konnten. Diese Gefährtin ist Israel. Genau wie Gott nur einen Teil vom Fleisch Adams nahm und daraus die Frau formte, nahm er auch nur einen Teil vom „Fleisch" der Welt und sonderte ihn von allem übrigen ab, um daraus seine Geliebte zu formen. Bildlich gesprochen griff der Herr, ungefähr 2000 Jahre zurückreichend, mit seiner Hand in die Hüfte der Menschheit, die wie Adam schlafend auf der Seite lag, entnahm ihr in Gestalt Abrahams und seiner Familie etwas lebendiges Fleisch und machte daraus ein Volk für sich selbst. Israel ist die Frau, die für ihren Mann bereitet wird, und diese Gemahlin lebte nach dem Kommen Jeschuas in Form eines jeden fort, der Gott liebhat, sei er nun Jude oder nicht.

Es ist eine Tatsache, dass Israel am Berg Sinai dem Herrn verlobt wurde. Ihre Beziehung erreichte an diesem Tag mindestens diese Stufe (der Verlobung), die man wohl genausogut als Vermählung verstehen könnte. In gewisser Hinsicht spielt es keine Rolle, ob wir von Vermählung oder Verlobung reden, denn ein hebräisches Heiratsversprechen schuf eine dermaßen feste Bindung, dass diese nur noch durch eine Scheidung wieder aufzulösen war. Darauf nehmen die Propheten immer wieder Bezug, und es wird von den Juden noch heute so verstanden. Später werden wir uns noch genauer ansehen, was sich da abspielte. An dieser Stelle müssen wir uns nur klarmachen, dass diese Frau Israel ein schönes Gegenüber für den Herrn sein soll, heilig und aus der Welt für ihn abgesondert, göttlichen Charakters, voller Liebe zu ihm und in innerer Einheit.

All dies passt nahtlos zu dem, was wir als Beweggrund des Herrn für die Schöpfung erkannt haben: ein Volk herauszurufen, das ihm gehören soll, über das er seine leidenschaftliche Liebe ausgießen kann, das bereit ist, zu lernen, ihn tief und von ganzem Herzen zu lieben und das zu einer solchen Einheit mit ihm berufen ist, dass er uns als seine Braut, ja als seinen eigenen Leib bezeichnet.

Wir sehen also: Der Herr verfolgte mit diesem Volk Israel sehr bestimmte Zwecke. Israel sollte das Volk sein, durch welches das Heil der ganzen Menschheit zuteilwürde, das Volk, das Gottes lebendige Botschaft an die Welt verkörpert und allen den Weg des Lebens verkündet. Und Israel ist das Volk, das er zu seiner langersehnten Braut formt. Israel sollte der Hintergrund sein, auf dem die Welt die Offenbarung Gottes in Jeschua verstehen konnte. An dieser Stelle möchte ich auf etwas Wichtiges aufmerksam machen: Alle diese Zielsetzungen Gottes reichen in die neutestamentliche Ära hinein. Es gibt mehr Kontinuität zwischen dem von Gott ins Leben gerufenen Israel, jener wunderschönen Frau, mit der er sich am Berg Sinai verlobte, und dem Leib der Gläubigen unter dem Neuen Bund, die er ebenfalls als seine Braut bezeichnet, als den meisten Christen heute klar ist.

Wenn wir jetzt verstanden haben, wieso Gott Israel wollte und brauchte, ist es an der Zeit, die Bünde zu betrachten, die er mit ihm einging. Aber noch einmal: Wir wollen das im Bewusstsein der Ziele und Motive des Herrn tun, nämlich seiner überwältigenden Liebe zu den Menschen dieser Welt und seiner Sehnsucht nach seinem Gegenüber, seiner Braut, die er sich aus dem Volk formt, welches er aus dem „Fleisch" der Welt ausgesondert hat. In diesem Sinne müssen die Gefühle des Herrn für uns, das Volk, das er aus der Welt herausruft, im Mittelpunkt stehen. Nur um das im Blick zu behalten, werden wir mit den Ereignissen beginnen, die sich am Berg Sinai abspielten, dem Ort, an dem der mosaische Bund gegeben wurde, und wir wollen versuchen, diese Ereignisse aus dem Blickwinkel Gottes selbst zu betrachten, gegründet auf das, was in seinem Wort offenbart wird.

KAPITEL 3

Die Dinge vom Sinai aus gesehen

Gottvater, der Allmächtige, Ewige, Uralte an Tagen, Schöpfer alles Bestehenden, Jahwe, wartet auf der heißen, trockenen Kuppe des Berges Sinai. Auch wenn sie noch lange nicht eintreffen werden, kann er einfach nicht länger warten. Schon ist er in Vorbereitung auf die heutige Begegnung mit Israel auf jenen Berg herabgekommen. Die Manifestation seiner Gegenwart legt sich über die Felsspalten und schmiegt sich wie eine schwere Wolke um die Klippen und Überhänge der steilen, steinigen Anstiege. Seine Leidenschaft entzündet den Berg: Licht blitzt von einer Seite zur anderen, und in der aufgeladenen Luft entflammen je und dann Feuerwände. Unter den Wolken, die ihn umgeben, wie er vom Gipfel hinausschaut in die Wüstenlandschaft – eine ausgedörrte, staubige Ebene, zergliedert von niedrigen Hügeln, schroff abfallenden Wadis und einigen wenigen zähen Büschen, die in der trockenen Hitze ums Überleben kämpfen –, liegt dichtes Dunkel.

In der Ferne kann er schon die ersten Anzeichen ihrer Annäherung erkennen: einen breiten Schatten, der sich durch das Tal schlängelt, welches zu seinem Berg führt. Auch wenn er sich fragt, wie sie wohl auf ihn reagieren werden, ist er voller Vorfreude auf das, was er an diesem Tag tun wird. Denn auf ihn hat er seit mehr als zweieinhalbtausend Jahren, seit dem Moment der Versündigung Adams, gewartet. Die Geschehnisse dieses Tages hat er bereits in den Tiefen der Ewigkeit, lange vor dem Beginn der Zeit, gesehen, und obwohl er sah, wie sich die Dinge einst zutragen würden, hat er diese Welt so beschaffen, dass seine Geliebte stets eine echte Wahl hat. Und sogar seine Entscheidungen macht er zum Teil von ihren abhängig.

Dieser Tag ist ein Schicksalstag: ein Tag weitreichender Entscheidungen, an dem etwas in Gang gesetzt wird, das über Tausende von Jahren hinweg Milliarden Menschen beeinflussen wird. Heute wird er sie in seine Werkstatt nehmen und mit der Herkulesarbeit beginnen, sie zu einem Volk zu formen, jenem Volk, das sein Gegenüber sein soll. Bis zu diesem Tag hat er mal zu diesem Mann, mal zu jener Frau eine Beziehung unterhalten. Aber heute wird es ernst: Seine Eva ist nunmehr ein ganzes Volk, und dieses Volk ist unterwegs, um sich mit ihm zu vereinen!

Genau wie die Feuersteine, die in der Landschaft ringsum verstreut sind und an denen die Steinhauer hämmern und spalten und welche sie aufgrund ihrer Schönheit und zu erwartender Stärke aussuchen, wird auch dieses Volk mit Hämmern und Keilen bearbeitet, ja zerbrochen werden, so lange, bis jene Schönheit und Brauchbarkeit hervortritt, die der Steinhauer bereits dem rohen Fels angesehen hat. Genauso ist er im Begriff, jenen Formungsprozess einzuleiten, von dem die künftige Schönheit und Exzellenz des Volkes abhängt. Und er wird das Volk an diesem Tag auch auf die Probe stellen. Seine Reaktion wird bestimmen, welche Methode er anwendet, um das Volk, seine Braut, zu formen. Aufgrund dieser überwältigenden Liebe zu ihr, die er in sich trägt, muss er sie auf die Probe stellen. Er liebt sie und wünscht sich so sehr, dass sie auch ihn lieben möge. Weil aber Liebe etwas sein muss, was man freiwillig gibt, wird das Volk abermals Gelegenheit bekommen, sich von ihm abzuwenden und ihn zurückzuweisen.

Heute ist sein Hochzeitstag. Heute wird er sich ihr, seiner Braut, vermählen. Sicher, es werden noch Tausende von Jahren vergehen, ehe es zum Vollzug, zum wirklichen Eheleben, kommt, doch heute wird der Bund geschlossen werden, für alle Zeiten – wenn „sie" ihn denn haben will.

So lange hat er sich nach ihr gesehnt. Er kann es kaum abwarten, dass sie eintrifft, hält es kaum noch aus, bis er ihr endlich mehr von sich zeigen kann – mehr, als er bis heute jemals gezeigt hat. Er, die Liebe in Person, wünscht sich, um seiner selbst willen geliebt zu werden. Deshalb wird er mehr von seinem Wesen, seinem Sein, zeigen, damit sie ihn sieht und mehr von ihm weiß,

Die Dinge vom Sinai aus gesehen

auch wenn es selbst dann noch so vieles gibt, das er zurückhalten muss. Eine völlige Offenbarung seiner Herrlichkeit und Größe würde sie nicht überleben, deshalb wird es letztlich nur ein kleiner Einblick sein, den er ihr gewährt. Nichtsdestotrotz wird es sie überwältigen – seine Majestät, seine Macht ... Er weiß, es wird sie verängstigen. Das muss so sein, denn neben einer Offenbarung seiner Liebe braucht sie auch eine gesunde Dosis Ehrfurcht und Respekt vor ihm, damit sie stabil auf dem Weg bleibt, den er ihr heute darlegen wird.

Wie wird sie auf die Kundgebung seiner Macht und Selbstoffenbarung reagieren? Wird sie hinter den ehrfurchtgebietenden Manifestationen von Donner, Feuer und tiefer Finsternis sein Herz, seine Fürsorge und Nähe verspüren – dieselben Eigenschaften, die sie ohnehin bis zu diesem Tag begleitet haben? Wird sie ihn lieben? Wird das Wenige, das sie heute von ihm erlebt, ihren Hunger nach mehr von ihm wecken?

Die riesige Menge kommt näher. Die Wolkensäule geht ihnen voran, und sie folgen. Endlich treffen sie am Fuß des Berges ein, und die Wolke seiner Führung vermengt sich mit der Wolke seiner offenbar werdenden Majestät, die von dem flammenden Berggipfel aufsteigt. In der Stämmeordnung lagern sie sich rings um den Fuß des Berges, zu Tausenden und Hunderttausenden. So viele. Menschen über Menschen: Männer, Frauen, Kinder. Erwartungsvoll, ängstlich. In zahllosen Gesichtern spiegelt sich die Furcht vor dem Unbekannten. Man kann sie in Tausenden von Augenpaaren sehen, die zum Feuer und zu den Lichtblitzen hinaufstarren. Die Menschen sehen die dichten, dunklen Wolken und hören den ohrenbetäubenden Donner. Männer legen die Arme um ihre Frauen, die wiederum ihre Kinder an sich ziehen und fest drücken. Die Kleinen wimmern und vergraben die Gesichter in den Kleidern ihrer Eltern. Die Jugendlichen versuchen tapfer und erwachsen zu wirken, aber ihre Gesichter verraten ihre Angst und Verwirrung.

Alle sehen sie auf zu ihm und sehen das Feuer, das ihn umgibt, und die Rauchwolken, die rings um den Berg zum Himmel aufsteigen. Sein Volk. Er hat sie geschaffen und wird sie nunmehr zu seiner Braut formen. Sie können sich nicht vorstellen, wie sehr er sie liebt, welche Sehnsucht er nach ihnen hat. Sie sind der Grund für alles, was er investiert hat: All seine Gedanken an sie, die Fülle an Kreativität, mit der er die Erde gestaltet hat ... Auch sind sie *sein* ureigenstes Erbe, die Hoffnung seines großen Herzens, das so voller Liebe ist, dass das gesamte Universum sie niemals in Gänze fassen könnte! Er *braucht* sein Gegenüber, sehnt sich so sehr nach ihr, auch wenn er weiß, dass sie hier und jetzt bei weitem nicht die Braut ist, die sie eines Tages sein wird. Aber eines Tages wird sie es sein!

In den vielen erwartungsvollen Gesichtern, die er jetzt vor sich sieht, kann er schon die Züge *ihres* Gesichts ausmachen. Schon jetzt sieht er die Gesichter, in deren Augen sich eines Tages seine Liebe widerspiegeln wird, die ihn wiederlieben werden. Eine Braut, die sich gereinigt und geheiligt hat, aus reiner Liebe zu ihm und Verehrung für ihn. In weißes Leinen gekleidet, im Blut des Lammes gewaschen ... bereit, alles zu geben, sich rückhaltlos einzusetzen, einfach nur aus dem Gespür heraus, ihm damit zu gefallen. Sie ist bereit, sogar ihr eigenes Leben für seine Sache dranzugeben, genau wie für die Sache derer, die er ebenfalls liebt. Sie ist so vollkommen eins mit seinem Herzschlag ... Viele von ihnen werden aus dieser hingegebenen Liebe zu ihm heraus ihr Leben geben, werden ihr eigenes Leben nicht für wertvoller erachten als ihre Liebe zu ihm. Sie haben Versuchung und ihre eigene, natürliche Selbstliebe überwunden, haben den Feind besiegt ... und sie sind schön in seinen Augen.

Er richtet seinen Gedanken wieder auf das aktuelle Geschehen, nachdem sie kurz in die Zukunft abgedriftet waren. All das wird sein Volk eines Tages sein. Und was er heute beginnt, wird mit der Zeit in diese gereifte Braut münden, die er vorhergesehen hat. Noch muss sie so viel lernen und durchmachen. Schließlich sind diese Menschen hier nicht die Einzigen, die er liebhat – hier gibt es vergleichsweise nur sehr wenige; aber hier, mit diesen wenigen, wird alles beginnen.

Er lässt die Wolke, die aus dem lodernden Berg emporstieg, sich über sie lagern, bis sie die ganze Menge und all ihr Hab und Gut bedeckt. Er verdickt die Wolke über ihnen so lange, bis sie die Hitze der Wüstensonne wirksam von ihnen fernhält, und lässt einen sanften Wind darunter hergehen, damit sie unter seinem Schatten Kühlung haben. Diese Wolke, Zeichen seiner Gegenwart, wie sie es tagtäglich gesehen haben, seit sie Ägypten verließen, ist zu ihrem Schutz da und symbolisiert seine Vermählung mit ihnen.

Er weiß: Liebe erfordert Hingabe und Entschlossenheit. Liebe braucht einen geschützten Raum, in dem sie wachsen kann, so wie eine tropische Pflanze in ihrem Gewächshaus. Aus diesem Grunde weiß er, dass sie sich ihm heute werden versprechen müssen, so wie er sich ihnen versprechen wird. Er wird ihnen sagen, was er von ihnen erwartet und was er in dieser Beziehung für sie sein wird.

Wie wird ihre Entscheidung ausfallen? Wie werden sie antworten? Werden sie in der Lage sein, ihre Furcht zu überwinden? Werden sie nur aus erstarrter Ehrfurcht ja zu ihm sagen, weil seine Größe, Majestät und Macht sie überwältigt? Oder werden sie vor Angst und Widerstreben vor seinem überwältigenden „Anderssein" zurückweichen, fliehen oder sich vor Angst schreiend verstecken? Oder wird vielleicht die schiere Unmöglichkeit der Idee, dass dieser mächtige Gott gerade sie auserwählt, in ihrem Leid erhört und aus ihrer Versklavung befreit hat, dass er sie mit starkem Arm beschützt und an diesen Ort geführt hat, in diesen Moment der Entscheidung, sie überwältigen? Oder werden sie ja sagen, weil sie seine Stimme gehört haben und, wenngleich nach wie vor voller Angst, zu sich selbst sagen: „Das ist ja unglaublich! Welchem Volk ist es je so ergangen, dass es von Gott auserwählt, umsorgt und mit solcher Liebe bedacht wurde? Niemals will ich aufhören, dieser so mächtigen wie anziehenden Stimme der Liebe zu lauschen. Niemals will ich von ihm weggehen!" Werden sie aus *Liebe* zu ihm ja sagen?

Abermals schaut er sie an, wie sie da vor ihm stehen, gleichzeitig erwartungsvoll und argwöhnisch, neugierig und beinahe panisch, in einem Atemzug voller Hoffnung und Zweifel. Und er liebt sie. Sie sind wie Schafe ohne Hirten, wie verdreckte Waisenkinder: abwehrend und schmusebedürftig zugleich – so sieht sie jedenfalls ein wahrer Vater, wie er es ist. Er beugt sich nach vorne. So sehr sehnt er sich danach, sie in seine Arme zu schließen, um Tränen, Furcht und Ungewissheit von ihren Augen und ihren Herzen abzuwischen. Doch alles zu seiner Zeit. Zuerst müssen sie noch eine andere Seite von ihm kennenlernen. Dafür sind sie noch nicht wirklich bereit ... Jahwe, der allmächtige Schöpfer, neigt sein Haupt in Ehrerbietung vor ihnen, und sein Herz ist voll von unausgesprochener Liebe.

Er räuspert sich und spricht. Und obgleich seine Stimme so gewaltig donnert, dass sie von den umliegenden Bergen widerhallt und überall kleine Felsbrocken lossprengt und die Hänge hinabkullern lässt, kann man ihr immer noch eine Spur seiner Zuneigung zu ihnen und seiner Sehnsucht nach ihnen abspüren:

Ich bin der HERR, dein Gott, der ich dich aus dem Land Ägypten, aus dem Sklavenhaus, herausgeführt habe.

Du wirst keine andern Götter haben neben mir. – Du wirst dir kein Götterbild machen, auch keinerlei Abbild dessen, was oben im Himmel oder was unten auf der Erde oder was im Wasser unter der Erde ist. Du wirst dich vor ihnen nicht niederwerfen und ihnen nicht dienen. Denn ich, der HERR, dein Gott, bin ein eifersüchtiger Gott ...

Du wirst den Namen des HERRN, deines Gottes, nicht zu Nichtigem aussprechen; denn der HERR wird den nicht ungestraft lassen, der seinen Namen zu Nichtigem ausspricht.

Denke an den Sabbattag, um ihn heilig zu halten. Sechs Tage wirst du arbeiten und all deine Arbeit tun, aber der siebte Tag ist Sabbat für den HERRN, deinen Gott ...

Ehre deinen Vater und deine Mutter, damit deine Tage lange währen in dem Land, das der HERR, dein Gott, dir gibt. –

Du wirst nicht töten. –

Du wirst nicht ehebrechen. –

Du wirst nicht stehlen. –

Du wirst gegen deinen Nächsten nicht als falscher Zeuge aussagen. –

Du wirst nicht das Haus deines Nächsten begehren. Du wirst nicht begehren die Frau deines Nächsten, noch seinen Knecht, noch seine Magd, weder sein Rind noch seinen Esel, noch irgendetwas, was deinem Nächsten gehört.[1]

Darauf sieht er sie erneut an. Die Leute weichen vor Furcht und Erstaunen zurück. Sie starren zum Berg hinauf, zu der gewaltigen Säule aus Feuer und Rauch und Dunkelheit. Sie blicken voll Ver-

---

[1] 2 Mo 2,20; nach der Rev. Elberfelder Übersetzung; anstatt „Du sollst" wurde jeweils die ebenfalls mögliche Übersetzung „Du wirst" eingesetzt.

blüffung und Verwirrung einer den anderen an. In ihren Augen stehen Furcht und Respekt. Sie fangen an, untereinander zu flüstern. Das Flüstern springt vom einen zum anderen über, wie die Wellen in einem Teich sich nach außen hin ausbreiten, wenn jemand einen Stein hineingeworfen hat. Von seinem Platz oben auf dem Berg aus beobachtet Jahwe still und entspannt sein Volk. Mose schaut auf das Flüstern, das sich unter dem Volk ausbreitet, und wagt dann einen Blick zum Berg hinauf. Er wird sichtlich nervös. Er bemerkt, wie einige der Führer des Volkes sich ihren Weg zu ihm hinauf zu bahnen beginnen, wie sie den Hang erklimmen, auf dessen halber Höhe er steht. Noch einmal schaut er rasch nach oben, dann nimmt er den Abstieg in Angriff, um sich den Volksführern zu stellen.

Sie treten ihm in äußerer Unterwürfigkeit entgegen, die jedoch ihre Entschlossenheit nicht verbirgt. Augenscheinlich haben sie einen aus ihrer Mitte zum Sprecher ihrer Gruppe erkoren. Er sieht angespannt zu Boden und beginnt dann: „Bis heute haben wir geglaubt, wenn ein Mann Gottes Stimme gehört hat, muss er sterben. Heute aber haben wir gesehen, dass es in Wirklichkeit so ist, dass ein Mann sehr wohl die Stimme des allmächtigen Gottes hören und dennoch weiterleben kann, um es weiterzusagen!"

Mose sieht den Mann durchdringend an. Der Vater beugt sich noch weiter herab und wartet gespannt auf die nächsten Worte. Stille breitet sich aus. Das ist der Moment, der alles entscheidet und den Verlauf der nächsten paar tausend Jahre bestimmen wird. Was werden ihre Worte sein? Wie werden sie entscheiden? Wie werden sie ihm antworten? Wie reagieren auf sein Angebot der Nähe und Liebe?

Der Mann seiht nervös auf seine Fußspitzen und fährt fort: „Aber, Mose, das ist schlicht zu viel für uns. Für dich mag das ja irgendwie in Ordnung gehen. Er mag dich, und du hast mehr als eine solche Begegnung überlebt. Du gehst zu Jahwe rauf und hörst dir an, was er zu sagen hat. Aber wir haben Angst! Wenn wir weiterhin seine Stimme hören ... wer weiß, was dann aus uns werden wird? Vielleicht machen wir eines Tages einen Fehler, und dann bricht sein Zorn über uns herein. Aber geh du nur und hör zu, was er sagt, und *wir versprechen dir, dass wir absolut alles tun werden, was er uns befiehlt.*"

Das Gesicht des Vaters ist unbewegt. Still nickt er mit dem Kopf. So wird es also sein. Geduldig wartet er ab, bis Mose abermals mühsam zu ihm heraufgeklettert ist. Geduldig wartet er darauf, dass Mose ihm alles erzählt, was die Ältesten des Volkes gesagt haben. Und er antwortet: „Das geht in Ordnung, Mose. Ich bin wirklich froh, dass sie mein Angebot des Bundes und der Vermählung angenommen haben. Ich bin glücklich über ihr Versprechen, mir zu gehorchen. Das ist gut! Lass uns jetzt noch ein bisschen weiterreden. Wir müssen uns darüber abstimmen, wie dieser Bund unseres gemeinsamen Lebens von heute an aussehen soll. So und so werden sie vor mir leben müssen ..." Und leise unterhielten sie sich miteinander, während der Vater seine Thora offenbarte.

TEIL II

Der mosaische Bund: die Thora

KAPITEL 4

Wozu wurde die Thora gegeben?

Manche Fragen drängen sich einem richtiggehend auf, aber diese Frage scheinen nur wenige Leute zu stellen! Und doch ist es unerlässlich, sie zu stellen, weil es wichtig ist, dass wir die Antwort verstehen. Solange wir den Sinn und die Rolle der Thora, des mosaischen Gesetzes, nicht verstehen, sind wir kaum in der Lage, uns damit auseinanderzusetzen, was mit ihr geschehen ist und welche Erwartungen an uns heute gestellt werden. Die meisten Thora-Diskussionen, die ich mitbekomme, nehmen ihren Ausgang bei dem schlichten Faktum, dass Gott das Gesetz am Berg Sinai gab, erzielen vielleicht noch Konsens darüber, dass er ein bundesstiftender Gott ist, und drehen sich dann darum, ob die Thora heute noch gültig ist oder nicht, ob sie außer Kraft gesetzt ist und was Gott von uns erwartet, dass wir es nach wie vor einhalten.

Das im letzten Kapitel entfaltete Szenario gibt uns eine gute Grundlage dafür, Paulus' Analyse von Sinn und Funktion der Thora zu verstehen, die er in Galater 3 vornimmt. Dort stellt er in Vers 19 genau dieselbe Frage: *„Was soll nun das Gesetz?"* Für Paulus war das eine Frage, auf die er in seinen ersten Jahren als Jeschua-Gläubiger unbedingt eine Antwort brauchte, vor allem nachdem ihm zu Ohren gekommen war, dass Nichtjuden wie Cornelius zum Glauben an Jeschua kamen, ohne zuvor mittels des mosaischen Bundes und der Beschneidung das Bürgertum Israels erworben zu haben.

In seinem Bemühen, die Thora zu verteidigen, hatte dieser glühende Verfolger der ersten messianischen Gläubigen deren Treiben in so gut wie jeder Stadt der Gegend wütend zu unterbinden gesucht. Dass es ihm dann vergönnt war, der Apostel der Nichtjuden zu werden, der kraftvoll gegen die Gesetzlichkeit stritt, die er einst selbst verfochten hatte, zeigt, dass ihm irgendwo auf seinem Weg eine tiefe Herzensveränderung widerfahren war. Ganz sicher bedeutete seine Bekehrung auf der Straße nach Damaskus einen gewaltigen Kurswechsel für ihn, der seine bisherigen Überzeugungen zutiefst erschütterte. Dadurch wurde ihm klar, dass er Jeschua völlig missverstanden hatte. Was er erlebte, bewies ihm, dass jener „Weg", den er bekämpft hatte, der richtige war. Es konnte ihm aber nicht vermitteln, was er an die Stelle seines falschen Verständnisses der Thora setzen sollte. Dafür brauchte er entweder Unterweisung durch einen Mitjuden, der diese Dinge begriffen hatte, oder eine direkte Offenbarung vom Heiligen Geist.

Leider waren noch nicht einmal die Apostel der Jerusalemer Gemeinde mit diesen Dingen zurande gekommen, wie der heftige Streit zwischen Paulus und Petrus in Galater 2 zeigt. Von daher waren sie seinerzeit unfähig, ihm viel weiterzuhelfen. Mag sein, dass Jeschua vor seinem Weggang ihnen diese Dinge erläutert hatte, aber irgendwie hatten sie sie nicht wirklich verinnerlicht.

Darüber hinaus war die Aufgabe, die Paulus unmittelbar von Jeschua selbst übertragen bekam, keine, die er mit der Theologie, über die er zu jener Zeit verfügte, einfach so angehen konnte. In Apostelgeschichte 22,17-21 erzählt Paulus, wie er nach seinem Fortgehen von Damaskus wieder nach Jerusalem kam und in den Tempel ging, um zu beten. Dort fiel er in Trance und sah Jeschua, der ihm sagte: *„Eile und geh schnell aus Jerusalem hinaus! Denn sie werden dein Zeugnis über mich nicht annehmen ... Geh hin! Denn ich werde dich weit weg zu den Nationen senden."*

Doch wie konnten die Nichtjuden diese Botschaft empfangen? Sie standen außerhalb des Bundesverhältnisses zwischen Gott und Israel. Für einen Juden, der wie Paulus damit aufgewachsen und darin unterwiesen worden war, die Thora zu ehren und zu schützen, standen einfach zu viele unbeantwortete Fragen im Raum, als dass er plötzlich hinauseilen und die Heidenvölker zum Reich Gottes hätte bekehren können. Wie wir noch sehen werden, glaubte die Urgemeinde anfangs noch nicht einmal, dass es für einen Nichtjuden überhaupt möglich war, zum Glauben an Je-

Wozu wurde die Thora gegeben?

schua zu kommen, es sei denn, er war bereits ein jüdischer Proselyt, da der geweissagte Neue Bund doch mit Israel errichtet werden sollte! Bekehrte sich ein Nichtjude zur israelitischen Religion, dann war er nicht länger ein Nichtjude, sondern in Gottes Augen Teil Israels. Wie die ersten an Jeschua Glaubenden die Dinge sahen, konnte ein Nichtjude nicht glauben.

Paulus brauchte unbedingt ein neues Verständnis dessen, was er an sich für seine Kernkompetenz hielt. Er musste neu lernen, wie die Thora zu verstehen war und wozu sie diente. Sicher war das der Grund dafür, dass Gott ihn von Jerusalem wegführte. Zuerst verbrachte er drei Jahre in weitgehender Abgeschiedenheit in Arabien und danach weitere 14 Jahre in seiner Heimatstadt Tarsus. Seine Berufung wurde auf Eis gelegt, bis er selbst bereit dafür war. Dazu gehörte, dass er sich Zeit nahm, um beim Herrn nach Antworten auf diese Fragen zu suchen. In Galater 1,11-12 sagt Paulus uns, er habe das von ihm verkündigte Evangelium nicht von irgendeinem Menschen, sondern durch direkte Offenbarung Jeschuas empfangen. Ich bin überzeugt davon, dass diese Offenbarung etwas mit dem Wesen der Thora und dem ersten Bund zu tun hatte, denn ohne eine Offenbarung des ersten Bundes konnte er den Neuen nicht angemessen begreifen. Und die Frage, wie ein Nichtjude denn überhaupt an den Gott Israels glauben könne, war für das Evangelium, das er predigen sollte, von zentraler Bedeutung.

Warum also wurde die Thora gegeben? In Galater 3,19 gibt Paulus uns eine direkte Antwort auf diese Frage:

Was soll nun das Gesetz? Es wurde der Übertretungen wegen hinzugefügt – bis der Nachkomme käme, dem die Verheißung galt –, angeordnet durch Engel in der Hand eines Mittlers.

Die Thora wurde „der Übertretungen wegen hinzugefügt"! Doch wie sollen wir das verstehen? Bedeutet das, das Gesetz wurde aufgrund der Sünde hinzugefügt? Israel stand noch ganz am Anfang seines Weges mit Gott. Deshalb konnte das Gesetz doch kaum gegeben worden sein, weil Israel schon die „rote Linie" überschritten hatte, was das Wort „Übertretung" schließlich nahelegt. Tatsächlich wird das hier stehende Wort in vielen Sprachen genau in diesem Sinn übersetzt: übertreten. Auch im hebräischen Neuen Testament steht es so (אָבַר *avar*). Natürlich hatte Israel vor seiner Ankunft am Sinai in der Wüste gesündigt und Gott versucht. *Aber solange es noch keine rote Linie gibt, kann man niemanden dafür belangen, sie übertreten zu haben!* In Kommentaren kann man zu dieser Stelle üblicherweise nachlesen, Paulus wolle sagen, das Gesetz wurde gegeben, um die Sünde zu definieren, also damit wir wissen, was Sünde ist und einen objektiven moralischen Standard haben, an dem sich jeder messen lassen muss. Es ist absolut zutreffend, dass die Thora diese Funktion ausübt:

Ist das Gesetz Sünde? Auf keinen Fall! Aber die Sünde hätte ich nicht erkannt als nur durchs Gesetz. Denn auch von der Begierde hätte ich nichts gewusst, wenn nicht das Gesetz gesagt hätte: „Du sollst nicht begehren!" (Röm 7,7).

Zumindest die Zehn Gebote erfüllen diese Funktion, wenn nicht die gesamte Thora. Dank dieser Offenbarung der Werte des Vaters kann jeder Mensch auf der Erde wissen, was ihm gefällt und was nicht, was Sünde und was Heiligkeit ist. Aber ist es das, worüber Paulus hier spricht? Wenn wir die Thora verstehen wollen, ist es unerlässlich, dass wir seiner Aussage auf den Grund gehen.

Aufgrund der Erfahrung, dass ich schon fast zwei Jahrzehnte in Europa lebe, während derer ich versucht habe, mich in den Sprachen verständlich zu machen, die für mich die zweite bzw. dritte sind – Deutsch und Ungarisch –, kann ich etwas beisteuern, das hier hineinpasst. Ich habe nämlich entdeckt, dass ich mich immer dann sehr frei in einer Sprache ausdrücken kann, wenn ich etwas Neues *in dieser Sprache* gelernt habe, vor allem dann, wenn es sich um etwas Tiefgehendes handelt, das ich mir zu eigen mache. Spreche ich dann wieder eine andere Sprache, dann kann ich in ihr noch so gewandt sein – es kann sich sogar um meine Muttersprache handeln – und komme trotzdem ins Stocken, weil ich nach dem passendsten Ausdruck für das, was ich sagen will, erst suchen muss, jedenfalls dann, wenn das gesuchte Wort ein spezielles und nicht gerade alltägliches ist.

Diese Erfahrung wurde auf ziemlich lustige Weise unterstrichen, als ich vor einigen Jahren an einer Zellgemeinde-Konferenz in Schottland teilnahm. Das meiste, was ich über Zellgemeinden weiß, habe ich in Deutschland gelernt. Stundenlang habe ich mich an Überlegungen und Planungen zur Verbesserung unserer Zellgruppenarbeit beteiligt – immer auf Deutsch. Auf der schottischen Konferenz lernte ich einen einheimischen Pastor kennen, der in Deutschland geboren und aufgewachsen war. Deutsch war seine Muttersprache, aber alles, was er über Zellgruppen wusste, hatte er sich auf Englisch angeeignet – oder besser gesagt auf Schottisch, was nicht wirklich dasselbe ist! Für einen Außenstehenden hätte es sicher äußerst seltsam geklungen, hätte er uns dabei zugehört, wie wir uns über unsere Erfahrungen und Visionen für Zellgruppenarbeit auszutauschen versuchten. Wir sprachen ein Gemisch aus Englisch und Deutsch, wobei er, wenn er bestimmte Gedanken verdeutlichen wollte, immer wieder ins Englische umschaltete, während ich, der Amerikaner, nur auf Deutsch die richtigen Worte zu finden schien, denn Deutsch war nun mal die Sprache, in der ich mir mein Wissen über Zellgemeinden angeeignet hatte.

Die Verfasser des Neuen Testaments waren fast alle Juden hebräischer oder aramäischer Muttersprache – wobei übrigens das Aramäische dem Hebräischen sehr nahesteht und fast als hebräischer Dialekt gelten kann. Einige von ihnen, darunter vielleicht auch Paulus, waren in einem griechisch- statt hebräischsprachigen Elternhaus aufgewachsen. Doch egal, welche Sprache sie zu Hause auch gesprochen hatten, sie alle hatten Synagogenschulen besucht und biblisches Denken in hebräischer Sprache erlernt. Das heißt, selbst wenn sie am Ende die neutestamentlichen Schriften auf Griechisch verfassten, mögen sie doch oft gerade dann, wenn sie etwas aus der Tiefe ihres Herzens und ihrer persönlichen Erfahrungen ausdrücken wollten, nach einem Wort gesucht haben, das möglichst nahe an das hebräischen Wort oder den hebräischen Begriff herankam, die sie ursprünglich aufgenommen hatten. Dabei geht es nicht um die Gewandtheit, mit der jemand eine Sprache benutzen kann, sondern darum, in welcher Sprache er sich einen Begriff erstmals angeeignet hat. Die Sprache, in der jemand einen Begriff internalisiert hat, ist seine „Muttersprache", wenn es darum geht, sich über ebenjenes Thema zu verständigen – auch dann, wenn der Betreffende üblicherweise eine andere Sprache spricht.

Das bedeutet für uns, dass die ursprüngliche, volle Bedeutung des hebräischen Wortes für den Erforscher der neutestamentlichen Schriften häufig ebenso wichtig – wenn nicht ausschlaggebender – ist als die des griechischen Textes, zumindest aber stets in Betracht gezogen werden sollte. Die Sprache der Bibel ist Hebräisch. Damit will ich nicht behaupten, dass das Neue Testament ursprünglich auf Hebräisch geschrieben wurde, obwohl das für einige Bücher wie etwa das Matthäusevangelium mit höchster Wahrscheinlichkeit zutrifft. Was ich sagen will, ist, dass „das Heil aus den Juden" ist. Alles, was wir über Gott wissen, alles, was die Verfasser der Schriften des Neuen Bundes von Gott und gottgefälligem Leben wussten, kommt und kam aus dem hebräischen Kontext, *welcher mehr als nur eine Sprache ist: Er war und ist eine Denk- und Lebensweise.* Deshalb ist es immer ein guter Ansatz, die paulinischen Briefe mit einer „hebräischen Brille" zu lesen.

Vergessen wir nicht: Paulus war ein Jude, der die Thora auf Hebräisch gelernt, sie auf Hebräisch studiert und mit anderen Pharisäern auf Hebräisch über sie diskutiert hatte. Er war Glied der Gemeinde von Antiochien gewesen, einer Gemeinde mitten im aramäischsprachigen Syrien, und Aramäisch stand dem Hebräischen sehr nahe. Auch wenn er nunmehr an die Galater auf Griechisch schrieb, suchte er doch immer nach dem passenden griechischen Wort für das, was er auf Hebräisch im Herzen trug. Deshalb müssen wir mehr tun, als das Wort für „Übertretung" genau nach seinem griechischen Sinn zu untersuchen. Besser wäre es, in folgender Richtung zu forschen: Welchen hebräischen Gedanken versuchte Paulus mitzuteilen? Wie kommen wir hinter das Denken des Paulus, um zu erkennen, welches hebräische Wort er hier ins Griechische übertrug?

Wenn wir zunächst das Griechische anschauen, sehen wir, dass das Wort für „Übertretung", παράβασις *(parabasis),* auch für „Danebentreten", „Vom-Weg-Abkommen" und „Brechen" im Sinne von Gesetzesübertretung steht. Im Allgemeinen wird es in die meisten Sprachen so übersetzt, wie wir es bereits gesehen haben, nämlich als Übertreten einer Grenze bzw. Missachtung eines Gesetzes. Doch man kann hier noch mehr entdecken. Wenn wir herausfinden wollen, an welches Wort Paulus dachte, wäre es hilfreich zu wissen, welches hebräische Wort normalerweise mit *parabasis* übersetzt wurde. Dabei hilft es unseren Nachforschungen sehr, dass die Hebräische Bibel ein paar Jahrhunderte vor den Lebzeiten des Paulus durch eine Gruppe von siebzig jüdischen Rabbinen in Alexandrien ins Griechische übersetzt worden war.

Wozu wurde die Thora gegeben?

(Diese Übersetzung zitiert man geläufigerweise unter der Bezeichnung Septuaginta, was einfach das griechische Wort für „siebzig" ist.) Wir können also vergleichen, wie die Übersetzer das Wort *parabasis* einsetzten und für welchen hebräischen Ausdruck sie es als Synonym verwandten.

Ich führte auf meinem PC eine Wortsuche in der Septuaginta durch und fand dabei heraus, dass *parabasis* im ganzen griechischen Alten Testament nur dreimal vorkommt! Zwei der drei Belegstellen sind Hesekiel 17,15 und Hosea 6,7, wo das Wort beide Male im Sinn von Bundesbruch benutzt wird.[1] Für die Situation, von der wir reden, wo Israel gerade erstmals die Zehn Gebote empfängt und der Bund soeben erst geschlossen wird, kann man kaum davon ausgehen, dass den Israeliten bereits Bundesbruch vorzuwerfen wäre. Aber möglicherweise ergibt sich ja etwas aus der Wortbedeutung „Ausbruch", zumal das Wort ja auch ein Vom-Weg-Abkommen, also das Einschlagen eines anderen Weges, besagen kann. Wir haben also noch keine Antwort, aber doch eine Spur, der wir wie Spürhunde nachgehen können.

Schauen wir also das Wort „Übertretung" noch einmal an. Welches Wort wird im Hebräischen geläufigerweise dafür benutzt, und wie wäre dieses Wort ins Griechische zu übertragen? Ein hebräisches Wort, das man im Allgemeinen mit „Übertretung" wiedergibt, ist פָּשַׁע *(päša)*. Die Grundbedeutung dieser hebräischen Vokabel ist „ausbrechen": sich gegen Autorität auflehnen, sich von Herrschaft zu distanzieren suchen, mit anderen Worten: rebellieren, revoltieren usw.[2]

---

[1] In 4 Mo 14,41 bedeutet es das Überqueren einer Linie und wird synonym für das hebräische *avar*, „überschreiten", benutzt.

[2] Dieses Wort wurde mit verschiedenen griechischen Äquivalenten wiedergegeben, niemals aber mit *parabasis*. Als ich mir jedoch die verschiedenen griechischen Wörter ansah, mit denen die Septuaginta *päša* wiedergibt, fand ich auch keines, das das Bild der Übertretung in Galater 3,19 transportiert. Meistverwendet wurde beispielsweise *adikos*, was aber mehr für „Ungerechtigkeit", „Verrat" steht, als dass es das Sich-Auflehnen gegen Autorität beinhaltete, das in der hebräischen Vokabel steckt. Genauso wenig kommen die anderen gebrauchten Äquivalente unserem Verständnis der Wurzel des hebräischen *päša* wirklich nahe, zumindest nicht im Sinn von Galater 3,19 und der Sinai-Situation. Unter diesen anderen Äquivalenten sind *anomia*, „Gesetzlosigkeit", und *hamartia*, „Zielverfehlung", das im griechischen Neuen Testament üblicherweise für „Sünde" benutzte Wort.

Wenn wir uns klarmachen, dass die alte Wurzel dieses Wortes „ausbrechen" (aus Autorität im Sinne von: sich von Autorität distanzieren) bedeutet und damit der Grundbedeutung von *parabasis* („Bruch" einer Beschränkung, Abkommen vom Weg = Brechen mit dem rechten Weg) sehr nahekommt, und wenn wir das dann insbesondere in den Zusammenhang der Bundesfestlegung am Berg Sinai stellen, dann bekommen wir allmählich das richtige Bild in den Blick und können nachvollziehen, wieso Paulus dieses Wort benutzte.

Ich hoffe, Sie konnten dem roten Faden des hier dargebotenen Gedankengangs folgen. Das ist wichtig, weil daran deutlich wird, dass das Gesetz, die Thora, nicht zur Definition von Sünde gegeben wurde, sondern in erster Linie weil Israel, von Furcht getrieben, Gott auf Abstand zu halten versuchte. Was Paulus in Galater 3,19 vermitteln wollte, war, dass das Gesetz gegeben wurde, weil die Israeliten sich für einen Abweg entschieden, um Gott in erträglicher Entfernung von sich zu halten. Letztlich waren sie diejenigen, die sich im Blick auf ihre Gottesbeziehung für ein Mittlersystem entschieden, das wie ein Puffer wirkte, damit Gott sie nicht mit seiner Größe überwältigen konnte und ihnen nicht allezeit ihre Geringfügigkeit und Sündhaftigkeit vor Augen geführt wurde.

Sehen wir noch einmal zurück auf das Szenario des vorigen Kapitels: Nachdem Gott seine Majestät und Macht in unübertrefflicher Fülle offenbart, seine Herrlichkeit und Gegenwart kraftvoller gezeigt hatte als wohl zu irgendeinem anderen Zeitpunkt in der überlieferten Geschichte, sprach er höchstselbst mit hörbaren Worten zum ganzen Volk. Ich glaube nicht, dass er die Menschen mit dieser Entfaltung seiner Macht vertreiben wollte, noch dass er ihnen in seiner Allmacht eins überzuziehen gedachte, damit sie ja nicht mehr gegen ihn aufmuckten – denn sollte er das getan haben, so wirkte es offenkundig nur so lange, bis die Erinnerung daran zu verblassen begann.

Aber da dies sein Verlobungs-, vielleicht sogar sein Vermählungstag war, ergibt es Sinn, davon auszugehen, dass es Jahwe wichtig war, als derjenige angenommen zu werden, der er ist. Sollte er dann nicht nach einer Antwort derselben Art gesucht, um nicht zu sagen darauf gehofft haben?

Nachdem das Volk all das gesehen und Gottes Proklamation der Zehn Gebote gehört hatte, lesen wir in 5. Mose 5,23-27, dass die Ältesten des Volkes an Mose herantraten:

> *Und es geschah, als ihr die Stimme mitten aus der Finsternis hörtet, während der Berg im Feuer brannte, da tratet ihr zu mir heran, alle Oberhäupter eurer Stämme und eure Ältesten, und sagtet: Siehe, der HERR, unser Gott, hat uns seine Herrlichkeit und seine Größe sehen lassen, und wir haben seine Stimme mitten aus dem Feuer gehört. An diesem Tag haben wir gesehen, dass Gott mit dem Menschen reden kann und der am Leben bleibt.*

Das war der schicksalsträchtige Moment. Wie würden sie entscheiden? Würden sie das Angebot der Verehelichung und des Bundesschlusses zurückweisen? Würden sie die Bundesbedingungen nur aus Furcht annehmen, aus Angst vor den Folgen offener Abweichung gehorchen – oder würden sie sagen: „Mose, wir stehen Todesängste aus! Der Anblick der überwältigenden Größe Gottes bringt uns der Panik nahe. Und dennoch ... wir können nicht anders. Es ergibt zwar keinen Sinn, aber meinst du ... könnte es angehen – dass Gott auch zu uns reden will? Nicht nur dieses eine Mal, sondern immer und immer wieder, so wie er mit dir redet? Könntest du mal mit ihm sprechen, damit wir vielleicht alle auf unsere eigene Art und Weise ihm nahekommen und ihn so kennenlernen können wie du, wenn die Wolke sich senkt und du ihm im Zelt begegnest ..."?

Können Sie sich vorstellen, wie anders die Geschichte verlaufen wäre, hätte Israel an jenem Tag so reagiert? Man kann es nicht wissen. Gott sagt uns kaum einmal, was alles hätte sein können. Doch aus dem Wissen heraus, wie die Geschichte 1500 Jahre später weiterging, vor allem an jenem Festtag, an dem die Gesetzgebung am Sinai gefeiert wurde, zu Pfingsten, können wir ein paar Hypothesen wagen. Aber dazu später mehr.

So wie die Dinge sich abspielten, traf Israel an jenem Tag eine auf tragische Weise andere Entscheidung. Es ist immer eine Tragödie, wenn Gottes Liebe mit Füßen getreten wird, hier aber muss man es für wahrscheinlich halten, dass die gute und große Sache, die dieser Tag erbrachte, die Thora, verblassen würde gegen das, was hätte entstehen können, wenn die Menschen sich nach Nähe und Vertrautheit mit dem Herrn gesehnt hätten. Die israelitischen Ältesten fuhren fort:

> *Und nun, wozu sollen wir sterben? Denn dieses große Feuer wird uns verzehren. Wenn wir die Stimme des HERRN, unseres Gottes, noch weiter hören, dann werden wir sterben. Denn wer ist unter allen Sterblichen, der die Stimme des lebendigen Gottes mitten aus dem Feuer hätte reden hören wie wir und wäre am Leben geblieben? Tritt du hinzu und höre alles, was der HERR, unser Gott, sagen wird. Und du, du sollst alles zu uns reden, was der HERR, unser Gott, zu dir reden wird, und wir wollen es hören und tun.*

Mir gefällt es, wie der Herr auf ihre Entscheidung reagierte. Mose kletterte wieder auf den Gipfel des Berges hinauf, um seinen Bericht zu erstatten. Der Herr hörte ihn an und sagte dann: *„Sie [die Menschen] haben recht geredet mit allem, was sie gesagt haben"* (V. 28). Eine andere Antwort wäre ihm mit Sicherheit lieber gewesen, aber er konnte sie verstehen. Er nannte ihre Entscheidung „recht"! Und sie war gut. Sie hatten sich entschieden, den Bund und den Herrn anzunehmen. Sie würden dadurch zu seinem kostbarsten Besitz, seinem eigenen Volk werden. Sie hatten sich für allezeit an ihn gebunden, sich ihm verlobt. Das war nicht nur gut, man könnte sagen, es war großartig!

Aber war es das, wonach sein Herz verlangte? Entsprach das Ergebnis dieses schicksalsträchtigen Tages tatsächlich dem, was wir als sein Ziel seit der Schöpfung erkannt haben, jenes Ziel, das er eigentlich mit der Schöpfung selbst verfolgte? Wenn es stimmt, dass er immer auf der Suche nach Liebe und innigen Beziehungen ist, dann war die Entscheidung des Volkes nicht optimal, und sie hätten eine bessere Wahl treffen können. In diesem Sinne können wir sagen, Gottes Plan A wäre das gewesen, was er für den Fall vorbereitet hatte, dass Israel freudig die Chance einer Liebesbeziehung, einer Freundschaft mit Gott ergriffen hätte, wie sie Abraham und Mose zu ihm unterhalten hatten. Plan A hat immer mit Beziehungsinnigkeit und Liebe zu tun. Auch wenn wir nicht wissen, was bei Umsetzung von Plan A herausgekommen wäre – was wir wissen können, ist, dass es gewaltig gewesen wäre. Darauf lässt schon das schließen, was sich aus Plan B, der Thora, an mächtigem Guten ergeben hat!

Mir ist klar, dass ich an diesem Punkt Gefahr laufe, die Zustimmung einiger meiner messianischen Brüder und Schwestern einzubüßen, wenn ich sage, die Thora sei nicht der Höhepunkt der Offenbarung Gottes. Es gibt durchaus noch mehr an Nachweisen zur Untermauerung meiner Position. Aber wir alle sollten uns darin einig sein, dass laut der Heiligen Schrift Jeschua selbst der Höhepunkt der Offenbarung Gottes ist sowie das Ziel, auf das auch die Thora hinläuft (vgl. Röm 10,4). Was ich hier klarlegen will, ist, dass es für Israel an jenem schicksalhaften Tag vielleicht noch eine bessere Möglichkeit gegeben hätte, die es aus Angst nicht wahrnahm.

Trotz unserer menschlichen Reaktionen, die von Rebellion und Furcht gezeichnet sind, ist Gott ein Gott der Vergebung, Barmherzigkeit, Gnade und Liebe. Er ist

... barmherzig und gnädig, langsam zum Zorn und reich an Gnade und Treue, der Gnade bewahrt an Tausenden von Generationen, der Schuld, Vergehen und Sünde vergibt ... (2 Mo 34,6-7).

Wie sich ein Vater über Kinder erbarmt, so erbarmt sich der HERR über die, die ihn fürchten. Denn er kennt unser Gebilde, gedenkt, dass wir Staub sind. Der Mensch – wie Gras sind seine Tage, wie die Blume des Feldes, so blüht er. Denn fährt ein Wind darüber, so ist sie nicht mehr, und ihr Ort kennt sie nicht mehr. Die Gnade des HERRN aber währt von Ewigkeit zu Ewigkeit über denen, die ihn fürchten ... (Ps 103,13-17).

Selbst angesichts dessen, was er „Versagen – im Sinne von gewollter Distanz zur Autorität –, Aufbegehren und Sünde" nennen könnte, vergisst er nicht, was wir sind und mit was wir konfrontiert sind. Wir sehen ihn nicht so wie die Engel. Unsere Augen sind nicht geöffnet für seine manifeste Herrlichkeit und Güte, wie sie in seinem Thronsaal manifest sind. Wir sind als heimatlose geistliche Waisen zur Welt gekommen, voller Angst vor jedem, der Vertrauen von uns fordert.

Und so sah der Vater, dass sein Volk ihm das Beste darbrachte, was es in jenem Moment aufbringen konnte. Er sah ihre Entschlossenheit zu gehorchen. Und er sagte: „Es ist recht!" *Wow!* „Herr, mach mich zu der Art Vater, die du bist! Ich möchte so sein wie du."

Und nachdem er ihnen bereits seinen Gerechtigkeitsstandard offenbart hatte, die Zehn Gebote, die eine leicht erweiterte Fassung des Gesetzes der Liebe darstellen, das Jeschua predigen würde, ging er weiter und entfaltete ihnen Plan B. Dieser Plan enthielt die Anweisungen für den Weg des Lebens, den er für sie ausgesucht hatte, die Thora. Gleich vielen anderen sehe ich einen Unterschied zwischen der Deklaration von Gottes Moralvorstellungen in den Zehn Geboten und den darauf folgenden 603 Anweisungen.[3] Die Zehn Gebote wurden erlassen, noch bevor die israelitischen Ältesten den Herrn baten, auf Distanz zu bleiben und ihnen Mittler zu gewähren. Die übrigen 603 folgten danach und erläutern sehr detailliert, wie diese zehn Lebens-Grundregeln zu verstehen und zu befolgen sind.

In den 603 Regeln und Anweisungen, die den Zehn Geboten folgen, steht wirklich nichts Neues. Sie entfalten lediglich die Ethik, die in komprimierter Form bereits in den Zehn Geboten gegeben war. Der mosaische Bund war ein Gehorsamsbund, kein Heilsbund. Selbst die anderen Bestandteile der Thora, wie die Opfergesetze, die vorgeschriebenen Feste und die Regeln zur rituellen Reinheit, die nicht unmittelbar mit den Zehn Geboten zusammenhängen, haben doch immer noch mit einer gottgegebenen Ordnung für das Leben mit ihm zu tun.

Die Opfergesetze wurden erlassen, um zu verdeutlichen, wie ernst die Sünde ist – ohne Blutvergießen gibt es keine Sündenvergebung (vgl. Heb 9,22) –, und damit Israel etwas tun konnte, um zu „begreifen", dass Gott sich um das Problem der Sünde kümmerte. Das Volk musste Opfer bringen, um seine Beziehung zu Gott zu reinigen und wiederherzustellen, damit sein Gehorsamsbund mit ihm fortbestehen konnte. Zu keiner Zeit waren die Opfer Mittel ihrer Erlösung; sie hatten nur damit zu tun, wie mit Versagen und Sünde umzugehen war, die ja selbst im hingegebensten Leben mit Gott vorkommen. Die Opfer waren *Mittel zur Wiederherstellung der Gottesbeziehung*, nicht dazu, eine solche erst zu initiieren!

Die sieben vorgeschriebenen Feste wurden einerseits als jährliche Erinnerungszeiten an Gottes vergangenes Heilswirken zu-

---

[3] Der mittelalterliche Gelehrte Moses Maimonides zählte 613 Thora-Gesetze. Wenn wir die Zehn Gebote als eigenständige Einheit betrachten, verbleiben also 603.

gunsten Israels verordnet. Andererseits waren sie eine prophetische Generalprobe im Blick auf zukünftige Schlüsselereignisse, die die vergangenen Geschehnisse prophetisch vorschatteten. So sollte z. B. das Passah gefeiert werden, um sich der Befreiung aus der ägyptischen Sklaverei zu erinnern, welche symbolisch für die Versklavung unter die Sünde steht. Die Feste hatten die Funktion des Rückblicks, um Gottes Volk daran zu erinnern, was er für sie getan hatte, aber sie dienten auch der Vorausschau insofern, als sie prophetische Bilder wichtiger Zukunftsereignisse waren.

Wenn Israel z. B. in der Zeit von Mose bis zu den Tagen Jeschuas Passah feierte, dann blickte es zurück auf die Vergangenheit, um sich der Güte des Herrn zu erinnern, genau wie es nach vorne schaute, in die Zukunft, in der das Blut des Lammes Gottes für alle Menschen vergossen werden würde. Ein Wort, das Mose benutzte, um die Feste zu markieren, war מִקְרָא (mikra), „(Fest-)Versammlung", was zugleich „Einübung, Probe" bedeuten kann. Ein Fest glich also einer jährlich wiederkehrenden Generalprobe für das Kommen des Lammes, damit Israel ihn erkennen würde, wenn er käme. In der Passionswoche erfüllte Jeschua sowohl die biblischen als auch die traditionellen Bilder des Passahlammes bis ins kleinste Detail.

Ehe wir uns mit dem Wesen des mosaischen Bundes noch detaillierter beschäftigen, sollten wir uns noch einen weiteren Gedanken ansehen, und zwar immer noch von Galater 3,19 ausgehend:

*Was soll nun das Gesetz? Es wurde der Übertretungen wegen hinzugefügt – **bis der Nachkomme käme, dem die Verheißung galt –, angeordnet durch Engel in der Hand eines Mittlers.***

Die Thora wurde dank jener Auflehnung, jenes Wunsches, Gott auf Distanz zu halten, hinzugefügt, *bis* der Nachkomme käme. Die Thora ist groß, heilig, gottgegeben und in Teilen sogar ewig. Aber ihre Funktion, wie sie zur Zeit ihres Erlasses gegeben wurde, war zeitlich beschränkt: Sie gilt so lange, bis der verheißene Nachkomme da sein wird, nämlich der Messias.

Wir werden uns das später noch genauer ansehen – jetzt genügt es, wenn wir verstehen, dass die Thora in ihrem Ursprungskontext Paulus zufolge ein Verfallsdatum hatte! Das heißt nicht, dass sie nach Ablauf dieses Datums verschwinden sollte, wohl aber, dass ihre Hauptfunktion dann erfüllt sein würde, auch wenn sie uns immer noch andere Schätze zu bieten hat. Sie vergeht nicht, aber unsere Beziehung zur Thora muss heute eine andere sein.

Ferner wurde die Thora ebenfalls aufgrund der Tatsache, dass die Menschen Distanz halten wollten, durch einen Mittler, Mose, gegeben. Tatsächlich war die Thora selbst ein Mittler, wie wir noch sehen werden. Im Neuen Bund macht der Mittler Jeschua direkten Umgang mit dem Vater möglich!

Betrachten wir jetzt den Bund des Gehorsams, wie er Mose und dem Volk Israel am Berg Sinai gegeben wurde.

KAPITEL 5

Die Anweisung des Vaters

Genau wie in den Tagen Josias, des Königs Judas, befinden wir uns heute mitten in einem großen Wiederherstellungsprojekt. Jahrelang hatte der judäische König es zugelassen, dass Glaube und Lebensstil, wie sie dem Volk am Berg Sinai aufgetragen worden waren, sich mit dem nichtjüdischen Glauben und den Gebräuchen der ringsum lebenden Völker vermischt hatten. Israels Apathie und zuweilen offene Rebellion hatte dazu geführt, dass es von Gottes Weg abrutschte in eine Bosheit von solcher Tiefe, dass sogar die oberste Spitze des Königtums und das innerste Heiligtum im Tempel, das Allerheiligste, davon durchdrungen waren. In Letzterem brachte man in den Zeiten Manasses nichtjüdische Götzenopfer dar. Statt Wohnplatz der Gegenwart Gottes zu sein, wurde der Tempel zum Ort politischer Machtspiele und zur Heimstatt heidnischer Gottheiten und Praktiken jeglicher Art.

Nach der Zeit der Apostel kam das „Haus des Herrn"[1] – nun definiert als Wohnort des Heiligen Geistes in Form der Gemeinschaft

---

[1] Der Ausdruck *Haus des Herrn* ist eines der Äquivalente für die Vokabel *Tempel* im Hebräischen. In dieser Sprache gibt es kein eigentliches religiöses Fachwort für „Tempel", wie wir es im Deutschen mit ebendiesem Begriff haben. Das Wort „Tempel" meint nichts anderes als einen Ort des Gottesdienstes oder Opfers. Das hebräische Wort „Haus des Herrn", בֵּת יהוה *(beit Jahwe)*, meint schlicht Gottes Haus, den Ort, wo seine Gegenwart wohnt. Das gibt der neutestamentlichen Lehre „wisst ihr nicht, dass *ihr* der Tempel des Heiligen Geistes seid", also das Haus, sozusagen die „Unterkunft" der Gegenwart Gottes, eine ganz neue Klarheit, indem wir erkennen, dass der Tempel schlicht der Platz ist, an dem Gott wohnt. Das andere Wort für „Tempel" war

der Gläubigen, der Gemeinde – auf ähnliche Weise wie vorher Israel vom Weg ab. Schon bald fanden die Glaubensvorstellungen der Nationen ihren Weg in die örtlichen Christenversammlungen, den neuen Tempel, hinein. Die heidnischen Gottesdienstgewohnheiten der Römer und Griechen bahnten sich ihren Weg in Leben und Praxis der Gemeinden. „Intellektuelle" Gemeindeleiter nahmen allmählich die Werte der griechischen Philosophen an. (Es ist befremdlich, wie sehr es die Führer religiöser Institutionen für gewöhnlich darauf anlegen, in den Augen der Welt und vor allem der säkularen Philosophie „weltklug" zu erscheinen.)

Nicht nur die Theologie wurde davon berührt, auch der innerste Kern des Verständnisses dessen, wie Gläubige ihr Leben und ihre Beziehungen untereinander gestalten sollten und wie Gott sich Gemeinde vorstellt, wurde zugunsten römischer Organisationsstrukturen, eindrucksvoller Bauten und Rituale aufgegeben. Rhetorisch geschulte Redner mit der Fähigkeit, durch Sprache zu überzeugen, verdrängten den Heiligen Geist aus seiner Funktion, durch jeden beliebigen Gläubigen reden zu können. Schließlich atmete die gesamte christliche Welt erleichtert auf, als die römische Staatsmacht ihren Kampf gegen die Kirche aufgab, auch wenn die nunmehr erreichte soziale Akzeptanz einen hohen Preis hatte: eine unheilige Verquickung mit politischer Macht und das Verschwinden der letzten Spuren dynamischen geistlichen Gemeinschaftslebens, wie es im 1. Jahrhundert vorherrschend gewesen war. Insgesamt war das alles nicht viel anders als die Geschichte Israels unter den Königen von Juda und Israel, die es ebenfalls aufgaben, dem Druck der heidnischen Kulturen rings um sie her standzuhalten. Genau wie Israels Tempel wurde auch die Gemeinde zum Werkzeug politischer Machtspiele und zur Heimstatt jeglicher Art von heidnischen Gottheiten und Praktiken.[2]

Als Josia den Thron bestieg, begann er damit, das entheiligte Haus Gottes wiederherzustellen. Im Verlauf dieses Prozesses entdeckten die Priester die Thora wieder neu. Der Hohepriester

---

בֵּית מִקְדָשׁ *(beit mikdaš)* und bezieht sich auf das Haus des Heiligtums, den Ort, wo Gottes Gegenwart bleibt bzw. bewahrt wird. In diesen Tagen wohnt er in uns.

[2] Die Praxis, Heilige anzubeten und zu verehren, stellte eine nur leicht verschleierte Fortsetzung der Anbetung der vielen Götter der griechisch-römischen Welt dar. Anstatt z. B. dem „Gott der Reise" ein Opfer zu bringen, nahm ein Heiliger den Platz dieses Gottes ein, und vor einer Reise betete man zu ihm und verehrte ihn.

Hilkija brachte sie zu Josia und ließ sie in seinem Beisein verlesen. Beim Anhören der Worte der Thora zerriss der König vor Kummer sein Gewand, als ihm die Größe dessen aufging, wovon Israel abgefallen war, ebenso wie die Notwendigkeit einer Radikalveränderung von Lebensstil und Denken. Das ist wahre Buße: ein Wandel im Denken *und* Handeln eines Menschen – nicht nur ein theologisches Umdenken.

Genauso geht Gott auch mit uns durch einen Prozess der Wiederherstellung – einer Wiederherstellung, deren Beginn schon so weit zurückliegt wie die Zeiten der frühen Reformation, die aber Schritt für Schritt bis zum heutigen Tag angehalten hat und heute, wie an vielen Zeichen zu erkennen, rapide an Geschwindigkeit zunimmt. Luther und die Reformatoren erkannten eine Reihe von Dingen, die das Haus Gottes eingebüßt hatte, und halfen uns, sie wiederzugewinnen; aber es gab noch viel, viel mehr, was auch sie nicht veränderten. Tatsächlich gibt es so vieles, was die Reformatoren nicht änderten, dass fast alle heutigen Kirchen ahnungslos die Praktiken weiterführen, die in der auf das 1. Jahrhundert folgenden Zeit des großen Abfalls ihren Ursprung haben. Keinesfalls dürfen wir also mit der Reform der Kirche schon aufhören, wenn das wieder erreicht ist, was uns als Optimum von Kirche *seit* dem 1. Jahrhundert bekannt ist. Vielmehr müssen wir Leben und Dienst der frühen Kirche in ihren ersten Jahren zurückgewinnen, eingeschlossen die volle *Funktion* des Gemeindelebens, wie sie es damals kannten. Ihr Leben war so angereichert vom Leben Gottes, dass sie nicht nur eine Fülle erlebten, die wir als Erweckungsfeuer bezeichnen würden, sondern dass sie dieses Feuer mehr als zwei Jahrhunderte lang am Brennen hielten, auch wenn es allmählich immer weiter herunterbrannte. Es mag Leute geben, die eine Veränderung solchen Ausmaßes eher als Revolution denn als Wiederherstellung bezeichnen würden!

Heute überzeugt der Herr viele Leute davon, dass wir mehr verloren haben, als wir vermuteten, als wir das „Joch" unserer hebräischen Wurzeln und der hebräischen Kultur der Gemeinde der ersten Jahrhunderte abschüttelten. Einer der Hauptverluste war das Verständnis der Thora selbst. Damit verloren wir zugleich das Verständnis des ersten Bundes in seinem Wesen. Wir wollen uns diesen Bund anschauen, um sein wahres Wesen wiederentdecken zu können. Solange wir den ersten Bund nicht begreifen, sind wir auch nicht in der Lage, sämtliche Reichtümer aufzudecken, die der Neue Bund zu bieten hat.

Die Thora – die Lebensanweisung des Vaters

Eines der ersten Dinge, die wir uns hinsichtlich der Thora vor Augen halten müssen, ist, dass wir nicht richtig verstanden haben, worin ihr wahres Wesen besteht. Seit Anbeginn der jüdischen und christlichen Versuche, die Heilige Schrift aus dem Hebräischen in andere Sprachen zu übersetzen, waren Bibelübersetzer darum bemüht, die richtigen Ausdrücke für biblische Wahrheiten zu finden, die sie doch so genau kannten. Leider – und jeder Sprachwissenschaftler weiß das – gibt es vieles, was sich beim besten Willen nicht völlig deckungsgleich von einer Sprache in eine andere übertragen lässt, vor allem dann nicht, wenn es auf knappe Prägnanz ankommt. Dann stehen Sie da und suchen anstelle des ganzen Satzes oder Satzteils, den Sie tatsächlich benötigen würden, um die Ganzheit dessen wiederzugeben, was im Ausgangstext steht, nach einem einzelnen Wort zur Wiedergabe eines Gedankenkomplexes, der sich im Originaltext in einer bestimmten Satzstellung oder Schreibweise, in Gestalt doppeldeutiger Wörter, in Reimen usw. niederschlägt – alles Ausdrucksformen, die in der Sprache, in die Sie Ihren Text übertragen möchten, womöglich keinerlei Entsprechungen haben.

Mitunter kann es sein, dass Wörter heute falsch verstanden werden, weil irgendwann im Verlauf der Geschichte ein bis dahin wohlverstandener biblischer Begriff sich nicht mehr mit neuen Ideen vertrug, die in Mode kamen. Findet eine neue Idee die Zustimmung der politisch und religiös Herrschenden, kann sie eine Akzeptanz gewinnen, die unter Umständen Hunderte von Jahren anhält, auch wenn sie von Anfang an fehlerhaft war. Prozesse wie diese können das Verständnis eines Wortes für Jahrhunderte verändern und die Ursprungsbedeutung des Wortes verdunkeln.

So haben beispielsweise seit den Zeiten der griechischen Septuaginta, der ersten Übersetzung der Hebräischen Bibel ins Griechische, Übersetzer sich angewöhnt, das hebräische Wort „Thora" mit „Gesetz" wiederzugeben. Das ist verständlich, erfüllt doch die Thora ebenso sehr die Funktion, dem Leben der Nation einen Rahmen zu geben, wie das die Gesetze aller Staaten tun. Und die jüdischen Übersetzer waren auf der Suche nach einem Wort, das den absoluten Gehorsam gegen die Weisungen Gottes ausdrückte, um dessen Notwendigkeit sie wussten, wenn es darum ging, den ernsten negativen Folgen des Ungehorsams zu entgehen.

Wenngleich also die Vokabel „Gesetz" eine vollauf verständliche Wortwahl darstellt, ist es doch eine unglückliche, und zwar aus folgendem Grund: *Ein Gesetz besteht aus stur einzuhaltenden Vorschriften (Kodex), die das Verhalten der Bürger eines Landes so regeln, wie die jeweilige Regierung es verordnet hat.* Verletzung dieses Kodex führt zu sofortiger, unnachsichtiger Bestrafung. Gehorsam dagegen hat zur Folge, dass die Regierung den Bürger ignoriert und in Frieden lässt. Eine Regierung vergibt keine Preise oder Belohnungen, wenn jemand das Gesetz nicht bricht!

Die Thora ist da ganz anders. *Die Thora ist Ausdruck der Väterlichkeit im Herzen Gottes.* Tatsächlich bedeutet das hebräische *torah* „Anweisung" und nicht „Gesetz". Zwischen diesen beiden Begriffen besteht ein Riesenunterschied. Hebräisch definiert, bedeutet Thora „eine Sammlung von Anweisungen, die ein Vater seinen Kindern erteilt und deren Übertretung er bestraft, um den Gehorsam der Kinder zu stärken und sie zu erziehen"[3]. In den Sprüchen Salomos finden wir ein paar Textabschnitte, die sehr deutlich aufzeigen, wie die Verfasser der biblischen Schriften das Wort „Thora" anwenden, wenn es nicht um das mosaische „Gesetz" geht:

Gehorche, mein Sohn, der Zucht deines Vaters und verwirf nicht die Weisung [torah] deiner Mutter! (1,8).

Mein Sohn, meine Weisung [torah] vergiss nicht, und dein Herz bewahre meine Gebote! (3,1).

Thora drückt die Liebe eines wirklichen Vaters aus – eines Mannes, der das Herz eines Vaters hat und nicht nur ein Samenspender ist –, weil ein solcher nicht in erster Linie Ungehorsam straft, sondern aus einem Kind durch seine interaktive Weisung einen reifen Erwachsenen formt und entwickelt. Ebendeshalb weist die Thora Väter an, die Verantwortung sowohl für die Bildung ihrer Kinder als auch für deren Wachstum in geistlichen Dingen wahrzunehmen. Zweck einer elterlichen Thora ist es, Kinder zu lehren und

---

[3] J. Benner 2004 auf der Homepage: www.ancient-hebrew.org

zur Reife zu führen. Wird die Thora nicht eingehalten, erfährt das Kind Bestrafung, aber eine andere Art von Bestrafung als die von einem Gesetz vorgesehene Sanktion.

Unterm Gesetz gibt es keinen Raum für Unterweisung: Hat jemand das Gesetz gebrochen, erhält er die entsprechende Strafe, falls nicht, ist er frei. Grundmotiv der Thora ist nicht, die Ordnung der Gesellschaft herzustellen, sondern die Liebe zum Kind. Herzenswunsch eines Vaters ist es, dass das Kind Gehorsam erlernt – nicht, dass es nur mechanisch gehorcht. Der Vater möchte, dass sein Kind den Herrn kennenlernt, dass es lernt, in Frieden mit anderen Menschen zu leben und ein produktives Glied der Gemeinschaft der Gläubigen zu sein.

Als ich mit der Geburt meines Sohnes Jonathan zum Vater wurde, machte ich mir dies zum festen Herzensvorsatz: „Hilf mir, Herr, ihn zu lehren, dass er Gehorsam liebt, dass er nicht nur gehorcht, um die unangenehmen Folgen eventuellen Fehlverhaltens zu vermeiden." Erkennen Sie den Unterschied zwischen diesen beiden Haltungen? Eltern, die Gesetze aufstellen, wollen Fehlverhalten vermeiden und das Kind daran hindern, sie in peinliche Situationen zu bringen, indem es z. B. nach Süßigkeiten schreit oder sich in einem Wutanfall auf den Boden schmeißt, und das alles natürlich, während andere Leute zuschauen. Solche Rezepte dienen ausschließlich dazu, den Eltern das Leben leichter zu machen. Eltern, die die Thora hochhalten, wollen ihre Kinder lehren, sich auch dann aus freien Stücken gottwohlgefällig zu verhalten, wenn niemand hinschaut.

Wenn das Kind aus liebevollem Gehorsam heraus Papas Anweisungen befolgen möchte, es aber nicht ganz schafft, dessen Erwartungen zu erfüllen, wird es dafür gelobt, dass es sein Bestes versucht hat, und bekommt erklärt, was es beim nächsten Mal bessermachen kann. Legt das Kind hingegen einen krassen, fortwährenden Ungehorsam an den Tag, zeigt es eher ein widerstrebendes, aufsässiges Herz statt eines, das sich ehrlich bemüht und trotzdem einen Fehler gemacht oder aufgrund einer Schwäche versagt hat, dann muss ein echter Vater Schritte unternehmen, um durch Züchtigung und Bestrafung, die darauf gerichtet sind, den rebellischen Geist, nicht aber das Herz des Kindes zu brechen, eine Verhaltensänderung zu bewirken.

Genau das war es, was der Herr durch die Propheten Israel in der Zeit seines Aufbegehrens sagen musste: „Kehrt um von euren Wegen, oder ich muss die Strafe über euch verhängen, die ich euch angekündigt habe!" Anders als viele Eltern ist der Herr sehr konsequent. Wenn er etwas verspricht, hält er sein Wort. Er kennt auch den didaktischen Wert fester und konsequenter Zucht. Zugleich ist und war er immer schnell damit bei der Hand, Barmherzigkeit zu zeigen und Gnade zu erweisen, wo er nur die ersten Anzeichen von Buße sieht, also einen Hinweis darauf, dass sein Volk, seine Kinder angefangen haben, Gehorsam zu erlernen. Manchmal bewegen ihn seine große Liebe und seine Herzenssehnsucht nach seinem so oft ungehorsamen Volk, die Strafe zurückzuhalten, die eigentlich kommen müsste, wie Hosea berichtet:

Wie sollte ich dich preisgeben, Ephraim, wie sollte ich dich ausliefern, Israel? ... Mein Herz kehrt sich in mir um, ganz und gar erregt ist all mein Mitleid. Nicht ausführen will ich die Glut meines Zornes, will nicht noch einmal Ephraim vernichten. Denn Gott bin ich und nicht ein Mensch, in deiner Mitte der Heilige; ich will nicht in Zornglut kommen (Hos 11,8-9).

Vernehmen Sie die Leidenschaft im Herzen des Herrn? Die Israeliten sind sein Ziel und Grund für alles, was er auf der Erde getan hat. Selbst wenn Ephraim[4] ohne irgendein Anzeichen von Buße oder Veränderung die so oft von ihm gesetzten Grenzen überschritten hat, kann er sich nicht dazu entschließen, es aufzugeben oder den Schrecken der angekündigten Strafe über es kommen zu lassen.

Und doch zeigt selbst an dieser Stelle bereits der nächste Vers, dass genau dies den erwünschten Wandel hervorbringen wird:

Hinter dem HERRN werden sie herziehen; wie ein Löwe wird er brüllen, ja, er wird brüllen, und zitternd werden die Söhne herbeikommen vom Meer. Sie werden zitternd herbeikommen aus Ägypten wie ein Vogel und wie eine Taube aus dem Land Assur. Und ich werde sie in ihren Häusern wohnen lassen, spricht der HERR (V. 10-11).

---

[4] Die nördlichen zehn Stämme Israels wurden oft unter dem Namen „Ephraims" angesprochen, des mächtigsten und führenden Stammes im Königreich.

Gehorsam erlernen

Eltern neigen im Aufziehen ihrer Kinder sehr oft entweder zur Härte oder zur Nachgiebigkeit. Wir könnten auch von gesetzlicher Härte oder vermeintlicher „Gnade" sprechen. Viele Eltern und ganz besonders solche mit einem biblischen Weltbild geben Gesetze weiter – vielleicht in dem Glauben, sie müssten ebenso stur, fest, ordnungsliebend und gesetzestreu sein, wie es in ihrer Wahrnehmung der Gott Moses ist. Sie nehmen sich die Mahnung zu Herzen, wer an der Rute spare, verderbe sein Kind, und verknüpfen so Strafe und Gesetz. Niemals war das die Art des Herrn, Kinder aufzuziehen. Gesetzesorientierte Kindererziehung bringt keine Liebhaber Gottes hervor, ebenso wenig wie wahren Gehorsam. Sie erzwingt Anpassung ans Gesetz. Aber aufgezwungene Anpassung darf nicht mit echtem Gehorsam verwechselt werden, der aus dem Herzen kommt und aus freien Stücken geübt wird.

Während ich als Jugendlicher in Texas heranwuchs, bekam ich diese Wahrheit an meiner Schule deutlich vor Augen gestellt. In meinem letzten Schuljahr entschloss ich mich zum Besuch einer christlichen Schule, obgleich ich wusste, dass gerade diese Schule nicht nur sehr religiös, sondern auch extrem gesetzlich und streng war. Sie hatten dort Regeln für alles und jedes, nicht nur die Haarlänge (bei Jungen) bzw. Rocklänge, den Stoff, aus dem die Hosen gemacht waren (Bluejeans waren verboten!), sondern es ging bis hin zu getrennten Treppenhäusern für Jungen und Mädchen; ja, man forderte, dass nicht nur die Schüler sich an die vorgeschriebene Kleiderordnung hielten, sondern auch die Eltern, die nach dem Unterricht ihre Kinder abholen kamen.

Äußerlich waren die Studenten freundliche, offene, engagierte und gute Christen. Weder rauchten noch tranken noch tanzten sie, hatten nichts mit Drogen zu tun und kauten auch keinen Tabak. Ihre Sprache war sauber, und äußerlich gesehen waren sie tadellos. Die meisten von ihnen glaubten wahrscheinlich sogar alles, was man ihnen beibrachte, und hätten sicherlich jederzeit die Prinzipien dieser Kirche und ihren Lebensstil als den einzig wahren biblischen Lebensstil verteidigt. Ihre Werte waren allerdings nur die Werte ihrer Eltern. Sie hatten sich äußerlich angepasst und genossen so meist ohne weiteres das Vertrauen der Lehrer.

Ich dagegen war ein Außenseiter, und aus Sicht der Schule war die Gemeinde, zu der ich gehörte, zu freizügig und zu liberal. (Die Gemeinde, die meine Familie zu jener Zeit besuchte, gehörte der *Christian and Missionary Alliance* an und war kaum eine Bastion des Liberalismus!) Es war für mich sehr viel schwerer, das Vertrauen meiner Lehrer zu gewinnen, als es mir jemals an einer öffentlichen Schule gefallen war. Man betrachtete mich mit Argwohn, weil ich nicht instinktiv „richtig" aussah bzw. mich verhielt, so wie ihre eigenen Kinder es taten. Aber am Tag nach unserem Abschluss ging die gesamte Abschlussklasse außer mir und einem weiteren Schüler, der aus einer „anderen" Gemeinde kam, zu einer rauschenden Party an einem See und betrank sich hoffnungslos. Sie hatten keineswegs Gehorsam *erlernt*, und die Werte, die ihnen vermittelt worden waren, entsprachen mitnichten ihrer eigenen Überzeugung. Als keiner hinsah, waren sie außerstande, der Versuchung zu widerstehen.

Wahrer Gehorsam hat nur sehr wenig mit Unterordnung unter Paragraphen, Regeln oder Verordnungen zu tun. Wahrer Gehorsam wird erlernt mit jeder einzelnen Entscheidung, das zu tun, was der Vater möchte, egal, was es kostet oder ob man mehr Lust hat, etwas ganz anderes zu tun. Gehorsam zu erlernen ist für ein nicht hingegebenes Herz ungemein schmerzlich; es fällt ja selbst dem schwer, der wirklich darauf aus ist, es recht zu machen. Wollen wir im Reich Gottes leben, wie Jeschua es verkündigt hat, so *müssen* wir Gehorsam erlernen. Nur wenn wir ein Herz haben, dem Gott vertrauen kann, wird er uns die Vollmachten seines Reiches anvertrauen.

Selbst Jeschua musste Gehorsam erlernen. Ich dachte immer, das sei doch reichlich seltsam. Wie konnte Jeschua, der niemals gesündigt hatte, Gehorsam erlernen? Meine Schwierigkeit, dies zu verstehen, erwuchs aus der Tatsache, dass ich immer noch Gehorsam mit Unterordnung unter das Gesetz verwechselte. Wenn ein Mensch niemals ein Gesetz, eine Regel oder ein Gebot gebrochen hatte, konnte man doch wohl kaum von ihm sagen, er habe es „gelernt", diesen Dingen zu gehorchen. Aber in Hebräer 5,7-9 heißt es:

> Der [Jeschua] hat in den Tagen seines Fleisches sowohl Bitten als auch Flehen mit starkem Geschrei und Tränen dem dargebracht, der ihn aus dem Tod retten kann, und ist um seiner Got-

tesfurcht willen erhört worden, **und lernte, obwohl er Sohn war, an dem, was er litt, den Gehorsam;** *und vollendet ist er allen, die ihm gehorchen, der Urheber ewigen Heils geworden ...*

Der Verfasser des Hebräerbriefes sagt uns also, Jeschua hatte seines Gehorsams wegen Einfluss beim Vater; und seinen Gehorsam erlernte er an den Dingen, die er erlitt.

Was erlitt Jeschua? Ich glaube nicht, dass er hier von seinem Leiden am Kreuz spricht, auch wenn das sicher ein Teil seines ganzheitlichen Gehorsams war. Das Leiden ereignete sich tagtäglich, indem er sich immer wieder entschied, der Weisung des Vaters zu folgen, so wie er zuvor entschieden hatte, den Weisungen Josefs und Marias treu zu sein. Indem er sich entschloss, den Willen seiner Eltern und den Willen seines himmlischen Vaters über seinen eigenen Willen zu stellen, selbst dann, wenn es für ihn persönlich schmerzhaft war, lernte er Gehorsam. Das ist wahrer Gehorsam und wahre Reife.

Viele Christen messen geistliche Reife an der Summe des Wissens, das sie über Gott gesammelt haben, oder indem sie die Jahre zählen, seitdem sie gläubig geworden sind. Wie oft schon haben Sie gläubige Menschen sagen hören: „Ich muss die Gemeinde wechseln und in diese Gemeinde gehen oder jenes Bibelstudium beginnen, damit ich geistlich wachsen und reifen kann!" Kann sein, dass das in manchen Situationen hilft. Aber was die Leute allzu oft meinen, ist, dass sie unter der Lehre eines Menschen sitzen wollen, von dem sie glauben, er könne sie irgendetwas Neues lehren. Reife bemisst sich für sie an angehäuftem Bibelwissen. Andere messen Reife vielleicht an der Fähigkeit, wirksam Fürbitte zu tun, oder an der Manifestation geistlicher Gaben. *Wahre Reife aber bemisst sich an unserer Bereitwilligkeit, jeglichen notwendigen Preis zu zahlen, um dem Vater zu gehorchen und das zu tun, was er von uns fordert.*

Wir müssen zu einem biblischen Verständnis der Art von Leben zurückfinden, die der Vater sich von Anfang an für uns gewünscht hat. Auch hier rührt unser Problem zum Teil daher, dass wir so völlig ins rationalistische griechische Denken und Philosophieren eingetaucht sind, bei dem sich so vieles um Ideen und Gedanken dreht, und nicht um Liebe, Gehorsam und Tun. Letzteres ist, im Gegensatz dazu, das hebräische Denken der Patriarchen, Psalmisten und Propheten wie auch Jeschuas selbst. Die biblische Thora ist kein Gesetz. *Sie ist Unterweisung in der Gerechtigkeit, deren Ziel in der Schaffung eines gehorsamen, ergebenen Herzens besteht.*

Wo bleibt die Gnade?

Alle paar Jahre wieder kommt das Thema Gnade in den Gemeinden hoch. Normalerweise ist das auch angebracht, denn in unserer Neigung, aus eigener Kraft zu leben, sogar im geistlichen Dienst, brauchen wir alle paar Jahre aufs Neue eine Kurskorrektur weg vom Leistungsdenken. Doch manchmal wird die Gnadenbotschaft selbst zum Extrem, woraus genauso viel Schaden erwachsen kann wie aus Härte und Gesetzesorientierung. Der Sohn ist nicht nur ein Lamm, unschuldig und niedlich, sondern auch der Löwe von Juda, mächtig und wild. Wir müssen diese beiden Seiten an ihm kennen, wenn wir wirklich sagen können wollen, dass wir ihn *kennen*.

Denn das Gesetz [die Thora] wurde durch Mose gegeben; die Gnade und die Wahrheit ist durch Jesus Christus geworden (Joh 1,16).

Auf diesen Vers pochen die Menschen, so als setze er einen Kontrast zwischen dem alten und dem neuen Weg, dem Weg des Neuen Bundes. Man meint, Johannes sage, Mose brachte das Gesetz, Jeschua aber, durch die Gnade, eine liebesbasierte Beziehung zu Gott, sodass wir damit nun endlich die Wahrheit besitzen. Da wir aber wissen, dass die Thora von Gott *ist* und objektive Wahrheit darstellt, kann es nicht sein, dass Johannes insinuieren möchte, sie sei etwas Unzulängliches gewesen. Vielleicht besteht der Kontrast, den er aufzeigen möchte, darin, dass die väterliche Unterweisung Gottes, die Thora, ohne Gnade *und* Wahrheit nicht genügt. Mit Gnade meint er hier die aktive Partnerschaft und innewohnende Hilfe Gottes, einhergehend mit der Gefühlswärme, die von Gott zu uns fließt.[5] Die hebräische Auffassung von Wahr-

---

[5] Der Ursprung des hebräischen Wortes für Gnade, חֵן (chen), liegt in dem Bild der Wärme und Hilfe, die einer erwartet, wenn er in den Kreis der Zelte seiner eigenen Großfamilie zurückkehrt. Anfänglich stand das Wort für den Ring der Zelte eines Klans.

heit ist die einer säulenartigen Stütze und Festigkeit, wie sie Jeschua selbst für jeden wird, der an ihn glaubt.

Leider wähnen viele Menschen in diesem Text widergespiegelt, dass sich im Alten Testament alles ums Gesetz drehe – was mit dem inneren Bild eines Gottes einhergeht, der es kaum abwarten kann, dich dabei zu erwischen, wie du eines seiner Gesetze brichst, sodass er dich verurteilen kann –, während, im Gegensatz dazu, das Neue Testament von Liebe und Gnade handle, Gott also jetzt unser Kumpel geworden sei! Wo sich dies mit einem inneren Kampf gegen Perfektionismus oder Leistungszwänge verbindet, verwirft ein Mensch am Ende alles, was ihn an Disziplin und klar umrissene Erwartungen auch nur erinnert.

Was dabei allzu oft herauskommt, sind ein Evangelium und ein Lebensstil, die „gnaden"-zentriert sind. Man konzentriert sich ganz auf Gottes Liebe zu uns und sieht nonchalant über Verantwortung, Wachstum und Gehorsam hinweg. Bei manchen Leuten habe ich sogar Furcht verspürt, wann immer die Rede auf Verantwortlichkeit kam oder darauf, dass der Vater die eine oder andere Verheißung womöglich an unseren Gehorsam geknüpft haben könnte. Solche Menschen scheinen das Gefühl zu haben, jede Anerkennung der Notwendigkeit eines gehorsamen Lebenswandels komme dem Versuch gleich, sich Gottes Liebe zu verdienen oder das Heil durch eigene Werke zu bewirken. Natürlich wissen „gute Evangelikale", dass das nicht stimmt. Aber auf der Ebene des praktischen Lebens verraten ihre Reaktionen eine gar nicht so dezente Angst vor allem, was nach „Gesetz" riecht.

Der Kern der Sache ist, dass wir mit Leistungsorientierung nicht zum Erfolg kommen können, weil unser Gehorsam dann aus dem Fleisch kommt. Der Erfolg geht dann auf *mein* Konto: Er verdankt sich meiner eigenen Willenskraft und Entschlossenheit zum Gehorsam. Aber das ist nach wie vor Fleisch, und sogar vollkommener Gehorsam, der so gepolt ist, wird am Tag des Gerichts verbrennen. Dem Vater gefallen kann nur der Gehorsam, der aus Beziehung erwächst. Darum sagte Jeschua, wir könnten nur dann Frucht tragen, wenn wir als Reben am Weinstock blieben. Wo wir uns in Demut und Glauben an Jeschua, den Weinstock, klammern, setzt Gott einen Strom der Gnade frei: die Kraft und das Verlangen, die uns zu dem echten Gehorsam befähigen, den er sucht. Sobald wir aber aus unseren eigenen Möglichkeiten heraus gehorchen, aus unserem Stolz oder aus Unglauben, steigt sofort eine Härte in uns auf, die uns für den Kraftstrom des Heiligen Geistes verschließt. Aus Jeschua heraus zu leben, ist wirkliche Gnade. Die *Quelle* unseres Handelns ist der Schlüssel.

Bei manchen Menschen habe ich ein Widerstreben bemerkt, anzuerkennen, dass Gott die „Leistung" seiner Heiligen manchmal belohnt, weil wir es dann in ihren Augen nicht mehr länger mit Gnade zu tun hätten. Aber Gott ist kein Anhänger eines geistlichen Kommunismus, der gleichbedeutend wäre mit kollektiver Mittelmäßigkeit. Das Heil ist ein Geschenk, gespendet einzig durch Gnade. Jede weitere Tür, die wir auf unserem aufsteigenden Pfad des Wachstums öffnen, geht allein durch Glauben auf – und kostet uns im Allgemeinen etwas, z. B. dass wir unseren Stolz einbüßen, unsere Furcht überwinden oder ausgerechnet dem vergeben, von dem wir meinten, ihm nie im Leben vergeben zu können. Kurz gesagt bedeutet jeder Preis, den wir zahlen, ein Stück Sterben unserer Ichzentriertheit. Wenn wir siegen wollen, müssen wir ringen und kämpfen. Schließlich gibt es keinen Sieg ohne Schlacht, und die größten Siege werden in den schlimmsten, düstersten Schlachten errungen.

Weil Überwindung uns viel kostet, belohnt der Herr die Überwinder umso mehr. Seine Gnade besteht darin, dass er bei uns ist und uns auf unserem Weg zurüstet, bedeutet aber nicht, dass jeder den gleichen Lohn empfangen wird, ganz egal, wie er gelebt hat. So gesehen kann es wohl sein, dass die Verheißungen für die Braut Christi sich an solche richten, die überwinden, indem sie tatsächlich seine Braut werden, dadurch, dass sie ihn intensiv lieben und bereit und fähig sind, für die Sache ihres Geliebten jeden Preis zu zahlen. Deshalb sagte Jeschua, nicht jede Jungfrau werde Einlass finden, wenn der Bräutigam kommt, sondern nur diejenigen, die Öl in ihren Lampen haben und bereit sind (vgl. Mt 25,1-12). Es gibt Gäste des Bräutigams, und es gibt die Braut. Ich vermute, dass nicht jeder Gläubige beim Hochzeitsmahl des Lammes auf dem Stuhl der Braut sitzen wird.

Wir müssen keine Leistung bringen, um Gottes Liebe zu erlangen, aber wir müssen ihn mit größerer Liebe lieben, wenn wir alles erhalten wollen, was er uns geben möchte.

Es gibt Leute, die den Gedanken der Gnade sogar noch weiter ins Extrem ziehen. Ihre Vorstellung von Liebe und Gnade geht von einem Gott aus, der so liebevoll ist, dass er immer vergibt und jeden Fehler übersieht – genau wie sie selbst es so oft als Eltern tun –, weil er für sie als seine Kinder so unendlich tiefe Gefühle der Liebe und Zuneigung hegt. Sie meinen, man enthalte demjenigen, den man liebt, doch niemals etwas vor. Also nähern sie sich im Gebet dem Vater auf genau diese Weise und wundern sich dann, dass er sie nicht so erhört, wie sie es erwarten würden.

Liebe bedeutet nicht, einem Kind alles zu geben, was es vermeintlich braucht, um sich gut und glücklich zu fühlen, sondern Liebe bedeutet, für ein Kind all das zu tun und ihm all das zu geben, was vonnöten ist, um es zu unterweisen und zu einem Menschen von Charakter heranzuziehen, der sein Handeln steuern kann – und zugleich emotional gefestigt ist. Und genauso geht der Herr mit uns um! Er weiß genau, was wir brauchen, um die Menschen zu werden, die er in uns sieht, und er sieht das Potential dessen, was wir sein können oder werden, wenn er mit uns am Ziel ist. Deshalb kann Jeschua der Gemeinde von Pergamon sagen, er werde den Überwindern einen weißen Stein geben, auf dem ein Name geschrieben steht, den nur er allein kennt (vgl. Offb 2,17). Im hebräischen Denken ist ein Name nicht nur ein die Identität bestimmendes Wort, sondern beschreibt den Charakter einer Person. Der Herr sieht, wozu wir herangedeihen können und werden, und dieses Potential spricht er an. Das beinhaltet auch, dass er bereitsteht, um formend und auch schmerzhaft zerbrechend auf unser Leben einzuwirken, damit er das Richtige aus uns herausarbeitet.

Der Alte Bund hat nicht nur mit dem Gesetz, der Neue nicht nur mit der Gnade zu tun. Der erste Bund wies voraus auf den Neuen und ist nichts ohne diesen, ist doch der Neue Bund vollendender Höhepunkt all dessen, worauf im Alten hingedeutet und was geweissagt wurde. Wer den Alten Bund ohne den Neuen haben will, gleicht einem Fabrikbesitzer, der Rohstoffe, Arbeiter, Konstruktionszeichnungen und alle notwendigen Mittel hat und dennoch niemals etwas herstellt. Und auch der Neue Bund ist ebenso wenig nichts ohne den Alten, weil er auf der Grundlage der Propheten und der Thora steht. Der Alte Bund ist die „Fabrik", in der der Neue entstand. Nur wenn wir auf diesem festen Grund stehen, können wir mit den Worten Jeschuas und der Apostel wirklich etwas anfangen. Selbst die Kreuzigung Jeschuas ergibt nur wenig

Sinn, solange wir nicht wissen, dass es „ohne Blutvergießen ... keine Vergebung" der Sünden gibt (vgl. Heb 9,22).

Bis hierher haben wir das Wesen der Thora eher im Sinne einer väterlichen Anweisung als in dem eines staatsoffiziellen Gesetzes betrachtet. Wesen und Funktion der Thora zeigen aber noch andere Seiten, welche wir nunmehr entfalten wollen.

KAPITEL 6

Ein verlässliches Versprechen

Jede Liebesbeziehung muss, wenn sie wirklich eng sein und sich in Richtung Intimität entwickeln soll, irgendwann an den Punkt kommen, an dem sowohl der Mann als auch die Frau sich entschließen, sich von diesem Moment an den anderen und nur an ihn zu binden. Wenn die Liebe sich von Freundschaft zu wahrer Intimität mit Offenheit und sogar einer gesunden Abhängigkeit voneinander entwickeln soll, in der jeder erkennt, dass er ohne den anderen nicht vollständig ist, bedarf es der Sicherheit, die durch gegenseitige Bindung entsteht.

Auch wenn der Gedanke beinahe gotteslästerlich erscheinen mag, der Schöpfer sei möglicherweise in sich selbst und aus sich selbst heraus nicht „vollständig" und brauche sterbliche Wesen, um seinen Erfahrungshorizont abzurunden, ist dies doch der Kern der Selbstoffenbarung Gottes durch die Bibel: Gott ist Liebe und erschuf die Menschheit, um seine Liebe in uns hineinzugießen und eins mit uns zu sein. Wir sind sein Ziel und die ersehnte Frucht seiner Bemühungen, genau wie er unser Ziel ist. Selbstverständlich ist der Herr in sich selbst und aus sich selbst heraus vollkommen, und doch sehnt er sich nach uns. Und dieses Sehnen macht ihn abhängig davon, dass wir darauf reagieren, damit sein Wunsch nach liebevoller Intimität mit seiner Braut sich erfüllen kann. So sonderbar das auch klingen mag – es liegt in Ihrer und in meiner Macht, das Sehnen des Herzens Gottes zu erfüllen oder aber ihm das Eine zu verweigern, wonach er sich seit ewigen Zeiten gesehnt hat. Dieses sein Verlangen ist so stark, dass er sich uns gegenüber verletzlich gemacht hat und immer wieder unbeschreiblichen Schmerz auf sich nahm in der Hoffnung, eines Tages eine Ernte von Herzen einbringen zu können, die ihn zutiefst liebhaben und ihm voll und ganz hingegeben sind.

Dieser Schmerz geht über den unbeschreiblichen dreifachen Schmerz am Kreuz hinaus: den physischen Schmerz der Kreuzigung, den emotionalen Schmerz durch die Zurückweisung seitens des Volkes und das Weggehen seiner Freunde sowie den geistlichen Schock, den es ihm versetzte, in seinem reinen Wesen mit dem Schmutz unser aller Sünde verderbt zu werden, indem er für uns zur Sünde selbst wurde (vgl. 2 Kor 5,21) und daraufhin erstmals die Erfahrung machte, die unsere Sünde ihm aufzwang – vom Vater getrennt zu sein. Dieser Schmerz umfasst das Leid, das er erfährt, indem er Tag für Tag das Böse ansehen muss, das Menschen Menschen zufügen. Er ist dabei, wenn ein Fötus sich im Mutterleib in Todesangst windet, um der Salzlösung und den Schneidinstrumenten des Abtreibungsarztes zu entgehen. Er leidet mit den jungen Mädchen, die von der Sexindustrie versklavt und schrecklich missbraucht werden, um die perversen Lüste vergnügungssüchtiger Männer zu befriedigen. Er fühlt den Schmerz eines jeden Kindes, das Ablehnung erfährt, nur weil es diesem oder jenem verlogenen gesellschaftlichen Standard nicht gerecht wird.

Unser Herr ist bereit, all dies zu erleiden, weil er hofft, dass einige von uns sich dafür entscheiden, die Wege dieser Welt zu verlassen, um ihn zu suchen und schließlich zu einem Volk Gottes heranzuwachsen, das ihm in all seiner Liebe und Leidenschaft gleich wird. Die Freude, uns zu beobachten, wie wir zu einem Volk werden, das Gott und den Nächsten liebhat, hilft ihm, jeden Schmerz zu ertragen.

> *... der um der vor ihm liegenden Freude willen die Schande nicht achtete und das Kreuz erduldete und sich gesetzt hat zur Rechten des Thrones Gottes* (Heb 12,2).

Ich glaube, dass die Liebe, mit der wir ihn durch Verehrung und echte Anbetung überschütten, *und auch* die Liebe, die wir einander als geistliche Brüder und Schwestern reichlich erweisen – selbst dann, wenn es uns viel kostet –, sogar eine Salbe sein kann, die sich heilsam auf sein verwundetes Herz auswirkt.

Alles dreht sich darum, dass wir ein Volk nach dem Herzen Gottes werden. Und das kann nur innerhalb des Rahmens einer verbindlichen Beziehung geschehen. Der mosaische Bund schenkte seinem Volk Israel, seiner Verlobten, solche Gemeinschaft.

Der Bund

Wenn wir diesen Bund verstehen wollen, den Jahwe mit Israel am Berg Sinai schloss, müssen wir einiges über Bünde generell wissen, speziell aus der betreffenden geschichtlichen Zeit. Als Bund ist die Thora ein gesetzlich bindendes Abkommen zwischen Gott und seinem Volk Israel. Der Herr selbst nannte die Thora einen Bund:

Und der HERR sprach zu Mose: Schreibe dir diese Worte auf! Denn nach diesen Worten schließe ich mit dir und mit Israel einen Bund (2 Mo 34,27).

In diesem Sinn geht die Thora darüber hinaus, nur Anweisung eines Vaters an seine Kinder zu sein; sie erfüllt auch die Funktion, ein Bund zwischen Gott und seinem Volk zu sein, der die Beziehung zwischen ihnen festlegt.

Dieser Sinaibund war ein rechtskräftiges Abkommen. Er trug alle Kennzeichen eines Vertrages oder eines sonstigen damals üblichen Bundes. Forscher haben die Thora mit zeitgenössischen Dokumenten verglichen, die etwa zu derselben geschichtlichen Zeit verfasst wurden, nämlich zwischen dem 15. und dem 13. Jahrhundert v. Chr. Besonders starke Ähnlichkeiten gibt es zwischen der Thora und Bündnissen, wie sie erobernde Könige mit ihren Vasallen bzw. unterworfenen Völkern abschlossen, bis hin zur Struktur und Form. Die folgende Tabelle zeigt, wie genau die Thora mit dem Muster eines antiken hethitischen Vertrages übereinstimmt.[1]

---

[1] Aus: A. Berkowitz / D. Berkowitz, *Thora Rediscovered:* Challenging Centuries of Misinterpretation and Neglect, Littleton, CO 2000, Kap. 1.

Ein rechtskräftiger Bund in mosaischer Zeit	Das fünfte Buch Mose als Dokumentation des Bundes
1. Die Präambel Der einführende Paragraph	**5 Mo 5,1-5** Einleitende Bemerkungen zum Buch, die ausdrücken, was Gott für sein Volk getan hat.
2. Der historische Prolog Die Taten des großen Königs und was er dem Vasallenvolk Gutes getan hat	**5 Mo 1,6-49** Was Gott für Israel getan hat.
3. Abmachungen Hauptteil des Dokuments: Forderungen an die schwächere Partei	**5 Mo 5,1–26,19** 10 Gebote: detaillierte Auflistung der Abmachungen.
4. Segen und Fluch Was ihnen geschehen wird, wenn sie den Bund erfüllen bzw. nicht erfüllen	**5 Mo 27–30** Gott verheißt Segen und Fluch, die als Konsequenz des Haltens oder Nichthaltens des Bundes eintreten werden.
5. Zeugen Wichtige Personen, die die Inkraftsetzung des Bundes bezeugen	**5 Mo 30,19** Gott ruft Himmel und Erde zu Zeugen des Bundesschlusses auf.
6. Nachfolgeregelung	**5 Mo 31,1-8** Gott sieht Josua als Nachfolger Moses nach dessen Tod vor.
7. Regelung für die Aufbewahrung des Bundesdokuments	**5 Mo 31,24-27** Das Gesetzbuch soll in der Bundeslade aufbewahrt und dem Volk zu bestimmten Zeiten verlesen werden.

An dieser Stelle gilt es festzuhalten, dass dieser Bund ein Bund mit klar definierten Bedingungen ist. Es gibt keine bedingungslosen Verheißungen darin – es geht um ein Abkommen, das der Herr mit den Israeliten schloss: *Wenn* ihr diese Bedingungen erfüllt, *dann* werde ich darauf so und so reagieren. Haltet ihr die Thora, meine Weisung, so werde ich euch segnen. Scheitert ihr am Gehorsam, so seht ihr hier die klar ausformulierten Konsequenzen, welche unweigerlich eintreten werden! Wiederum sehen wir, dass der Vater seinen Kindern die Grenzen setzt und ihnen erläutert, welche Folgen Ungehorsam hat.

Doch indem er sich für dieses Format des Bundesschlusses mit Israel entschied, ein geläufiges Format, das solche Dinge wie die Präambel, die Bundeszeugen und die Nachfolgeregelung mit einschloss, bediente sich der Herr einer juristischen Sprache, welche das Volk fraglos verstand. Es kann in ihren Gedanken keinen Zweifel daran gegeben haben, was für eine Art Bund der Allmächtige mit ihnen schloss: ein Abkommen, das im Kern einen Vertrag darstellte, der festlegte, wie beide Parteien miteinander leben würden. Es glich weitgehend einer Staatsverfassung, wie das Leben auf der Basis von Recht und Ordnung zu gestalten sei – und war andererseits doch sehr verschieden davon.

In schlichten Worten bildet eine Staatsverfassung die von der Führung einer Nation getroffene Vereinbarung darüber, auf welchem Grundgefüge von Recht und Ordnung das nationale Leben aufbauen soll. Die Thora hingegen gleicht eher einem Abkommen zwischen einem Volk und einer außenstehenden Person, die größer und mächtiger ist. Man *könnte* sie als Vertrag zwischen einem Herrscher und dem von ihm abhängigen Volk betrachten, aber ich meine, es gibt noch eine viel aufschlussreichere Sicht, die uns zurückbringt zum Wesen unseres Gottes und seinen großartigen Absichten für seine Schöpfung. Wir sollten uns noch einmal ins Gedächtnis rufen, dass der mosaische Bund nicht ein Bund zum Zweck persönlicher Heilserlangung war, sondern ein Bund, der den Wandel des Volkes und des Einzelnen mit Gott festlegte. Wie der Prophet Amos viele Jahre später sagte: *„Gehen etwa zwei miteinander, außer wenn sie zusammengekommen sind?"* (Am 3,3). Der Bund ist die Übereinkunft darüber, wie Gott mit dem Menschen gehen kann.

Die Ketubah – der Ehevertrag

Die Thora ist mehr als eine Übereinkunft zwischen dem allmächtigen Gott und einem nur allzu oft abtrünnigen Volk. Es ist der Vertrag zwischen diesem selben Gott, der zugleich leidenschaftlich liebt, und sich vorgenommen hat, ein Volk aus der Welt zu erwählen, damit es seine ihn liebende Braut sei. Wissen Sie noch, was das Gleichnis der Formung Evas aus der Rippe Adams uns zu sagen hat? Gott griff im Lauf der Zeit gewissermaßen der Menschheit in die Seite, zog Abraham heraus und begann, aus ihm und seiner Familie die Frau zu formen, das Gegenüber, die Braut, nach der er sich sehnte. Und jetzt, an diesem Punkt der Geschichte, stehen Israel und Mose zu Füßen des Berges Sinai in der ehrfurchtgebietenden Gegenwart Gottes, um die Thora entgegenzunehmen. Sie sind jetzt nicht mehr nur ein paar Individuen, sondern sind zu einem Volk von mehreren Millionen Menschen geworden. Für Gott ist es an der Zeit, ins nächste Stadium der Formung seines Gegenübers, seiner Braut, einzutreten.

In 2. Mose 6,6-7 gibt der Herr den ersten Hinweis darauf, dass etwas ganz Besonderes, noch nie Dagewesenes geschehen wird. Dies ist das letzte der vier „Ich-werde"-Aussagen, die später zu den vier Namen der Weinbecher wurden, welche bei jeder Passahfeier getrunken werden:

> *Darum sage den Israeliten: Ich bin der HERR und will euch wegführen von den Lasten, die euch die Ägypter auflegen, und will euch erretten von eurem Frondienst und will euch erlösen mit ausgerecktem Arm und durch große Gerichte;* **ich will euch annehmen zu meinem Volk und will euer Gott sein,** *dass ihr's erfahren sollt, dass ich der HERR bin, euer Gott, der euch wegführt von den Lasten, die euch die Ägypter auflegen* (Lu84).

Der hier verwendete Wortlaut „Ich will euch annehmen zu meinem Volk" greift auf dasselbe Vokabular zurück, das an anderer Stelle in der Schrift den Vorgang der Brautwahl eines Mannes beschreibt.

Einen nächsten Hinweis bekommen wir, als der Herr Mose in Kapitel 19,3-6 eine Botschaft übermittelt, die dieser dem Volk sagen soll:

> *Mose aber stieg hinauf zu Gott. Und der HERR rief ihm vom Berg aus zu: So sollst du zum Haus Jakob sagen und den Söhnen Israel mitteilen: Ihr habt gesehen, was ich den Ägyptern angetan und wie ich euch auf Adlerflügeln getragen und euch zu mir gebracht habe. Und nun, wenn ihr willig auf meine Stimme hören und meinen Bund halten werdet,* **dann sollt ihr aus allen Völkern mein Eigentum sein;** *denn mir gehört die ganze Erde. Und ihr sollt mir ein Königreich von Priestern und eine*

heilige Nation sein. Dies sind die Worte, die du zu den Söhnen Israel reden sollst.

Die Wendung „mein Eigentum" (hebr. סְגֻלָּה – *segulah*) ist ein Ausdruck besonderer Wertschätzung: ein Wort, das in anderen Texten aus derselben Zeit für das eine Objekt, das einem König aus all seinen vielfältigen Besitztümern das allerwertvollste und teuerste ist und deshalb ganz besonders bewacht wird. In diesem Kontext benutzt der Herr das Wort, um auszusagen, dass Israel sein einzigartiges, kostbarstes Besitztum ist, welches ihm über allen anderen steht. Dieses Wort war als Ausdruck einzigartiger Wertschätzung allgemein bekannt; es war vor 3500 Jahren als Kosename eines Bräutigams für seine Braut in Gebrauch.[2]

Wofür stehen diese beiden Hinweise? Sie besagen: Gott stand an diesem Tag als Bräutigam auf dem Sinaiberg und nahm Israel an diesem Tag als seine Braut zu sich. Dies ist keineswegs eine Überinterpretation der Tatsachen. Immer und immer wieder spricht Gott von Israel als seiner Frau und von sich selbst als ihrem Gemahl (vgl. Jes 50,1; 54,5-6[3]; Jer 3,1.20; 31,32; Hes 16,32; Hos 2,2.16.19-20). Dieser Tag, der Tag, an dem die Zehn Gebote gegeben werden und der Bund in Kraft gesetzt wird, ist der Tag des Vollzugs dieser Vermählung.

Auch gemäß traditionellem jüdischen Denken war dieser Tag der Tag der Vermählung. Die Ähnlichkeiten zwischen den Ereignissen dieses Tages und einer traditionellen jüdischen Hochzeit sind verblüffend, insbesondere die Symbolik der Chuppah, eines Baldachins, der über Braut und Bräutigam gespannt wird und unter dem sie ihre Gelübde ablegen. In 2. Mose 19,9 sagt Gott: *„Siehe, ich werde im Dunkel des Gewölks zu dir kommen ..."* Die Wolke war eine Bedeckung, die der Herr über Israel ausbreitete. Sie kam aus seiner Gegenwart, aus dem Feuer und dem Rauch über dem Berg. Mithin ist die Chuppah, unter der die Braut dem Bräutigam entgegentritt, ein Symbol der Gegenwart des Herrn. Ein jüdisches Brautpaar wird unter seiner Bedeckung vermählt, genau wie Israel am Sinaiberg mit Gott verheiratet wurde.[4]

---

[2] Berkowitz/Berkowitz, a. a. O.
[3] *„Denn dein Gemahl ist dein Schöpfer ... "*
[4] Berkowitz/Berkowitz, a. a. O. (Online-Ausgabe).

Einer der Hauptbestandteile einer jüdischen Hochzeit seit uralten Zeiten ist ein schriftliches rechtskräftiges Dokument namens Ketubah. Die Ketubah ist ein formeller Vertrag zwischen einem Mann und einer Frau, welcher von beiden Familien aufgesetzt wird und beide Seiten an ihre Verpflichtungen erinnert, auf die sie sich geeinigt haben. Dieses Thema sehen wir in der Thora immer und immer wieder: Wenn du allen Worten dieser Thora gehorchst, werde ich dich segnen und beschützen. Oder vielleicht könnte man es auch so sagen: Wenn du dein verbrieftes Wort hältst, werde ich mit dir leben und dich versorgen. Auch die Bemerkung des Amos passt wiederum hierhin: *„Gehen etwa zwei miteinander, außer wenn sie zusammengekommen sind?"* In neuerer Zeit – seit 80 v. Chr., um genau zu sein – ist die Ketubah standardisiert worden, und es kommt nur noch selten zu Abänderungen des Textes, am wenigsten unter den strenger orthodoxen Familien.

Mithin stellt die Thora als Bund mit an Sicherheit grenzender Wahrscheinlichkeit den schriftlich niedergelegten Vertrag zwischen einem Mann und seiner Frau, nämlich Jahwe und Israel, dar. Er entfaltet detailliert, wie sie gemeinsam leben wollen und worin ihre gegenseitigen Pflichten und Rechte bestehen. Bei einer Hochzeitszeremonie wird die Ketubah laut verlesen. Nachdem Mose die Thora empfangen hatte, stieg er vom Berg herab und verlas die gesamte Thora vor dem Volk.

Eine Bedeutsamkeit der Thora als Ketubah, als Ehevertrag, liegt darin, dass sie eine Scheidung begründete, wenn eine der Parteien ihre Versprechen nicht einhielt. In Jesaja 50,1 sehen wir, wie der Herr sagt:

> *Wo ist denn der Scheidebrief eurer Mutter, mit dem ich sie entlassen hätte? ... wegen eurer Verbrechen ist eure Mutter entlassen.*

Und in Hosea 2,4 heißt es:

> *Rechtet mit eurer Mutter, rechtet! – denn sie ist nicht meine Frau, und ich bin nicht ihr Mann ...*

Dies sind schwerwiegende Feststellungen, und es fällt schwer zu sagen, wie sie genau ausgelegt gehören, vor allem weil der Herr weiter unten in Hosea 2 zu Israel sagt:

> *Und ich will dich mir verloben in Ewigkeit, und ich will dich mir verloben in Gerechtigkeit und in Recht und in Gnade und in Erbarmen, ja in Treue will ich mich dir verloben; und du wirst den HERRN erkennen (V. 21-22).*

Aber das Mindeste, was man sagen kann, ist: Wenn der Herr eine Scheidungsurkunde brauchte, um seine Frau gegebenenfalls zu entlassen, so muss am Anfang ihrer Beziehung ein Ehevertrag gestanden haben.

Auch Ringe sind seit uralter Zeit Teil einer Vermählung und gehören auch bei jüdischen Heiratszeremonien seit langem dazu. Wo finden wir bei dieser Vermählung den Ring? In 2. Mose 31,13 heißt es:

> *Du aber, rede zu den Söhnen Israel und sage zu ihnen: Haltet nur ja meine Sabbate! Denn sie sind ein Zeichen zwischen mir und euch für all eure Generationen, damit man erkenne, dass ich, der HERR, es bin, der euch heiligt.*

Ein Zeichen ist ein sichtbares Symbol, so wie der Ehering nach außen hin ein sichtbares Symbol bildet, genauso wie er Mann und Frau selbst fortwährend daran erinnert, dass sie in einer verbindlichen, exklusiven Beziehung leben. In diesem Sinn kann man den Sabbat als Trauring Israels mit seinem Gott ansehen. Und von jeher hat Gott Israel nahegelegt – und so verstehen es die Juden bis zum heutigen Tag –, dass der Sabbat Geschenk und Freude ist, keineswegs jene Bürde, die der sonntägliche „Sabbat" in der christlichen Tradition wurde.

Nach meiner Auffassung kann man nicht bestreiten, dass der Herr Israel als seine Gemahlin betrachtete und Israel seine Gottesbeziehung genauso verstand, auch wenn es oft sehr untreu wurde. Das ist ja die eigentliche Klage, die die Propheten immer wieder führen. Dass dem Hosea aufgetragen wurde, eine Hure zu heiraten, sollte das Verhalten Israels in seiner Beziehung zu Gott symbolisieren. Aber wie verbinden wir dieses Bild Israels als „Gemahlin" Gottes mit der Tatsache, dass es im Neuen Bund heißt, Jeschua werde wiederkommen, um seine Braut zu ehelichen, und kurz nach seiner Wiederkunft werde das Hochzeitsmahl des Lammes gefeiert? Ganz bestimmt ist Gott nicht mit Vielweiberei einverstanden!

Ich sehe hier zwei Möglichkeiten. Erstens: Der am Sinai geschlossene Vertrag war seinem Wesen nach gar nicht primär eine Ketubah, sondern ein Tenaim, ein Verlobungsvertrag. Das würde Sinn ergeben, weil die Verlobung immer der Hochzeit vorangeht. Teil eines Verlobungskontrakts war stets die Vereinbarung des Brautpreises. Die Thora schildert die Sündopfer und stellt klar, dass es ohne Blutvergießen keine Vergebung gibt. Ferner schildert sie anhand des Versöhnungstages, wie die Versöhnung, der Brautpreis, geschehen wird: Das, was Jeschua im Himmel mit seinem eigenen Blut getan hat (vgl. Heb 10,1-22).

Während der Wartezeit vor dem Vollzug der Ehe war der Bräutigam auch dafür verantwortlich, seiner Braut ein Heim zu bereiten. Auch das hat Jeschua für uns getan: Durch das Opfer seines eigenen Lebens hat er im Herzen des Vaters eine Wohnung für uns bereitet, uns für immer mit Gott versöhnt und jene Art von Beziehung zwischen ihm und uns ermöglicht, die er von jeher erstrebt hatte. Er beseitigte jeden Makel, jede Sünde und jede Hürde in uns und zerbrach jeden Anspruch, den Satan über uns hatte, damit wir frei wären, dem Herrn zu gehören.

Es könnte also sein, dass der Herr sich am Sinai mit Israel verlobte und dass er, wenn er wiederkommt, um für immer unter uns zu leben, die Ehe mit jenen aus seiner Brautgemeinde vollziehen wird, die treu waren. In diesem Fall würde die verlobte Braut alle treuen Liebhaber Gottes aus der gesamten biblischen Geschichte umfassen, sowohl vor dem Kreuz als auch danach. Eine Ehebeziehung schließt das Beieinanderwohnen ein, welches noch nie in demselben Sinn gegeben war, wie es sich zukünftig vollziehen wird, wenn das Neue Jerusalem aus dem Himmel von Gott herniederkommt, eine für ihren Bräutigam bereitete Braut und *„das Zelt Gottes bei den Menschen! Und er wird bei ihnen wohnen, und sie werden sein Volk sein ..."* (Offb 21,3).

Ob es sich nun um Vermählung oder Verlobung, um Ketubah oder Tenaim handelt, beides war nur durch eine Scheidung aufzuheben. Deswegen zog Josef in Betracht, sich von Maria zu scheiden, als sich herausstellte, dass sie schwanger war, auch wenn sie nur verlobt und noch nicht verheiratet waren. Die Verlobung hatte die Kraft einer noch nicht vollzogenen Ehe und bedeutete, dass die beiden zwar vertraglich verbunden waren, aber noch die Zeit abwarteten, in der sie auch physisch zusammenleben würden.

Die zweite Möglichkeit ist: Selbst wenn die Sinai-Ereignisse eine volle Verheiratung darstellen, brach Israel sein Abkommen mit Gott. Obwohl er seinem Brautvolk Jahrhunderte Zeit gab, Buße zu tun und ihn aufs Neue zu lieben, betrog es ihn immer wieder mit anderen Liebhabern. Das ist ein sehr schwerwiegender Vorwurf, legt doch die Thora fest, dass eine Frau, die sich mit einem anderen verbindet, nachdem sie einen Scheidebrief erhalten hat, nie wieder zu ihrem ersten Mann zurückkehren kann (vgl. 5 Mo 24,1-4). Das wäre ein Gräuel. Das brachte Gott in eine verzwickte Lage, weil er nie aufhörte, Israel zu lieben. Wir sahen bereits, dass er dem Brautvolk offenkundig einen Scheidebrief ausstellte (vgl. Jes 50,1) und sagte, Israel sei nicht länger seine Gemahlin (vgl. Hos 2,4). Jeremia 3,8 informiert uns, dass er den zehn nördlichen Stämmen Israels tatsächlich einen Scheidebrief ausfertigte, ihre untreue Schwester Juda indessen denselben Weg wie jene einschlug.

Wenn Gott sie verstoßen hat, sie aber weiterhin ihren ehebrecherischen Götzendienst betreiben, wie kann er sie dann jemals wieder freien und sich ihnen aufs Neue verloben, wie er es in Hosea 2,21-22 zu tun versprochen hat, ohne seine eigene Thora zu brechen? Bei Paulus finden wir eine faszinierende Antwort:

> *Oder wisst ihr nicht, Brüder – denn ich rede zu denen, die das Gesetz [die Thora] kennen –, dass das Gesetz über den Menschen herrscht, solange er lebt? Denn die verheiratete Frau ist durchs Gesetz an den Mann gebunden, solange er lebt; wenn aber der Mann gestorben ist, so ist sie losgemacht von dem Gesetz des Mannes. So wird sie nun, während der Mann lebt, eine Ehebrecherin genannt, wenn sie eines anderen Mannes wird; wenn aber der Mann gestorben ist, ist sie frei vom Gesetz, sodass sie keine Ehebrecherin ist, wenn sie eines anderen Mannes wird. So seid auch ihr, meine Brüder, dem Gesetz getötet worden durch den Leib des Christus, um eines anderen zu werden, des aus den Toten Auferweckten, damit wir Gott Frucht bringen* (Röm 7,1-4).

Von dem hier vorliegenden Wortlaut ausgehend, dass die Frau beim Tode des Mannes von den Thorabestimmungen hinsichtlich der Ehe frei wird, könnte man folgende Frage stellen: Kann es sein, dass Israel nach dem Tod Jeschuas als seines Ehemannes oder rechtskräftig Verlobten nunmehr die Freiheit hat, ihn wiederzuheiraten (gemäß 5. Mose 24,1-4)? Der Herr gehorcht stets seinen eigenen Gesetzen, aber er findet doch auch immer einen Weg, uns von den Folgen unserer eigenen sündhaften Entscheidungen zu befreien, wenn wir uns ihm wieder zuwenden. Trickreich, oder? Wer hätte denn gedacht, dass er die in seinem eigenen Gesetz vorgesehene Strafe durch seinen eigenen Tod annullieren und so sein Volk freisetzen könnte, aufs Neue sein eigen zu werden? (Tatsächlich weist Paulus ja darauf hin, dass nicht nur Jeschua allein gestorben ist, sondern dass auch wir, da wir mit ihm am Kreuz gestorben sind, nunmehr die Freiheit haben, einen anderen zu ehelichen. Jeschuas Tod befriedigte die Forderung des Gesetzes, und unser Tod versetzt uns in die Lage, vom Vergangenen frei sein zu dürfen [Röm 6,5-11; Gal 2,20]).

Es stimmt also: Hier geht es Paulus darum, dass wir im Blick auf die Thora getötet worden sind, indem wir mit Jeschua in seinem Tod eins wurden. Am Ende läuft es jedoch aufs selbe hinaus: Wir können mit Jeschua vereint werden und ihm gehören!

Ich meine nicht, dass wir an dieser Stelle dogmatisch sein oder mithilfe irgendeiner der gegebenen Optionen ein neues Lehrsystem aufbauen sollten. Vielmehr sollten wir alle innehalten und uns überlegen, wie ernst die Wahl ist, die wir zu treffen haben. Christen sind oft rasch damit bei der Hand gewesen, mit dem Finger auf die Sünde und das Versagen Israels zu deuten, so als könnten wir kaum glauben, wie dumm die Israeliten waren, von Gott abzuweichen und den Bund zu brechen. Ja, im Lauf der Jahrhunderte haben die meisten Christen diese Tatsache zuzüglich der offenkundigen Zurückweisung Jeschuas durch die Mehrheit der Juden zum Vorwand genommen, um zu sagen, Gott habe Israel verworfen und die ihm zugedachten Segnungen wie auch seine Berufung auf die Gemeinde übertragen.

Aber hat Gott wirklich ein Volk aufgebaut, das er zu lieben versprochen und mit dem er sich am Berg Sinai vermählt oder verlobt hat, nur um aus ihm den Messias hervorzubringen und es dann dank seiner Sünde und seines Versagens wegzuwerfen? Das wäre kein gutes Omen für uns, die Gemeinde. Wenn Gott das einmal gemacht hat – nämlich Israel aufgrund seines Versagens fallen zu lassen –, wie sieht es dann mit uns aus? Wie viel Sicherheit im Herrn hätten wir denn dann noch?

Es stimmt, dass Israel untreu war und viele Israeliten Jeschua verwarfen, als er kam. Aber zeigt die Kirchengeschichte denn, dass wir irgend besser sind? Denken wir nur an Judenverfolgung und Judenhass sogar schon in den Zeiten der sogenannten Kirchenväter im 2.–4. Jahrhundert. Gedenken wir der Kreuzzüge, der Inquisition, der Verbrennungen von „Häretikern" – was oft nichts anderes bedeutete, als dass diese Gläubigen andere Meinungen vertraten als diejenigen, die gerade das Sagen hatten. Jene „Häretiker" waren oftmals die einzig Treuen ihrer Generation. Geschichtliche Forschung hat ergeben, dass mehr als fünfzig *Millionen* Menschen im Namen Jesu abgeschlachtet wurden, die meisten davon lebendigen Leibes verbrannt. (Das Feuer war dazu gedacht, ihre gottlosen Seelen zu reinigen!) Die sichtbare, verfasste Kirche hat buchstäblich mehr Menschen ermordet als Hitler!

Und wir können die Kirche hier nicht in Schutz nehmen, indem wir sagen, das seien ja alles nur Namenschristen, keine wahren Gläubigen gewesen, die diese schrecklichen Dinge taten. Selbst Martin Luther, den wohl nur wenige einen bloßen Namenschristen zu nennen wagen dürften, wurde gegen Ende seines Lebens rasend in seinen Aufrufen, die Juden zu töten. Vor ihm gab es viele sogenannte Kirchenväter, die zugleich Antisemiten waren, Leute wie Justin der Märtyrer, der schon im Jahre 150 einen starken antisemitischen Zug zeigte, und Johannes Chrysostomos, der sich 200 Jahre später wüster Judenschelte hingab. Im 3.–6. Jahrhundert gab es viele weitere berühmte „Kirchenväter", die mit allem Nachdruck zur Gewalt gegen die Juden aufriefen. Gleichzeitig waren diese Männer für ihre Frömmigkeit und ihre ansonsten liebevolle Lebensweise und Haltung bekannt. Es hat in der Kirchengeschichte Zeiten gegeben, in denen kaum wahre Gläubige übrigblieben. Die meisten hingen in der Praxis, obschon sie den Namen Jeschuas bekannten, einem Glaubenssystem an, das weit mehr mit dem Mithras-Sonnenkult der späten Römerzeit zu tun hatte als mit dem Glauben der Apostel. Und dieses System hat bis auf den heutigen Tag überlebt.

Ziehen Sie auch in Betracht, wie lau, materialistisch, weltlich und wohlstandsorientiert wir in diesen Tagen und Zeiten allzu oft sind und wie oft zudem nicht weniger gesetzlich als die Pharisäer.

Auch wir sind gefallen, haben versagt und Jeschua zurückgewiesen und können uns dafür noch viel weniger entschuldigen. Jeschua sagt, wem viel gegeben ist, von dem wird viel verlangt. Wird er auch uns fallen lassen? Ich mache Ihnen einen guten, karrierefördernden Vorschlag: Wie wär's damit, von aller Arroganz gegen Israel Abstand zu nehmen, sei sie geschichtlich oder gegenwärtig?

Das „Schneiden" des Bundes

Ehe wir diesen Blick auf die Thora als Bund zum Abschluss bringen, ist es wichtig, uns kurz anzusehen, wie der Bund gebilligt wurde. Es gab nicht einfach eine flotte Abstimmung per Handzeichen unter den Leuten, die vor dem Berg Sinai standen, und Mose forderte das Volk auch nicht einfach auf, Amen zu sagen, falls es zustimmte. Vielmehr wurde der Bund zeitgenössischer Praxis entsprechend ratifiziert und zugleich gemäß dem Muster, das Jahwe von Anfang an aufgezeigt hatte, wie die Kain-und-Abel-Geschichte verdeutlicht.

Zeitgenössische Praxis war, dass Tiere getötet werden mussten und Blut zu fließen hatte. Ein schlichter Bundesschluss konnte so vonstattengehen, dass beide Partner sich die Hände ritzten und ihr Blut vermischten. Wenn es aber seinerzeit um einen bedeutsamen Bund ging, mussten Opfertiere her, die man in zwei Hälften schnitt. Beide Hälften wurden auf dem Boden einander gegenübergelegt, wobei man einen Zwischenraum freiließ. Dann gingen beide Parteien zwischen den Kadaverhälften hindurch. Damit signalisierten sie: „Genauso möge es mir geschehen, wenn ich meine Verpflichtung aus diesem Bund nicht einhalte!"

Von dieser Art war Abrahams Bund mit Gott in 1. Mose 15. Da er freilich einen Bund mit einem unsichtbaren Gott abschloss, der zwar zugegen war, aber nicht leiblich, konnte Abraham lediglich die Anweisungen erfüllen, die darin bestanden, die Opferstücke vorzubereiten. Dann wartete er, nicht wissend, wie er weiter vorgehen sollte. Er wartete so lange, dass er einschlief; und als er wieder erwachte, sah er einen rauchenden Ofen und eine Feuerfackel, die zwischen den Opferstücken durchging. Daraufhin erklärte ihm der Herr, was durch diesen Bund geschehen werde.

Das Interessante, auf das wir hier achten müssen, ist, dass Abraham seinerseits mitnichten zwischen den Opferstücken durchging. In diesem Fall erlegte Gott ihm keinerlei Verpflichtung auf, sondern gab ihm eine bedingungslose Verheißung.

Diese Art von Bund wurde, genau wie jeder andere seriöse Bund jener Zeit, stets mit Blut besiegelt. Deshalb war landläufig vom *„Schneiden"* eines Bundes die Rede. Genau das meint ursprünglich auch das hebräische Wort für Bund, בְּרִית *(berit)*.

Und jetzt, gut 400 Jahre später am Berg Sinai, verliest Mose dem Volk den Bund. Nach Beendigung der Verlesung nimmt er die Hälfte des Blutes der geopferten Kälber und besprengt die Seite des Altars damit. Dann lässt er das Volk, einen nach dem anderen, an ihm und seinen Helfern vorbeigehen, sodass er sie mit Purpurwolle und Ysopzweigen, die er in das mit Wasser vermengte Blut getaucht hat, besprengen kann. Die Thora-Schriftrolle und schließlich sogar das Zelt des Heiligtums werden besprengt (vgl. Heb 9,18-21; 2 Mo 24,8). Wie wir später noch sehen werden, wurde sogar der Neue Bund durch Blutvergießen abgeschlossen. Jeschua sagte: *„Dieser Kelch ist der neue Bund in meinem Blut, das für euch vergossen wird"* (Lk 22,20).

Sofern Jeschua bei der Inkraftsetzung des Neuen Bundes einem Muster folgte, indem er sein eigenes Blut vergoss, entsprach dann sein stellvertretender Tod am Kreuz gleichermaßen dem Muster eines nach dem mosaischen Bund erforderlichen Opfers? Um es klar und deutlich zu sagen: nein. Der Opfertod Jeschuas folgte keinerlei Muster eines Brand- oder Sündopfers der Thora.

Das Opfervorbild, dem Jeschua folgte, war das des Passahlammes, dessen Blut so an die Türpfosten gesprengt wurde, dass der Todesengel am Haus (dem sündhaften Leben) vorüberging. Dieses Opfer ist älter als die Thora. *„Siehe, das Lamm Gottes, das die Sünde der Welt wegnimmt!"* (Joh 1,29). Der Blutbund des NT folgt zudem dem Muster der zwei Ziegen am Versöhnungstag, inklusive Sündenbock, sowie der Salbung der Bundeslade im Allerheiligsten. Diese Dinge aber erfüllte Jeschua in seiner Rolle als Hohepriester, indem er mit seinem eigenen Blut den himmlischen Tempel betrat. In dieser priesterlichen Rolle jedoch diente Jeschua nicht als Priester unter der Ordnung der Thora, sondern als ewiger Priester in der Ordnung Melchisedeks.

Ebenso könnte man sagen, das Kreuz folge dem Muster des Bundes zwischen Abraham und Jahwe, von dem wir gerade lasen, indem der Herr sehr deutlich zeigte, dass er nicht von Abraham erwartete, dass dieser die „Todeserfahrung" des Hindurchgehens zwischen den Opferstücken selbst machte. Ferner ist das Kreuz ein Typus von Abrahams Opferung des Isaak, mit dem Unterschied, dass dieser Vater seinen Sohn tatsächlich opfern musste, damit die Benennung des Ortes in Erfüllung ging: „Der Herr selbst wird versorgen."

Warum ist es wichtig, das zu wissen? Aus folgendem einfachen Grund: Wäre Heil durch Jeschuas Opfer aufgrund der Erfüllung einer Forderung des mosaischen Bundes bewirkt worden, dann wäre es wahrhaftig ein Abkommen zwischen Gott und den Menschen und hinge von der Treue ab, in der wir seine Gebote erfüllen. Das heißt, es wäre nicht länger ein Gnadenbund. Der mosaische Bund wurde in Gestalt von Geboten eingeführt, die Gehorsam verlangen, damit der Bund in Kraft bleibt, im Sinne von: „Ich tue dies, *solange* ihr jenes tut." Der Neue Bund besteht in Gnade und Erfüllung einer Verheißung des Vaters und ist folglich nicht von unserem Dazutun abhängig. Dies ist eine ausschlaggebende, wunderbare Vorkehrung des Vaters, auf die wir in einem späteren Kapitel noch detaillierter zurückkommen werden.

Was haben wir bis zu diesem Punkt über den ersten Bund und die Thora gelernt?

1. Bei jener bedeutenden Begegnung mit Gottes Majestät am Berg Sinai, in der der Bund vorgestellt wurde und der Herr sich selbst als Gemahl Israels anbot und nicht nur als dessen Gott, verweigerte Israel die nahe Beziehung zu ihm, die möglich gewesen wäre. Das Volk bevorzugte eine distanziertere Beziehung[5] unter Mittlerschaft Moses und der Priester, statt dass es sich darauf einließ, zu lernen, mit Gott direkt zu kommunizieren. Folglich gab ihnen der Herr eine priesterliche Ordnung sowie 603 weitere Gesetze, die in fast peinlicher Detailliertheit

---

[5] Das geht, wie wir in Kapitel 4 dargelegt haben, aus Galater 3,19 hervor, wo Paulus den Grund dafür nennt, dass die Thora gegeben wurde: *Übertretung* ist in jener Textstelle gleichbedeutend mit *Auflehnung* im Sinne einer erwünschten Distanz zur Autorität.

deutlich zum Ausdruck bringen, wie das Volk die Zehn Gebote auszuleben hatte. Wie wir ausführten, war die Thora mit ihrem Opfersystem und den 613 Gesetzen, so gut das auch war, wahrscheinlich Gottes Plan B und nicht etwa Plan A.

2. Wenn wir die Thora als „mosaisches Gesetz" bezeichnen, ist das in gewisser Weise unzutreffend, denn ein Gesetz hat mit staatlicher Ordnung zu tun und nicht mit dem Aufziehen von Söhnen und Töchtern. Die Thora steht eher für *die Unterweisung des Vaters*. Der Vater übt uns darin, Gehorsam zu lieben und zu erwählen, und sehnt sich danach, dass seine Kinder reif und fähig werden, selbstlos zu lieben, und dabei seinen Charakter widerspiegeln.

3. Die Thora ermöglichte eine vertiefte Gemeinschaft mit Gott dadurch, dass sie Struktur und Stabilität gewährte, in denen sich die Beziehung – unter der Sicherheit gegenseitiger Hingabe – entfalten konnte. Sie ließ Israel wissen, was sein Gott von ihm erwartete, sowohl als Gegenstand seiner Liebe durch die Ketubah als auch im nationalen Leben; sie war also zugleich staatliche Grundordnung. Von jenem Augenblick an wurde das nationale Leben Israels durch diesen Vertrag mit Gott geformt und unauslöschlich charakterisiert.

Die hier in Punkt 2 gegebene Interpretation der Thora als elterliche Unterweisung wird uns im folgenden Kapitel helfen, unser Verständnis abzurunden. Wir wissen jetzt, was die Thora ist; wir haben uns angeschaut, was ein Bund ist; und wir begreifen das historische Geschehen, das die Gewährung der Thora zur Folge hatte. Nach wie vor aber brauchen wir ein klares Verständnis von Funktion und Zweck der Thora, damit wir auch verstehen, warum einige Bereiche der Thora mit einem offensichtlichen „Verfallsdatum" versehen sind. Daraus werden wir besser beurteilen können, ob die Thora ganz oder teilweise im Neuen Bund weitergilt, und es wird uns eine Verständnisbrücke dafür liefern, wieso der Neue Bund überhaupt nötig wurde.

KAPITEL 7

Die Thora – eine dienende Pädagogin

Wer den wahren Zweck des „mosaischen Gesetzes" herausarbeiten will, muss ebenso sehr falsche Sichtweisen der Thora entlarven wie aufzeigen, was sie wirklich ist. Verkehrte mentale Bilder vom „Gesetz" haben viele Christen die Reichtümer verpassen lassen, die in ihm zu finden sind, und haben ihnen eine äußerst negative Sicht des Alten Testaments und des geschichtlich-biblischen Glaubens des jüdischen Volkes vermittelt.

Ich spreche hier vom „historisch-biblischen Glauben" der Juden, weil das, was die meisten Juden heute praktizieren bzw. selbst schon zur Zeit Jeschuas, seiner Jünger und Paulus' praktiziert haben, nicht dem entspricht, was sie einst durch Mose und die Propheten empfangen haben. Was sie heute haben, ist ein sehr autoritäres rabbinisches System, das weit mehr auf die mündliche Tradition als auf die Heilige Schrift zurückgeht. Im Lauf der Zeit hat der Judaismus sogar die okkultistischen Lehren der Kabbala übernommen und mehr oder weniger in seinen Glauben integriert – mit der Folge, dass viele religiöse Juden weit mehr Zeit mit dem Studieren des Okkulten zubringen, als sie der Erforschung der Heiligen Schrift widmen.

Typischerweise wird in christlichen Kreisen über den Glauben Israels etwa so gelehrt:

> „Wenn es je eine Religion gab, die den Menschen Gemeinschaft mit Gott ermöglichte, dann war es der Judaismus, *in dem freilich gefordert wurde, Gottes Gesetz ganz zu halten.* Die Gesetze des Judaismus konnten kein Heil hervorbringen, weil es dem

Menschen in seinem gefallenen Zustand völlig unmöglich war, das ganze Gesetz zu halten. Menschliche Gerechtigkeit, menschliche gute Werke vermögen niemals ewiges Leben mit Gott zu verschaffen, weil der Mensch unter keinen Umständen die geforderte Vollkommenheit aufbieten kann, die notwendig ist, um in der Gegenwart eines heiligen Gottes zu wohnen. Und doch versagte der Judaismus nicht völlig, denn durch den Stamm Juda kam der von Gott gesandte Erretter auf die Welt."[1]

Vieles in diesen Sätzen stimmt. Falsch gesehen ist indes, dass die „Gesetze des Judaismus" von Gott dazu gedacht gewesen seien, dass die Israeliten dadurch das Heil erlangten. Was verriete es denn über den Charakter Gottes, wenn er Israel einen Heilsweg gegeben hätte, von dem er von vornherein wusste, dass es unmöglich sein würde, auf ihm zum Heil zu gelangen, weil nun mal niemand das ganze Gesetz erfüllen kann? Als würde er ihnen ewige Wonnen in seiner Gegenwart vorgaukeln, nur um ihnen dann eine herkulische Aufgabe zu stellen, von der er wusste, dass sie sie niemals schaffen könnten! Eine solche Glaubensüberzeugung stellt uns auf diesen unsicheren Grund.

Jüdische Freunde haben mir versichert, dass sogar etliche Rabbiner, sowohl heute als auch in vergangenen Zeiten, begriffen haben, dass sie nicht durch das Halten des Gesetzes gerettet sind. Ihrer Ansicht nach ist dies eher ein christliches Missverständnis des Judaismus, indem man meint, das alttestamentliche Israel sei durch Werke gerettet worden. Andererseits findet man quer durch die Geschichte so unendlich viele Juden, die ihr Leben dermaßen ganzheitlich auf das Halten der Thora ausgerichtet haben, dass sie praktisch ihre Heilserwartung darauf aufbauten. Und manche von ihnen glauben das auch tatsächlich.

In der Tat kann es ganz und gar nicht überraschen, dass zu allen Zeiten der Geschichte viele Juden geglaubt haben, sie seien

---

[1] D. Koenig, Apostasy in the Church and False Doctrines of Men, aus: www.thepropheticyears.com (eigene Hervorhebung). Mit diesem Zitat möchte ich Koenigs Artikel nicht kritisieren; ich ziehe ihn nur als Beispiel für das heran, was viele Leute glauben.

durch das Halten der Thora gerettet.[2] Auch viele, die sich Christen nannten, haben geglaubt, sie würden durch Werke gerettet, und so die grundlegende Lehre des Heils aus dem Glauben vollkommen missverstanden.

Es sind wohl gewisse Paulusworte, wie das nachstehende, die dafür verantwortlich sein dürften, dass viele Christen meinen, die Juden unter dem Gesetz würden durch Werke gerettet:

> ... *da wir wissen, dass der Mensch nicht aus Gesetzeswerken gerechtfertigt wird, sondern nur durch den Glauben an Christus Jesus, haben wir auch an Christus Jesus geglaubt, damit wir aus Glauben an Christus gerechtfertigt werden und nicht aus Gesetzeswerken, weil aus Gesetzeswerken kein Fleisch gerechtfertigt wird* (Gal 2,16).

Was Paulus tatsächlich sagt, ist, dass „aus Gesetzeswerken *kein* Fleisch gerechtfertigt wird". Dabei macht er keinen Unterschied zwischen der Zeit vor dem Kommen Christi und der Zeit danach – es geht nur um die nackte Tatsache: Durch Werke wird niemand gerettet! Bestätigung findet dies in Römer 9,31-32:

> *Israel aber, das einem Gesetz der Gerechtigkeit nachstrebte, ist nicht zum Gesetz gelangt. Warum? Weil es nicht aus Glauben, sondern als aus Werken geschah.*

Dieser Text gibt uns eine sehr erhellende Antwort: Die Thora kann uns helfen, Gerechtigkeit zu erlangen, aber nur dann, wenn wir die Gerechtigkeit im Glauben erstreben. Die Thora brachte Israel dahin, zu verstehen, was Gerechtigkeit ist, sodass es gottwohlgefällig wandeln konnte:

> *Man hat dir mitgeteilt, Mensch, was gut ist. Und was fordert der HERR von dir, als Recht zu üben und Güte zu lieben und bescheiden zu gehen mit deinem Gott?* (Mi 6,8).

Wenn wir jetzt die weiteren entscheidenden Hinweise der Schrift dazunehmen, nämlich dass Abraham Gott *„glaubte ... und es wurde ihm zur Gerechtigkeit gerechnet"* (vgl. Röm 4,3; 1 Mo 15,6), und dass *„der Gerechte ... durch seinen Glauben leben"* wird (vgl. Hab 2,4), sehen wir, dass die Schriften des Alten Testa-

---

[2] Die Juden sehen das Heil weniger als eine persönliche Angelegenheit an, als dies bei den Christen geläufig ist. Eher haben sie ein kollektives, nationales Heil im Blick.

ments tatsächlich lehrten, dass Israel durch Glauben und nicht durchs Gesetz gerettet wurde.

Der Eindruck so vieler Leute, dass Israel das ganze Gesetz halten musste, um gerettet zu werden, hält also dem biblischen Befund nicht stand. Wir müssen die Sache ja nur logisch betrachten: Müssten die Israeliten tatsächlich das ganze Gesetz halten, um gerettet zu werden, dann würde man die ganze Ewigkeit hindurch keinen einzigen von ihnen im Himmel zu sehen bekommen. Und doch sehen wir auf dem Berg der Verklärung einen verherrlichten Mose und Elia mit Jeschua erscheinen, und wir sehen Jeschua lehren, dass Abraham wie auch viele weitere von den Heiligen alter Zeit im Himmel ist.

Der historisch-biblische Glaube Israels war der Glaube, dass Gott das Volk von seinen Sünden erlösen werde, auch wenn die Israeliten nur über eine Teiloffenbarung davon verfügten, wie dies geschehen werde. Freilich wurde ihnen dies in dem Gebot augenscheinlich gemacht, fortwährend blutige Opfer darzubringen, um die Gemeinschaft mit dem Vater wiederherzustellen, wann immer sie sich versündigt hatten.

Im Hinblick auf diese Rettung suchten und forschten Propheten, die über die an euch erwiesene Gnade weissagten. Sie forschten, auf welche oder was für eine Zeit der Geist Christi, der in ihnen war, hindeutete, als er die Leiden, die auf Christus kommen sollten, und die Herrlichkeiten danach vorher bezeugte (1 Pt 1,10-11).

Die Funktion der Thora

Wenn die Thora kein Heilsweg durch Werkgerechtigkeit ist, wozu ist sie dann da? Wir müssen ins Auge fassen, dass die Thora verschiedene Funktionen hatte. Die ersten beiden sind Allgemeingut, während die dritte vielleicht ein wenig überraschen mag.

Die Thora macht Sünde offenbar

Eine Funktion der Thora bestand ohne Zweifel darin, Sünde zu offenbaren. Das wird durch Verse wie Römer 7,7 offensichtlich:

Was sollen wir nun sagen? Ist das Gesetz [die Thora] Sünde? Auf keinen Fall! Aber die Sünde hätte ich nicht erkannt als nur durchs Gesetz.

Die Thora definiert uns, was Sünde ist, sodass wir nicht im ungewissen gelassen werden und darauf angewiesen wären zu raten, was Gott gut oder böse findet. Die Thora erfüllt die notwendige Funktion, den Scheinwerfer der Wahrheit und Offenbarung der Werte Gottes auf unser Leben zu richten, sodass wir ihm wohlgefällig leben können. Doch es gilt, was Römer 3,20 zum Ausdruck bringt:

Aus Gesetzeswerken wird kein Fleisch vor ihm gerechtfertigt werden; denn durchs Gesetz kommt Erkenntnis der Sünde.

Das Gesetz erläutert Wege und Werte Gottes, es vermittelt uns Wissen und Erkenntnis über die Sünde, aber es besitzt in sich selbst keinerlei Kraft zu reinigen oder zu rechtfertigen.

Die Thora ist die legale Grundlage für das Gericht

Die zweite Funktion der Thora besteht darin, dass sie Gott das Recht gibt, Sünde und Bosheit zu richten. Mit anderen Worten: Die Thora bringt Gottes Zorn und Strafe mit sich. In Römer 4,15 heißt es:

Denn das Gesetz bewirkt Zorn; aber wo kein Gesetz ist, da ist auch keine Übertretung.

Das ist eine sehr gute und notwendige Vorkehrung des Vaters. Wieso? Die meisten von uns scheinen viel Zeit damit zuzubringen, vor den Folgen ihres falschen Handelns davonzulaufen. Im Allgemeinen scheuen wir den Gedanken an den Tag des Gerichts; wir fürchten uns davor, dass wir einst über unsere Taten und Untaten Rechenschaft ablegen müssen. Mein Vorschlag ist, dass wir uns eine andere Sicht des Gerichts aneignen, damit wir erkennen, wie viel Gutes in Wirklichkeit darin steckt.

Was wäre, wenn es kein Gericht gäbe? Was, wenn niemals ein Tag der Abrechnung für diejenigen käme, die in dieser Welt Böses tun? Das wäre eine schreckliche Ungerechtigkeit. Vielleicht denken wir nicht so, wenn wir auf der Anklagebank sitzen; sind wir aber verletzt und missbraucht worden, so ist es ein Trost, sich klarzumachen, dass am Ende niemand mit seiner Sünde und Bosheit davonkommt.

Ich glaube, für die scharfsinnigen Gefangenen in den Konzentrationslagern der Nazis war es ein Trost zu erkennen, dass es in Wirklichkeit weit besser war, Häftling zu sein als Wärter. Einige wenige Tage, Monate oder Jahre hindurch litten sie fürchterlich, aber das Schlimmste, was die SS tun konnte, war, sie zu töten, wenn auch reichlich schmerzhaft. Aber es war ein Trost für sie zu wissen, dass jene Bewacher, die sie quälten, folterten, missbrauchten und ermordeten, eines Tages vor einem gerechten Gott stehen würden, der sie zur Rechenschaft ziehen würde, selbst noch nach ihrem Tod. Es gibt Gerechtigkeit. Vielleicht nicht in dieser Welt, aber ganz bestimmt in der kommenden. Im Himmel gibt es Gerechtigkeit.

In Psalm 97,2 heißt es: *"Gerechtigkeit und Recht sind die Grundfeste seines Thrones."* Das ist ein großer Trost für jeden, den es verunsichert, die zunehmende Bosheit dieser letzten Zeit zu beobachten. Gott ist gerecht, und zwar so gerecht, dass er Recht und Gerechtigkeit zum Fundament seines Thrones gemacht hat – mit anderen Worten: Gerechtigkeit ist das Rückgrat seiner Macht und Herrschaft. Würde der Herr aufhören, gerecht zu sein, so würde alles, was er geschaffen hat, zu Staub zerfallen.

Gottes Gericht ist auch deshalb gut, weil es uns immer das größtmögliche Gute einbringt. Sein Gericht führt uns zurück auf den Weg der Gerechtigkeit. Es korrigiert und züchtigt uns, wenn wir auf dem falschen Weg sind. Es bricht unsere Selbstgerechtigkeit und Ichsucht, sodass wir uns vor dem Herrn demütigen können.

Mir scheint es einen Unterschied zu geben zwischen Gericht, das geschieht, weil Gott uns in dem Sinne richten möchte, dass er uns als Söhne züchtigt, um sündhafte Verhaltensmuster bei uns zu durchbrechen, und Gericht, das sich gleich einem Naturgesetz in natürlicher Konsequenz der Sünde ergibt. In 5. Mose 28 gab der Herr den Israeliten eine Auflistung von Segen und Fluch, die unweigerlich ihrem Gehorsam bzw. Ungehorsam folgen würden. Verharrten sie im Ungehorsam, so würden sie unausweichlich den Fluch auf sich ziehen. Das war wie ein Naturgesetz, das Gott in Kraft setzte: Tut ihr dies, so wird jenes über euch kommen. Es würde Konsequenzen geben, die keines Handelns Gottes, keines

Erlasses aus dem himmlischen Thronsaal bedürften, um in Gang gesetzt zu werden, sondern gewohnheitsmäßiger Sünde auf dem Fuß folgen würden wie der Regenbogen dem Sturm. Hosea und andere Prophetensprüche stellen klar, dass Gott seine Hand ausstrecken und das Gericht zurückhalten könnte, dass aber irgendwann der Fluch eintreten würde, falls das Volk in seiner Sünde verharrte.

Diese Folgen sehe ich keineswegs als ebenso wünschenswert an wie die Züchtigung des Herrn, obgleich beide dazu dienen können, das menschliche Herz wachzurütteln, damit es erkennt, wo es auf falschem Weg ist. Wenn ich für meine Stadt bete, bitte ich den Herrn, er möge sie in Freundlichkeit richten, damit die Augen der Menschen für ihn, seine Wirklichkeit und Wahrheit geöffnet werden. Zugleich bitte ich ihn, die Folgen ihrer Sünde zurückzuhalten, die auf Tod und Zerstörung hinauslaufen würden, und sich noch eine Weile in Geduld zu üben, damit mehr Menschen die Chance haben, Buße zu tun und sich ihm zuzuwenden.

Weise ist es auch, den Herrn zu bitten, er möge uns jetzt richten, solange wir Zeit zur Buße und Veränderung haben, statt dass wir später, vor seinem Thron, wenn es diese Gelegenheit nicht mehr gibt, auf einen Schlag mit allem, was gegen uns spricht, konfrontiert werden. Gottes Gericht ist gut und wünschenswert!

Die Furcht des HERRN ist rein und besteht in Ewigkeit. Die Rechtsbestimmungen des HERRN sind Wahrheit, sie sind gerecht allesamt; **sie, die köstlicher sind als Gold,** *ja viel gediegenes Gold, und süßer als Honig und Wabenhonig. Auch wird dein Knecht durch sie gewarnt; in ihrer Befolgung liegt großer Lohn* (Ps 19,10-12; eigene Hervorhebung).

Folgenden Zweck also hat die Thora: Indem sie definiert und verkündigt, was Sünde ist, gibt sie dem Herrn das Recht, die Bösen zu richten und in unserem Leben Kräfte zum Tragen zu bringen, die uns auf den Weg der Gerechtigkeit zurückführen.

Die Thora ist Wächterin und Beschützerin Israels

Nunmehr kommen wir zur letzten Funktion der Thora, die wir betrachten wollen. Die ersten beiden Funktionen hätten allein schon durch den Grobentwurf von Gerechtigkeit und Sünde, wie er mit den Zehn Geboten gegeben wurde, erfüllt werden können, sind doch die übrigen 603 Gesetze der Thora, die ihnen folgen, weithin nichts anderes als eine detailliertere Entfaltung dieser zehn Sätze. In gleicher Weise konnte Jeschua sagen, die gesamte Thora und die Propheten, inklusive der Zehn Gebote, könnten in zwei Sätzen zusammengefasst werden: *„Liebe den HERRN, deinen Gott, und liebe deinen Nächsten wie dich selbst"* (vgl. Mt 22, 36-40).

Wenn das so ist, könnten wir fragen, wieso der Vater Israel denn überhaupt all diese weiteren Gesetze gab, die zum Teil nichts anderes waren als Ausführungsbestimmungen der Zehn Gebote. Diese Gesetze wurden häufig peinlich genau ausformuliert. So sagte der Herr z. B. vom Berg herab: „Du sollst nicht begehren, was dein Nächster besitzt." In der erweiterten Auslegung der Thora jedoch ging er so weit in die Einzelheiten, dass es etwa heißt, man solle den Grenzstein zwischen eigenem und benachbartem Grund und Boden nicht verrücken. Bleiben wir realistisch: Wenn jemand Gottes Gesetz im Herzen trägt und in Beziehung zu ihm lebt, ist es fast beleidigend, eine derartige Anweisung zu bekommen. Selbstverständlich würde niemand, der in Wahrheit Gott nachfolgt und ihn liebhat, auch nur daran denken, etwas Derartiges zu tun! Wieso also gab der Vater den Israeliten solche detaillierten Anweisungen für jeden Aspekt des Lebens, sodass nur sehr wenig ihrer eigenen Gestaltungsfreiheit überlassen blieb?

Schauen wir noch einmal auf Galater 3 und machen uns klar, was Paulus über die Funktion der Thora sagt:

> *Aber die Schrift hat alles unter die Sünde eingeschlossen, damit die Verheißung aus Glauben an Jesus Christus den Glaubenden gegeben werde. Bevor aber der Glaube kam, wurden wir unter dem Gesetz verwahrt, eingeschlossen auf den Glauben hin, der offenbart werden sollte. Also ist das Gesetz unser Zuchtmeister auf Christus hin geworden, damit wir aus Glauben gerechtfertigt würden. Nachdem aber der Glaube gekommen ist, sind wir nicht mehr unter einem Zuchtmeister* (V. 22-25).

Auf den ersten Blick scheint Paulus zu sagen, die Schrift habe alle, die vor dem Kommen des Glaubens lebten, „eingeschlossen". So wie der Text herkömmlicherweise übersetzt wird, rückt er die Thora in ein schlechtes Licht, so als halte sie Menschen gefangen.

Die Thora – eine dienende Pädagogin

Das können wir nur dann verstehen, wenn wir uns zuerst klarmachen, was das Wort „Zuchtmeister" oder „Lehrmeister", wie es mitunter auch wiedergegeben wird, eigentlich bedeutet. Im griechischen Grundtext steht das Wort *paidagōgos* (παιδαγωγὸς). Der „Pädagoge" war kein Lehrer oder Erzieher, sondern Bewacher und Beschützer von Kindern. Paulus nimmt hier Bezug auf etwas, das bei wohlhabenden Griechen und Römern seiner Zeit allgemein üblich war, nämlich einen vertrauenswürdigen Diener oder Sklaven anzustellen bzw. zu kaufen, der die Jungen des Hauses auf dem Schulweg bewachen und beschützen musste. Ja, viele Jungen taten ohne diesen Sklaven keinen einzigen Schritt außerhalb des elterlichen Hauses, bis sie erwachsen waren. Aufgabe des Pädagogen war es, Lebenswandel und Moral der Jungen aus besser gestellten Familien zu überwachen.

Damit können wir unseren Bibeltext um einiges besser verstehen. Paraphrasieren wir einmal aus dieser neuen Erkenntnis heraus das, was Paulus hier sagt: *„Ehe der Glaube kam, standen wir unter der Obhut der Thora, die unser Pädagoge, unser Beschützer war. Wir wurden auf das Leben im Glauben hin bewahrt, welches zu einer späteren Zeit offenbart werden sollte. Mithin war die Thora unser Bewacher, ein Sklave mit der Aufgabe, unseren Lebenswandel und unsere Moral zu beaufsichtigen, um uns zur rechten Zeit unter die Obhut des Messias zu stellen, damit wir im Glauben gerechtfertigt würden. Jetzt, da der Glaube in Form einer direkten Beziehung gekommen ist, stehen wir nicht mehr unter der Obhut oder Autorität unseres Bewachers."*

Das war Paulus' Evangelium, welches er durch direkte Offenbarung von Jeschua empfangen hatte (vgl. Gal 1,11-18).[3] Als Jeschua sagte: *„Dieser Kelch ist der neue Bund in meinem Blut"*, kündigte er eine Veränderung an. Zumindest eine der Neuerungen war ein Wandel in der Beziehung jedes einzelnen Gläubigen zur Thora.

---

[3] Es steckt vielleicht ein wenig Mutmaßung darin, wenn man sagt, dies sei es gewesen, was er im Hinblick auf das Evangelium durch Offenbarung ohne jegliche menschliche Mitwirkung empfangen hatte. Doch wie schon in der Einleitung ausgeführt, war Paulus' gesamte pharisäische Weltsicht durch seine Bekehrungserfahrung erschüttert worden, der himmlische Befehl, diese Botschaft zu den Nichtjuden zu tragen, auf dem Fuße folgte. Ehe er wissen konnte, wie er weiter vorgehen sollte, musste er begreifen, ob sich etwas im Blick auf die Thora verändert hatte, und wenn ja, was. Mithin ist es eine vertretbare Mutmaßung, dass Paulus den Herrn befragt haben dürfte, wie sich die Einführung des Neuen Bundes auf den Alten auswirken würde.

Wie Paulus uns nunmehr mitteilt, sind wir aus der direkten Unterstellung unter die Autorität des Beschützers herausgenommen worden. Waren die Israeliten bis zu dieser Zeit verpflichtet, jedes Wort, jede Anweisung der Thora, des Dieners Gottes, zu befolgen, deren Aufgabe darin bestand, das Volk sicher und bewahrt dem Messias zu übergeben, so wurden sie jetzt in die unmittelbare Beziehung zu Jeschua entlassen. Das Kind ist zum Mannesalter herangewachsen – jetzt wird von ihm erwartet, dass es reif genug ist, sein Leben aus einer eigenständigen Gottesbeziehung heraus zu führen.

Diese Lehre hat enorme Folgen. Paulus sagt uns hier schlicht und einfach, die Funktion der Thora bestehe darin, eine Art himmlisches Kindermädchen zu sein. Es ist sehr wichtig, dass wir nicht vergessen, worin das Wesen der Thora besteht: Sie ist väterliche Anweisung zum Leben. Und wir dürfen nicht vergessen, dass sie eventuell auch Gottes Plan B entspricht, nachdem Israel dessen Versuche, es direkt vom Berg her anzusprechen, brüsk zurückgewiesen hatte. Vergessen wir auch nicht, dass Israel sich an jenem Tag im Grunde einer unmittelbaren Beziehung zum Herrn entzogen und um Mittler, eine Priesterschaft, gebeten hatte, die zwischen ihm und Gott stehen sollten.

Statt dass die Israeliten sich reif genug gezeigt hätten, als Volk in intimer Beziehung zu seinem Herrn zu wandeln, indem jeder Einzelne darauf bedacht gewesen wäre, den Herrn zu lieben und zu erkennen, reagierten sie kindisch, unreif, ichbezogen und ängstlich. Es ist, als hätte der Herr daraufhin gesagt: „Na gut, wenn ihr wie Kinder sein wollt, werde ich euch wie Kinder behandeln." Und so gab er ihnen die Thora, wie wir sie kennen, in der er nicht nur anhand der Zehn Gebote offenbarte, was Sünde ist, sondern sorgsam und peinlich detailliert ausführte, wie sie erfüllt werden sollte – geradeso, wie wenn man mit solchen zu tun hat, die zu unreif sind, um es selbst zu erkennen, weil sie in ihren Herzen noch nicht das Bedürfnis haben, das Rechte zu tun.

Betrachten wir die Thora auf diese Weise, so erkennen wir, dass sie in der Tat der Umgangsweise eines Vaters mit seinen Kindern entspricht. Als väterliche Anweisung setzt sie ihnen Grenzen, innerhalb derer sie sich frei entfalten dürfen. Und genau wie ein menschlicher Vater sagte Gott dem Volk haarklein, welche Folgen

Ungehorsam zeitigen würde. Schließlich ließ er die angekündigte Bestrafung eintreten, weil sie in ihrer Rebellion verharrten.

Kinder brauchen Regeln, die zu Erwachsenen nicht passen würden. Ein wahrer Vater hofft darauf, dass sich die Regeln mittels Wiederholung und Vertrautwerdung tief im Herzen seines Kindes verankern, sodass es, wenn es erwachsen und für sich selbst verantwortlich ist, weiterhin dem rechten Pfad folgen wird.

Nachdem Israel jedoch den direkten Kontakt mit Gott verweigert hatte, trat die Thora als seine Beschützerin ein, die dem Volk genau sagte, wie es handeln sollte und was von ihm erwartet wurde, und die es, Gehorsam vorausgesetzt, mit reinen Herzen bewahrte, damit es auf die Erfüllung dessen vorbereitet sein würde, was er ihm eigentlich geben wollte. Man könnte sagen, der Herr legte die Israeliten teilweise auf Eis, um sie aufs Kommen des Messias hin zu bewahren.

Nun ist es freilich nicht ganz akkurat, den Zustand Israels in der Zeit zwischen Mose und Jeschua als tiefgefroren zu bezeichnen. Denn natürlich geschahen in dieser Zeit viele ungemein wichtige Dinge. Auch gab es im Lauf dieser gut 1500 Jahre viele Einzelne, die eine tiefe Beziehung zum Herrn entwickelten und in großer Vollmacht wandelten. Und doch hilft uns dieser Vergleich, um zumindest einen Aspekt dessen, was geschah, zu verstehen. Israel zeigte sich noch nicht bereit dafür, das zu erben, was der Vater hergeben wollte; deshalb musste es warten, bis sich die Zeit des Vaters erfüllt hatte.[4]

Passt es zu dem, was wir vom Wesen des Vaters wissen, dass er Israel über 1500 Jahre warten ließ, ehe es auf dieser Ebene der Beziehung zu ihm eine erneute Chance bekam? Nach meiner Auffassung ja. Ziehen wir in Betracht, dass die Folge eines einzigen Tages des Unglaubens in Kadesch-Barnea, als das Volk dem Votum der zehn Kundschafter zuneigte und sich aus Angst weigerte loszuziehen und das Land einzunehmen, eine vierzigjährige Wüstenwanderung für das ganze Volk war – o ja, dann ist das sehr gut möglich. In Kadesch-Barnea beschuldigten sie den Herrn, er wolle sie umbringen, indem er sie aus Ägypten fort in die Wüste gelockt habe, nur um sie der Übermacht der Kanaanäer auszuliefern. Hier

---

[4] Vgl. Gal 4,4-5: „... als aber die Fülle der Zeit kam, *sandte Gott seinen Sohn, geboren von einer Frau, geboren unter dem Gesetz, damit er die loskaufte, die unter dem Gesetz waren, damit wir die Sohnschaft empfingen*" (eigene Hervorhebung).

jedoch, am Sinaiberg, verweigerten sie die intime Gemeinschaft mit dem Herrn, ja sogar die Nähe zur Liebe selbst, und wollten lieber einen Vermittler haben. Ich meine, der zweite Fall war der schlimmere, weswegen die daran anschließende Wartezeit auf die Erfüllung der Verheißung umso länger ausfiel.

Vielen Leuten mag es schwerfallen anzunehmen, dass die Thora eine Art himmlisches Kindermädchen ist, das über Israel wachen und es beschützen soll – besonders messianischen Juden, die es gelernt haben, der Thora um des vielen Guten willen, das sie mit sich bringt, wie auch wegen ihres Charakters als Geschenk und Offenbarung Gottes die ihr gebührende Ehre zu erweisen. Und doch weitet diese Sicht gewaltig unser Verständnis dafür, wie wir uns jetzt, unter dem Neuen Bund, der Thora gegenüber verhalten sollen. Werfen wir jetzt einen Blick darauf, was der wahre Pädagoge uns über unsere veränderte Beziehung zur Thora zu sagen hat.

TEIL III

Der Neue Bund

KAPITEL 8

Alles wird neu

Als Paulus in Korinth Menschen ansprach, die ihn und einander aufgrund von Äußerlichkeiten beurteilt hatten, forderte er sie auf, sich klarzumachen, dass das Leben unter dem Neuen Bund einen völligen Perspektivenwechsel nach sich zieht:

Daher kennen wir von nun an niemand nach dem Fleisch; wenn wir Christus auch nach dem Fleisch gekannt haben, so kennen wir ihn doch jetzt nicht mehr so. Daher, wenn jemand in Christus ist, so ist er eine neue Schöpfung; das Alte ist vergangen, siehe, Neues ist geworden (2 Kor 5,16-17).

Obgleich Jeschuas Wort zufolge kein Jota oder Strichlein der Thora vergehen wird, ist dennoch mit der Einführung des Neuen Bundes eine grundlegende Veränderung eingetreten: Eine neue Wirklichkeit hat begonnen. Jetzt müssen wir herausfinden, was sich geändert hat und wie diese Änderungen unser Leben berühren. Darüber hinaus werden wir diesen Neuen Bund in einigen Einzelheiten untersuchen müssen, genau wie wir den mosaischen Bund betrachtet haben, um sein Wesen und seine Funktion zu entdecken. Auch darin mögen einige Überraschungen auf uns warten. Schauen wir also, wie sich innerhalb dieser Wirklichkeit der neuen Schöpfung, in der wir jetzt leben, unsere Beziehung zur Thora gewandelt hat.

Das Ziel der Intimität erfordert größere Reife

Ehe der Neue Bund kam, standen wir voll und ganz unter der Autorität der Thora, unserer Beschützerin (bzw. unseres „Pädagogen", wie Paulus es ausdrückt). Das war keine eigenständige Autorität, sondern eine vom Vater ihr übertragene. Deswegen musste dieser Pädagoge ziemlich streng sein. Gehorchen oder nicht, das war die Devise. Eine Beziehung zu ihm gab es nicht. Er war mehr um dein Verhalten als um dein Herz besorgt. Wenn er sprach, hattest du zu gehorchen, oder du hattest die Grenzen seiner Zuständigkeit überschritten. Es gab auch nur wenig Freiheit der Auslegung. Es gab nur eine Art, die Dinge anzugehen: *die thoragemäße Art*. Kinder haben weder Reife noch Freiheit, die Dinge selbstständig abzuwägen; man muss ihnen sagen, wie sie zu machen sind. Nur wenn sie reifer werden, kann man ihnen zutrauen, eigenständige Entscheidungen zu treffen.

Zu dieser Zeit war Israel bezogen auf seine Gottesbeziehung ein minderjähriges Kind.

Ich sage aber: Solange der Erbe unmündig ist, unterscheidet er sich in nichts von einem Sklaven, obwohl er Herr über alles ist; sondern er ist unter Vormündern und Verwaltern bis zu der vom Vater festgesetzten Frist. So waren auch wir, als wir Unmündige waren, unter die Elemente der Welt versklavt; als aber die Fülle der Zeit kam, sandte Gott seinen Sohn, geboren von einer Frau, geboren unter Gesetz, damit er die loskaufte, die unter dem Gesetz waren, damit wir die Sohnschaft empfingen (Gal 4,1-5).

Nachdem aber jetzt der Neue Bund, in der Fülle der Zeit bzw. „genau zum rechten Moment", gekommen ist, hat sich notwendigerweise im Hinblick auf unsere Beziehung zum Vater alles verändert, ganz ähnlich wie ich heute dem, was mein irdischer Vater sagt, nicht mehr so gehorche, wie ich es als Kind getan habe. Ich erweise meinem Vater große Ehre. Ich höre sorgfältig auf das, was er sagt, weil ich erkannt habe, dass er mit großer Weisheit spricht. Aber jetzt, seit ich ein Mann bin, bin ich für meine Entscheidungen selbst verantwortlich.

Die Thora, die Beschützerin, ist nach wie vor gut. In allem, was sie sagt, ist sie unverändert absolut zutreffend, weil sie nichts anderes wiedergibt als die Anweisungen und Urteile des Vaters. Mit Jeschuas eigenen Worten:

Bis der Himmel und die Erde vergehen, soll auch nicht ein Jota oder ein Strichlein von dem Gesetz vergehen, bis alles geschehen ist (Mt 5,18).

Jetzt aber ist das Ziel die Intimität mit Gott und dass wir dahingehend heranwachsen, dass wir zur Braut des Messias werden – ja, in Johannes 17 sagt uns Jeschua, die neue Realität bestehe in der Einheit und im Verbundensein mit Gott, also in einer noch engeren Beziehung. Wir werden also angespornt, uns in unserer Beziehung zu Gott wie eine ganz und gar erwachsene, reife „Frau" zu verhalten, die in der Lage ist, eine Liebesbeziehung zu führen. Das bringt auch einen höheren Grad an persönlicher Verantwortung mit sich.

Es mag Ihnen aufgefallen sein, dass wir zwischen verschiedenen Bildern hin und her springen, die unsere Gottesbeziehung beschreiben: Einmal die Beziehung zu unserem Vater, dann die Beziehung zu Jeschua als dem Bräutigam, und drittens die Vorstellung einer so intimen Einheit mit Jeschua, dass er uns als seinen eigenen Leib bezeichnet. Zu jeder dieser Kategorien von Beziehung sind wir berufen; all diese Ebenen sollen wir praktizieren, oft zur selben Zeit. Hierin liegt kein Widerspruch. Diese Bilder sind unsere Diener, die uns helfen sollen zu verstehen, wie wir unsere Beziehung zum Herrn gestalten sollen.

Der Herr ruft uns in eine vertiefte Liebesbeziehung zu ihm selbst hinein. Das ist der Schlüssel, um den Unterschied zwischen der Lebensweise unter dem Alten und derjenigen unter dem Neuen Bund zu verstehen. Von Anfang an hat er sich danach gesehnt, eine intime Beziehung zu uns zu unterhalten – und das ist auch das Ziel, auf das er durch den gesamten Lauf der Geschichte hingearbeitet hat. Deshalb endet die Geschichte mit seinem Volk, das seine Braut genannt wird. Und daher *müssen* wir heranwachsen zu dem Grad von Gehorsam und Reinheit, der einer Braut gebührt. Eine Geliebte tut nicht, was ihr Liebhaber möchte, weil sie sich vor Strafe fürchtet; sie sehnt sich danach, ihm zu gefallen. Sie schmollt nicht, weil er so hohe Ansprüche hat und weil sie nicht die Freiheit hat, zu tun, was sie möchte. Sie ist zwar frei, aber sie entscheidet sich freiwillig dafür, sich rein zu halten, damit sie ihm gefällt und für ihn, ausschließlich für ihn, da sein kann.

Das Gesetz ist immer noch das Gesetz; wir können aus ihm lernen und brauchen es nach wie vor. Es ist Gottes Offenbarung seiner Werte, seiner Moral, dessen, was richtig und falsch ist. Aber der Ansporn zum Gehorsam kann nicht mehr in der Angst vor Bestrafung liegen, weil die Thora mir über die Schulter sieht, sondern darin, dass ich in mir selbst eine neue Identität erkenne. Ich bin eine neue Schöpfung, wenn Sie so wollen die neue Eva, so wie Jeschua der neue Adam ist. Dass ich die neue Eva bin, ist dadurch möglich geworden, dass der neue Adam für sich die richtigen Entscheidungen getroffen hat, indem er die Versuchung überwand und sich selbst als Opfer für mich hingab.[1] Jetzt bin ich in Gottes Augen schön und begehrenswert. Und doch stehe ich fortwährend vor der Wahl, die ich selbst treffen muss: Ich kann tun, was ihm gefällt, oder meinen eigenen Weg gehen – genau wie die erste Eva vor dem Baum der Erkenntnis stand und ihre Wahl traf. Wir brauchen eine Freiheit des Denkens, Auslegens und Wählens, die über die von der Unterwerfung unter die Thora gewährte Freiheit hinausgeht, weil wir uns nur so aus freien Stücken für die reife, intime Liebe entscheiden können.

Damit ist nicht der Gesetzlosigkeit das Wort geredet. Gottes moralische Standards ändern sich niemals, ebenso wenig wie Richtig und Falsch. Aber der Bräutigam möchte, dass aus dem Kind eine schöne, reife Frau wird, die den gestrengen Buchstaben des Gesetzes innerlich nicht mehr nötig hat, weil ihr das Wissen um seine Wege so tief ins Herz eingesunken ist, dass es zu ihrer natürlichen Reaktionsweise wurde, die den erneuerten Wünschen ihres Herzens entspringt. Sie gehorcht jetzt nicht mehr, weil die Thora sie gebieterisch ansieht, sondern weil ihr Herz in Lobpreis und Anbetung des Sohnes durch den Geist Gottes berührt worden ist, sie sich für ihn erwärmt hat und sich nach seiner Gegenwart und Anerkennung sehnt. Sie tut alles, was er möchte, weil sie vor Verlangen nach ihm zittert und es gelernt hat, Kompromisse und Sünde zu hassen, durch die sie vom Erleben seiner Gegenwart weggerissen wird.

---

[1] In diesen zwei Punkten versagte der erste Adam: Er gab der Versuchung nach und beschützte und beschirmte seine Frau nicht vor der Gefahr, in der sie schwebte.

Aber auf den will ich blicken: auf den Elenden und den, der zerschlagenen Geistes ist und der da zittert vor meinem Wort (Jes 66,2b).

Liebe Leser, vielleicht leben wir nicht immer so – tatsächlich geschieht es viel zu oft, dass wir *nicht* so leben –, aber das ist unsere Berufung und das Ziel des Lebens als neue Schöpfung.

Alles dreht sich darum, in Christus zu wachsen und zu lernen, wie man *in ihm* lebt. Damit ist nicht gesagt, dass jeder Christ, nur weil er unter dem Neuen Bund lebt, auch tatsächlich eine reife Persönlichkeit ist, die intim mit Jeschua lebt. In gewisser Weise fangen wir alle als Säuglinge an, die nichts wissen und andere brauchen, die uns zeigen, wie man so in Christus leben kann. Wir alle müssen in unserer Erkenntnis des Herrn wachsen und lernen, aus Liebe heraus zu gehorchen, selbst wenn es wehtut und unseren persönlichen Neigungen zuwiderläuft.

Wir alle brauchen geistliche Lehrer und Zuchtmeister. Wir alle machen mitunter die Hosen voll und benehmen uns albern und unreif. Der Herr züchtigt uns; das ist einer der Gründe dafür, dass wir Gott Vater nennen. Wie Israel sind auch wir Kinder des Allerhöchsten. Deshalb sagt Paulus, Aufgabe der Apostel, Propheten usw. sei die

Ausrüstung der Heiligen für das Werk des Dienstes, für die Erbauung des Leibes Christi, bis wir alle hingelangen zur Einheit des Glaubens und der Erkenntnis des Sohnes Gottes, zur vollen Mannesreife, zum Maß der vollen Reife Christi. Denn wir sollen nicht mehr Unmündige sein, hin und her geworfen und umhergetrieben von jedem Wind der Lehre durch die Betrügerei der Menschen, durch ihre Verschlagenheit zu listig ersonnenem Irrtum. Lasst uns aber die Wahrheit reden in Liebe und in allem hinwachsen zu ihm, der das Haupt ist, Christus (Eph 4,12-15).

Auf vielerlei Weise und zu bestimmten Zeiten während unseres Wachstums brauchen wir dieselbe Art beaufsichtigender Fürsorge, die die Thora, die „Bewacherin", Israel zukommen ließ. Wir müssen in der Thora lesen, dass Ehebruch sehr wohl Sünde ist und dass wir einen Fluch und böse Folgen auf uns ziehen, wenn wir uns irgendjemandem hingeben, mit dem wir nicht verheiratet sind. Wir brauchen Grenzen und haben es nötig, uns im Leib des

Herrn wechselseitig einander zu unterwerfen, damit wir gesund heranwachsen können.

Und nein, wir schauen nicht auf Israel herab, weil seine Beziehung zu Gott unter der Thora eher wie bei Kindern unter der Obhut eines Kindermädchens war und nicht an die Beziehungsreife heranreichte, in die wir heute hineingerufen sind. Es geht lediglich darum, dass wir erkennen, wie Gott seinerzeit mit den Israeliten umging und dass seine Beziehung zu ihnen, aber auch zur ganzen Menschheit, zur nächsthöheren Ebene emporgehoben werden musste. Und es geht wahrhaftig nicht um „Israel damals" und „die Gemeinde jetzt". Es war die ungeschmälerte Absicht Gottes, dass der ethnische Jude nach dem Kommen Jeschuas in ebendieselbe intime Beziehung mit ihm hineinfinden sollte, zu der heute jeder Gläubige eingeladen ist, sei er nun Jude oder Nichtjude. In diesen Dingen gibt es weder Juden noch Nichtjuden. Und wie wir bereits in Kapitel 2 sahen, gab es, bevor Jeschua kam, viele spezifische Gründe für die Existenz und Rolle Israels, die seinem Kommen die Bühne bereiteten. Man kann also nicht sagen, die Zeit des Alten Bundes sei „verlorene Zeit" gewesen.

Worin liegt denn eigentlich der Unterschied, wenn wir doch ebenfalls Kinder unseres Vaters sind und kindliche Phasen unserer geistlichen Entwicklung durchlaufen, die sich gar nicht so sehr von Israel zur damaligen Zeit unterscheiden, indem wir dieselben Neigungen zum Aufbegehren, zu Selbstsucht und Sünde zeigen? Der Unterschied liegt darin, dass Gott mit uns jetzt, und zwar unablässig seit der Auferstehung, nicht mehr als mit Kindern umgeht, deren Beziehung zu ihm durch einen Mittler bestimmt wird – in diesem Fall nicht nur durch die Priesterschaft, sondern durch die Thora selbst, die für Israel ebenfalls eine Mittlerrolle spielt. Im Neuen Bund hat er sich entschieden, direkten Umgang mit uns zu pflegen. Er handelt mit uns als Menschen, denen er das Ziel gesetzt hat, unmittelbar in die reife Liebe einer Braut hineinzuwachsen.

Es gibt einen großen Mentalitätsunterschied zwischen dem durch die Thora bewahrten Israeliten, der in einer mittlerbestimmten Beziehung zu Gott steht, und jener Beziehungsqualität, die der Herr uns durch das Kreuz erschlossen hat.

Da wir nun, Brüder, durch das Blut Jesu Freimütigkeit haben zum Eintritt in das Heiligtum, den er uns eröffnet hat als einen neuen und lebendigen Weg durch den Vorhang – das ist durch sein Fleisch ... so lasst uns hinzutreten mit wahrhaftigem Herzen in voller Gewissheit des Glaubens, die Herzen besprengt und damit gereinigt vom bösen Gewissen und den Leib gewaschen mit reinem Wasser (Heb 10,19-20.22).

Der Unterschied geht zum großen Teil auf unsere Erwartungen und die Orientierung zurück, in der wir unser Leben führen. Dafür erlebte ich ein Beispiel, als ich im Jahre 1999 die Gemeinde *Mision Carismatica Internacional* in Bogota, Kolumbien, besuchte. In den meisten programmorientierten Gemeinden, denen ich angehört habe, gibt es bei der Leiterschaft eine Art unausgesprochener Erwartung an die Gemeindeglieder. Was man erwartet, worauf man hofft und wofür man kämpft, ist, dass ein neugewonnener Gläubiger nach seiner Bekehrung in seiner Gottesbeziehung wächst, emotional und sozial stabil wird – so er es denn nicht schon vorher war –, sich angewöhnt, regelmäßig die Gottesdienste und einen Hauskreis – soweit in der Gemeinde vorhanden – zu besuchen, und irgendwann einen konkreten Dienst innerhalb der Gemeinde übernimmt. Falls – und wirklich nur falls – jemand dann Anzeichen für Leiterschaftspotential erkennen lässt, ermutigt man ihn, in seiner Leiterschaftsbefähigung zu wachsen und einen Posten wie z. B. die Leitung einer Hauszelle oder einer Lehrgruppe innerhalb der Gemeinde zu übernehmen.

Nach meiner Ankunft in Kolumbien merkte ich bald, dass die Leute dort anders waren. Nicht nur die Leiter dieser Gemeinde (die damals 30.000 Hauszellen hatte) waren stark und reif – nein, noch das schlichteste Gemeindeglied, dem wir begegneten, ob es nun ein Taxifahrer oder ein Hausmädchen war, hatte für sein Leben eine Vision und ein Ziel, wovon man nur sagen kann, sie wollten allesamt geistliche Großväter und Großmütter werden!

Jeder dieser Menschen hatte die Vision zu evangelisieren, seine neu gewonnenen Gläubigen in Zellgruppen zu sammeln und sie zu unterweisen, ihrerseits wieder dasselbe zu tun. Ihr Ziel war, am Ende so viele Menschen zum Glauben gebracht und zu Leitern herangezogen zu haben, dass sie selbst nur noch Zeit dafür haben würden, Leiter zu jüngern. Nun haben viele kritisiert, das rieche zu sehr nach kommerziellen Marketing-Methoden. Aber mir geht es hier gar nicht um Methoden, und ich sage auch nicht, deren Leiterschaftspraktiken seien die richtigen. Ich möchte nur auf einen Punkt hinweisen: Weil diese Leute sich durch persönliche Jüngerschaft in das Leben derer investierten, die sie zum Glauben führten, und sich deshalb mit den Problemen auseinandersetzen mussten, die diese jüngeren Gläubigen hatten, waren sie zu sehr, sehr großer Reife herangewachsen.

Ich begegnete einem jungen Mann, der damals für 400 Zellgruppen verantwortlich war, deren Leiter und Mitglieder er entweder allesamt selbst zum Herrn geführt hatte oder die durch die zweite und dritte Generation „seiner" Bekehrten gewonnen worden waren. Obwohl deutlich ein introvertierter Charakter, strahlte er eine ruhige Gelassenheit von der Art aus, wie sie nur auf dem Schlachtfeld der Leiterschaft und dadurch gewonnen werden kann, dass man anderen durch ihre Krisen hindurchhilft. Er war typisch für Hunderte, ja sogar Tausende andere in dieser Gemeinde. Die Gemeinde hatte eine Kultur hoher Standards und großer Visionen entwickelt, in der jeder ermutigt wurde, in Leiterschaft hineinzuwachsen. Und darauf reagierten die Menschen mit großartigen Taten.

Dasselbe hat der Herr für uns getan – wenn wir es doch nur erkennen würden! Durch das Kreuz hat er alles entfernt, was zwischen ihm und uns stand. Er hat uns die höchste Berufung von allen vorgelegt – die zu unbegrenzter Intimität mit ihm und Nähe zu ihm –, wenn wir nur bereit sind, den Preis zu zahlen, den eine solch hohe Berufung kostet. Das Heil ist kostenlos. Aber der höchste Lohn ist denjenigen reserviert, die in ihrem Eifer für Gott zielstrebig und ungeteilten Herzens sind.

Gott möchte, dass wir das ergreifen, weswegen wir *„von Christus Jesus ergriffen"* sind, dass wir hinjagen *„zu dem Kampfpreis der Berufung Gottes nach oben in Christus Jesus"* (Phil 3,12.14). Deshalb müssen wir unsere ersten wackligen Schritte tun, damit wir nicht mehr allein von schriftlichen Regeln abhängig sind – was beschreibt, wie die Beziehung vieler Christen zu Gott und der Bibel beschaffen ist – und lernen, die Stimme des Heiligen Geistes, deren Worte in unsere Herzen geschrieben sind, zu hören und ihr zu folgen. Wir müssen uns mehr zu einem Leben wachsender Abhängigkeit von ihm und Intimität mit ihm hinbewegen. Das ist wahrhaftig ein völlig neuer Lebensstil.

Da das ganze Konzept der Thora als eines Pädagogen ganz natürlich dahin führt, dass wir sehen, wie der Neue Bund unser Verhältnis zur Thora verändert, sind wir jetzt eigentlich schon ein paar Schritte zu weit vorangekommen. Deshalb kommt es jetzt darauf an, uns einen Schritt zurückzubewegen und uns anzusehen, was der Neue Bund ist, wieso er gebraucht wurde und welche Absicht der Herr mit dem Leben in dieser neuen Dimension verbindet.

KAPITEL 9

In unmittelbarer Gemeinschaft mit Gott leben

„Wenn's nicht kaputt ist, dann mach es auch nicht heil!"
Ich habe immer noch den nicht mehr ganz jungen Hausmeister mit dem zerfurchten Gesicht vor Augen, wie er mir mit einem höhnischen Lachen diesen Rat zuruft. Es war in meinem ersten Ferienjob an einer texanischen Universität. Weisheit ist Weisheit, ob wir nun von Gerätschaften oder von Bünden reden. Aber da sowohl die Propheten des ersten Bundes als auch die Apostel und Jeschua selbst das Kommen und die Einsetzung eines Neuen Bundes ausriefen, muss am ersten Bund etwas gewesen sein, das der Reparatur, der Justierung oder der Aktualisierung bedurfte.

Der Hebräerbriefschreiber merkt an:

> *Indem er [der Herr] von einem „neuen" Bund spricht[1], hat er den ersten für veraltet erklärt; was aber veraltet und sich überlebt, ist dem Verschwinden nahe* (Hebr 8,13).

Viele Leute lesen Worte wie diese und gelangen dadurch zu der Annahme, der Alte Bund sei irgendwie unzureichend gewesen und verschwinde jetzt für immer von der Bildfläche. Ich möchte noch einmal zu bedenken geben, dass der Herr Israel auf eine neue Ebene der Beziehung emporhebt, und dafür braucht es natürlich eine neue Basis.

---

[1] Er nimmt hier Bezug auf die Jeremia-Prophetie (31,31) des Kommens eines neuen Bundes.

Wenn wir in eine neue Beziehungsebene eintreten, ist es in allen menschlichen Kulturen so, dass wir uns neue Regeln oder Gebräuche des Umgangs miteinander aneignen müssen. Wenn zum Beispiel Kinder erwachsen werden, ausziehen und selbst Verantwortung für ihr Leben übernehmen, müssen ihre Eltern sich auf eine neue Art des Umgangs mit diesen Kindern einstellen. Die Kinder sind nicht länger Kinder, und die Eltern tragen keine Verantwortung mehr für sie und üben folglich keine unmittelbare Autorität mehr über sie aus. Den erwachsenen Kindern muss man mit einem neuen Respekt vor ihrem Recht, selbst über ihr eigenes Leben zu entscheiden, begegnen.

Wenn ein Arbeiter Vorarbeiter wird, ändert sich notwendigerweise sein Verhältnis zu den Kollegen. Wird ein Unteroffizier zum Feldwebel befördert, verändern sich die militärischen Umgangsregeln. Das alles geschieht nicht deshalb, weil die vorigen Regeln des Umgangs oder der Beziehung unzureichend oder verkehrt gewesen wären, sondern weil die Beziehung als solche sich verändert hat. Deshalb lesen wir bei Paulus:

Was sollen wir nun sagen? Ist das Gesetz [die Thora] Sünde? Auf keinen Fall! Aber die Sünde hätte ich nicht erkannt als nur durchs Gesetz ... So ist also das Gesetz heilig und das Gebot heilig und gerecht und gut (Röm 7,7.12).

Weder war die Thora unzureichend, noch fiel dem Herrn plötzlich auf, dass die Thora für Israel nicht das tun konnte, worauf er gehofft hatte, sodass er es mal mit was anderem versuchte.

Nein, die Thora war ein vollkommener Mittler für Israel, genau das, worum das Volk am Berg Sinai gebeten hatte: ein priesterliches System, ein Vermittler, der zwischen ihm und Gott stehen würde, um ihm, dem Volk, Gottes Anweisungen weiterzugeben, sodass es würde gehorchen können. Das war das Maß an Beziehung zu Gott, für die *Israel* sich entschieden hatte (vgl. 5 Mo 5,23-27), und der Herr hatte dem Verlangen des Volkes Rechnung getragen. Es war die Wahl der Menschen, die nicht notwendigerweise mit Gottes erster Wahl deckungsgleich war.

Kurz nach diesen Ereignissen weigerte sich Israel aus Angst, das verheißene Land zu betreten – und wieder trug der Herr dem „Verlangen" des Volkes Rechnung, aber zum Preis einer vierzigjährigen Wanderung in der Wüste. Dass Israel sich für ein priesterliches System entschied, hatte zur Folge, dass der Herr dem Volk seinen Willen tat, aber auf Kosten einer engeren Beziehung und zum Preis einer 1500-jährigen „Wanderschaft", bis in der Fülle der Zeit der Messias kam (vgl. Gal 4,4[2]).

Zweck der Thora war, die Israeliten dem Messias zuzuführen. Mit den akkuraten Worten, in denen David Stern in seiner „Vollständigen jüdischen Bibel" Römer 10,4 wiedergibt:

> *Denn das Ziel, auf das die Thora zuläuft, ist der Messias, der jedem, der vertraut, Gerechtigkeit anbietet.*

Lebensweise und priesterliches System der Thora waren also dazu gedacht, das Volk in die Hände des Messias zu legen, und zwar mit Herzen, die bereit waren, seine Botschaft aufzunehmen, und mit der erforderlichen Erkenntnis Gottes, um seine Absichten zu verstehen und sich ihnen anzupassen. Und da das priesterliche System der Thora und ihre Mittlerfunktion im Widerspruch zu einer *unmittelbaren* Gottesbeziehung standen, mussten sie aus dem Bild entfernt werden, nachdem der Messias gekommen war. Deshalb sind diese Merkmale der Thora, um mit den Worten der angeführten Hebräerstelle zu sprechen, am „Veralten" und „dem Verschwinden nahe".

Die prophetische Ankündigung des kommenden Neuen Bundes

Nachdem wir also von dem Gedanken abgekommen sind, die Thora habe nicht „funktioniert" und sei irgendwie unvollkommen gewesen, können wir uns die vorrangige Tanach-Prophetie anschauen, in welcher das Kommen des Neuen Bundes angekündigt und seine Notwendigkeit ausgesagt wird:

> *Siehe, Tage kommen, spricht der HERR, da schließe ich mit dem Haus Israel und mit dem Haus Juda einen neuen Bund: nicht wie der Bund, den ich mit ihren Vätern geschlossen habe an dem Tag, als ich sie bei der Hand fasste, um sie aus dem Land*

---

[2] In Fortführung seines Gedankengangs über den Pädagogen sagt Paulus, dass der Messias zum festgelegten Zeitpunkt geboren wurde, um die zu erlösen, die unter der Thora geboren waren, damit wir alle in den Stand versetzt würden, Söhne Gottes zu werden (V. 5).

> Ägypten herauszuführen – diesen meinen Bund haben sie gebrochen, obwohl ich doch ihr Herr war, spricht der HERR. Sondern das ist der Bund, den ich mit dem Haus Israel nach jenen Tagen schließen werde, spricht der HERR: Ich werde mein Gesetz in ihr Inneres legen und werde es auf ihr Herz schreiben. Und ich werde ihr Gott sein, und sie werden mein Volk sein. Dann wird nicht mehr einer seinen Nächsten oder einer seinen Bruder lehren und sagen: Erkennt den HERRN! Denn sie alle werden mich erkennen von ihrem Kleinsten bis zu ihrem Größten, spricht der HERR. Denn ich werde ihre Schuld vergeben und an ihre Sünde nicht mehr denken (Jer 31,31-34).

Es ist sehr wichtig, darauf zu achten, was der Herr hier sagt: Ein neuer Bund ist notwendig! Dieser wird anders sein als der Bund, den er mit ihnen schloss, als er sie aus Ägypten herausführte – also: anders als der Sinaibund, dessen Bundesverhältnis der Mittlerschaft bedurfte. Das muss notwendigerweise gesagt werden, denn viele derjenigen, die die hebräischen Wurzeln unseres Glaubens wiederentdecken, neigen zu der Meinung, der Neue Bund sei nur eine Bekräftigung des vorherigen. Hier aber sagt der Herr eindeutig: Ein neuer Bund ist nötig!

„Er wird anders sein als der Bund, den ich mit ihren Vätern schloss." Was wir sehen, ist eine substantielle Neuorientierung: weg vom einen, hin zum anderen. Wieso? *Erstens* brachen die Israeliten Gottes Bund, obwohl er ihr Ehemann war. Ist es nicht erstaunlich, wie Gott immer wieder kundmacht, was in seinem Herzen ist? Wie er immer wieder hervorhebt, was seine eigentliche Absicht mit allem ist?

Es ist, als würde der Herr sagen: *„Ich wollte eine Frau; ihr wolltet Distanz. Ich gab euch, was ihr wolltet, aber ich für meinen Teil war immer noch Ehemann für euch. Aber ihr habt meinen Bund gebrochen, und jetzt liegt er zerschlagen und leblos da, weil er von eurem Gehorsam abhängig war. Also komme ich auf das zurück, was ich ursprünglich wollte: Ich suche nach einer Frau, die mit meinem Herzen eins ist. Deshalb gehe ich einen neuen Handel mit euch ein: Ich lege meine Wege in eure Herzen, dann werdet ihr von innen heraus mein sein und nicht nur in äußerer Anpassung. Und dann werdet ihr mich alle erkennen! Und ich werde ein für alle Mal eine Lösung für eure Sünden schaffen, damit sie uns nicht länger trennen können."*

Zweitens hält der Herr Ausschau nach einer Braut, einer Frau, die sich von ganzem Herzen eins macht mit ihm und seinen Zielen. Und dieses Brautsein können wir nur dann in Beständigkeit leben, wenn Gott selbst *in* uns lebt.

Drittens musste das Mittlerprinzip weichen, weil er auf Brautschau für seinen Sohn ist. Welcher Mann würde denn unter Vermittlung einer dritten Person mit seiner Frau reden wollen? Sowohl das Priestertum als auch die Mittlerfunktion der Thora mussten in der Tat außer Kraft gesetzt werden, weil es von Anfang an das Ziel des Vaters war, für seinen Sohn ein Gegenüber zu schaffen.

Der Vater wollte einen Bund mit uns schließen, der eine Lösung für das bringen würde, was uns von ihm trennt: unsere Sünde. Er wollte, dass der Bund auf dem beruhe, was er tut, und nicht auf dem, was wir tun. Es würde notwendig sein, diesen Bund mit uns auf einer Basis abzuschließen, die zu einer tieferen Beziehung und totaler Abhängigkeit führt und auf der wir uns nicht mehr mit äußeren rituellen Formen zufriedengeben können. Der neue Bund sollte so geartet sein, dass wir gezwungen wären, „im Herrn zu wachsen", und uns nicht mehr auf elterliche Gewalt stützen könnten, die uns sagt: „Tu dies und lass jenes, dann wird es dir gutgehen."

Genau das ist es letztlich, wozu der Judaismus geworden ist. Ich besuchte einmal ein Seminar, das der Rabbi von Schwerin veranstaltete, um das Judentum zu erklären. Er stellte Christen und Juden einander gegenüber, indem er sagte, für Christen zähle das, was man glaube, und die Tatsache, überhaupt gläubig zu sein. Für einen Juden, sagte er, sei es wichtig, was er tue. Es komme nicht darauf an zu glauben, was man sage und tue, man müsse noch nicht mal unbedingt an Gott glauben, sondern nur alles, was man tue, gemäß rabbinischer Tradition tun. Ferner betonte er – und er legte großen Wert darauf, dass wir das begriffen –, der Judaismus sei seit der Zerstörung des Tempels im Jahre 70 n. Chr. keine biblische Religion mehr. *Er sei talmudisch*[3] *und rabbinisch,*

---

[3] Für diejenigen, die mit dem Talmud nicht vertraut sind: Er ist die komplette Sammlung der Lehren der Rabbinen. Einiges davon gilt als mosaisch: Man behauptet, Mose habe es neben dem geschriebenen Wort empfangen; und als Kommentar zur Schrift betrachten die Juden es als gleichwertig, wenn nicht gar in der Autorität über der Schrift stehend.

aber nicht im strengen Sinne biblisch. Deshalb solle man von Juden nicht erwarten, dass sie tun, was Thora und Tanach sagen, sondern das, was die Rabbinen und das mündliche Gesetz, der Talmud, sagen, müsse von ihnen verstanden und befolgt werden. Nun mag das nicht für alle Strömungen des Judentums repräsentativ sein, es steht aber durchaus für einen großen Teil des heutigen Judentums.

Natürlich ist das ein krasses Beispiel für jene elterliche Regel des „Tu dies, lass jenes, und es geht dir gut". (Und doch leben viele Christen genau so, nicht wahr? Hebt man in einer evangelistischen Versammlung die Hand, spricht das Übergabegebet, besucht regelmäßig die Gemeinde und lernt genug aus der Bibel, um sich in der Bibelstunde nicht zu blamieren und die biblischen Geschichten wiedererkennen zu können, dann kommt man am Ende in den Himmel, nicht wahr?) Gott hingegen wollte Israel viel mehr in die Tiefe führen, in eine direkte Beziehung zu ihm – genau wie er auch mit uns mehr in die Tiefe kommen möchte. In der Geschichte gab es viele, die es genauso gehandhabt haben: Ihr Verlangen nach dem Vater war so groß, dass sie über die Begrenzungen des Gottesbildes ihrer Zeit, – sowohl der Antike als auch der Moderne – hinaus- und in sehr hohe Bereiche von Gottesverständnis und Gotteserkenntnis emporgehoben wurden. Zu ihnen zählen Jesaja, David, Elia, Bruder Lorenz und Thomas von Kempen.

Aber diese Art von Beziehung möchte der Herr mit uns allen haben; deshalb hat er einen Bund gegründet, der, wenn wir in seiner Fülle leben wollen, von uns verlangt, dass wir über den Regelbefolgungsmodus hinauskommen, und der uns zwingt, ihn von Herz zu Herz zu kennen.

Der Neue Bund versetzt uns in eine neue Beziehungswirklichkeit zwischen Gott und uns. Und da er neu ist, muss auch die Grundlage für unsere Rechtfertigung und Gerechtigkeit erneuert werden. Ähnlich formuliert es der Schreiber des Hebräerbriefs:

Denn wenn das Priestertum geändert wird[4], so findet notwendig auch eine Änderung des Gesetzes [der Thora] statt (7,12).

Weiter erklärt er, dass der Zutritt zum Allerheiligsten versperrt gewesen sei, was beinhaltet, dass bis dato nur

---

[4] Es geht um Jeschua als den neuen Hohepriester in der Ordnung Melchisedeks.

... sowohl Gaben als auch Schlachtopfer dargebracht werden, die im Gewissen den nicht vollkommen machen können, der den Gottesdienst ausübt. Es sind nur – neben Speisen und Getränken und verschiedenen Waschungen – Satzungen des Fleisches, die bis zur Zeit einer richtigen Ordnung auferlegt sind (9,9-10).

Wir müssen zugeben, dass es Gottes Wort selbst ist, welches eine Veränderung in Sachen Thora ausruft.

Betrachten wir jetzt die Hauptunterschiede im Wesen des Neuen Bundes gegenüber dem Alten.

Die Kraft einer Verheißung

Menschlich gesprochen klingt „Verheißung" oder „Versprechen" nicht stärker als „Bund". Wir bekräftigen unsere Worte gern, damit sie überzeugender und glaubwürdiger rüberkommen: *„Ich verspreche dir, für immer dein Freund zu sein! ... Wie? Worte haben nicht genug Gewicht? Also schön, dann schwöre ich beim Grabe meiner Mutter! Echt, komm, wir ritzen uns beide in den Finger, vermischen unser Blut, spucken hinein und schütteln es zweimal durch!"* Deshalb fällt uns die Vorstellung schwer, dass Gott seine Verheißung als kräftiger ansieht als einen zeremoniell abgeschlossenen Bund, der obendrein noch durch ein Blutopfer besiegelt wurde und in dem beide Parteien eindeutig ihre Verpflichtungen und die Strafe für den Bundesbruch bekunden.

Und doch stellt Galater 3,15-19 klar, dass es so ist:

Brüder, ich rede nach Menschenart: Selbst eines Menschen rechtskräftig festgelegtes Testament hebt niemand auf oder fügt etwas hinzu. Dem Abraham aber wurden die Verheißungen zugesagt und seiner Nachkommenschaft. Er spricht nicht: „und seinen Nachkommen", wie bei vielen, sondern wie bei einem: „und deinem Nachkommen", und der ist Christus. Dies aber sage ich: **Einen vorher von Gott bestätigten Bund macht das** *vierhundertdreißig Jahre später* **entstandene Gesetz nicht ungültig, sodass die Verheißung unwirksam geworden wäre.** *Denn wenn das Erbe aus dem Gesetz kommt,* **so kommt es nicht mehr aus der Verheißung;** *dem Abraham aber hat Gott es durch Verheißung geschenkt. Was soll nun das Gesetz? Es wurde der*

Übertretungen wegen hinzugefügt – bis der Nachkommen käme, dem die Verheißung galt –, angeordnet durch Engel in der Hand eines Mittlers.

Um es so einfach wie möglich zu sagen: Gott gab Abraham und dessen Nachkommen, dem Messias, die Verheißung, er werde Abraham und alle, die wie er sind – seine wahren Nachfahren –, durch Glauben rechtfertigen. Diese Verheißung gab Gott nicht einfach nur Abraham, sondern er versprach – so als würde er mit Abrahams Augen in die Zukunft blicken und die Generationen seiner Nachkommenschaft bis hin zu dem Einen, der kommen sollte, überschauen – sowohl Abraham als auch Jeschua, dass es wahrhaftig geschehen werde. Das Ende vom Anfang her sehend, gab er seine Verheißung in der Vorausschau künftiger Erfüllung. Er sah das Kreuz und konnte die Verheißung geben, weil er Jeschua daran hängen sah, der sowohl zu ihm als auch – im Sinne menschlicher Abstammung – zu Abraham gehörte und durch den die Verheißung mittels der Versöhnung in seinem eigenen Blut in Erfüllung gehen würde.

Da Gott nicht lügen kann, hat seine Verheißung dieselbe Auswirkung wie ein Eid oder ein mit Blut beschworener Bund. Was uns hier interessieren muss, ist, dass die Verheißung mit keinerlei Voraussetzungen verbunden war, die ihre Erfüllung an Bedingungen, an irgendetwas, das Abraham oder seine Nachkommen tun mussten oder nicht tun durften, geknüpft hätte. Als er sie aussprach, galt sie! Die Sache war beschlossen. Sie wurde in den Stoff des Universums hineingewirkt und Teil von Gottes Rechtssystem. Und gemäß Psalm 97,2b ruhen Gottes Macht und Herrschaft, steht also sein Thron auf der „Grundfeste" von Recht und Gerechtigkeit. Würde er diese Verheißung der Rechtfertigung aus Glauben verleugnen, so fiele alles in sich zusammen, was er je errichtet hat.

Gut 430 Jahre danach schloss der Vater einen Bund mit Israel, der, wie wir schon sahen, festlegte, wie sie miteinander umgehen sollten – nicht aber, wie Israel gerettet werden sollte. Der Bund kam nach der Verheißung, kann also gar nichts verändern, was bereits durch die Verheißung festgelegt wurde. *Folglich wurde von den Zeiten Moses bis zu denen Johannes' des Täufers* (und das gilt natürlich auch noch heute) *niemals ein Israelit durch Befolgung der Thora gerechtfertigt (gerettet), sondern ausschließlich durch seinen Abraham-gemäßen Glauben!*

Der Neue Bund ist ein Testament

Mitten in einer überzeugenden Beweisführung dafür, wie viel wirksamer das Blut Jeschuas ist als das Blut von Opfertieren, stellt der Hebräerbriefschreiber ein interessantes Wortspiel an, welches diesen Gedanken der Kraft einer Verheißung unterstreicht:

> Und darum [aufgrund seines Opfertodes] ist er Mittler eines neuen Bundes, damit, da der Tod geschehen ist zur Erlösung von den Übertretungen unter dem ersten Bund, die Berufenen die Verheißung des ewigen Erbes empfangen. – Denn wo ein Testament ist, da muss notwendig der Tod dessen eintreten, der das Testament gemacht hat. Denn ein Testament ist gültig, wenn der Tod eingetreten ist, weil es niemals Kraft hat, solange der lebt, der das Testament gemacht hat (Hebr 9,15-17).

Jene neue Beziehungsebene, auf die der Herr uns gestellt hat, wird nicht durch unsere Leistung ermöglicht, sondern durch Vorkehrung und Entscheidung des Herrn allein. An dieser Stelle benutzt der Autor das Wort „Erbe", um den Unterschied aufzuzeigen. Wir haben das Leben durch den Tod Jeschuas erebt.

In seiner Beschreibung dieses Erbes macht er ein Wortspiel mit dem griechischen Wort für „Bund". Das Wort lautet *diatheke* (διαθήκη) und wird in den allermeisten Fällen als Synonym für „letztwillige Verfügung", also Testament, benutzt. Für dieses Wort entschieden sich die Septuaginta-Übersetzer als beste Entsprechung des hebräischen Wortes für „Bund", auch wenn es keineswegs genau dasselbe ausdrückt. Vorrangige Wortbedeutung im Griechischen ist „eine (rechtskräftige) Vereinbarung". Fast überall sonst in der Bibel steht das Wort für „Bund", hier aber möchte der Verfasser den Verheißungsaspekt des Neuen Bundes hervorheben und lenkt demnach unsere Aufmerksamkeit auf die andere Bedeutung des Wortes, nämlich „letzter Wille, Testament".

Was also sagt er aus? Genau dies: Wir ererben die Verheißungen des ewigen Lebens und alle anderen Vorzüge der Versöhnung – Erlösung, Errettung, Vergebung, das Kommen des Heiligen Geistes – gerade so, wie einer ein Erbe entgegennimmt. Die Entgegennahme eines Erbes wird durch den Beschluss dessen ermöglicht, der das Testament macht. Der Empfänger kann sich nicht selbst zum Erben einsetzen. Und ein Erbe kann erklärtermaßen an keine Bedingungen geknüpft sein. Wenn ein Vater beispielsweise sagt: „Du kannst das hier haben, wenn ich tot bin, vorausgesetzt, du wirst Anwalt und nicht Künstler", dann handelt es sich um einen Vertrag oder ein Abkommen. Sobald er in seine letztwillige Verfügung schreibt, dass er sein Geld seinem Sohn vermacht, steht die Sache so fest, es sei denn, er würde später sein Testament ändern. Der Sohn bekommt das Geld, auch wenn er Künstler wird. Und selbstverständlich hat der Herr sein Testament nicht geändert!

An dieser Stelle müssen wir unbedingt die richtige Perspektive wahren. Es ist nicht der Vater, der stirbt, und von ihm ererben wir auch nicht das Leben. *Jeschua* ist derjenige, der stirbt, und von ihm empfangen wir das Leben! Zugleich ist Jeschua auch der Garant des Testaments. Da er von den Toten auferstand, lebt er, um zu gewährleisten, dass wir die Verheißung empfangen werden. Welch für ein toller Handel! Und nicht nur das – er ist auch Hohepriester nach der Ordnung der ewigen Priesterschaft Melchisedeks geworden und damit *„eines besseren Bundes Bürge"* (Heb 7,22).

Mit alledem soll gesagt sein, dass eine Verheißung besser ist als ein Bund. Die Verheißung tritt durch Jeschuas Tod für uns in Kraft, mit dem er uns in den Stand gesetzt hat, das Erbe zu empfangen; und nach seiner Auferstehung von den Toten steht er dafür ein, dass wir es ganz und gar erhalten! Und weil zuerst die Verheißung kam – Abraham kam vor Mose –, kann sie nicht durch den späteren Bund außer Kraft gesetzt werden. Dem Abraham verhieß der Herr unsere Erlösung; Israel gemahnte er durch das jährliche Passahlamm sowie die anderen Sündopfer an die Notwendigkeit eines wirksamen Blutopfers; und durch Jeschua erfüllte er die Verheißung.

Interessanterweise vermag ich keine andere Grundlage dafür zu sehen, die Bücher vom Matthäusevangelium bis zur Johannes-Offenbarung das *Neue Testament* zu nennen. Dieser Bund ist in sehr realem Sinne ein Testament, ein letzter Wille, auch wenn er die vorausgegangene Definition eines Bundes erfüllt, weil zu seiner Inkraftsetzung Blut floss. Nichtsdestotrotz ist es ein Irrtum, das Alte Testament als Testament zu bezeichnen. Damit meine ich, dass während der ganzen alttestamentlichen Zeit nie ein Testament (Wille) gemacht wurde. Viel zutreffender wäre es, von den

Schriften des Alten Bundes und den *Schriften des Neuen Bundes* zu sprechen. Hebräisch sprechende messianische Juden nennen ihre vollständige hebräische Bibel aus Altem und Neuem Testament schlicht „Das Buch der Bünde".

Ein neues Gebot gebe ich euch

Aus der Einsetzung des Alten Bundes erkennen wir etwas sehr Wichtiges, das wir unbedingt verstehen müssen, weil es direkt in unsere Auffassung vom Neuen Bund hineinspielt. Ja, ich glaube, es kann unser Verständnis vom Neuen Bund und unsere gesamte Lebenshaltung revolutionieren:

> *Am nächsten Morgen aber machte er [Mose] sich früh auf und errichtete einen Altar unten am Berg und zwölf Denksteine nach den zwölf Stämmen Israels. Dann sandte er junge Männer aus den Söhnen Israel hin; die brachten Brandopfer dar und schlachteten Stiere als Heilsopfer für den HERRN. Und Mose nahm die Hälfte des Blutes und tat es in Schalen, die andere Hälfte des Blutes aber sprengte er an den Altar. Und er nahm das Buch des Bundes und las es vor den Ohren des Volkes. Und sie sagten: Alles, was der HERR geredet hat, wollen wir tun und gehorchen. Darauf nahm Mose das Blut, besprengte damit das Volk und sagte: Siehe, das Blut des Bundes, den der HERR auf all diese Worte mit euch geschlossen hat!* (2 Mo 24,4-8).

An dieser Schilderung genau des Moments, in dem die Thora in Kraft gesetzt wurde, ist etwas sehr Wichtiges zu bemerken: *Der Bund war mit eindeutigen Bedingungen versehen!* Er war leistungsabhängig. Die Bedingungen bestanden in den Geboten, die zu halten das Volk ausdrücklich gelobt hatte. Und in Verbindung mit diesen Geboten sagte der Herr: *Wenn ihr diese Dinge tut, dann* werde ich auch meinen Teil erfüllen.

Damit sehen wir noch einen weiteren Grund dafür, dass der Herr in Jeremia 31,31 erklärte, ein neuer Bund sei notwendig: *„Sie für ihren Teil haben meinen Bund mit Füßen getreten, obwohl ich für meinen Teil ihnen ein Ehemann war."* Israel hielt seinen Teil des Bundes nicht ein. Wenn der mosaische Bund irgendeinen Schwachpunkt hatte, dann den, dass er von menschlichem Gehorsam abhing.

An dieser Stelle müssen wir uns in Erinnerung rufen, dass der an Bedingungen geknüpfte mosaische Bund bedeutet, dass Gottes Vereinbarung mit Israel darüber, wie sie miteinander leben und ihre Beziehung gestalten würden, vom Gehorsam der Menschen gegen die Gebote abhing. Gehorchten sie nicht, so würden sie als Erstes die negativen Konsequenzen, also die in 5. Mose 28 aufgeführten Flüche, auf sich ziehen, bei fortdauernder Rebellion würden sie aus dem Lande vertrieben werden, und als letzte Maßnahme würde der Bund aufgelöst werden.

Im Prinzip ist es so: Da Gott wusste, Israel würde ohne seine inwendige Hilfe (wobei wir nicht vergessen dürfen, dass das priesterliche Mittlersystem eigentlich die Idee der Menschen war: „Mose, geh *du* auf den Berg rauf und hör dir an, was Gott zu sagen hat, und dann sag es uns, und wir werden gehorchen …") nicht zum Gehorsam fähig sein, ergibt sich, dass dieser Bund niemals dazu gedacht war, in seiner ursprünglichen Form dauerhaft zu sein. Der Bund war dafür gedacht, zu zeigen, *dass der Wunsch, Gott nur aus der Distanz zu gehorchen, nicht aufgehen kann*. Wir müssen Gott mit unserem ganzen Herzen und all unserer Kraft lieben, und wir müssen von innen heraus verändert werden, durch seinen Geist, der in uns wirkt! Sich auf äußeren Gehorsam zu konzentrieren, kann uns nicht verändern.

Ferner müssen wir uns daran erinnern, dass der Neue Bund nicht nur einen neuen Weg zum Leben definiert, der Kraft und Gegenwart Gottes im Inneren durch den Heiligen Geist einschließt, sondern dass er ebenso sehr dazu gedacht war, die prophetischen Symbole des Passahlammes und der Sündopfer endgültig zur Erfüllung zu bringen. Dass der Neue Bund beides erfüllt, kann dazu führen, dass wir den Alten Bund nicht richtig verstehen, weil wir automatisch annehmen, er habe die Funktion gehabt, sowohl das Heil zu bringen als auch zu definieren, wie Israel mit Gott leben sollte. Das Opfer der Passahlammes verwies auf das Kreuz und die Errettung. Die Sünd- und Brandopfer des Alten Bundes waren für einen Israeliten – der (ja) schon aus Glauben gerechtfertigt war – dazu da, das Gewissens zu reinigen und eine rechte Beziehung zu Gott zu bewahren.

Vergleichen wir jetzt die Einsetzung des mosaischen mit derjenigen des Neuen Bundes:

> *Während sie aber aßen, nahm Jesus Brot und segnete, brach und gab es den Jüngern und sprach: Nehmt, esst, dies ist mein Leib! Und er nahm einen Kelch und dankte und gab ihnen den und sprach: Trinkt alle daraus! Denn dies ist mein Blut des [Neuen] Bundes, das für viele vergossen wird zur Vergebung der Sünden. Ich sage euch aber, dass ich von nun an nicht mehr von diesem Gewächs des Weinstocks trinken werde bis zu jenem Tag, da ich es neu mit euch trinken werde in dem Reich meines Vaters* (Mt 26,26-29).

Beide Bünde wurden durch Blutvergießen eingeführt – aber fällt Ihnen auf, was hier *fehlt*? In keiner Weise werden Gebote oder Bedingungen erwähnt – äußerst ungewöhnlich für einen Bundesschluss, vor allem einen so ernsten, dass er durch Blutvergießen besiegelt bzw. „geschnitten"[5] wird.

Der Herr machte das Heil vom Glauben und von einer Verheißung abhängig, nicht aber vom Einhalten von an den Bund geknüpften Geboten. Dieser Blutbund, der zugleich eine Verheißung ist, war nicht mit der Bedingung versehen, dass man irgendwelche Gebote hielt. Folglich ist der Bund des Lebens, den wir durch Jeschua besitzen, nicht leistungsorientiert. Er ist beziehungsorientiert.

Zugleich aber muss uns bewusst sein, dass Jeschua ein neues Gebot erließ:

> *Ein neues Gebot gebe ich euch, dass ihr einander liebt, damit, wie ich euch geliebt habe, auch ihr einander liebt. Daran werden alle erkennen, dass ihr meine Jünger seid, wenn ihr Liebe untereinander habt* (Joh 13,34-35).

In Johannes 15,12.17 bekräftigt er dieses Gebot:

> *Dies ist mein Gebot, dass ihr einander liebt, wie ich euch geliebt habe ... Dies gebiete ich euch, dass ihr einander liebt!*

Dieses Gebot erließ Jeschua in den allerletzten Stunden, ehe er zum Blutopfer des Bundes wurde. Mit Recht könnte man sagen, er

---

[5] Denken Sie daran, dass das hebräische Wort für „Bund" *berit* lautet, was eigentlich den Vorgang des Schneidens oder Zerteilens, nämlich der Opfertiere in Stücke, bedeutet, so wie es Abraham machte, als er sich auf einen Bundesschluss mit Jahwe vorbereitete.

erließ dieses Gebot im Zusammenhang der Einsetzung des Neuen Bundes – dennoch verhält es sich so, dass er die Empfänger des Neuen Bundes nicht veranlasst, Gehorsam gegen dieses Gebot zu schwören, woraus deutlich wird, dass wir es hier nicht mit einer Bundesbedingung zu tun haben.

Weil er uns und unsere menschliche Neigung kennt, immer wieder zu versagen, machte er das Erbe des Lebens und des Heils nicht davon abhängig, dass es uns gelingt, Gehorsam zu üben. Stattdessen erweiterte er unseren Horizont, sodass wir ein ganz neues Leben in der neuen Dimension des Neuen Bundes entdecken, ein Leben, das tief im Boden seiner Liebe zu uns wurzelt, weshalb die Frucht unseres Lebens darin besteht, dass wir dieselbe Art Liebe ausleben, die er hatte.

Er überwindet den Schwachpunkt des ersten Bundes – unsere eigene menschliche Schwäche und unsere sündhafte Natur –, indem er sein Leben für uns gibt: erstens, damit wir nicht die Folgen unserer Sünde erleiden müssen, indem er im Sterben unser Stellvertreter wird, und zweitens, indem er uns die Kraft des Auferstehungslebens schenkt. An die Stelle unseres menschlichen Vermögens treten sein Leben und seine Kraft, sodass wir dank seines gegenwärtigen Überwinderlebens und seiner Kraft in uns durch den Heiligen Geist heilig und als Überwinder leben können. Genau das fehlte im „Thora-Lebensstil".

Jeschua gab uns ein Gebot, dem wir gehorchen sollen, machte aber seine „Leistung" – die Vergebung der Sünde und die innere Kraft zum Gehorsam – nicht davon abhängig, dass wir diesem Gebot perfekt gehorchen.

Worauf das alles hinausläuft? Der Herr „destillierte" die Moralgesetze des ersten Bundes, wie sie sich in kondensierter Form in den Zehn Geboten zeigen, zu einem einzigen Gebot, nämlich dem, einander zu lieben. Dadurch legte er die Form fest, die das Leben in seiner neuen Dimension im Rahmen des Neuen Bundes annehmen sollte: Wir gehorchen ihm, indem wir lernen zu lieben, wie er liebte. Vollbringen wir das, so kann es uns gelingen, die gesamte Morallehre der Thora in die Tat umzusetzen! Und das ist keineswegs eine bloße Annahme. Selbst ein Lehrer der Thora erkannte diese Wahrheit, und Jeschua gab ihm recht:

Lehrer, welches ist das größte Gebot im Gesetz? Er [Jeschua] aber sprach zu ihm: „Du sollst den Herrn, deinen Gott, lieben mit deinem ganzen Herzen und mit deiner ganzen Seele und mit deinem ganzen Verstand." Dies ist das größte und erste Gebot. Das zweite aber ist ihm gleich: *„Du sollst deinen Nächsten lieben wie dich selbst."* An diesen zwei Geboten hängt das ganze Gesetz und die Propheten (Mt 22,36-40[6]).

Um genau diese Wahrheit dreht sich der größte Teil des Neuen Testaments nach den Evangelien. Die Apostelgeschichte, der Römerbrief, die Korintherbriefe und die anderen Briefschriften des Paulus wie auch des Petrus, Johannes und Judas wollen uns zeigen, wie die Apostel und die frühe Kirche Jeschuas Worte befolgten und das neue Gebot auf jede neue Situation anwandten. Sie geben uns Beispiele dafür, wie das Gesetz der Liebe anzuwenden ist.[7] Wenn Paulus an die Korinther schreibt und ihnen sagt, dass Männer kein langes Haar tragen sollen, dann wendet er das Gesetz der Liebe auf die örtliche Situation an.

Wie das denn, fragen Sie? In den lokalen Gegebenheiten Korinths war langes Haar bei Männern ein Zeichen für Homosexualität, also etwas Widernatürliches. Widernatürlich ist die Homosexualität, nicht das Tragen langer Haare. Wäre langes Haar widernatürlich, so würde sich das Nasiräergebot (vgl. 4 Mo 6,2-21), als Zeichen eines Gelübdes das Haar nicht zu scheren, gegen die Natur richten und sündhaft sein. Dabei aber handelt es sich um ein Gebot der Thora, weswegen es nicht verkehrt sein kann, wenn ein Mann einfach nur langes Haar trägt! Ob es richtig oder falsch ist, als Mann langes Haar zu tragen, hängt gemäß dem Gebot, Gott und den Nächsten zu lieben, von den Motiven des Herzens und der Frage ab, wie es auf meinen Nächsten wirkt. Wenn das lange Haar eines Teenagers sein rebellisches Herz symbolisiert, ist es für ihn Sünde. Trägt er aber das Haar lang, weil es ihm einfach besser gefällt, dann ist es keineswegs „gegen die Natur".

Paulus wendet das Gesetz der Liebe an und sagt, Liebe zu Gott und wahre Liebe zum Nächsten heißt, dass man sich nicht einem sündhaften und selbstzerstörerischen homosexuellen Lebensstil anpasst und auch nicht unbewusst – durch die Freiheit, die Gott einem gibt, langes Haar zu tragen – Interesse und Offenheit für

---

[6] Vgl. Mk 12,28-34.
[7] Diese Gedanken gehen auf die Lehre von Bob Edwards (Quebec/Kanada) über das „Gesetz der Liebe" zurück.

eine homosexuelle Partnerschaft signalisiert. Wenn ein Mann in Korinth langes Haar trug, war es so, wie wenn heute ein Mann einen Ring im rechten Ohr hat. Trägt ein gläubiger Mann heutzutage rechts einen Ohrring, dann könnte er damit andeuten, dass er schwul ist. Schriebe Paulus in unserem heutigen Kontext, dann würde er vielleicht sagen: „Es ist gegen die Natur, einen Ring im rechten Ohr zu tragen." Und er würde es keineswegs nötig finden, sich näher zu erklären, wüsste er doch, dass jedermann ihn versteht. *Was also tut Paulus nicht? Er erlässt kein neues, pauschal gültiges Gebot für alle Gläubigen zu allen Zeiten.*

Ich gehe sogar so weit zu sagen, dass Paulus auch gar nicht die Vollmacht hatte, ein solches Gebot zu erlassen. Würden wir ihm diese zusprechen, so neigten wir zu einem rabbinischen Autoritätsverständnis[8] bzw. zu der Art von Autorität, die sich die katholische Kirche zugesprochen hat: Sie fügt fortwährend ihre Traditionen und Erlasse, denen man folgen muss, dem Wort Gottes hinzu. Was Paulus lebte, war die Art Leiterschaft, die ein Vater seinen erwachsenen Kindern gegenüber zur Geltung bringt, die nicht mehr zu Hause wohnen. Er definierte und interpretierte für die örtliche Gemeinde, was die Gläubigen wissen mussten, um mit dem moralischen Versagen in ihrer Mitte in rechter Weise umzugehen. Er erließ keine Befehle, sondern überzeugte sie auf der Grundlage göttlicher Weisheit. Hätte er ein zusätzliches Gebot gegeben, an das alle Gläubigen künftiger Zeiten gebunden gewesen wären, so hätte er dem von Jeschua gegebenen, alles umfassenden Gebot etwas hinzugefügt. Nach meiner Auffassung ist klar, dass er dieses göttliche Gebot für die Korinther *auslegte*.

Mit Sicherheit wusste Paulus seinerzeit nicht, dass er an der Heiligen Schrift weiterschrieb. Seine Briefe behandelten spezifische Situationen in den Gemeinden, die der Korrektur bedurften. Seine Anweisungen hatten also für die betreffenden Gemeinden Gewicht, nicht notwendigerweise aber für jeden denkbaren Leser. Wir können von seiner beispielhaften Leiterschaft viel lernen, ohne dass wir jede erdenkliche Regel für uns übernehmen. Die Tatsache, dass seine Schriften später Teile der Bibel wurden, zeigt,

---

[8] Damit meine ich die Autorität, die die Rabbiner für sich selbst beanspruchen, nämlich eine gottgegebene Vollmacht, Regeln, Gesetze und Forderungen aufzustellen, denen man gehorchen müsse.

dass der Herr seine Art, mit Situationen umzugehen, so wertschätzte, dass er dies auch uns erhalten wollte.

Dasselbe lässt sich über die Anweisung an die Frauen im gleichen Textabschnitt sagen, eine Kopfbedeckung zu tragen. Auch das hing mit den örtlichen Gegebenheiten zusammen. Die korinthische Gemeinde hatte die Wahrheit begriffen, dass der Messias sie freigesetzt hatte, aber in ihrem praktischen Umgang mit dem Gesetz der Liebe machten sie jede Menge Fehler. Das zeigt sich im vorhergehenden Kapitel, wenn Paulus sie mit der Bemerkung zitiert, es sei alles erlaubt, und darauf erwidert, das möge zwar sein, aber es sei nicht alles nützlich und erbaulich. Dann fügt er an: *„Niemand suche das Seine, sondern das des anderen"* (1 Kor 10,23-24). In diesem ganzen Abschnitt versucht Paulus den Korinthern nahezubringen, dass sie sich im Interesse der anderen Menschen bestimmte „Freiheiten" versagen sollten. An der soeben angeführten Stelle unterstreicht er, wie notwendig es ist, dass in unseren Beziehungen rechte Ordnung und Respekt herrschen, und macht besonders deutlich, dass der Herr das Haupt des Mannes ist, während der Mann Verantwortung für seine Frau trägt und folglich ihr Leiter ist.

Korinth war eine sinnliche, sexuell freizügige Stadt. Bei korinthischen Frauen war es Sitte, ihr Interesse an außerehelichen Abenteuern dadurch zu zeigen, dass sie ohne Kopfbedeckung auf die Straße gingen. Die Kopfbedeckung war das Erkennungszeichen der verheirateten Frau, mithin ihrer Unterwerfung unter den Ehebund und ihren Mann. Wenn gläubige korinthische Frauen sich die Freiheit nahmen, aus dem Haus zu gehen, wie es ihnen gerade gefiel und ohne Kopfbedeckung, brachten sie Schande über ihre Männer, indem sie der Umgebung demonstrierten, wie unabhängig sie von ihnen waren und dass sie Lust auf eine Affäre hatten. Gegenstand dieser ganzen Diskussion sind die geistlichen Prinzipien der Autorität im Gegensatz zum Aufbegehren im Namen der Freiheit. Paulus' Schlussargument ist interessant:

> *Wenn es aber jemand für gut hält, streitsüchtig zu sein, so soll er wissen: wir haben eine derartige Gewohnheit nicht, auch nicht die Gemeinden Gottes* (1 Kor 11,16).

Mit anderen Worten: In anderen Gemeinden müssen wir uns mit diesem Problem nicht auseinandersetzen, denn dort gibt es den

Brauch der Kopfbedeckung nicht. Das wird dadurch unterstrichen, dass jüdische Männer seit Jahrhunderten den Brauch pflegten, mit verhülltem Haupt zu beten – in Israel. Wie sie es in Korinth hielten, wird nicht berichtet. In Israel war es Sitte, beim Gebet den Tallith, den Gebetsschal, über den Kopf zu ziehen, um so das Zelt der Zusammenkunft zu symbolisieren, in dem Mose mit Gott Gemeinschaft hatte. Wahrscheinlich ist, dass die Apostel und Jeschua aus Respekt vor dem Gebot der Thora, Quasten zu tragen, ebenfalls mit Talliths beteten.

Unter einem neuen Gesetz leben

Die Quintessenz ist, dass wir zu einem Leben in Gott berufen sind, in dem wir eine unermessliche Freiheit haben: nicht Freiheit zur Sünde, sondern *eine Freiheit, die sich ausschließlich in völliger Unterwerfung unter den Vater verwirklicht.*

Da das Ziel des Vaters darin besteht, das Kind zur Reife einer Braut heranzuziehen, mit all der unmittelbaren Kommunikation und Beziehung, die das mit sich bringt, ist es für die Verwirklichung seiner Pläne absolut notwendig, dass wir jeden Tag im Hören auf ihn wandeln. Fokussieren wir uns auf irgendeine Liste von Vorschriften, so ruhen unsere Augen nicht mehr auf ihm. Unsere Augen müssen auf Jeschuas Angesicht fokussiert sein und unsere Ohren seiner Stimme lauschen. Dann werden wir mit jeder Situation umzugehen wissen und das Gesetz der Liebe anzuwenden verstehen.

Nun mag der Einwand kommen, das überlasse uns allesamt einem Subjektivismus, der zu moralischem Chaos führen müsse. Und ja, diese Gefahr gibt es, wie auch Paulus mit einer chaotischen, unreifen korinthischen Gemeinde zu tun hatte. Eine reife Reaktion auf gottgegebene Freiheit würde etwa so aussehen: Die ganze Thora und die ganze Heilige Schrift geben uns Leitlinien dafür, wie wir das Gesetz der Liebe anwenden sollen. Die Schriften werden so zum vollkommenen Gesetz der Freiheit, in das wir hineinschauen wie in einen Spiegel. Im Hineinsehen in den Spiegel der Heiligen Schrift (vgl. Jak 1,22-23) erkennen wir, ob wir richtig oder falsch handeln, weil der Herr in der Schrift Gerechtigkeit und Sünde offenbart. Wir sehen, wo wir noch Schmutz an uns haben, und wenden uns an den Heiligen Geist, damit er uns so leite, dass wir künftigen Fallstricken aus dem Weg gehen, und uns die Kraft zur Veränderung gebe.

Es geht um die Ausrichtung unserer Herzen und um die Quelle unserer Kraft. Wandeln wir im Geist, so werden wir die Begierden des Fleisches nicht erfüllen (vgl. Gal 5,16). Ja, wir kommen dann unter ein neues Gesetz – wenn man so will eine neue Thora.

Sehr deutlich wird das an dem Zeitpunkt, den der Vater für das Kommen des Heiligen Geistes auswählte. Es war kein Zufall, dass der Geist zu Pfingsten kam. Es geschah genau zur rechten Zeit und hat etwas mit Vollkommenheit zu tun. Das Pfingstfest war ein Erntefest, mit dem man die Weizenernte feierte. Zugleich war es seit alter Zeit als Feier des Thora-Erlasses am Sinaiberg bekannt, da Israel zu dieser Zeit an den Berg gelangt war. Israel wurde gesagt, es solle fünfzig Tage lang, beginnend am Tag nach dem auf das Passah folgenden Sabbat, einen Tag nach dem anderen zählen. Dieser Tag war der Tag der Erstlingsfrüchte (womit das Fest zugleich die Auferstehung weissagend vorwegnahm). Jedes Jahr stieg die Spannung beim „Omer-Zählen" von Tag zu Tag, bis endlich der Tag der Feier der Thora gekommen war. Am Vorabend des Pfingstfestes bleiben dann alle Männer die ganze Nacht auf und studieren die Thora und beten.

Haargenau so flößte Jeschua den Jüngern eine große Erwartung ein: Sie sollten in Jerusalem bleiben und das baldige Kommen des Heiligen Geistes erwarten. Er gab den Tag nicht genau an, er sagte ihnen nur, sie sollten warten. Also warteten, beobachteten und beteten sie. Es ist wahrscheinlich, dass die 120 im Obersaal Versammelten soeben die Nacht im Studium des Wortes und im Gebet zugebracht hatten, so wie es seit Generationen üblich gewesen war – nur dass ihre erwartungsvolle Spannung mittlerweile einen Siedepunkt erreicht hatte. Die Bedeutung des anbrechenden Tages war ihnen vollkommen klar. Und dann wurde der Heilige Geist gegeben, um uns Gottes Wort von innen heraus klarzumachen, genau wie einst die Thora gegeben worden war, um das tägliche Leben Israels anzuleiten und festzulegen.

Denn das Gesetz des Geistes des Lebens in Christus Jesus hat dich frei gemacht von dem Gesetz der Sünde und des Todes (Röm 8,2).

Jeschua hat Jeremia 31,33 erfüllt, indem er uns den Geist gab, damit dieser sein Gesetz in uns sei:

> ... das ist der Bund, den ich mit dem Haus Israel nach jenen Tagen schließen werde, spricht der HERR: Ich werde mein Gesetz in ihr Inneres legen und werde es auf ihr Herz schreiben. Und ich werde ihr Gott sein, und sie werden mein Volk sein.

Der Heilige Geist ist die neue Thora für den Neuen Bund.

Zusammenfassung

Jetzt, da der Neue Bund gekommen ist, hat sich unser ganzes Leben verändert, denn das Neue war dazu gedacht, uns Gemeinschaft mit Gott auf einer neuen Ebene zu ermöglichen. Wir besitzen das Heil *und* ein Erbteil, das auf der Stärke einer unverbrüchlichen Verheißung des Vaters gründet und die Kraft des in uns lebenden Heiligen Geistes einschließt, welcher uns Tag für Tag innere Leitung und Worte der Weisung (Thora) gibt, um Jeschuas Gebot zu befolgen, nämlich gemäß dem Gesetz der Liebe zu leben.

Diese ganze Lebensweise ist auf die Notwendigkeit totaler Abhängigkeit vom Heiligen Geist ausgerichtet. Wenn Sie nicht jeden Tag in Zwiesprache mit dem Heiligen Geist leben, ihm Fragen stellen, wie Sie leben sollen, und für jede neue Situation seine Führung erfahren, dann leben Sie womöglich noch nicht in der Fülle dessen, was Ihnen zugedacht ist.

Diese Art zu leben ist nicht leicht. Ja, genau wie viele große Männer und Frauen Gottes in der Geschichte gesagt haben, ist ein wahrhaft christliches Leben gar nicht möglich – und das soll auch so sein! Möglich ist es nur, wenn wir mit unserem Leben in enger, intimer Gemeinschaft mit dem Herrn verwoben sind. Dann ist es sehr wohl möglich!

Aber wie viele von uns sind bereit, ihre Gottesbeziehung auf diese Ebene zu bringen? Es ist viel leichter, jemanden zu haben, der uns sagt, was Gott erwartet, und es dann einfach zu tun (oder es jedenfalls zu versuchen). Es ist viel leichter, jedes Wort der Weisung im Neuen oder auch Alten Testament als Lebensregel zu betrachten und einzuhalten, ob es sich nun auf unsere Lebenssituation bezieht oder auch nicht.

Religion ist immer der einfachere Weg. Im religiösen Leben gibt es bestimmte Erwartungen, Regeln, Traditionen und eine geistliche Autorität, die die Stirn runzelt, wenn du's falsch machst, bzw. anerkennend lächelt, wenn du auf dem richtigen Weg bist. Und ja, das ist leichter, als in einer weit weniger festgelegten – dafür aber unendlich mehr erfüllenden – Beziehung zu einer Person zu leben, die wir nicht sehen können, die sehr leise spricht und für gewöhnlich nur dann mit uns kommuniziert, wenn wir unser Herz auf sie ausrichten.

Es ist möglich, mit einem alttestamentlichen Herzen in der Epoche des Neuen Testaments zu leben. Und tatsächlich: Wandeln wir nicht im Geist, so *sind* wir unterm Gesetz, und zwar nicht weil wir es müssten, sondern weil wir uns dafür entschieden haben, genau wie Israel am Sinai. Nur wenn wir auf das Flüstern des Heiligen Geistes hören, wenden wir unser Herz von dem verführerischen Hang ab, *„Gebot auf Gebot, Messschnur auf Messschnur"* zu legen, *„hier ein wenig, da ein wenig"* (Jes 28,10).

Paulus sagt: *„Wenn ihr aber durch den Geist geleitet werdet, seid ihr nicht unter dem Gesetz"* (Gal 5,18). Daraus folgt logisch: Sind wir nicht vom Geist geleitet, stehen wir nach wie vor unterm Gesetz. Natürlich kann es uns als neugeborenen Babys im Herrn ganz praktisch weiterhelfen, oft auf den Buchstaben des Wortes zu blicken, wenn es darum geht zu lernen, wie man sich nährt und wäscht und der Stimme des Herrn gehorcht. Als Beschützer kann das Gesetz nützlich und angeraten sein, selbst für Christen, die sich im Prozess des Hinwachsens zu einem beziehungsorientierten Wandel mit dem Herrn befinden. Es kann für uns wie Stützräder am Fahrrad sein. Aber es ist nicht das, was uns zugedacht ist, und kann leicht zur Falle werden, wenn wir uns versuchen lassen, dabei stehenzubleiben. Wandeln wir im Geist, so stehen wir nicht mehr unter der Autorität der Thora.

Und nun bitte ich dich, Herrin, – nicht als schriebe ich dir ein neues Gebot, sondern das, welches wir von Anfang an gehabt haben: dass wir einander lieben (2 Joh 5).

KAPITEL 10

Das Reich Gottes – der große Übergang

Und du, Bethlehem Efrata, das du klein unter den Tausendschaften von Juda bist, aus dir wird mir der hervorgehen, der Herrscher über Israel sein soll; und seine Ursprünge sind von der Urzeit, von den Tagen der Ewigkeit her (Mi 5,1).

Dass wir eine tiefe, persönliche Beziehung zu Gott pflegen, ist das, was Gott eigentlich will, sein großer Herzenswunsch. Aber das Leben im Neuen Bund beinhaltet mehr als nur das. Wenn wir mit Gott wandeln, erleben wir, dass er mehr tut, als nur unserem Inneren nette Worte zuzuflüstern. Er beruft uns, Anteil an seinem Wirken zu haben. Mit Gott zu wandeln bedeutet, an seiner Seite zu gehen, zu werden wie er und mit anzupacken.

Als Jeschua kam, wurde auf der Erde mehr freigesetzt als nur das Heil und eine neue Ebene der Beziehung mit Gott. Wir müssen diese Dinge aus der Ewigkeitsperspektive betrachten. Alle diese Dinge – das Kreuz, dass er uns auf eine höhere Ebene der Beziehung zu ihm hebt und dass er uns lehrt, aus dem Herzen heraus und nicht mehr nur aufgrund des Buchstabens des Gesetzes zu gehorchen –, hängen mit Wiederherstellung und Umwandlung zusammen. Der Herr bringt uns zur Reinheit Edens zurück und verwandelt uns in die schöne, reine, königliche, vereinigte Braut – eine Braut, die fähig und wert ist, an seiner Seite zu herrschen.

Es mag sein, dass uns das nicht unmittelbar einleuchtet, solange wir nur die neutestamentlichen Schilderungen dessen, was es mit dem Neuen Bund auf sich hat, was er bringt, was über ihn geweissagt wurde usw. betrachten. Aber wir können sagen, dieser Gesichtspunkt der Wiederherstellung zur ursprünglichen Reinheit und der Verwandlung in die herrschende Braut ist ein unmittelbarer Nebeneffekt des Neuen Bundes. Sie ist mit dessen Einsetzung verknüpft, weil er unlöslich an der Person Jeschuas und seiner Identität als Messias hängt. Tasten wir uns langsam in diese logischen Zusammenhänge hinein!

Das Neue Testament im Blut Jeschuas ist ein Bund des Lebens und des Heils. Und genau wie der mosaische Bund ist es ein Bund mit Gott, der festlegt, wie wir mit ihm leben sollen, und sich um das eine Gebot dreht: „Liebt einander so, wie ich euch geliebt habe." Und doch verbindet sich noch etwas anderes mit ihm, etwas, das in den Symbolen des Bundes sichtbar wird: dem Brot und dem Wein. In Johannes 6,53-57 erklärt Jeschua, dass die Teilhabe an der Wirklichkeit hinter diesen Symbolen uns mit ihm vereinen werde:

> *Da sprach Jesus zu ihnen: Wahrlich, wahrlich, ich sage euch: Wenn ihr nicht das Fleisch des Sohnes des Menschen esst und sein Blut trinkt, so habt ihr kein Leben in euch selbst. Wer mein Fleisch isst und mein Blut trinkt, hat ewiges Leben, und ich werde ihn auferwecken am letzten Tag; denn mein Fleisch ist wahre Speise, und mein Blut ist wahrer Trank. Wer mein Fleisch isst und mein Blut trinkt, bleibt in mir und ich in ihm.*

Wenn unser Leben mit Gott gelingen soll, müssen wir in völliger Abhängigkeit vom Herrn leben. Um sein Leben in uns zu haben, müssen wir „sein Fleisch essen und sein Blut trinken". Tun wir das, so lebt Jeschua in uns, vereint uns mit sich, dem Vater und all der Gnade, Liebe, Erkenntnis und übermächtigen Kraft, die in ihm sind, damit wir in dieser Welt als Überwinder leben können. Das ist ein wunderbares Erbe: in sehr realer und mächtiger Weise mit Jeschua eins gemacht zu werden.

Was wir hier sehen, ist, dass die Symbole des Bundes von unserer Einswerdung mit dem Messias künden. Und genau darum geht es mir. Ein Fleisch mit Jeschua zu sein, verknüpft uns mit seiner Person und seinen Zielen. Was er tut, das tun wir. *Wenn er sich anschickt, auf Erden etwas zu tun, tut er es durch seinen Leib.*

Was also ist über das Wesen des Messias geweissagt, und worin besteht seine Mission? Das müssen wir klar verstehen, denn aufgrund unseres Einsseins mit ihm wird seine Mission zu unserer.

Die Bestimmung des Messias ist Herrschaft

Blättern wir durch den Tanach, so gibt es ein Thema, das immer wieder aufscheint: „*... aus dir wird mir der hervorgehen, der Herrscher über Israel sein soll; und seine Ursprünge sind von der Urzeit, von den Tagen der Ewigkeit her*" (Mi 5,1). Es gibt einen Herrscher, dessen Kommen vorhergesagt wird, einen Herrscher, der demütiger Diener und erobernder König sein wird. Nach Moses Worten wird er „ein Prophet wie ich" sein, einer, der das Volk sowohl aus der Sklaverei, in unserem Falle der Versklavung in die Sünde, als auch aus der Macht des Fürsten dieser Welt erlösen und uns in unser verheißenes Land führen und uns ein Reich geben wird. Auch Mose hatte diese beiden Hauptaufgaben, weswegen er sagt, der Messias werde ihm ähnlich sein.

Betrachten wir die messianischen Prophetien, so erkennen wir, dass sie nicht alle dasselbe schildern oder denselben Fokus haben. Zwischen Dienerschaft und Herrschertum besteht eine gewisse Spannung, ebenso wie zwischen dem demütig leidenden Lamm und dem triumphal herrschenden Löwen von Juda. Seit dieser Kontrast sich im prophetisch vorausgeschauten Bild des Messias herauszukristallisieren begann, hatten alle Erforscher der Schrift mit dieser Spannung ihre Mühe. Unter den Rabbinen vor der Zeit Jeschuas gab es zwei Haupttheorien. Die eine besagte, es werde zwei Messiasse geben: den leidenden Knecht und den siegreichen politischen Befreier und Herrscher. Andere Rabbinen sahen einen einzigen Messias, der aber zweimal kommen werde.

Innerhalb weniger Jahrhunderte nach der Auferstehung wurden die Lehrer des Judaismus gezwungen, diese offensichtlichen Folgerungen aufzugeben. Der Gedanke des leidenden Knechtes als Bild des Messias wies zu klar auf Jesus hin. Die Rabbis und jüdischen Leiter, die ihn ablehnten, wollten nicht, dass dies bekannt wurde, und deuteten es um. Heute ist die gebräuchlichste Erklärung unter Juden die, dass sich diese Anschnitte über den leidenden Knecht auf das Leiden Israels beziehen und nicht auf den Messias.

Sogar Johannes der Täufer hatte in seinem Bemühen, die Mission des Messias zu begreifen, mit dieser Spannung zu kämpfen und verstand die Dynamik nicht, die in der Erfüllung dieser zwei prophetischen Bilder liegt. Die Geschichte, wie Johannes im Gefängnis sitzt und auf den Tod wartet und seine Jünger zu Jeschua schickt, um ihn fragen zu lassen, ob er der Kommende sei, haben wir oft gelesen. Die meisten von uns haben in dieser Szene einen scheinbar desillusionierten, entmutigten Johannes gesehen, der in seinem Leiden dachte, er könne sich irgendwie vertan haben, und Zweifel bekam, ob Jeschua wirklich der Messias sei.

In Wirklichkeit hatte Johannes aber nicht die geringsten Zweifel, dass Jeschua der Messias war. Das war ihm völlig klar. Er war vermutlich eher optimistisch und erwartungsvoll als verzweifelt. Er *wusste*, dass der Messias bereits auf der Erde und schon in seinen messianischen Dienst freigesetzt war. Was Johannes hier tat, war: Er rügte Jeschua, weil dieser seiner Meinung nach nicht tat, was er sollte. Dazu zitierte er die Schrift, um ihn daran zu erinnern, welche Taten man vom Messias erwarten konnte.

Nachdem wir so lange von unseren hebräischen Wurzeln abgeschnitten waren, fällt es uns schwer, uns in das Denken zweier Rabbinen hineinzuversetzen, wie es Johannes und Jeschua waren. In der typischen Manier der Rabbinen jener Tage kommunizierten Johannes und Jeschua miteinander, indem sie jeweils einen kurzen Abschnitt der Schrift zitierten, wissend und erwartend, dass der andere sowohl die Bibelstelle kannte als auch ihren Kontext verstand und somit die Botschaft, die vermittelt werden sollte. Die Botschaft, die Johannes durch seine Schüler sandte, war ein Sacharja-Zitat: „Bist du der Messias, der kommt, um als König zu herrschen[1], oder nicht? Du bist es, also handle entsprechend! Der Messias ist ein siegreicher König, also starte das Programm, und wenn es läuft, dann hol mich aus dem Gefängnis raus!"

Im Gegenzug konfrontierte Jeschua ihn mit einer Antwort, die Jesaja zitierte: „Die Blinden sehen, die Lahmen gehen, die Aussät-

---

[1] Sach 9,9: *„Siehe [Tochter Zion], dein König kommt zu dir: Gerecht und siegreich ist er, demütig und auf einem Esel reitend, und zwar auf einem Fohlen, einem Jungen der Eselin."* Möglicherweise zitierte Johannes auch Psalm 118,26: *„Gesegnet sei, der kommt im Namen des HERRN"* – ein Vers, der als eindeutige Bezugnahme auf den Messias verstanden wurde, der das Volk aus seinen Nöten erlösen werde.

zigen werden gereinigt, die Tauben hören[2], die Toten werden auferweckt[3], und den Armen wird gute Botschaft gepredigt[4]. Ärgere dich nicht, falls das deinen Erwartungen nicht gerecht wird!" Mit anderen Worten: Ich bin ein anderer Messias als der, mit dem du gerechnet hast. Derzeit bin ich nicht Sacharjas siegreicher König. Jetzt bin ich erst mal Jesajas leidender Knecht, und das Aufbrechen von Gefängnismauern steht zur Zeit nicht auf meiner Aufgabenliste. Finde dich damit ab! Johannes' Problem war, dass er die messianische Identität nicht gänzlich verstand und nicht sah, wie sich das Wirken des Messias im Lauf der Zeit verändern würde.

Dieselbe Gefahr können auch wir laufen, wenn wir beim Bild des leidenden, erlösenden Gotteslammes stehenbleiben und nicht erkennen, dass Jeschua heute die Erde und ihre Menschen auf sein Kommen als siegreicher König vorbereitet. Wir müssen die *ganze* Identität des Messias vor Augen haben, denn es ist diese Identität und Mission des Messias, die mit seinem Kommen in die Welt und mit der Einsetzung des Neuen Bundes freigesetzt wurde und an der teilzuhaben wir berufen sind.

„Siehe, das Reich Gottes ist nahe herbeigekommen"

Haben Sie sich schon einmal gefragt, wieso Jeschua bei seinem Kommen den Anbruch des Himmelreiches, nicht aber den Beginn der Errettung aus Glauben oder die Geburt der Kirche ankündigte? Er hatte einen wesentlich anderen Fokus, als ihn die Kirche, wie wir sie kennen, im Allgemeinen gehabt hat. Und nicht nur Jeschua allein hatte diesen Fokus. Auch die Apostel und die frühe Kirche verstanden ihren Dienst als im Rahmen der Ausbreitung des Reiches Gottes auf Erden. Jeschua sandte sie aus, um „das Reich Gottes zu predigen". Noch am Ende der Apostelgeschichte

---

[2] Jes 35,5-6: *„Dann werden die Augen der Blinden aufgetan und die Ohren der Tauben geöffnet. Dann wird der Lahme springen wie ein Hirsch ... "*
[3] Jes 26,19: *„Deine Toten werden lebendig, meine Leichen wieder auferstehen. Wacht auf und jubelt, Bewohner des Staubes! Denn ein Tau der Lichter ist dein Tau, und die Erde wird die Schatten gebären."*
[4] Jes 61,1: *„Der Geist des Herrn, HERRN, ist auf mir; denn der HERR hat mich gesalbt. Er hat mich gesandt, den Elenden frohe Botschaft zu bringen ... "*

sehen wir, wie Paulus, obwohl er in Ketten lag, „vom Reich Gottes Zeugnis gab". Das verstanden sie als ihre Botschaft und Aufgabe: Gottes Reich zu verkündigen und auszubreiten. Jeschua lehrte uns sogar dieses Mustergebet: *„Dein Reich komme, dein Wille geschehe wie im Himmel, so auf Erden"* (Mt 6,10).

Die Kirche dachte oft, alles, was sie gerade tat, sei Gottes Reich; das Reich Gottes wurde also mit der kirchlichen Praxis gleichgesetzt. Aber Kirche oder Gemeinde hat mit der Dynamik unseres gemeinsamen Lebens als Jünger Jesu zu tun, durch die wir in sein Bild verwandelt werden. Doch wie wir noch sehen werden, reicht Gottes Reich darüber hinaus und betrifft die Umgestaltung sowohl seines Volkes als auch der ganzen Erde, ihre Freisetzung von den zerstörerischen Auswirkungen der Sünde und des Bösen. Wie 1. Johannes 3,8 sagt, wurde Gottes Sohn offenbart, um die Werke des Bösen zu zerstören – nicht nur um uns von unserer Sünde zu erlösen. Der Wirkungsradius des Reiches Gottes ist weit, weit größer.

„Von Mose und allen Propheten anfangend"

Ich habe mir oft gewünscht, ich hätte in der Gesellschaft der beiden Jünger auf der Straße nach Emmaus sein können, nicht nur um die Gegenwart des auferstandenen Messias zu erleben, sondern um Jeschua zuzuhören, wie er *„von Mose und allen Propheten anfangend ... ihnen in allen Schriften das [erklärte], was ihn betraf"* (Lk 24,27). Es muss absolut aufschlussreich gewesen sein, dem Herrn persönlich dabei zuzuhören, wie er die prophetischen Schriften enträtselte. Denn für uns liegt die Schwierigkeit ja darin, zu erkennen, welche Schriftstellen denn überhaupt vom Messias handeln. Viele der Prophetien, die die Apostel als messianisch auswiesen, lesen sich in ihrem Ursprungskontext gar nicht unbedingt so.

Manche Leute, vor allem ungläubige Juden und Skeptiker, haben darauf hingewiesen, einige der Bibelstellen, die die Apostel als in Jeschua erfüllt lasen, seien entweder aus dem Kontext gerissen oder längst vorher erfüllt gewesen. Demgegenüber müssen wir uns klarmachen, dass der Herr in seiner Offenbarung, der Bibel, mehrere Geschichten ineinanderweben und ineinander verschachtelte Wahrheiten aufzeigen kann. Dafür kann uns das Hebräische ein Schlüssel sein, ist es doch die Sprache, die Gott eigens entworfen hat, um sich uns in ihr mitzuteilen. Sie vermag Dinge, die keine andere Sprache kann, und ist ganz besonders geschmeidig darin, mehrere verschiedene Dinge in einem Satz auszudrücken. Daher kommt es, dass ein einzelner Vers von den Übersetzern oft sehr unterschiedlich übersetzt wird. Auch die Prophetien geben Zeugnis von der „Verwobenheit", die der Herr immer wieder benutzt; denn manche Weissagungen ziehen unverkennbar mehrere Erfüllungen nach sich. Dafür ist die Weissagung der Jungfrauengeburt in Jesaja 7,10-16 ein gutes Beispiel. Sie lautet:

> *Darum wird der Herr selbst euch ein Zeichen geben: Siehe, die Jungfrau wird schwanger werden und einen Sohn gebären und wird seinen Namen Immanuel nennen.*

Im Kontext bezieht sich dieser Vers auf ein Kind, das dem König Ahas ein Zeichen dafür sein soll, dass der Herr die Judäer rasch von den verbündeten Armeen der Ephraimiten und Damaszener befreien werde. Sehr bald wurde diese Ankündigung durch Jesajas eigenen, kurz darauf geborenen Sohn erfüllt (vgl. Jes 8,3-4.10[5]). All das setzt die Wahrheit nicht außer Kraft, dass es noch eine zweite, spätere Erfüllung dieser Stelle gab. Matthäus stellt klar, dass auch Jeschuas Geburt aus einer Jungfrau[6] Erfüllung dieser Prophetie war (vgl. Mt 1,23). Wir haben also einen einzigen Vers vor uns, der sich unmissverständlich auf zwei unterschiedliche Dinge bezieht.

Es war der Heilige Geist – und Jeschua selbst –, der den Aposteln offenbarte, dass diese Bibelstellen über die augenscheinliche historische Erfüllung hinausgingen. Damit klären sich einige der Schwierigkeiten auf – solange wir die Autorität Jeschuas und die des Neuen Testaments akzeptieren und sehen, dass die Apostel

---

[5] Das Wort für „Jungfrau" in Jesaja 7,14 kann ebenso gut für eine ehrbare junge Frau stehen wie für eine Unberührte. Der Kontext erweist jedoch, dass das Kind Jesajas und der Prophetin jenes Zeichen darstellte, in dem sich die Weissagung erfüllte. Jesaja 8,10 bestätigt dies, wenn kühn ausgerufen wird: „Denn Gott ist mit uns" – was die wörtliche Übersetzung des Namens Immanuel ist.

[6] Matthäus zitiert das Wort für „Jungfrau", das die griechische AT-Übersetzung benutzt *(parthenos)*. Dieses Wort nun meint unbedingt eine geschlechtlich noch Unberührte und eben nicht nur eine junge Frau. Indem *Matthäus* also dieses Wort gebraucht, stellt er klar, sehr genau verstanden zu haben, dass Jeschua von einer Jungfrau geboren wurde.

unter der Leitung des Heiligen Geistes standen, als sie den messianischen Fokus einiger alttestamentlicher Bibelstellen erkannten. Keiner von uns kann ja die Schrift zutreffend verstehen, solange ihm der Heilige Geist nicht die Augen öffnet, um die eigentliche Botschaft wahrzunehmen.

Kern der Sache ist, dass alle Schrift dazu dient, der Welt Jeschua zu offenbaren. Wir sehen, dass Jeschua an der Schöpfung als das Wort und die Weisheit aktiv (nicht nur symbolisch) beteiligt war. Und auch in der gesamten Geschichte Israels sehen wir ihn gegenwärtig als das Wort des HERRN, der zu den Propheten sprach, und als Weisheit, die zum Volk rief (vgl. Spr 8,1.22). Jeschua nahm an der Schöpfung Teil als Wort und Weisheit. Deshalb gilt: Selbst wenn eine Bibelstelle eine zeitgeschichtliche Erfüllung innerhalb ihres eigenen Kontextes hat, ist sie immer noch dazu geschrieben, Jeschua zu offenbaren, und kann sehr wohl eine weitere, andere Erfüllung haben, die unmittelbar mit Jeschua zusammenhängt.

Um denen zu begegnen, die trotz allem immer noch skeptisch sind, sollten wir uns klarmachen, dass die Apostel, auch wenn es so aussieht, als hätten sie einzelne Verse nicht immer kontextgemäß gelesen, tatsächlich in ihrer Anwendung prophetischer Worte sehr konservativ waren. Sie folgten den hermeneutischen Regeln ihrer Zeit – und kamen nicht auf den Gedanken, dafür erst uns um Erlaubnis fragen zu müssen! Zeitgenössische Schriften zeigen, dass die Rabbinen jener Zeit weniger Hemmungen verspürten, sich nicht ganz so sehr an den Kontext gebunden zu fühlen.

Wir wissen nicht genau, welche Verse Jeschua ihnen auslegte, als sie die Straße nach Emmaus entlangwanderten, aber selbst wenn wir nur mit unserer begrenzten Einsicht die Schrift studieren, entsteht vor unseren Augen ein recht aufschlussreiches Bild davon, was es mit dem Messias und seiner Mission auf sich hat.

In diesen Prophetien spielt das Reich Gottes eine entscheidende Rolle. Betrachten wir ein paar davon:

> *Dann spricht er sie an in seinem Zorn, in seiner Zornglut schreckt er sie: „Habe doch ich meinen König geweiht auf Zion, meinem heiligen Berg!" Lasst mich die Anordnung des HERRN bekannt geben! Er hat zu mir gesprochen: „Mein Sohn bist du, ich habe dich heute gezeugt. Fordere von mir, und ich will dir die Nationen zum Erbteil geben, zu deinem Besitz die Enden*

der Erde. Mit eisernem Stab magst du sie zerschmettern, wie Töpfergeschirr sie zerschmeißen" (Ps 2,5-9).

Denn dem HERRN gehört das Königtum, er herrscht über die Nationen (Ps 22,29).

Dein Thron, o Gott, ist immer und ewig, ein Zepter der Geradheit ist das Zepter deiner Herrschaft (Ps 45,7).

Unleugbar beschreiben diese Psalmverse den Messias, und zwar den Messias, der sein Reich mit Stärke regieren wird. Manche Textstellen sprechen von einer Zeit, in der die Reiche der Erde nicht mehr gegen Gott rebellieren oder ihn ignorieren werden:

Der HERR hat im Himmel aufgerichtet seinen Thron, und seine Herrschaft regiert über alles (Ps 103,19).

Es gibt auch Weissagungen, die von einem Königtum reden, das gegründet und sich über die ganze Erde ausbreiten wird:

Denn ein Kind ist uns geboren, ein Sohn uns gegeben, und die Herrschaft ruht auf seiner Schulter; und man nennt seinen Namen: Wunderbarer Ratgeber, starker Gott, Vater der Ewigkeit, Fürst des Friedens. Groß ist die Herrschaft, und der Friede wird kein Ende haben auf dem Thron Davids und über seinem Königreich, es zu festigen und zu stützen durch Recht und Gerechtigkeit von nun an bis in Ewigkeit. Der Eifer des HERRN der Heerscharen wird dies tun (Jes 9,5-6).

Daniel 2,45 spricht von dem nicht mit Händen losgehauenen Stein, der in den letzten Tagen das Standbild der irdischen Reiche zerschlagen und diese vollkommen zerstören wird. Diese Weissagung gibt uns die weitreichendste Schau davon, wozu die Endzeit gut ist. Es geht nicht um die Zeit des Antichristen, sondern um Umwandlung der Dinge *ins* Reich des Messias:

Und in den Tagen dieser Könige wird der Gott des Himmels ein Königreich aufrichten, das ewig nicht zerstört werden wird. Und das Königreich wird keinem anderen Volk überlassen werden; es wird all jene Königreiche zermalmen und vernichten, selbst aber wird es ewig bestehen (Dan 2,44).

Und ihm [dem Menschensohn] wurde Herrschaft und Ehre und Königtum gegeben, und alle Völker, Nationen und Sprachen dienten ihm. Seine Herrschaft ist eine ewige Herrschaft, die nicht vergeht, und sein Königtum so, dass es nicht zerstört wird (Dan 7,14).

Es begegnen uns auch einige prophetische Worte, die das Kommen dieses Königtums mit der Mitherrschaft von zumindest einigen aus dem Volk Gottes verknüpfen: den Heiligen, wie Daniel sie nennt, in der Johannes-Offenbarung als solche identifiziert, die ihr Leben als Märtyrer gelassen haben. Ich vermute, dies bezieht sich nicht nur auf solche, die physisch umgebracht werden, sondern auch auf solche, die ihr Leben als lebendige Opfer fristen und es gewohnt sind, ihr Leben lang im Gehorsam gegen den König so zu leben, als wären sie sich selbst gestorben.

Aber die Heiligen des Höchsten werden das Reich empfangen, und sie werden das Reich besitzen bis in Ewigkeit, ja, bis in die Ewigkeit der Ewigkeiten ... bis der, der alt an Tagen war, kam und das Gericht den Heiligen des Höchsten gegeben wurde und die Zeit anbrach, dass die Heiligen das Königreich in Besitz nahmen ... Und das Reich und die Herrschaft und die Größe der Reiche unter dem ganzen Himmel wird dem Volk der Heiligen des Höchsten gegeben werden. Sein Reich ist ein ewiges Reich, und alle Mächte werden ihm dienen und gehorchen (Dan 7,18.22.27).

Wir sehen also: im Tanach (AT) wird der Messias nicht nur als Erlöser und Erretter von der Sünde offenbart. Er ist mehr als das, nämlich der kommende Herrscher der ganzen Erde und ihrer Bevölkerung. Er wird sich auf den Thron Davids setzen und für immer in Verbindung mit seinen Heiligen regieren.

Den entscheidenden Leuten des Tanach war dieser Gedanke nicht unbekannt. Der Hebräerbrief gibt uns den Hinweis, dass Abraham sich nach dem Kommen dieses Reiches sehnte:

Durch Glauben war Abraham, als er gerufen wurde, gehorsam, auszuziehen an den Ort, den er zum Erbteil empfangen sollte; und er zog aus, ohne zu wissen, wohin er komme. Durch Glauben siedelte er sich im Land der Verheißung an wie in einem fremden und wohnte in Zelten mit Isaak und Jakob, den Miterben derselben Verheißung; denn er erwartete die Stadt, die Grundlagen hat, deren Baumeister und Schöpfer Gott ist ... Diese alle sind im Glauben gestorben und haben die Verhei-

> ßungen nicht erlangt, sondern sahen sie von fern und begrüßten sie und bekannten, dass sie Fremde und ohne Bürgerrecht auf der Erde seien. Denn alle, die solches sagen, zeigen deutlich, dass sie ein Vaterland suchen. Und wenn sie an jenes gedacht hätten, von dem sie ausgezogen waren, so hätten sie Zeit gehabt zurückzukehren. Jetzt aber trachteten sie nach einem besseren, das ist nach einem himmlischen. Darum schämt sich Gott nicht, ihr Gott genannt zu werden, denn er hat ihnen eine Stadt bereitet (Heb 11,8-10.13-16).

Andere Menschen, z. B. Mose und Josua, dienen als Prototypen des Messias in dem, was er tun würde – wie Mose, der das Volk aus der Sklaverei heraus in ein verheißenes Reich führte. Oder sie zeigen, wie man ein Reich gewinnt – wie Josua, der „Mächte der Finsternis" besiegte und dem „jeder Ort, auf den deine Fußsohle tritt" (vgl. 5 Mo 11,24), zugesprochen wurde. Das erinnert uns an den Vers: „Fordere von mir, und ich will dir die Nationen zum Erbteil geben ..." (Ps 2,8). Die ureigensten Berufungen dieser Menschen waren Vorschattungen des Werkes, das der Messias tun sollte.

Aber die eine Person, die uns am allermeisten über das kommende Gottesreich offenbart, ist König David.

Der Messias sitzt auf dem Thron Davids

Es ist faszinierend, sich mit David auseinanderzusetzen, weil die Verheißung, die ihm gegeben wurde, so groß war. Der Herr sagte ihm, es werde ihm nie an einem Mann seiner Abkunft mangeln, der auf seinem, Davids, Thron sitzen werde. Jesaja stellte die Verbindung zwischen dem Thron Davids und dem des Messias her und zeigte, dass diese Verheißung für immer und ewig durch den Messias erfüllt werden sollte:

> *Denn ein Kind ist uns geboren ... Groß ist die Herrschaft, und der Friede wird kein Ende haben auf dem Thron Davids und über seinem Königreich, es zu festigen und zu stützen durch Recht und Gerechtigkeit von nun an bis in Ewigkeit* (Jes 9,5-6).
>
> *... dann wird in Güte ein Thron aufgerichtet werden. Und auf ihm – im Zelt Davids – wird einer in Beständigkeit sitzen, der da*

richtet und nach Recht trachtet und der in Gerechtigkeit erfahren ist (Jes 16,5).

Maria, der Mutter des Messias, kündigte der Engel an, der Messias werde auf diesem Thron sitzen:

> Dieser wird groß sein und Sohn des Höchsten genannt werden; und der Herr, Gott, wird ihm den Thron seines Vaters David geben; und er wird über das Haus Jakobs herrschen in Ewigkeit, und seines Königtums wird kein Ende sein (Lk 1,32-33).

Wieso sagte der Vater, der Messias werde auf Davids Thron sitzen? Was war denn an David und seinem Thron so besonders? Ich glaube, es geschah deshalb, weil David begriff, was es mit dem Reich Gottes auf sich hat, und dessen Prinzipien in die Praxis umsetzte.

Was verstand und tat David, das der Herr so einzigartig und herausragend fand, dass er beschloss, Davids Königtum zum Muster der Herrschaft des kommenden Messias zu machen?

1. David wusste, dass er selbst unter Autorität stand, und entschied sich, sich in jeglicher Lage dem Königtum Gottes zu unterstellen.

Einer der erstaunlichsten Züge Davids ist seine Demut, vor allem seine Entschlossenheit, sich niemals selbst in den Vordergrund zu stellen. Das ist in der Geschichte der Menschheit äußerst ungewöhnlich, ganz besonders für einen Mann, dem ein Prophet gesagt hatte, er werde König sein, und der bereits zum König gesalbt war und einem König diente, dessen Königtum Gott entzogen und einem anderen, nämlich David, zugesagt hatte. Ja, David hätte noch mehr Grund gehabt, sich zu erheben, denn der König lebte im Aufruhr gegen Gott und vergeudete die Ressourcen des Reiches damit, David nachzustellen, um ihm das Leben zu nehmen. Wenn je ein Mann das Recht gehabt hätte, zur Tat zu schreiten und sich zu nehmen, was ihm versprochen worden war und was sich zu verschaffen durchaus im Rahmen seiner Möglichkeiten lag, dann David.

Doch selbst als es schien, als habe die Vorsehung Saul in seine Hand gegeben, weigerte sich David stur, ihn anzutasten. Er weigerte sich zu nehmen, was ihm verheißen war. Er weigerte sich, in eigener Sache tätig zu werden. Selbst inmitten von Leid und

Schmerz wartete David darauf, dass Gott ihm Recht verschaffte. Ich glaube, das war einer der wesentlichen Züge im Leben Davids, der ihn in Gottes Augen groß erscheinen ließ.

Ebenso wandelte der Messias, mochte er auch der größte Mensch sein, der jemals lebte oder leben wird, in derselben Demut wie David. Jeschua zerbrach kein „geknicktes Rohr" und löschte keinen „glimmenden Docht" aus (vgl. Jes 42,3). Jeschua kam als ein Lamm. Er kam, um zu dienen, nicht um bedient zu werden. Er verweigerte sich dem schnellen Zugriff auf den Königsthron, der ihm vom Satan angeboten wurde. Er weigerte sich, zum Laubhüttenfest nach Jerusalem zu ziehen, nur weil das politisch-taktisch klug gewesen wäre; er wartete lieber auf ein definitives Reden des Vaters (vgl. Joh 7,2-8). Er machte nicht einmal von den ihm angeborenen Fähigkeiten Gebrauch, die er als ein Teil der Gottheit besaß, sondern machte sich zu nichts und legte sich willentlich Grenzen auf bis dahin, dass er in allem vollkommen vom Vater abhängig war. Er lebte genau so, wie er nunmehr uns zu leben auffordert. Selbst jetzt noch *„wartet er, bis seine Feinde hingelegt sind als Schemel seiner Füße"* (Heb 10,13).

Diese Lektion haben offenkundig nur wenige unserer Zeitgenossen gelernt. Es scheint, als könne man in vielen Kirchen und christlichen Organisationen kaum vorankommen, wenn man sich nicht selbst zu vermarkten versteht. Wir haben so viele der Praktiken der Welt übernommen, wie z. B. die Forderung, Lebensläufe abzugeben, in denen man sich bis zum Erbrechen selbst anpreisen muss. Wir rangeln um die Aufmerksamkeit des Hauptpastors, des Netzwerkleiters, des apostolischen Vorstehers, hoffen auf eine Gelegenheit zum Predigen, damit wir gesehen werden und eine Chance bekommen, im Rampenlicht zu stehen. Geistliche im reisenden Dienst werben für ihre Lehre und Predigt, ihre Salbung in Sachen Prophetie und Heilung. Sie rufen bei Pastoren an, informieren darüber, was sie können und dass man sie einladen kann. Ist das keine Selbstvermarktung? Ist das wirklich christusgemäß?

Wenn Sie sich entschließen, keine Selbstvermarktung zu betreiben, kann das sehr schmerzlich sein und wird Ihren Glauben auf die Probe stellen, vor allem dann, wenn Ihre Geldbörse gebietet, dass Sie entweder zum Predigen eingeladen werden oder aber, sofern Sie in der Mission sind, Menschen finden, die Sie finanziell unterstützen. Meiner Frau und mir hat der Herr dieses Prinzip vor vielen Jahren gezeigt, und es war nicht leicht, diesen Weg zu gehen. Aber es wurde uns wichtiger, darauf zu warten, dass der Herr uns bekannt macht, wenn er der Meinung ist, dass wir bereit sind, als dass wir selbst diskret auf uns hingewiesen hätten, um voranzukommen. Wenn es scheint, dass uns keiner wegen unserer Fähigkeiten, Berufung oder Begabung anerkennt, tut das weh, vor allem wenn wir meinen, noch so viel mehr tun zu können.

Weiter gibt es einen Unterschied zwischen Berufung und Beauftragung. Berufen wurde David in Jugendjahren, als Samuel ihn zum König salbte. Aber das ging noch nicht mit einer Beauftragung einher. Viele, viele Jahre sollten noch vergehen, ehe er Freisetzung zur Erfüllung seiner Berufung erfuhr. Zwischen Berufung und Beauftragung liegen viele Jahre des Lernens und Wachsens, in denen ein Mensch zu der Person wird, die schließlich in der Lage ist zu tun, wozu sie ursprünglich berufen wurde.

Ja, ich würde sagen, jedes Mal, wenn der Herr uns eine neue Aufgabe stellt, wird es einen zeitlichen Abstand zwischen unserer Freisetzung für die Aufgabe als solche und der für die Erfüllung der Vision geben. In dieser Zwischenzeit wird unser Selbstvertrauen gebrochen und neu geformt, und wir werden befähigt, der Mensch des Glaubens zu sein, der tun kann, wozu wir berufen wurden. Dieser Prozess ist normalerweise nicht gerade glanzvoll. Er kann Schmerzen verursachen und erfordert Geduld und Durchhaltevermögen.

An dieser Stelle fällt der Same in die Erde und stirbt. Und doch fängt er im Sterben unter der Oberfläche zu wachsen an, wo es niemand sehen kann – im Verborgenen. Nur dort kann er wirklich wachsen und sich vermehren. Das ist der Vorgang des Senfkornglaubens. Von diesem Prozess des Übergangs vom Tod ins Leben sprach Jeschua, nicht von der „Menge" an Glauben, die jemand hat.

An dem, was Jeschua über Johannes den Täufer sagt, kann man sehen, dass das Thema Demut und Verzicht auf *Selbstvermarktung* für Gott wichtig ist. Johannes' Haltung war: „Er muss zunehmen, ich aber muss abnehmen." Und wie reagierte Jeschua darauf? Er sagte: *„Wahrlich, ich sage euch, unter den von Frauen Geborenen ist kein Größerer aufgetreten als Johannes der Täufer"* (Mt 11,11).

2. David wusste, wie man Gott aus einem voll und ganz hingegebenen Herzen liebt.

David war absolut überzeugt, dass Gott ihn bedingungslos und leidenschaftlich liebte. Und umgekehrt liebte er Gott mit aller Leidenschaft, die er in sich hatte. Halbe Sachen zu machen, kannte er gar nicht. So sehr war David von Gottes Liebe überzeugt, dass er, als er gesündigt hatte – und es scheint ihm immer wieder passiert zu sein, in die übelsten Sünden hineinzugeraten –, *zu* Gott hin und nicht von ihm wegrannte, weil er wusste, dass er Gottes Gegenwart nötig hatte, um verändert zu werden und nicht nur, um Vergebung zu erlangen. Gott nannte ihn „einen Mann nach Gottes Herzen".

Dies ist zugleich ein charakteristisches Merkmal des messianischen Reiches: Es ist ein Reich der Liebe. Davids Liebe zu Gott folgt dem Muster der Liebe Jeschuas zu seinem Vater. Das Reich des Messias gründet auf Liebe und Vergebung.

Ja, Gottes Reich ist so tief auf leidenschaftliche Liebe zum Vater nach der Art Davids gegründet, dass ich glaube, der Herr wird uns nicht in die größten Salbungen und Aufgaben hinein freisetzen, solange unsere Leidenschaft und Liebe zu ihm noch nicht unsere Leidenschaft für die Dinge dieser Welt übersteigt.

3. David wusste um prophetische Bestimmung.

Er wusste, dass der Herr in der Vergangenheit geredet und die Grenzen des Landes festgesetzt hatte. Wenn er sich umsah, stand ihm vor Augen, dass Israel ganz klar nicht in der Fülle der göttlichen Verheißung lebte.

Ja, Israel war immer kurz vor dem stehengeblieben, was seine Berufung und sein Geschick hätten sein sollen. Anfangs war das Volk schlicht zu klein gewesen, um das Land zu füllen. Deshalb sagte ihnen der Herr, er werde nicht alle ihre Feinde auf einmal vertreiben, sonst würden die wilden Tiere in den unbewohnten Gebieten überhandnehmen. Aber mit dem Wachstum der Nation hielt der Glaube der Leute nicht Schritt. Sie wurden zu einem Volk, das sich wohl der großen Taten Gottes erinnerte – vor langer Zeit. Scheinbar waren sie nicht in der Lage, jenen risikobereiten, ins kalte Wasser springenden Glauben in sich zu entfachen, den ihre Vorväter unter Josua besessen hatten. Sie gaben sich zufrieden mit dem, was im Moment ihr Leben ausmachte, überließen sich der Tyrannei des vermeintlich Dringenden und gelangten nie wieder zu der visionären Sicht, dass materielles Wohlergehen kein Ausgleich für die Fülle dessen war, was der Herr verheißen hatte. Bis David kam.

David sah sich in Israel um und nahm wahr, dass seine Grenzen keineswegs bis an den Euphrat reichten. Die Aramäer versperrten den Weg dahin. Im Osten siedelten Ammoniter und Moabiter auf an sich israelitischem Grund, im Westen die Philister. Der Süden stand immer noch unter edomitischem Einfluss. Und inmitten des Landes gab es nach wie vor kanaanitische und amoritische Enklaven. Und er wusste in seinem Herzen, dass das nicht der Zustand war, den Gott sich gedacht hatte.

Ich glaube, Davids Entschlossenheit, das Territorium Israels auf seine volle Ausdehnung zu erweitern, wurde während einiger *Jam Sessions* mit seiner Harfe geboren, während er als Schäfer in die unendliche Weite des Universums aufschaute und das Angesicht eines Gottes von solcher Größe erblickte, dass es ein Ding der Unmöglichkeit war, sich mit weniger als dem Ganzen seiner Verheißung zufriedenzugeben. Mit den Worten von Heidi Baker von *Iris Ministries* in Mozambik: „Gemeinde, dein Gott ist zu klein! Er ist ein groooßer Gott!" Wenn wir wirklich die Größe und Bereitschaft Gottes erkennen, auf unseren Glauben zu antworten, gibt es nur eine Reaktion: „Herr, komm in deiner Kraft und erfülle für uns alles, was du verheißen hast, und alles, wonach du dich gesehnt hast – in unserer Zeit und für unsere Stadt!"

Die Gemeinden unserer Tage schlagen zumeist denselben Pfad ein wie einst Israel, *vor* Davids Zeit, wohlgemerkt. Wir haben keinen Begriff vom Königreich Gottes, sehen nur unser eigenes kleines Stück Land. Einige von uns sind stolz auf ihre ausgedehnten Ländereien. Andere denken, dass kleine Parzellen ihre Vorteile haben, und wollen gar nicht mehr. Die Wahrheit, dass wir keineswegs in der Fülle dessen leben, was Jeschua verheißen hat, ahnen wir nur selten.

Wenn ich an einige große Männer der Tanachzeit, wie Elia und Elisa, denke, ist mir klar, dass sie ihrer Zeit voraus waren: Sie lebten unter der Salbung und mit den Wundern, die eigentlich die Normalität der Zeit des Neuen Bundes sein sollten. Obwohl in Wahrheit quer durch die Geschichte Israels immer Wunder geschahen, wie auch während der vergangenen 2000 Jahre durch

Gläubige immer wieder Wunder vollbracht wurden: Denken wir nur an die Waldenser im „finsteren Mittelalter" oder an Leute wie Franz von Assisi, John Knox[7] und viele andere. Leider leben heute nur sehr wenige Leute in der geistlichen Kraft und Salbung eines Elia oder Elisa, und das selbst jetzt, in der Zeit des innewohnenden Heiligen Geistes und seiner Gaben. Wie kann das sein?

Genau wie David müssen wir damit anfangen, die Augen aufzumachen und in den Blick zu nehmen, welche Verheißung uns gegeben wurde; und dann müssen wir bei Gott anklopfen, bis er antwortet und wir im Glauben reif werden und das ergreifen, wofür wir *„von Christus Jesus ergriffen"* worden sind (vgl. Phil 3,12). Wir müssen sehen, wie groß unser Gott ist und dass er in Wahrheit fähig und willens ist, aufs Neue der göttliche Kriegsmann zu sein, der er für Israel war.

Zugleich ist es wichtig, wahrzunehmen, dass David seine Grenzen akzeptierte. *Das prophetische Wort setzte ihm Grenzen.* Er versuchte gar nicht erst, Griechenland einzunehmen. Er nahm keinen Anlauf zur Unterwerfung der Ägypter oder zum Niederreißen der monumentalen Turmbauten Babylons. Er wollte kein Weltreich aufbauen. Er nahm schlicht die Kanaanäer, Aramäer, Ammoniter, Moabiter, Edomiter und Philister ins Visier, die sich innerhalb der Grenzen des Israel von Gott zugesprochenen Landes breitmachten, und er erweiterte die Grenzen Israels, bis es fast das Territorium beherrschte, das Gott ihm zugeeignet hatte. Gott hatte es gesagt, er glaubte es, *und er handelte dementsprechend.*

Das ist ein wichtiges Prinzip des Reiches Gottes. Wir müssen unsere prophetische Berufung kennen und um unsere Grenzen wissen. Egal, ob wir ein Dienstwerk, eine Gemeinde oder ein einzelner Gläubiger sind: Worin besteht unser Mandat? Nur innerhalb der damit gesetzten Grenzen werden wir echte Autorität ausüben können. Meine Frau und ich stehen im Dienst der Gemeindepflanzung. Mit zu den ersten Dingen, die wir taten, als wir ankamen, gehörte es, den Herrn nach unseren Grenzen zu fragen. Im Lauf der Zeit hat er uns gezeigt, welche Dörfer in der Umgebung unserer Stadt zu unserer Einflusssphäre gehören. Für diese Gebiete haben wir ausgiebig gebetet und fangen mittlerweile an zu se-

---

[7] Es ist eine wenig bekannte Tatsache – oder besser gesagt eine gern verschwiegene Tatsache –, dass der Schotte John Knox und seine Schüler sehr vollmächtig im prophetischen Dienst und auch in der Heilung durch Gebet waren.

hen, dass wir durch unser Gebet Autorität über das haben, was innerhalb dieser Grenzen geschieht.

Dies kam während des G-8-Gipfels 2007 zum Tragen, als die Oberhäupter der acht reichsten Industrienationen sich in Deutschland versammelten. Die Konferenz fand im Ostseebad Heiligendamm statt, einem Ort innerhalb unseres Verwaltungsbezirks. Aus ganz Europa reisten Demonstranten und Anarchisten an, die einen, um zu protestieren, die anderen einfach nur, um Randale zu machen. Zusammen mit anderen Fürbittern trafen wir uns vor Ort, um während der geplanten Großdemonstration mit 80.000 Teilnehmern in der nahegelegenen Hafenstadt Rostock zu beten. In den neun Stunden, die wir in den Straßen unterwegs waren, sahen wir einige Gebetserhörungen und wurden sogar Zeugen einiger erstaunlicher Ereignisse. Und doch mussten wir einigermaßen frustriert zusehen, wie fortwährend Steine auf Polizisten geworfen wurden, obwohl wir dagegen gebetet hatten. Nichtsdestotrotz beobachteten wir in dieser Zeit den generellen Trend, dass immer da, wo wir uns aufhielten, die Gewalt erstarb und so lange nicht wieder aufflammte, wie wir anwesend waren. Wir konnten aber die Gewaltexzesse nicht ganz verhindern.

Das spielte sich ein paar Tage vor dem eigentlichen Beginn des Gipfels ab. Als dann das Gipfeltreffen nur sechs Kilometer entfernt von unserer Stadt, die Heiligendamms am nächsten liegt, stattfand, musste man natürlich damit rechnen, dass die Gewalt nun auf unseren Ort übergreifen würde. Die Kaufleute im Stadtzentrum verbarrikadierten ihre Schaufenster, und die Stadt wartete mit angehaltenem Atem darauf, dass der Sturm uns erreichte. Nachbarn erzählten uns, sie fürchteten, dass ihre Autos angezündet oder zerstört würden. Die Polizeibeamten an den Straßensperren vor der Stadt sagten uns, sie seien sicher, dass es zu Ausschreitungen kommen werde.

Doch wir hatten mehr als anderthalb Jahre lang für unsere Stadt gebetet. Wir waren sogar wie Josua monatelang betend um die Grenzen der Stadt marschiert, bis dahin schon über hundert Mal. Im Gebet hatten wir den Herrn seit langem ersucht, eine feurige Mauer des Geistes (wie in Sach 2,5) um die Stadt herumzuziehen. Am Wochenende vor dem Gipfeltreffen spürten ein Fürbitter aus Berlin und auch ich, dass ich als derjenige, der Autorität über die Stadt hatte, die Tore der Stadt im Gebet für alle

Geister der Gewalt schließen sollte. Würden Demonstranten in die Stadt kommen, so müssten sie sozusagen ihre Gewaltgeister am Stadttor abgeben.

Am Eröffnungstag des Gipfels hörten wir, dass 6000 Demonstranten, viele davon durch und durch anarchistisch und nur auf Zerstörung aus, von ihren Zeltlagern in Richtung unserer Stadt aufgebrochen waren, um die Zufahrtsstraßen nach Heiligendamm zu blockieren. Ich ging ihnen entgegen – aber sie tauchten gar nicht erst auf. Kurz bevor sie die Stadt erreicht hatten, zerstreuten sie sich in die Wälder und umgingen die Stadt, um zur nördlichen Ausfallstraße Richtung Heiligendamm zu gelangen. Dort kamen sie in so großer Zahl an, dass die Polizei überfordert war und sich zurückzog und sie einfach auf der Straße bleiben ließ. Da für die Versorgung der Gipfelteilnehmer rechtzeitig gesorgt worden war und andere Zufahrtswege zum Tagungsort zumindest zeitweise offengehalten wurden, war es den Behörden eigentlich egal.

Was für uns in erster Linie zählte, war: es kam während dieser Zeit zu keinerlei Gewaltausbrüchen in unserer Stadt oder in irgendeinem der Dörfer innerhalb der uns gesetzten Grenzen. Zu Tausenden zogen Demonstranten und Anarchisten in die Stadt, aber nur, um Wasser oder Essen zu kaufen oder sich im Park auszuruhen. Östlich und westlich unserer Grenzen kam es zu vereinzelten Gewaltausbrüchen, denen die Polizei mit Wasserwerfern entgegentreten musste; aber nirgendwo in dem Gebiet, über das wir mittels prophetischen Zuspruchs und dank monatelangen schmerzhaften und anhaltenden Gebets eine sowohl zugewiesene als auch verdiente Autorität ausübten, geschah etwas Vergleichbares. (Die Blasen, die man sich auf kilometerlangen Gebetsmärschen anläuft, können durchaus schmerzhaft sein!)

König David wusste um die Größe seines Gottes und wollte in seinem Land Gottes Reich aufblühen sehen. Er wusste um seine Beschränkungen und Begrenzungen, gab sich aber nicht mit weniger als dem Ganzen der Verheißung Gottes zufrieden. Zu seinen Lebzeiten machte er Israel so groß, dass es die ihm prophetisch gesetzten Grenzen ausfüllte. Und genau das tat Jeschua und tut es auch in unseren Tagen. Aber zumindest bis zu dem Tag seiner Wiederkunft, an dem sein Fuß auf dem Ölberg zu stehen kommen wird, tut er es durch seinen Leib, die Gemeinde.

4. David ließ sich durch Hindernisse nicht einschüchtern.

David sah mit Augen visionären Glaubens, was Israel eigentlich sein sollte. Und dann ergriff er Gott im Glauben und ließ ihn nicht mehr los. Als David im Heerlager der Israeliten eintraf, um seinen Brüdern Proviant zu bringen, erblickte er denselben Riesen wie jeder andere Israelit auch. Und doch gab es einen signifikanten Unterschied. Hatte der Anblick die anderen in Furcht erstarren lassen, so sah David nicht die Hünenhaftigkeit des Mannes, sondern nahm nur wahr, dass Goliath die Größe Gottes in Frage stellte und dass solche Blasphemie nicht ungestraft bleiben durfte. Seine Augen hatten die Größe Gottes geschaut, und seine Leidenschaft für Gott konnte es nicht ertragen, dass jemand ebendiese Größe Gottes infrage stellte, ohne dass darauf reagiert wurde.

Genauso weigerte sich David, Sünde im Land zuzulassen, solange er etwas dagegen tun konnte. Er führte das Volk zu hingegebener Gottsuche, und zwar vermutlich mehr durch seine eigene leidenschaftliche Liebe zu ihm als durch Predigten oder königliche Erlasse. Wir lesen nicht, dass er eine Kampagne gegen den Götzendienst seines Volkes gestartet hätte wie König Josia. Was wir lesen, ist, dass er mehr dafür tat, das Volk vom Götzendienst wegzubringen, als jeder andere. Kein anderer hatte je ein Herz wie David, das für seinen Gott brannte. Am Ende seine Regierungszeit gab es Tausende, die anhaltend in echter Anbetung im Heiligtum oder in dem Zelt dienten, das er für die Bundeslade im Hof seines Palastes aufgeschlagen hatte. Seine Leidenschaft war ansteckend und überwand die hartnäckige Neigung der Israeliten, die götzendienerischen Praktiken ihrer Nachbarn nachzuahmen.

Wie wir sahen, erkannte David, dass der Feind Gebiete innerhalb des verheißenen Landes beherrschte, und deshalb zog er für den Rest seines Lebens in den Krieg, um diese Gebiete zurückzuerobern. Er gönnte sich keine Ruhe, solange er wusste, dass das, was dem Herrn zu eigen sein sollte, in der Hand des Feindes war.

Genau das ist auch die messianische Berufung Jeschuas, wie schon an weiter oben zitierten Bibelversen abzulesen war: *„Fordere von mir, und ich will dir die Nationen zum Erbteil geben, zu deinem Besitz die Enden der Erde."* Der Herr liebt alle Völker und wünscht, dass sie gerettet werden. Diese evangelistische Berufung wird von den allermeisten seiner Kinder verstanden. Aber verstehen wir auch, dass der Herr ein Krieger ist? Dass er in den Kampf zieht, um seine Feinde zu schlagen? Auch das ist Teil der evangelistischen Mission:

Der HERR ist ein Kriegsheld, Jahwe sein Name (2 Mo 15,3).

Der HERR zieht aus wie ein Held, wie ein Kriegsmann weckt er den Eifer. Er erhebt einen Schlachtruf, ja, ein gellendes Feldgeschrei, er beweist sich als Held gegen seine Feinde (Jes 42,13).

Einer der Namen Gottes, die wir in diesem pazifistischen Zeitalter der Kirche vergessen zu haben scheinen, ist der Name Jahwe Zebaoth, „der Herr der Heerscharen". Und dabei gehört dieser Name zu den meistbenutzten im Tanach, er tritt mindestens 249-mal auf. Natürlich will ich nicht darauf hinaus, dass die Gemeinde nun zum Schwert oder zur Maschinenpistole greifen sollte. Unsere Waffen sind nicht aus Fleisch und Blut. Jedenfalls aber müssen wir in den Krieg ziehen.

Leider höre ich immer wieder Leute, die eine Ahnung von diesem Kriegsgeschehen erlangt haben, fortwährend von den Angriffen des Feindes reden. Sie scheinen ständig unter teuflischem Feuer zu stehen, so sehr, dass man sich allmählich zu fragen beginnt, ob es ihnen irgendwelche Befriedigung verschafft, ein so bedeutsames Ziel darzustellen. Für viele wird dieser Krieg zum Inhalt ihres Gebetslebens und zum beherrschenden Element ihres Dienstes (und ihrer Gedanken). Ich stelle in Frage, dass es gesund ist, geistliche Kriegführung zum Mittelpunkt unseres Dienstes zu machen. Das, worauf unsere Augen fortwährend schauen, ist das, wozu wir werden. Wir müssen uns auf Jeschua ausrichten, die Geschwister in unseren Gemeinden auferbauen und dennoch in der Lage sein, dem Feind entschieden entgegenzutreten, wenn er es wagt, sich uns in den Weg zu stellen.

Was meiner Meinung nach dagegen in jener Kriegführung, von der ich höre, allzu oft fehlt, ist ihre offensive Seite. Man scheint sich immer nur in der Defensive zu befinden. Jeschua hat gesagt, die Tore der Hölle könnten uns nicht überwinden. Tore sind feststehende Gegenstände. Sie bewegen sich nicht, und sie sind dazu da, uns draußen zu halten. Das heißt, Jeschua spricht von einer furchtlosen Gemeinde, die gegen den Feind vorgeht und ihm jene Bereiche der Gesellschaft entreißt, von denen er gemeint hat, sie sicher in der Hand zu haben. Jeschua spricht von einer Gemeinde, die die Hölle und die Strukturen der Hölle angreift, wo auch immer sie sich zeigen und uns in dem Gebiet, in dem wir Berufung und Autorität besitzen, den Weg versperren wollen. Die Stadttore waren in Israel auch Versammlungsorte der Stadtältesten; dort fanden ihre Beratungen statt, und dort fällten sie ihre Beschlüsse. Wenn Jeschua sagt, die Tore der Hölle werden uns nicht überwinden, bezieht er sich damit gewiss nicht zuletzt auf Ratschluss und Taktik des Feindes. Wenn wir gegen die Finsternismächte Krieg führen, wird ihre Strategie, geschmiedet im Stadttor, uns nicht zu überwinden vermögen.

Der Herr ist ein Krieger und liebt einen guten Kampf (womit nicht gemeint ist, dass er Zwietracht und Blutvergießen liebt. Das mag er ganz und gar nicht. Aber was er auch nicht mag, ist Passivität, die einfach alles akzeptiert, was der Feind uns entgegenschleudert. Er liebt die Auseinandersetzung, die die Bollwerke des Feindes überwindet und zu seiner Vernichtung führt). Und er möchte *uns* in diesem Kampf gebrauchen. Ja, da er dabei zu sein scheint, uns aufs Herrschen vorzubereiten, möchte er uns im Kriegführen trainieren, damit wir kühn und visionär werden, was die Förderung seines Reiches angeht, einschließlich der Rückgewinnung dessen, was der Feind so lange unter der Fuchtel hatte. Und das hat echt mit Menschen zu tun, denn was der Feind festhält, das sind Menschenleben und Menschenseelen, die ganz einfach nicht frei sind zu glauben, solange niemand für sie in den Krieg zieht – jemand, der nicht einfach nur die evangelistischen Methoden anwendet und ihnen sagt, dass es einen Gott gibt, der sie liebhat, sondern der willens ist, mit geistlichen Waffen überhaupt erst ihre Freiheit zum Glauben zu erkämpfen.

Wenn aber unser Evangelium doch verdeckt ist, so ist es nur bei denen verdeckt, die verloren gehen, den Ungläubigen, bei denen der Gott dieser Welt den Sinn verblendet hat, damit sie den Lichtglanz des Evangeliums von der Herrlichkeit des Christus, der Gottes Bild ist, nicht sehen (2 Kor 4,3-4).

Wenn Gebetskrieg für die Menschen vorausgegangen ist, in dem wir den Klammergriff des Feindes um ihre Gedanken und Herzen gelöst haben, werden evangelistische Bemühungen mehr Erfolg haben.

An den Orten, über die wir Autorität haben, an die wir gerufen sind, sollten wir die Strukturen der Finsternis angreifen, die sich viel zu lange unbehelligt haben ausbreiten können. Wie John Mulinde von der ugandischen *World Trumpet Mission* sagt, sollten wir fürbittend die Verantwortung übernehmen, wenn es in unserer Stadt Probleme gibt. Betend sollten wir Drogenmissbrauch und Gewalt in den Schulen bekämpfen. Sekten, die die Menschen in die Irre führen, sollten wir nicht tolerieren. Wir sollten gegen Abtreibung vorgehen, aber auf dem Schlachtfeld, auf das es ankommt, nämlich vorrangig, wenngleich nicht ausschließlich, im Bereich der Fürbitte und der geistlichen Kriegführung. Unser Kampf ist nicht gegen Fleisch und Blut.

Unsere kleine Stadt wurde vor 800 Jahren durch Mönche gegründet. Es war das erste Kloster seiner Art in unserem Bundesland, kurz nachdem die Sachsen in dieses zuvor slawische Gebiet eingedrungen waren. Eigentlicher Gründungszweck der Abtei war, Stützpunkt für die Evangelisierung Mecklenburgs zu sein. Doch leider wurden die Bewohner dieses Gebiets niemals evangelisiert. Vielmehr wurden sie zwangsbekehrt, um sobald wie möglich Abgaben von ihnen beitreiben zu können – sowohl seitens weltlicher als auch kirchlicher Autoritäten. Ich glaube, der Herr hat uns in unseren Gebeten für die Stadt gezeigt, dass es hier immer noch Engel gibt, die ursprünglich dazu ausgesandt waren, der Stadt in der Erfüllung ihres Auftrags zu helfen, der darin besteht, unser Bundesland zu evangelisieren. Diese Engel waren sozusagen 800 Jahre lang arbeitslos und warteten nur darauf, dass endlich Gläubige kommen würden, die Gottes Reich verstehen würden und willens wären zu handeln.

Wir müssen wie König David sein, der sich weigerte, zuzulassen, dass die Riesen des Landes, die Sünde im Land oder die Enklaven, die der Feind beherrschte, Gottes Volk davon abhielten, alles einzunehmen, was Gott verheißen hatte. Diese Aufgaben stehen unmissverständlich auf der Agenda des Messias für die kommende Zeit.

Hierzu ist der Sohn Gottes offenbart worden, damit er die Werke des Teufels vernichte (1 Joh 3,8).

Wahrhaftig, Jeschua wird auf Davids Thron sitzen.

Die Herrschaft Jeschuas verkünden

Wenn wir als Gottes Volk in der Endzeit die uns zugedachte Rolle erfüllen wollen, *müssen* wir zurückkehren zu der ursprünglichen Aufgabe, Gottes Reich zu predigen und herbeizuführen und nicht nur das Heil zu verkündigen. Jeschua weissagte:

> *Und dieses Evangelium des Reiches wird gepredigt werden auf dem ganzen Erdkreis, allen Nationen zu einem Zeugnis, und dann wird das Ende kommen* (Mt 24,14).

Wir müssen sicherstellen, dass wir die richtige Botschaft verkündigen, sonst laufen wir Gefahr, eines Tages zwar die gute Nachricht vom Heil über die Welt verbreitet zu haben, aber ohne zu erkennen, dass dies nicht die volle Botschaft war, welche den Nationen das „bezeugt", was der Herr sie sehen und verstehen lassen möchte.

In keiner Weise möchte ich die Wichtigkeit der Rettung von Seelen schmälern. Da geht es für alle, die den Herrn noch nicht haben, wahrhaftig um Leben und Tod. Aber Seelenrettung ist nicht das Ganze und noch nicht einmal das Herzstück dessen, was wir zu tun haben. Evangelisation wird nämlich umso leichter und effektiver – mit bleibender Frucht – werden, je mehr wir sie von der Wahrheit des Reiches Gottes her angehen. Deshalb müssen wir begreifen, was es mit dem Reich Gottes auf sich hat.

Die gute Nachricht des Neuen Bundes ist, dass Gott selbst bei uns wohnt und in uns sein will. Und das ist unendlich viel mehr als nur Erlösung von der Sünde und vom Schrecken der Hölle. Es ist eine Invasion der Kraft und Präsenz des Himmels auf die Erde, durch das alles verändert wird. Der Herr kommt nicht in unser Leben, um uns mit einem bequemen Lebensstil zu beschenken. Er kommt zu uns, weil er uns zu einem Teil seiner selbst und zu einer Erweiterung himmlischer Ordnung und himmlischer Macht verwandeln möchte. Und wenn wir diese Art von Ordnung und Macht in unsere Welt hereinholen, wird das zunächst Krieg mit sich bringen, geistliche Schlachten. Und mit der Zeit wird sich auch eine Verwandlung unseres Umfeldes und der Verhältnisse in unseren Städten zeigen.

Das eigentliche Wort „Königreich" bezeichnet weit mehr die *Herrschaft* des Königs als das von ihm regierte *Gebiet*. „Königtum" oder „Regentschaft" geben denn womöglich das hebräische מַלְכוּת *(malchut)* besser wieder als „(König-)Reich". Das Verb מלך *(malach)* bedeutet „herrschen", ein מֶלֶךְ *(mäläch)* ist ein König oder Herrscher. Diese Wörter[8] sprechen von Macht und Autorität, nicht von Land. Gewiss, der neutestamentliche Wortgebrauch zeigt ein Fortschreiten des Königtums Gottes über Herzen und Leben hin zu seinem Königtum über die Erde. Als Jeschua also sagte, wir würden den Nationen die gute Nachricht vom Königtum Gottes verkündigen, deutete er an, dass wir dabei nicht nur Worte machen, sondern den Unterschied zeigen werden, den seine Herrschaft in unserem Leben ausmacht.

Mit den Worten des Paulus in 1. Korinther 2,4-5 und 4,20:

... meine Rede und meine Predigt bestand nicht in überredenden Worten der Weisheit, sondern in Erweisung des Geistes und der Kraft, damit euer Glaube nicht auf Menschenweisheit, sondern auf Gottes Kraft beruhe.

Denn das Reich Gottes besteht nicht im Wort, sondern in Kraft.

Er kam, um Gottes Königtum zu demonstrieren, nicht nur um Menschen durch Überzeugungskraft zum Glauben zu bewegen. Eine Demonstration des Königtums beinhaltet sowohl Rede als auch klare, sichtbare Beweise, dass es hier um mehr als nur Worte geht.

Es ist so spannend, zu hören, wie leidenschaftlich und überzeugt Paulus hier spricht, vor allem wenn man in Rechnung stellt, was er unmittelbar vor seiner Reise nach Korinth erlebt hatte. Direkt davor war er in Athen gewesen und hatte auf dem Marshügel gesprochen. Über Tausende von Jahren wurde diese Rede als kluge Predigt bewundert, haargenau auf die Zielgruppe der namhaftesten Philosophen Griechenlands zugeschnitten. Betrachtet man aber die Ergebnisse, so war der Effekt auf Athen und die dortigen Philosophen so gut wie nichts. Ein paar waren interessiert daran, mehr zu hören, ein paar glaubten, aber anders als in anderen Städten erfahren wir nichts davon, dass dort eine Gemeinde entstanden wäre. Nirgendwo in der Apostelgeschichte

---

[8] Laut „Thayer's Greek Definitions" bedeutet das griechische Wort *basileia* „königliche Macht, Königtum, Hoheit, Herrschaft – nicht zu verwechseln mit einem tatsächlichen Königreich: es geht vielmehr um das Recht oder die Vollmacht, ein Königreich zu regieren".

steht etwas über die Gemeinde von Athen zu lesen – wobei wir uns daran erinnern müssen, dass eine typische Gemeindeneugründung in den ersten Jahrhunderten oft rasch, in nur wenigen Jahren, auf 20- bis 30 000 Menschen heranwuchs. Die ephesische Gemeinde wuchs bis auf 100 000 Menschen, die halbe Stadtbevölkerung[9]; es war also kein guter Erfolg, eine Handvoll Gläubiger in Athen gewonnen zu haben.

Hören wir Paulus jedoch im 1. Korintherbrief reden, so entdecken wir einen ernüchterten, gedemütigten Mann. „Bei euch Korinthern hab ich's erst gar nicht auf dieselbe Weise versucht. Ich kam in der Entschlossenheit, nicht ‚weise' vor Menschen zu erscheinen, sondern euch den gekreuzigten und auferstandenen Jeschua vor Augen zu stellen. Und ich kam in der Entschlossenheit, euch Macht und Wirklichkeit Gottes und des Himmelreichs zu zeigen: durch Heilungen, Worte der Erkenntnis, Weissagungen, Mitleid und andere übernatürliche Zeichen. Euer Glaube sollte darauf ruhen, dass ihr selbst den Geist erlebtet, nicht auf meinen überzeugenden Worten!" Was er demonstrierte, war nicht nur die Wirklichkeit Gottes und der geistlichen Welt, sondern dass Gott über die Mächte der Sünde, der Krankheit und der Finsternis herrscht. Dass die Leute das wussten, war entscheidend.

In seinem Buch „Wie ein Sturmwind. Aufbruch in Indonesien"[10] beschreibt Mel Tari das Hervorbrechen des Reiches Gottes in Indonesien während der späten sechziger und frühen siebziger Jahre. Im Buch machte er folgende aufschlussreiche Bemerkung dazu: Seiner Erfahrung nach kam kein einziger indonesischer Muslim je zum Glauben, ohne ein Wunder gesehen zu haben, und das nicht nur, weil es bei diesen Menschen nachdrücklichster Überzeugungskraft bedurft hätte, sondern weil alle indonesischen Muslime so tief in den Okkultismus verstrickt waren, dass sie sehen mussten, wie Gottes Kraft in der Lage sein würde, ihr Leben vor dämonischen Angriffen zu schützen, wenn sie sich davon abkehrten. Sie brauchtes eine Demonstration der Macht des Reiches Gottes.

Predigen wir das Reich Gottes mit begleitenden Machtzeichen, so kommt das einer Invasionsarmee gleich, die bahnbrechende

---

[9] R. D. Heidler, The Messianic Church Arising, Denton, TX 2006, S. 16.18.
[10] Metzingen 1985.

Veränderungen mit sich bringt. Ursprünglich hatte das Wort „Evangelium" nicht den religiösen Bedeutungsgehalt, der ihm heute anhaftet, sondern es war ein Wort aus dem Bereich der Staatskunst und des Militärs. In der Welt der Römer war das Wort *euangelion* („gute Botschaft") hauptsächlich dann in Gebrauch, wenn es Geburt oder Krönung eines neuen Cäsaren auszurufen galt. Wenn Jeschua sich dieses Wortes bediente, traf er damit einige ebenso mächtige wie gefährliche Aussagen: Den Zeitgenossen war auf der Stelle klar, dass verkündet wurde, dass ein neuer König, eine neue Autorität sich erhob. Das kam der Ausrufung eines Aufstands gegen Rom gleich. In Israel hörte man darin obendrein die Ausrufung des Tages des Heils und einer neuen Ordnung der Dinge. Mit Nachdruck sagt Jesaja 52,7:

> *Wie lieblich sind auf den Bergen die Füße dessen, der frohe Botschaft bringt, der Frieden verkündet, der gute Botschaft bringt, der Heil verkündet, der zu Zion spricht: Dein Gott herrscht als König!*

Die gute Nachricht ist ganz eng mit der Ausrufung der Königsherrschaft Gottes verbunden! Selbst das hier stehende Wort „Frieden" fügt sich in unser „Invasionsmotiv" ein, weil es nicht *Ruhe* meint, sondern *Wiederherstellung zur Ganzheit*. Die Invasion des Reiches Gottes bringt eine Wiederherstellung zur Ganzheit mit sich, weil Gott herbeikommt, um zu herrschen.

In der Kultur Israels war das hebräische Wort für „Evangelium" ein Begriff der Militärsprache, und zwar für den Boten, der in die Stadt gelaufen kam, wenn eine entscheidende Schlacht geschlagen worden war, um auszurufen, welche Seite gewonnen hatte. Hatte der eigene König gewonnen, brachte er die „gute Nachricht", dass die bisherige Ordnung weiter bestehe und die Bevölkerung in Sicherheit sei.

In unserem Fall wird die jetzige Ordnung gestürzt: die Herrschaft Satans muss der überwältigenden Stärke des allmächtigen Gottes weichen. Die gute Nachricht ist die Proklamation eines Herrschaftswechsels. Der Messias hat die alte Herrschaft von Sünde, Zerstörung und Selbstsucht überwunden. Es kommt ein Wandel, egal ob mir, meinem gleichgültigen Nachbarn oder dem korrupten Politiker im Rathaus das nun passt oder auch nicht. Das Reich, das wider das System der Welt steht, hat gesiegt und ist im

Begriff der Machtübernahme. Wir müssen das nicht mögen, aber es ist weit besser für uns, unsere Herzen und Knie vor dem König zu beugen, solange noch Zeit ist, das aus freien Stücken zu tun. Jeschua ist freundlich, er räumt Zeit ein, um Buße zu tun und sich ihm anzuschließen. Aber das Kommen seines Königtums verzögert sich nicht und ist auch nicht zu verhindern.

Verstehen Sie? Als Jeschua kam und das Reich Gottes ankündigte, sagte er nicht nur voraus, dass alsbald die Vergebung der Sünden greifbar sein werde. Er erklärte, dass Gottes Gegenwart und Macht wie eine Invasionsarmee über die Welt hereinbrechen würden, um die Lebenswelt eines jeden, der sie annimmt, komplett zu verwandeln (und auch die Welt vieler, die es nicht tun, zu verändern, wie man an der Klage der Thessalonicher über Paulus und Silas sehen kann, sie seien diejenigen, die die ganze Welt auf den Kopf stellten).

Und an dieser Stelle treffen wir auf einen vermeintlichen Widerspruch. Gottes Reich kommt mit Macht, unnachgiebig und unweigerlich. Es kommt mit Gewalt, „und Gewalttuende reißen es an sich", wie Jeschua sagte (vgl. Mt 11,12). Zugleich kommt es sanft, scheinbar zögerlich und nur auf unsere Einladung hin. Es ist freundlich und schlicht. Es kommt über diese Welt, aber zugleich ist Gottes Reich – vor allem in dieser Zeit – in uns. Gottes Reich kann nur da richtig „funktionieren", wo ein Herz sich ihm willentlich und voller Liebe hingibt, wo es glaubend und in ungeteiltem Vertrauen feststeht. Denn Mittelpunkt von allem, was der Vater tut, bleibt seine innige Liebe zu seinen Kindern. Der König kommt nur da mit Macht, wo er auf eine Person trifft, die sich ihm mit ganzem Herzen zuwendet (vgl. 2 Chr 16,9). Auch ist der Vater entschlossen, seine Kinder aufs Mitregieren mit ihm in seinem Reich vorzubereiten; wenn er also das Kommen des Reiches in seiner ganzen Fülle noch zurückhält, dann dazu, dass seine Kinder in die Rolle hineinwachsen, die sie darin spielen sollen.

Obwohl wir seit fast 2000 Jahren auf das baldige Kommen des Gottesreiches warten, wie Jeschua es angekündigt hat, ist es deshalb so, dass sein Kommen in der Fülle – kraftvoll, unnachgiebig und unweigerlich – immer noch aussteht. Aber der Tag, an dem sich eine Generation von Gläubigen erhebt, die ihren Stand einnimmt und den Mantel Elias ergreift, kommt bald. Diese Menschen werden den Herrn, ihren Gott, von ganzem Herzen und innigst lieben. Sie werden sich in kleinen, eng verwobenen, liebevollen Gemeinschaften vereinen, in denen die stets fließende Liebe zwischen Vater, Sohn und Geist für alle Welt sichtbar dargestellt werden wird, indem diese Gläubigen auf Erden vorleben, was echtes ewiges Leben ist. Die Welt wird sie an ihrer Liebe zueinander erkennen. Sie selbst werden gemeinsam, als ein Leib, Gottes Tempel auf Erden werden, der die Kräfte des Himmels und der Engel Gottes für die Erde freisetzt, mit Zeichen, Wundern und Heilungen aller Art, geradeso wie es in den Anfangsjahren der Kirche war. Sie werden gegen die Mächte und Strukturen der Hölle, die die Erde versklavt haben, in den Krieg ziehen, oft allein schon durch ihre Anwesenheit und die Tatsache, dass sie die Gesellschaft durchdringen, wie es die Gemeinde in Ephesus tat – und sie werden überwinden. Sie werden die Gefangenen freilassen und in einer Zeit zunehmender, bedrückender Finsternis eine riesige Seelenernte einbringen. Und der Herr persönlich wird wiederkommen und majestätisch auf der Erde regieren. Das ist der „nicht von Händen losgehauene Stein", der die Königreiche der Erde zerschmettern und sich dann ausbreiten wird, um die Erde anzufüllen (vgl. Dan 2,45).

Gottes Reich: Was im Herzen beginnt, manifestiert sich auf der Erde

Gottes Reich ist militaristisch. Aber seine Militanz ist völlig anders als die dieser Welt. Es ist im Krieg gegen das Fleisch, gegen die Bollwerke in den Gedanken, die den Einzelnen wie die Gesellschaft durchsetzen, gegen die teuflischen Strukturen des Bösen, die Menschen zu Marionetten machen, sowie gegen jede Macht der Zerstörung und des Niedergangs, die Sünde, Rebellion und Satan auf diese Welt freigesetzt haben.

Deswegen ist es so, dass die Straße zum Zion – hin zur letztendlichen Erfüllung all unserer Träume – durch das menschliche Herz führt, auch wenn das Endziel darin besteht, dass Jeschua die Erde von Jerusalem aus regiert und der Vater selbst in uns lebt. Das erste Ziel des Herrn ist, das Königtum über unsere Seelen zurückzugewinnen. Durch das Kreuz erlöst er uns von der Herrschaft und zerstörerischen Gewalt der Sünde. Die Erlösung stellt uns unter die Tür des Reiches Gottes; sie ist aber nicht mehr als die Schwelle dazu. Mit ihr beginnt das Veränderungswerk erst, das Gottes Reich an uns vollbringt.

Danach fängt der König an, seine Autorität und Herrschaft im Leben des neugewonnen Gläubigen auszubauen. Er lehrt uns, wie man in Unterordnung unter den Geist und in Demut lebt, sodass die vorige Herrschaft von Selbstsucht und Stolz, die in uns regiert haben, gebrochen wird. Er lehrt uns, wie wir unsere Gefühle unter seine Kontrolle bringen können, sodass auch sie uns nicht mehr beherrschen können. Der Heilige Geist kümmert sich nach und nach um jeden Teil unseres Seins: Gedanken, Wille, Gefühle, Körper, Gewohnheiten, Entscheidungen, Zeiteinteilung, Geld, Freundschaften und Beziehungen – so lange, bis wir dem Bild des Sohnes gleichgestaltet sind (vgl. Röm 8,29).

Der Heilige Geist zielt auf die gedanklichen Bollwerke, die der Feind in uns errichtet hat. Er gräbt die Sündenpfuhle auf, in die frühere Generationen geraten sind, und geht gegen dämonische Einflüsse in unseren Familien vor, bis das Dämonische uns nicht mehr beherrschen kann. Bollwerke wie Furcht, Angst, sexuelle Pervertiertheit, Pornographie, Schwatzsucht, Aggressivität, Zauberei usw. werden mit Stumpf und Stiel ausgerissen, eines nach dem anderen. Selten geschieht das alles auf einen Schlag; es geht eher so wie Israels Landnahme unter Josua: eine Schlacht nach der anderen. Befreiung gehört zu unserem Erbe und ist Teil unserer Vorbereitung darauf, Mitarbeiter Jeschuas im Gottesreich des Neuen Bundes zu sein. Doch wie viele christliche Leiter gibt es wohl heutzutage – ganz zu schweigen von den Leuten in ihren Gemeinden –, die sich diesem Prozess ausgesetzt haben und zu Überwindern geworden sind?

Der Herr lehrt uns, diese Dinge zu tun, und zwar nicht, indem er uns ermutigt, an Willenskraft und Entschlossenheit zur Heiligung zuzunehmen, sondern indem er uns darin unterweist, in Beziehung zu leben. Er breitet nicht unsere Sünde vor unseren Augen aus, lenkt unsere Aufmerksamkeit nicht auf die Sünden, die weichen müssen, sondern dreht uns um, bis unser Blick sich mit seinem trifft. Wenn wir die Fülle der Liebe sehen, die er zu uns hat, wenn wir es lernen zu entspannen und die Fülle seiner Liebe zu uns zu empfangen und *sie dann ihm zurückgeben und auch an unsere Brüder und Schwestern weitergeben*, dann fängt sein Leben an, uns zu erfüllen und zu verwandeln. In unserer Beziehung des Gebens und Empfangens zu ihm lernen wir zu lieben. Indem wir ihn an jedem Tag neu erleben, nähren wir uns von frischem Manna. Wir lernen es, das Hereinströmen seiner Liebe in uns an die Stelle unseres inneren Dranges zum Sündigen treten zu lassen.

In gewisser Hinsicht unterscheidet sich Gottes Reich sehr vom bloßen Christentum. Im Christentum ist man entweder errettet oder nicht. Gibt es aber in meinem Herzen noch nicht unterworfene, unheilige Bereiche, so ist jener Teil meines Lebens nicht völlig Teil des Reiches Gottes, weil er noch nicht unter der Regentschaft und Herrschaft Jeschuas steht. Gerettet bin ich trotzdem, aber *jeder* Bereich meines Herzens und Lebens muss unter seine Herrschaft kommen.

Der König lehrt uns auch, Liebende zu sein. Er lehrt uns, dass mit ihm herrschen heißt, dadurch zu regieren, dass wir zur Wohnung Gottes werden. Wir lernen, wie wir Gottes Gegenwart anziehen und behalten können. Sind wir von ihm wirklich erfüllt, so kommt seine Gegenwart in uns der „fetten" Salbung gleich, die jedes Joch des Feindes in uns und unserer Stadt zerbricht. Sonderbare Dinge werden geschehen, wenn er in uns wohnt und uns nicht nur besucht – ob dieser Besuch sich nun in frommem Erschauern oder auch in der Macht niederschlägt, Wunder zu tun –, wenn seine manifeste Gegenwart wirklich bei uns verharrt. Sonderbare Dinge, wie sie im Leben von Smith Wigglesworth geschahen, der einfach seine Bibel aufschlug, um im Zugabteil darin zu lesen. Weil Smith in der Gegenwart Gottes lebte, kam in diesem Moment die Herrlichkeit Gottes mit solcher Macht, dass jeder in dem Abteil plötzlich zu Boden glitt und sich in markerschütternder Sündenbuße aufs Angesicht warf. Smith hatte nicht ein einziges Wort gesagt. Der Geist überwältigte die Menschen, weil er in Smith wohnte.

Eines meiner Lebensziele ist „Gegenwarts-Evangelisation". Das geschieht, wenn Gottes Gegenwart so mächtig auf einem Menschen ruht, dass allein seine Anwesenheit und seine Gebete an einem Ort genügen, um Menschen in seinem Umfeld dramatisch von der Sphäre des Geistes Gottes ergriffen werden zu lassen. Es kommt dann zu spontanen Ausbrüchen von Buße; Menschen erfahren Heil, ja sogar Befreiung, weil die Dämonen in ihnen vor

Angst zu schreien beginnen, da sie die manifeste Macht Gottes spüren, genau wie es überall dort geschah, wo Jeschua auftrat.

Je mehr wir mit dem König verbunden sind, umso mehr werden wir seine Anweisungen hören und befolgen können. Genauso lebte Jeschua: „Ich tue nur, was ich den Vater tun sehe, und sage nur das, was ich selbst vom Vater gehört habe" – so beschrieb er seine Lebensweise. Diese Prozesse der Reinigung und mit dem König neu verbunden zu werden, gestatten es der Macht und Autorität des Reiches Gottes, ungehindert durch uns zu fließen, sodass wir, wie Jeschua es über uns gesagt hat, dieselben Dinge tun können wie er, ja sogar noch größere. Je mehr wir durch seine Gegenwart und die Prozesse der Reinigung, die er in Gang setzt, verwandelt werden, umso besser sind wir auf die Aufgabe vorbereitet, die er für uns hat, nämlich der erweiterte Dienst des Messias auf der Erde zu werden.

Ich weiß, das klingt, als würde ich die Latte sehr hoch legen. Unsere Ziele *sollten* die allerbesten sein, sodass er sein Höchstes und Bestes über uns freisetzen kann. Das Wunderbare an unserem König ist jedoch, dass er uns mit jedem Schritt, den wir auf ihn zugehen, Kraft und Salbung zufließen lässt. Mit dem allerersten Moment unseres neuen Lebens mit ihm beginnt unsere Mitregentschaft. Es hängt alles allein davon ab, wie wir in jeder Phase unseres Lebens auf ihn reagieren. Deshalb kann es geschehen, dass soeben frisch Bekehrte vom Fleck weg mächtig im Gebet um Heilung und Errettung anderer gebraucht werden können: Ihnen sind plötzlich die Augen aufgegangen, und sie beten im Glauben.

All diese Dinge, die der Geist Gottes in unserem Leben tut, tut er für uns, aus leidenschaftlicher Liebe zu uns, damit wir zum Höchsten dessen, was uns möglich ist, geführt werden. Zugleich tut er es für diese Welt, damit durch uns der Welt seine Herrschaft vorgeführt wird und sie beginnen kann, die Welt zu durchdringen.

Die Kräfte des kommenden Zeitalters

Eines Tages wird sich die Herrschaft Jeschuas, des Messias, über alle Reiche der Erde erstrecken. Jeschua wird in einem physischen Leib von Jerusalem aus die Erde regieren: sichtbar, hörbar, von jedem Menschen auf dem Erdboden wahrgenommen. Es wird ein ganz konkretes Reich sein, ein mächtiges Reich, das das Antlitz der Erde verändern wird. Jeschua hat das Kommen dieses Reiches angekündigt. Er hat kundgetan, wie es wächst und dass es im Herzen geschieht, ja – aber auch, dass es zugleich darüber hinausgehen wird, denn eines Tages wird das, was in den Herzen seines Volkes herangewachsen ist, eine Herrschaft werden, die sich auf der Erde manifestiert.

Die Apostel predigten Gottes Reich, wussten sie doch, dass sie es mit jeder geretteten Seele, jedem von Krankheitsnöten geheilten Körper, jedem ausgetriebenen Dämon, jeder durch Gottes Kraft verwandelten Stadt und jeder neugegründeten Gemeinde, die die Liebe der Gottheit ausstrahlte, ein Stück mehr zum Vorschein brachten. In seiner ersten Predigt in Kapernaum proklamierte Jeschua diesen Frontalangriff auf die irdischen Machtstrukturen des Teufels als seine Aufgabe:

Der Geist des Herrn ist auf mir, weil er mich gesalbt hat, Armen gute Botschaft zu verkündigen; er hat mich gesandt, Gefangenen Freiheit auszurufen und Blinden, dass sie wieder sehen, Zerschlagene in Freiheit hinzusenden, auszurufen ein angenehmes Jahr des Herrn (Lk 4,18-19).

Und er befahl den Zwölfen, den 72 und durch den Missionsbefehl von Matthäus 28,18-19 seinem ganzen Leib, dasselbe zu tun.

Das trieb die frühe Kirche dazu, einen großen Teil der bekannten Welt innerhalb weniger Jahre zu verwandeln. So handelten die meisten der Gemeinden fast 300 Jahre lang. Bis hinein in die Zeit Konstantins war die Gemeinde für die Wunder bekannt, die regelmäßig geschahen, bis hin zu Totenauferweckungen. Hier ist nicht der Ort, um zu diskutieren, was dieser mächtig wogenden Kraft widerfuhr, sodass sie eingehegt und schließlich abgewürgt wurde. Was wir aber unbedingt erkennen sollten, ist, dass der Herr dabei ist, Gaben, Gnade, Erkenntnis und Glauben wiederherzustellen, sodass wir zu unseren ursprünglichen Aufgaben zurückkehren können, Gottes Reich herbeizuführen und das Land wieder einzunehmen, das wir dem Feind überlassen haben bzw. das er in einigen Fällen seit den Zeiten Adams unter der Fuchtel hatte.

Brennpunkt des von Jeschua verkündigten Evangeliums war die Proklamation und Demonstration der Königsherrschaft Gottes.

Uns ist das Privileg zuteil geworden, mit demselben Maß an Kraft des Heiligen Geistes zu dienen, wie es Jeschua hatte, und das ist nur ein Vorgeschmack der Kräfte des zukünftigen Zeitalters (vgl. Heb 6,5). Worin bestehen diese Kräfte? Das sagt uns die Schrift nicht, es kann aber sein, dass sie in etwa dem gleichen werden, worin Jeschua nach seiner Auferstehung wandelte. Wie dem auch sei, zum Wandel im Reich Gottes heute sollte jedenfalls gehören, dass wir ein Leben im Übernatürlichen führen. Sind wir im Messias, so leben wir nicht mehr in lediglich menschlichen Verhältnissen, es sei denn, wir praktizieren einen fleischlichen Lebenswandel oder erheben uns – aufgrund unseres Mangels an Glauben – nie über das rein Menschliche hinaus in das volle Potential dessen, was uns geschenkt ist. Wir sollen aber die „größeren Dinge" tun, die Jeschua verheißen hat.

Tatsächlich schalt Jeschua in Offenbarung 3 die laodizäische Gemeinde dafür, dass sie genau das war: nur menschlich und natürlich. Wenn er den Laodizäern sagte, sei seien weder warm noch kalt, nur lau und in Gefahr, ausgespien zu werden, gehen wir normalerweise davon aus, heiß meine „brennend für Gott" und kalt „weit entfernt von Gott". Wir denken, kalt sei bei Gott besser als lauwarm, denn wenn jemand irrtümlich meine, es sei doch alles in Ordnung, sei er schwerer zu erreichen als diejenigen, die wissen, dass sie aufrührerisch leben.

Aber entspricht das dem, was wir unter „lauwarm" verstehen? Verhält es sich nicht vielmehr so, dass etwas Lauwarmes sich der Temperatur seiner Umgebung angepasst hat? Tatsächlich implizierte Jeschua, es sei gut, kalt und nicht einfach nur heiß zu sein, dass es ihm gefalle, wenn Menschen entweder heiß oder kalt sind. Die Hauptsache an etwas Heißem oder Kaltem ist, dass es heraussticht, weil es radikal anders ist als alles, was es umgibt. Wir sollen weit mehr sein als nur menschlich und natürlich. Übernatürlich sollen wir sein: übernatürlich in unserem Umgang mit Gott, übernatürlich in unserer Liebe zu ihm und darin, wie wir ihm gehorchen. Übernatürlich auch in unserem Dienst und darin, wie wir mit dem Leben umgehen. Wir sollen in unserem Leben Unmöglichkeiten überwinden bis dahin, dass wir die Pforten der Hölle durchbrechen und sie zurückdrängen.

Auch die Korinther mussten sich von Paulus dafür schelten lassen, dass sie nur menschlich waren, wo sie doch eine völlig erlöste, ganz und gar übernatürliche Lebensperspektive hätten haben sollen:

... ihr seid noch fleischlich. Denn wo Eifersucht und Streit unter euch ist, seid ihr da nicht fleischlich und wandelt nach Menschenweise? (1 Kor 3,3).

Wir sind dazu gedacht, uns auf einer übernatürlichen Ebene des Lebens zu bewegen, als Überwinder, deren Lebensquelle das machtvolle Evangelium ist.

Als die frühen Gläubigen vor der ersten Christenverfolgung in Jerusalem flohen, liefen sie nicht einfach nur weg, um irgendwo Zuflucht zu finden und wieder ein sicheres Leben führen zu können. Nein, sie nahmen das neue Gebiet ein und verwandelten es. Binnen weniger Jahrzehnte wurde Syrien von Damaskus bis Antiochien vom Evangelium durchdrungen. In diesen und vielen anderen Städten wurden große, lebendige Gemeinden gepflanzt. Die damals in dieser Gegend entstandene Kirche dauert bis zum heutigen Tag fort; sie hat sich als stark genug erwiesen, dem aufkommenden Islam zu widerstehen. Die Gläubigen von Assyrien sind nie Kompromisse mit dem Islam eingegangen, was sie teuer zu stehen gekommen ist.

Paulus und Barnabas nahmen Kleinasien für das Evangelium ein. Thomas ging nach Indien und Andreas möglicherweise bis nach Zentralasien. Man sagt, Simon der Zelot habe das Evangelium zunächst bis ins westafrikanische Mauretanien getragen und sich dann nordwärts nach Britannien gewandt. Die frühen Christen hatten die Absicht, die Gesellschaften, in die sie kamen, zu durchdringen und zu verändern. Dasselbe Ziel müssen auch wir verfolgen. Wo Gemeinden sich dieses Verständnis aneignen, geschehen phantastische Dinge. Wie schon gesagt, haben die Gemeinden in Uganda begonnen, für das, was in ihren Städten und im ganzen Land geschieht, die Verantwortung zu übernehmen, und dürfen sehen, wie sich weite Bereiche der Kultur und des ganzen Landes verändern.

Ein anderes Beispiel bietet die Stadt Almolonga in Guatemala. Wie George Otis Jr. von *Sentinel Group* die Dinge im Video „Transformation" schildert, war Almolonga eine Kleinstadt von 30 000 Einwohnern, die unter Armut, niedriger landwirtschaftlicher Produktivität, verbreitetem Alkoholismus und familiärer Gewalt litt. Seit der vorspanischen Zeit hatten die Bewohner uralte dämonische Gottheiten verehrt. Eine dieser Gottheiten wurde regelmäßig wie ein Mannequin eingekleidet, um ihre Ehrerbietung entgegenzunehmen. Es gab nur wenige wahre Gläubige in der Stadt. Vor einigen Jahren, als die Lage richtig aussichtslos wurde, begann eine kleine Gruppe von Gläubigen voll Glaubens darum zu beten, die Kraft Gottes möge ihre Stadt verwandeln. Im Lauf der Zeit wurden sie immer mehr. Dann geschahen ein paar mächtige Wunderheilungen, die diese Kleinstadt aufrüttelten, und die Gemeinde begann zu wachsen und die Mächte der Finsternis zurückzudrängen.

Heute geht man davon aus, dass die Einwohnerschaft dieser Stadt zu mehr als achtzig Prozent aus wiedergeborenen Gläubigen besteht. Die düstere Wolke der Hoffnungslosigkeit und Verzweiflung ist verschwunden. Der Polizeichef hat nicht viel zu tun. Gefängnisse gibt es keine mehr. Nachts liegen keine Betrunkenen mehr in den Straßen herum. Die ganze Stadt ist von Gemeinden durchsetzt, und überall in der Stadt proklamieren Werbeschilder: *„Jesus Christos esta Señor!"* („Jesus ist Herr!").

Und nicht nur das, sogar die Natur hat auf den neuen geistlichen Zustand der Stadt reagiert. Die Landwirtschaft rund um die Stadt ist verwandelt worden. Es stimmt, dass die Verbesserungen zum Teil mit der neuen Arbeitsethik der Christen zusammenhängen, aber das vermag nicht zu erklären, wieso das angebaute Gemüse und Getreide gigantische und gesunde Proportionen angenommen hat. Auf dem Video zeigen sie Karotten, die größer sind als der Unterarm eines Mannes, ebenso wie überdimensionierte Kohlköpfe usw. Die Veränderungen sind so dramatisch, dass eigens Forscher aus den Vereinigten Staaten angereist sind, um diesen unerklärlichen Wandel zu untersuchen. Wo die Bewohner früher vier Lkw-Ladungen an landwirtschaftlichen Produkten im Monat exportierten, sind es jetzt vierzig pro Woche. So sieht das Kommen des Reiches Gottes aus. Genau das muss in aller Welt geschehen.

Und er regiert für immer und ewig ...

Die Prophetien über das Reich Gottes werden erst dann gänzlich in Erfüllung gehen, wenn Jeschua selbst wieder auf die Erde kommt, um die Königsherrschaft zu übernehmen. Die tausendjährige Regierungszeit Jeschuas wird Realität sein. Seit die Gemeinden von Rom und Alexandrien im 2. und 3. Jahrhundert auf die schiefe Bahn der Kompromisse mit den Götzenkulten ihrer Zeit geraten sind, hat das nichtjüdische Christentum der Botschaft widerstanden, Jeschua werde buchstäblich auf Erden regieren. Seinerzeit geschah das, weil die Kirche angefangen hatte, sich die Aussagen der Gnostiker, insbesondere derer von Plato, zu eigen zu machen, nach denen allem Materiellen, Physischen das Böse innewohne und nur das Geistige gut sei. Folglich konnte ihrer Auffassung nach eine materielle, buchstäbliche irdische Herrschaft Jeschuas nicht das sein, was die prophetischen Schriften angekündigt hatten.

Die Zunahme des Antisemitismus im Heidenchristentum beförderte diesen Prozess. Es wurde zu einer Geschmacklosigkeit, sich den Heiland in der Rolle eines jüdischen Königs vorzustellen, der von einem jüdischen Jerusalem aus über ein wiederhergestelltes Israel regiert, wobei Israels Stellung derjenigen Roms weit überlegen ist, und der die alten hebräischen Prophezeiungen über jene Zeit erfüllt, in der der Löwe neben dem Lamm lagert. Im heidenchristlichen Denken erwies das Aufkommen einer Heidenkirche, die sich von jüdischem Einfluss befreit hatte, die Überlegenheit der Gemeinde über Israel. Sie dachten, sie seien selbst an die Stelle Israels getreten – anstatt demütig anzuerkennen, dass sie das Vorrecht erlangt hatten, in Israel eingepfropft bzw. Teil von etwas zu werden, das größer war als sie selbst.

Nachdem im Denken dieser Menschen das Geistige oder Geistliche mehr galt als das Natürliche, rückte alsbald die Hoffnung der himmlischen Herrlichkeit in den Mittelpunkt, nicht aber die Erfüllung des Planes Gottes für den Menschen auf Erden. Daran hat sich bis heute nichts geändert. Die meisten Christen träumen vom Himmel und erkennen gar nicht, dass der Himmel keineswegs das letzte Ziel ist. Letzte Erfüllung findet unser Geschick nach wie vor auf der Erde. Die Entrückung, wann immer sie nun stattfinden mag, ist nicht der Eingang in die endgültige Glückseligkeit, sondern nur eine weitere Perle an der Kette der Ereignisse, die Gottes Plan der Erfüllung näherbringen.

Einmal predigte ich als Gast in einer Pfingstgemeinde, die in der beschriebenen Weise auf den Himmel ausgerichtet war. Jedes

Lied, das an dem Abend gesungen wurde, kündete von der Sehnsucht, schließlich in den Himmel zu gelangen. Ich gewann den festen Eindruck, die Leute saßen einfach nur ihre Zeit ab, bis sie entweder sterben oder entrückt werden würden, nur um endlich von dieser Erde los zu sein. Nun sehne ich mich auch danach, den Herrn zu schauen, aber genauso lerne ich es, mich nach der Erfüllung seiner Absichten auf der Erde zu sehnen, zu sehen, dass die Erde zum Schemel seiner Füße wird.

Man muss sogar sagen, diese Sehnsucht, von der Erde loszukommen, um die himmlische Herrlichkeit zu genießen, ähnelt mehr hinduistischen Reinkarnationslehren, die sich um die Auflösung des Selbst ins Nirwana hinein drehen, als der – buchstäblich – erdverbundenen hebräischen Lehre der Bibel. Mag sein, dass das ein bisschen hart klingt, aber doch nur, weil diese Denkart seit dem 3./4. Jahrhundert in der Kirche normal geworden ist. Als die frühe Kirche damit anfing, mehr aus dem Brunnen griechischer Philosophie als aus dem des israelitisch-hebräischen Denkens zu schöpfen, wurde es ganz natürlich, dass sie die griechisch-heidnische Art zu denken übernahm. Dieses Heidentum ging ursprünglich von Babylon aus und verbreitete sich westwärts bis nach Rom und ostwärts bis nach Indien, ja sogar Japan.[11] (Daher rührt der Befehl von Offenbarung 18,4, aus Babylon herauszukommen. Jede falsche Religion auf der Erde hat ihre Verwurzelung im anfänglichen Irrglauben Nimrods und Semiramis' in Babylon.) Es bestehen also definitive Bindungen zwischen der religiösen Philosophie der Griechen und hinduistischen Lehren.

Hebräisches Denken ist nicht darauf aus, dem Bereich des Irdischen und Materiellen zu entkommen. Vielmehr erwarten wir, den Herrn inmitten einer unvollkommenen Welt zu erleben, und glauben an seine Treue, in der er uns durch Schwierigkeiten hindurchträgt. Er hat diese Erde für uns gemacht. Sie ist der von ihm konzipierte Raum, in dem sich unser Leben entfalten soll. Ja, bis in die Ewigkeit wird diese Erde der Lebensraum der Menschheit bleiben (vgl. Ps 78,69; Pred 1,4; Röm 8,30-23).

Die früheste Kirche lehrte genau wie die Apostel und Jeschua selbst, der Messias werde wiederkehren, um auf Erden zu herr-

---

[11] Siehe A. Hislop, The Two Babylons, or, Papal worship proved to be the worship of Nimrod and his wife, 1853 (Nd. Chicago 1996).

schen. Das spiegeln alle kirchlichen Schriften zumindest bis Mitte des 2. Jahrhunderts wider. Auch spätere Autoren konnten diese klare Lehre nicht einfach wegmanipulieren, also ließen sie sie entweder schlicht außer Acht oder erklärten sie zur Allegorie und vergeistlichten so ihre unmissverständliche Aussage.

Heute haben die meisten Christen den Wunsch, die Bibel weit mehr wörtlich zu verstehen, aber das ist eine umkämpfte Sache. Da das Millennium als tausendjährige Periode nur in einem einzigen Kapitel Erwähnung findet, sagen manche, man solle keine Lehre auf einen einzigen Vers gründen. Tatsächlich finden wir aber überall in der Heiligen Schrift Hinweise auf diese irdische Herrschaftszeit Jeschuas. Als ihn die Jünger in Apostelgeschichte 1,6 fragten, ob nun die Zeit gekommen sei, in der er Israel das Königtum wiederherstelle, widersprach Jeschua ihnen nicht. Viele Ausleger spotten über die Begriffsstutzigkeit, in der die Jünger unmittelbar nach der Auferstehung eine solche Frage stellen konnten. Aber Jeschua wies sie nicht zurecht, sondern gab ihnen nur zur Antwort, es sei nicht an ihnen, Zeit und Stunde zu kennen, vielmehr sollten sie sich auf die Aufgabe konzentrieren, sein Reich überall auf der Erde auszubreiten.

Viele derer, die heute spotten, begehen einen weit größeren Fehler als die Apostel, sind sie doch eifernd darauf bedacht, das Datum der Wiederkunft des Herrn und die Reihenfolge endzeitlicher Geschehnisse ausfindig zu machen, wobei sie im Großen und Ganzen die Aufgabe außer Acht lassen, Land und Menschenseelen der Herrschaft des Feindes zu entreißen, um sie dem Königtum Jeschuas zu unterstellen. Das aber tat die frühe Kirche.

In den prophetischen Büchern des Alten Testaments finden sich viele Millenniumsprophetien, etwa bei Jesaja, der vielfach von der kommenden Friedenszeit sprach, in der Schwerter zu Pflugscharen umgeschmiedet werden sollten, der Löwe friedlich neben dem Lamm leben und es keinen Krieg mehr geben werde. Die Propheten sprachen von einer Zeit noch nie dagewesenen Wohlstands für die Erde, in der Jeschua Gerechtigkeit herstellen und in Landbau, Natur und Tierwelt viele der paradiesischen Bedingungen wieder herbeiführen werde, wie sie in Eden herrschten, gleich nach der Schöpfung – wenn er es nicht sogar noch besser mache. Die Propheten sprachen von einer Zeit, in der ein mit hundert Jahren sterbender Mensch als früh dahingeschieden gelten werde.

Derlei Prophetien können wohl kaum auf den Himmel oder die Ewigkeit gemünzt sein, denn nach dem Endgericht wird es überhaupt keinen Tod mehr geben. Es muss eine Zeit der Umwandlung geben, von der hier die Rede ist.

Der fehlende Punkt, der für mich den Nebel lichtete und bestätigte, dass diese tausendjährige Periode sowohl biblisch ist als auch einen notwendigen Bestandteil des Planes Gottes für Menschheit und Erde darstellt, erlangte ich durch die Lehre von Mike Bickle vom Internationalen Haus des Gebets (IHOP) in Kansas City, Missouri. Mike erläuterte die *Absichten* Gottes im Millennium. (Ich sehe in allem gern den Grund. Der Herr teilt uns nicht immer seine Absichten mit, denn für ihn sind Gehorsam, Vertrauen und Treue wertvoller, als dass wir alles verstehen. Aber wenn wir seine Absicht in einer Sache erkennen, unterstützt das unsere Gewissheit, auf dem richtigen Weg zu sein. Zugleich ist das ein Teil der Hypothese, die dieses Buch aufstellt, dass nämlich ein Verständnis der Absichten Gottes für uns und die Schöpfung uns begreifen hilft, wozu die verschiedenen Fäden und Motive des bunten Teppichs gut sind, den wir Bibel nennen.) In Kürze werden wir auf diesen fehlenden Punkt zurückkommen.

Wann immer wir darüber hinausgehen zu erkennen, welche Prophetien sich erfüllt haben, und anfangen zu schauen, wie sich prophetische Zukunftsbilder wohl umsetzen werden, begeben wir uns in den Bereich der Spekulation. Wir sind noch nicht in der Zukunft gewesen, wir kennen sie nicht, wir haben nur die kleinen Hinweise auf Zukünftiges, die der Herr uns in seinem Wort gegeben hat und die oft rein symbolisch zu deuten sind. Das Risiko, in der Prophetie die symbolische und die faktische Ebene zu verwechseln, ist groß, weshalb also sollten wir es heute auf uns nehmen? Einfach deswegen, weil die Lehre vom Reich Gottes unvollständig ist, wenn wir ausschließlich auf die Vergangenheit oder aufs Hier und Jetzt schauen. Die Reich-Gottes-Lehre Jeschuas und der Apostel umschloss immer den Aspekt der zukünftigen Herrschaft des Messias und unseres einstmaligen Lebens in der unmittelbaren Gegenwart Gottes.

Es bedarf also einer Veränderung: weg davon, dass wir unsere Zukunft mit Gott in Form einer „Himmelsgesinnung" sehen, die in der heidnischen Philosophie verwurzelt ist, und hin zur Wahrnehmung unseres Lebens als wachsende Beziehung zu unserem

Gott in den Gegebenheiten dieser Erde. Es ist Teil der ewigen Absichten Gottes, nicht nur die Himmel zu erfüllen, sondern sich durch den Leib Jeschuas physisch hier auf der Erde zu manifestieren. Der Herr liebt diese Erde, die er für uns als Lebensraum geschaffen hat.

Wiederherstellung ist das Generalthema der Endzeit

Wenn man auf die kommenden Endzeitereignisse schaut, wie sie in den Büchern Daniel und Offenbarung geschildert werden, ist es hilfreich, einen Schritt zurückzutreten, damit man bemerkt, mit welch breiten Pinselstrichen dieses Bild gemalt ist. Nicht Gericht ist der zentrale Punkt der Apokalypse. Und es ist auch nicht so, dass die Eieruhr abgelaufen wäre, sodass der Herr nun sagt: „Okay, die Zeit ist um" – obwohl es eine Zeit des Gerichts *ist* und obwohl die *kairos*-Zeit, der Punkt, an dem sich die Dinge erfüllt haben werden, kommt. Doch mehr im Vordergrund als das Gericht steht bei all diesen Geschehnissen das Thema Ernte. Wie schon Jeschua sagt: Die Ernte ist das Ende des Zeitalters (vgl. Mt 13,39). Wie er es in jenem Gleichnis schildert, wird bei dieser Ernte alles eingebracht werden, was ausgesät worden ist – zum Guten wie zum Schlechten. Auch das Laubhüttenfest gibt uns hier einen Hinweis, denn es wird in dieser Zeit zur Erfüllung gelangen, und einer seiner Namen ist „Fest des letzten Einsammelns". In diesen Tagen zeigt der Heilige Geist vielen, dass der Vater die Welt auf die letzte Ernte vor der Wiederkehr Jeschuas vorbereitet.

Doch nicht einmal die Ernte – so groß und so wichtig sie auch sein wird, schließlich geht es hier um das Ewigkeitsgeschick von Millionen Menschen – ist das Hauptthema der letzten Zeit. Das Wort, das diese Epoche am besten charakterisiert, ist das Wort *Wiederherstellung*. In seiner Tempelrede sagte Petrus:

> *So tut nun Buße und bekehrt euch, dass eure Sünden ausgetilgt werden, damit Zeiten der Erquickung kommen vom Angesicht des Herrn und er euch den vorausbestimmten Jesus Christus sende! Den muss freilich der Himmel aufnehmen bis zu den Zeiten der Wiederherstellung aller Dinge, von denen Gott durch den Mund seiner heiligen Propheten von jeher geredet hat* (Apg 3,19-21).

Dieses Wort „Wiederherstellung" bzw. ἀποκατάστασις *(apokatastasis)* meint ursprünglich die Zurückbringung einer Sache in ihren anfänglichen oder vorigen Zustand, nach „Thayer's Greek Definitions": „die Wiederherstellung des vollkommenen Zustands vor dem Sündenfall". Das ist es, glaube ich, was Gott durch die turbulenten Geschehnisse der Endzeit tun wird! Er wird Menschheit und Erde wiederherstellen zu einem geheilten, gesunden und vollkommenen Zustand, wie es ihn seit Eden nicht mehr gegeben hat.

Schauen wir noch einmal auf die breiten Pinselstriche des Bildes: Die Ernte sowohl des Guten wie auch des Bösen wird zum Anwachsen von Dunkelheit und Bosheit führen, während sich zugleich das wahre Volk Gottes in Heiligkeit und Kraft erheben wird, wie es seit der Gemeinde des 1. Jahrhunderts nicht mehr geschehen ist. Davon gibt das Jesajabuch Zeugnis:

> *Steh auf, werde licht! Denn dein Licht ist gekommen, und die Herrlichkeit des HERRN ist über dir aufgegangen! Denn siehe, Finsternis bedeckt die Erde und Dunkel die Völkerschaften; aber über dir strahlt der HERR auf, und seine Herrlichkeit erscheint über dir. Und es ziehen Nationen zu deinem Licht hin und Könige zum Lichtglanz deines Aufgangs* (Jes 60,1-3).

Die Nationen werden gemäß ihrem Umgang mit Israel – sowohl mit den natürlichen als auch mit den eingepfropften Söhnen Abrahams – gerichtet werden. Das Volk Israel selbst wird ebenfalls gerichtet und sowohl durch zunehmendes Gericht und wachsenden Druck als auch durch Gottes reine Gnade zur Buße und Erkenntnis Jeschuas als des Messias geführt werden.

Ehe ich fortfahre, muss ich noch einmal wiederholen, dass Gericht nichts Schlechtes ist. Allzu oft bringen wir den Gedanken an Gericht mit katastrophalem Sterben und schrecklichem Leiden in Verbindung, und tatsächlich kann Gericht viel Leid heraufbeschwören. Wo Gericht aber von Gott kommt, ist es normalerweise auf Wiederherstellung aus. Gottes Absicht ist es, den rebellischen Geist zu brechen und ein Volk zu seinem Gott zurückzubringen. Das heutige Israel ist rebellisch. Die sündhaften Verhältnisse in vielen israelischen Städten würden Sodom und Gomorrha erröten lassen. Aus diesem Grund ist das Erbe des Volkes in Gefahr, denn das Vorrecht, das Land zu besitzen, war immer an Gehorsam und

Wandel mit ihm geknüpft. Deswegen werden wir in den kommenden Tagen sehen, wie der Herr in seiner Barmherzigkeit Israel richten wird, womit er bereits begonnen hat.

In den Tagen, die über uns kommen, wird sich die Erde selbst gegen das überhandnehmende Böse zur Wehr setzen. Wir sind bereits Zeugen des zunehmenden Bösen wie auch zunehmender katastrophaler Ereignisse wie Tsunamis und extreme Wetterlagen geworden. Das alles sind die Geburtswehen, hat Jeschua gesagt. Es dürfte kaum nötig sein, dass wir uns mit dem Ausmalen möglicher Szenarien auf politischer Ebene wie etwa der Errichtung eines weltweiten diktatorischen Regimes aufhalten. Diese Dinge sind Geburtswehen, weil ein dramatischer, welterschütternder Wandel zur Geburt kommen soll.

Die Geburt, von der wir reden, ist die Geburt des *olam haba*, „der Welt, die kommen soll", wie man in jüdischen Kreisen sagt. Im allerdramatischsten Moment des Konflikts wird Jeschua selbst auf der Erde erscheinen und diejenigen richten, die sich gegen ihn zusammengerottet haben werden. Rasch wird er den Krieg beenden, und in seiner Begleitung werden die himmlischen Heerscharen sein. In diesem Moment werden wir die erste Auferstehung geschehen sehen, die Auferstehung derer, die ihr Leben um des Evangeliums willen gelassen haben, sowie derer, die sich geweigert haben werden, das Zeichen des Tieres anzunehmen. Diese werden während der tausendjährigen Herrschaft in ihren auferstandenen, unsterblichen Leibern auf der Erde leben und mit Jeschua herrschen und regieren (vgl. Offb 20,4-6; 1 Kor 15,50-54). Gott sei Dank!

Hier haben wir eine weitere Manifestation des Reiches Gottes, die so herrlich und – inmitten der gegenwärtigen Finsternis – schwer vorstellbar erscheint, weil sie sich so krass von unserer Erfahrung abhebt. Die ganze Erde wird das Reich unseres Königs sein, der endlich wiedergekehrt sein wird!

Wenn wir in der Johannes-Offenbarung weiterlesen, sehen wir, dass nach dem abschließenden „Gericht auf dem weißen Thron", nachdem Satan und Tod in den Feuersee geworfen sein werden, der Vater selbst an die Seite Jeschuas kommen wird, um für immer unter uns zu leben!

Und ich [Johannes] sah die heilige Stadt, das neue Jerusalem, aus dem Himmel von Gott herabkommen, bereitet wie eine für ihren Mann geschmückte Braut. Und ich hörte eine laute Stimme vom Thron her sagen: Siehe, das Zelt Gottes bei den Menschen! Und er wird bei ihnen wohnen, und sie werden sein Volk sein, und Gott selbst wird bei ihnen sein, ihr Gott. Und er wird jede Träne von ihren Augen abwischen, und der Tod wird nicht mehr sein, noch Trauer noch Geschrei noch Schmerz wird mehr sein; denn das Erste ist vergangen (Offb 21,2-4).

Und genau hier, in dieser Aussage, entdecken wir den Sinn des tausendjährigen Intervalls zwischen dem Kommen Jeschuas und dem Erscheinen des Vaters auf der Erde. Mike Bickle zufolge liegt dieser Sinn darin, dass die Erde und ihre Bewohner geheilt, wiederhergestellt und dazu befähigt werden, die unverhüllte, ungeschmälerte Gegenwart des Vaters zu überleben und auszuhalten, und sogar mit ihm zu leben.

Würde der Vater in der gegenwärtigen Zeit auf die Erde kommen, so würde seine volle Gegenwart mit Sicherheit die Erde mitsamt ihrer Bewohner in ihrem jetzigen verdorbenen Zustand zerstören. Der Apostel Johannes und der Prophet Jesaja erfuhren, was es heißt, dem Herrn in der ganzen Gewalt seiner Heiligkeit zu begegnen: Sie waren überzeugt, sterben zu müssen. Nur in unseren unverderblichen himmlischen Leibern werden wir in der übermächtigen Gegenwart Gottes leben können. Genauso wird die Erde verändert werden müssen, um seine Gegenwart aushalten zu können: Sie bedarf der Heilung, Reinigung, Erneuerung und Heiligung. Es wird wahrscheinlich noch eine weitere Veränderungen notwendig sein, die mit der unterschiedlichen Beschaffenheit des Himmlischen und des Natürlichen zu tun haben.

Da der Vater zur geistlichen Dimension gehört *(„Gott ist Geist, und die ihn anbeten, müssen in Geist und Wahrheit anbeten"*, Joh 4,24*)*, der Mensch und die Erde aber zur physischen, müssen diese beiden Dimensionen wohl zuerst miteinander vereinigt werden, ehe der Vater mit uns leben kann. In dieses Geheimnis gewährt Epheser 1,9-10 Einblick:

> *Er hat uns ja das Geheimnis seines Willens zu erkennen gegeben nach seinem Wohlgefallen, das er sich vorgenommen hat in ihm für die Verwaltung bei der Erfüllung der Zeiten; alles zusammenzufassen in dem Christus, das, was in den Himmeln, und das, was auf der Erde ist – in ihm.*

Alles im Messias „zusammenzufassen", das meint, in ihm alles zu vereinen, alles mit ihm zu erfüllen, alles in ihm aufgehen zu lassen. Das beinhaltet vermutlich mehr, als dass einfach nur alles unter seiner Hoheit steht, nämlich dass er aus beiden Bereichen, dem Geistlichen und dem Natürlichen, eine neue Einheit schaffen wird. Der genaue Bedeutungsgehalt dieser Ankündigung wird uns nicht entschlüsselt. Es scheint so zu sein, dass wir in einen Zustand verwandelt werden, in dem wir zugleich in die himmlischen Dimensionen schauen und uns in ihnen bewegen wie auch auf der Erde leben können. Vielleicht wird aber auch das Irdische in irgendeiner Weise mit dem Himmlischen vereint werden. Auf jeden Fall wird der Vater, der Geist ist, auf dieser Erde leben – wahrlich Himmel auf Erden!

Der einzige Vers, der scheinbar gegen diese Sicht von der Erde spricht, die für den Vater zubereitet wird, ist Offenbarung 21,1:

Und ich sah einen neuen Himmel und eine neue Erde; denn der erste Himmel und die erste Erde waren vergangen ...

Schauen wir aber genauer hin, so sehen wir, dass der Grundtext tatsächlich unseren Gedanken unterstreicht. Das Wort, das hier für „neu" gebraucht wird, ist nicht das griechische *neos*, welches „neu" im Gegensatz zu „alt" bedeutet, sondern *kainos* mit der Bedeutung „neu" im Sinne von „aufgefrischt". Also: Himmel und Erde werden frischgemacht oder erneuert, nicht aber ersetzt werden.

Die Erde hat bereits mindestens eine Neuerschaffung hinter sich, wenn man in Betracht zieht, dass die nachsintflutliche Erde sich erheblich von der vorsintflutlichen unterschied. Ich habe mich eingehend mit den verschiedenen – und sehr glaubhaften – Erklärungsmodellen für Schöpfung und Sintflut befasst, die christliche Forscher in den vergangenen Jahren erarbeitet haben. Vermutlich würde keiner dieser Forscher behaupten, die endgültige Antwort gefunden zu haben, aber es gibt zumindest gewichtige Gründe für die Annahme, dass die Erde im Lauf eines einzigen Jahres, während sie unter dem Wasser der Flut lag und einige Wochen danach, dramatische Wandlungsprozesse durchlaufen hat, welche sogar die Gestalt der Kontinente modifizierten, was zu rapider Aufhäufung von Gebirgen, ebenso rascher Kontinentalverschiebung, der Absenkung der ozeanischen Gräben und – in einem etwas längeren Zeitraum – der Herausbildung der Strömungssysteme geführt hat, die unser heutiges Wetter bestimmen. Es gibt guten Grund für die Behauptung, dass die Naturkatastrophen, welche die Welt heute plagen, wie Erdbeben, Vulkanausbrüche und verheerende Stürme, samt und sonders auf die Veränderungen zurückgehen, die die Erde während der Sintflut erfahren hat.[12] Die Welt, die der Herr schuf, war vollkommen, aber die Sünde zerstört die Dinge.

Wieso braucht der Herr tausend Jahre, um die Erde zu verwandeln und zu erneuern? Weil während dieser Veränderungsprozesse Menschen auf der Erde leben werden. Während die Sintflut die Erde zerstörte und neu formte, waren die acht Überlebenden in einem gigantischen Schiff geborgen, das auf der Wasseroberfläche trieb, durch Gottes Hand vor übermächtigen Tsunamis und Winden geschützt, während gewaltige Kräfte unter der Oberfläche am Wirken waren. Für die Zeit des Millenniums finden wir keinen Hinweis darauf, dass der Herr aufs Neue solche gewaltsamen, übermächtigen Mittel einsetzen wird. Nein, die tausend Jahre werden notwendig sein, um Neuformung und Zubereitung sanfter bewerkstelligen zu können, bis die Erde aufs Neue vollkommen sein wird.

Erlösung ist nicht nur ein Konzept zur Wiederherstellung des menschlichen Herzens von den Verheerungen der Sünde und zur Sicherstellung unseres ewigen Geschicks, sondern der Herr wendet dieses Konzept zugleich zur Wiederherstellung der Erde von den Verheerungen der physischen Sündenfolgen an.

Was aber wird während dieser Zeit neu geformt und zubereitet werden? Betrachten wir die Hinweise, die die Bibel uns darauf gibt:

1. Die Regierung des Königreiches Jeschuas wird eingesetzt werden.
Das beinhaltet die Neuausrichtung der Nationen auf Jerusalem und die Beendigung aller Kriege.

---

[12] Siehe hierzu die Arbeiten von W. Brown unter www.creationscience.com und besonders sein Buch „In the Beginning: Compelling Evidence for Creation and the Flood", Phoenix, AZ 1996, von C. Baugh unter www.creationevidence.org sowie von K. Ham unter www.answersingenesis.org.

> *Und es wird geschehen am Ende der Tage, da wird der Berg des Hauses des HERRN feststehen als Haupt der Berge und erhaben sein über die Hügel; und alle Nationen werden zu ihm strömen ... Und er wird richten zwischen den Nationen und für viele Völker Recht sprechen. Dann werden sie ihre Schwerter zu Pflugscharen umschmieden und ihre Speere zu Winzermessern. Nicht mehr wird Nation gegen Nation das Schwert erheben, und sie werden den Krieg nicht mehr lernen* (Jes 2,2.4).

Jeschua wird über alle Nationen auf Erden regieren. Berge stehen für Macht, speziell politische Macht. Der Berg der politischen Macht Jeschuas wird die Erde regieren:

> *Und siehe, mit den Wolken des Himmels kam einer wie der Sohn eines Menschen* [Jeschua]. *Und er kam zu dem Alten an Tagen* [der Vater] *... Und ihm* [Jeschua] *wurde Herrschaft und Ehre und Königtum gegeben, und alle Völker, Nationen und Sprachen dienten ihm. Seine Herrschaft ist eine ewige Herrschaft, die nicht vergeht, und sein Königtum so, dass es nicht zerstört wird* (Dan 7,13-14).

In seiner in Matthäus 25,31-32 überlieferten Weissagung nimmt Jeschua Bezug auf diesen Text:

> *Wenn aber der Sohn des Menschen kommen wird in seiner Herrlichkeit ... dann wird er auf seinem Thron der Herrlichkeit sitzen; und vor ihm werden versammelt werden alle Nationen.*

Jerusalem wird Welthauptstadt sein, und alle Völker werden sich ihr anschließen:

> *In jener Zeit wird man Jerusalem den Thron des HERRN nennen, und alle Nationen werden sich zu ihr versammeln wegen des Namens des HERRN in Jerusalem* (Jer 3,17).

2. Die auferstandenen Heiligen werden partnerschaftlich zusammen mit Jeschua regieren.

> *Jesus aber sprach zu ihnen: Wahrlich, ich sage euch: Ihr, die ihr mir nachgefolgt seid, auch ihr werdet in der Wiedergeburt, wenn der Sohn des Menschen auf seinem Thron der Herrlichkeit sitzen wird, auf zwölf Thronen sitzen und die zwölf Stämme Israels richten* (Mt 19,28).

Jeschua spricht von „Wiedergeburt" (griechisch auch „Neuschaffung" oder „Erneuerung"): eine vollkommene Charakterisierung der Millenniumszeit der Wiederherstellung. Gut und gerne könnten wir statt vom „Millennium" von der „Neuschaffung" oder der „großen Wiederherstellung" sprechen. In Lukas 22,29 sagt Jeschua gar: „... ich verordne euch, wie mein Vater mir verordnet hat, ein Reich ...". Und in Matthäus 25,23 heißt es:

> Sein Herr sprach zu ihm: Recht so, du guter und treuer Knecht! Über weniges warst du treu, über vieles werde ich dich setzen; geh hinein in die Freude deines Herrn.

Und das sind nur ein paar von den vielen Bibelversen, die diesen Zeitabschnitt erwähnen. Weitere sind:

> Oder wisst ihr nicht, dass die Heiligen die Welt richten werden? Und wenn durch euch die Welt gerichtet wird, seid ihr dann nicht würdig, über die geringsten Dinge zu richten? Wisst ihr nicht, dass wir Engel richten werden, wie viel mehr über Alltägliches? (1 Kor 6,2-3).

> ... wenn wir ausharren, werden wir auch mitherrschen (2 Tim 2,12).

> Und ich sah Throne, und sie setzten sich darauf, und das Gericht wurde ihnen übergeben; und ich sah die Seelen derer, die um des Zeugnisses Jesu und um des Wortes Gottes willen enthauptet worden waren, und die, welche das Tier und sein Bild nicht angebetet und das Malzeichen nicht an ihre Stirn und an ihre Hand angenommen hatten, und sie wurden lebendig und herrschten mit dem Christus tausend Jahre ... Über diese hat der zweite Tod keine Macht, sondern sie werden Priester Gottes und des Christus sein und mit ihm herrschen die tausend Jahre (Offb 20,4.6b).

3. Der Herr wird Gerechtigkeit und Gleichheit in sozialen Fragen etablieren.

Die Bösen werden ausgelöscht werden:

> ... er wird die Geringen richten in Gerechtigkeit und die Elenden des Landes zurechtweisen in Geradheit. Und er wird den Gewalttätigen schlagen mit dem Stab seines Mundes und mit dem Hauch seiner Lippen den Gottlosen töten (Jes 11,4).

4. Die Natur wird verändert werden

... und zwar so einschneidend, dass den Tieren ihre Jagd- und Beuteinstinkte abhandenkommen und Raubtiere zu Pflanzenfressern werden:

> *Und der Wolf wird beim Lamm weilen und der Leopard beim Böckchen lagern. Das Kalb und der Junglöwe und das Mastvieh werden zusammen sein, und ein kleiner Junge wird sie treiben. Kuh und Bärin werden miteinander weiden, ihre Jungen werden zusammen lagern. Und der Löwe wird Stroh fressen wie das Rind. Und der Säugling wird spielen an dem Loch der Viper und das entwöhnte Kind seine Hand ausstrecken nach der Höhle der Otter. Man wird nichts Böses tun noch verderblich handeln auf meinem ganzen heiligen Berg. Denn das Land wird voll von Erkenntnis des HERRN sein, wie von Wasser, das das Meer bedeckt* (Jes 11,6-9).

> *Wolf und Lamm werden zusammen weiden; und der Löwe wird Stroh fressen wie das Rind; und die Schlange: Staub wird ihre Nahrung sein. Man wird nichts Böses und nichts Schlechtes tun auf meinem ganzen heiligen Berg, spricht der HERR* (Jes 65,25).

Paulus sagt im Römerbrief sogar, die Natur seufze und warte begierig auf den Tag unserer Verherrlichung, denn dann werde sie „von der Knechtschaft der Vergänglichkeit frei gemacht werden" (vgl. Röm 8,19-22).

5. In der „großen Wiederherstellung" werden Erde und Völker geheilt werden.

> *In der Mitte ihrer [des neuen Jerusalem] Straße und des Stromes, diesseits und jenseits, war der Baum des Lebens ... und die Blätter des Baumes sind zur Heilung der Nationen* (Offb 22,2).

> *Und die Nationen, die rings um euch her übrig bleiben, werden erkennen, dass ich, der HERR, das Niedergerissene aufbaue, das Verwüstete bepflanze* (Hes 36,36).

Diese Texte scheinen keine übernatürliche, sofortige Wiederherstellung anzudeuten, sondern eher eine „heilsame", prozesshafte Wiederherstellung und Heilung der Erde und ihrer Menschen. Höchstwahrscheinlich werden wir Zeugen von beidem sein: Es wird Menschen und Orte geben, die in einem Moment geheilt, verwandelt und zurechtgebracht werden, wenn der König seinen Thron einnimmt. Darin wird man Gottes übernatürliche Hand klar und deutlich sehen. Aber ich habe die Vermutung, dass wir auch natürliche, physische Heilungsprozesse beobachten werden, durch die die Dinge wieder zurechtkommen, genau wie der Herr sich auch heute schon beider „Methoden" bedient.

6. Das Leben wird nach Jeschuas Wiederkunft und während seiner Königsherrschaft in vielen Belangen so weitergehen, wie wir es auch heute kennen.

Der Tod wird noch nicht abgetan sein, denn dazu wird es erst nach dem letzten Gericht ganz am Ende dieser Zeit kommen (vgl. Offb 20,11-14). Es werden Menschen am Leben sein, die die Desaster und Kriege der letzten Zeit der gegenwärtigen Weltordnung überlebt haben werden. Die Bibel scheint darauf hinzudeuten, dass zwischen einem Viertel und einem Drittel der Erdbevölkerung den Aufruhr überleben wird. Nicht alle, die überleben, werden sich aktiv am Aufruhr gegen Jeschua beteiligt haben und werden deshalb nicht sofort gerichtet und verurteilt. Andererseits werden sie auch nicht automatisch alle auf der Stelle gläubig werden. Gewiss wird niemand mehr leugnen können, dass Jeschua existiert und sich in Jerusalem aufhält. Da dem Herrn aber eine lediglich äußere Anpassung bzw. die Art Glauben, die nur das Offensichtliche anerkennt, nie so viel bedeutet hat wie der Zustand des Herzens, werden diese Menschen Zeit brauchen, um alles zu verarbeiten, was geschehen ist, und vom Heiligen Geist umworben zu werden.

Dasselbe kann man von denen sagen, die während des Milleniums geboren werden. Auch sie werden sich für oder gegen Jeschua entscheiden müssen. Es bleibt dabei, dass ihre Herzen am Ende dieser Zeit durch ein kurzfristiges Losbinden Satans und seiner dämonischen Horden zu einem letzten Aufbäumen der Rebellion und des Kampfes gegen Gott geprüft werden (vgl. Offb 20,7-9). Viele werden abfallen und sich dem Bösen ergeben. Es liegt auf der Hand, dass diejenigen, die dann aufbegehren, nicht mit denen identisch sein können, die schon vor der Wiederkunft Jeschuas gläubig waren, denn diese werden in jener Zeit entweder im Himmel sein oder in ihren Unsterblichkeitsleibern mit Jeschua auf der Erde regieren. Eine der Aufgaben der auferstandenen Heiligen wird es sein, denen das Evangelium zu bringen, die noch des Heils bedürfen. Im Jesajabuch heißt es (vgl. 66,18-20):

... ich bin gekommen, alle Nationen und Sprachen zu versammeln. Und sie werden kommen und meine Herrlichkeit sehen. Ich richte unter ihnen ein Zeichen auf und sende Entkommene von ihnen zu den Nationen ... die die Kunde von mir nicht gehört und meine Herrlichkeit nicht gesehen haben. Und sie verkünden meine Herrlichkeit unter den Nationen. Und sie bringen alle eure Brüder aus allen Nationen als Opfergabe für den HERRN ... zu meinem heiligen Berg, nach Jerusalem, spricht der HERR ...

Dies wird nach der Wiederkunft des Herrn geschehen!

Verse wie Jesaja 65,19-22 sind ein weiteres Anzeichen dafür, dass das Leben nach ähnlichem Muster wie vor der Wiederkunft Jeschuas weitergehen wird, wenn auch mit ganz wesentlichen Unterschieden:

Und ich werde über Jerusalem jubeln und über mein Volk mich freuen. Und die Stimme des Weinens und die Stimme des Wehgeschreis wird darin nicht mehr gehört werden. Und es wird dort keinen Säugling mehr geben, der nur wenige Tage alt wird, und keinen Greis, der seine Tage nicht erfüllte. Denn der Jüngste wird im Alter von hundert Jahren sterben, und wer das Alter von hundert Jahren nicht erreicht, wird als verflucht gelten. Sie werden Häuser bauen und bewohnen, und Weinberge pflanzen und ihre Frucht essen ... Denn wie die Lebenszeit des Baumes wird die Lebenszeit meines Volkes sein ...

Offenkundig wird die „große Wiederherstellung" auch die Langlebigkeit der Menschen mit einschließen: Sie werden wieder Lebensspannen genießen können, wie sie vor Noahs Zeiten geläufig waren, und es wird für alle normal sein, sich bester Gesundheit zu erfreuen.

Viele Völker werden ihre gegenwärtige Identität mit in jenes Zeitalter hinübernehmen. Jesaja spricht von einer Zeit, in der Ägypten und Syrien in Gehorsam und Anbetung des Herrn mit Israel vereint sein und in der diese Völker gemeinsam der ganzen Erde zum Segen gereichen werden (vgl. Jes 19,22-25). Sacharja teilt uns mit, der Gehorsam der Völker werde an ihrer Bereitwilligkeit geprüft werden, das Laubhüttenfest zu feiern:

> *Und es wird geschehen: Alle Übriggebliebenen von allen Nationen, die gegen Jerusalem gekommen sind, die werden Jahr für Jahr hinaufziehen, um den König, den HERRN der Heerscharen, anzubeten und das Laubhüttenfest zu feiern. Und es wird geschehen, wenn eines von den Geschlechtern der Erde nicht nach Jerusalem hinaufziehen wird, um den König, den HERRN der Heerscharen, anzubeten; über diese wird kein Regen kommen* (Sach 14,16-17).

Dies waren nur einige der biblischen Hinweise darauf, was in dieser tausendjährigen Zwischenzeit zwischen der Wiederkunft Jeschuas und dem Endgericht geschehen wird. Das Schöne daran ist, dass durch die Wiederherstellung der Erde dem größten Ereignis der ganzen Geschichte die Bühne bereitet wird: dem Herabkommen des Vaters auf die Erde, wo er für alle Zeit mit uns leben wird.

In diesem Kapitel haben wir gesehen, dass Jeschuas erstes Kommen auf die Erde viel mehr auf sich hatte als nur die Eröffnung eines Heilsweges. Er kam, um die Menschen dieser Welt in eine Gemeinschaft von Leuten zu verwandeln, die seine Heiligkeit, seine Werte und seine Sendung teilen, nämlich seine Leidenschaft dafür, dass das Reich der Himmel die Erde einnehmen soll. Das beginnt damit, dass die einzelnen Herzen dafür gewonnen werden, den Vater liebzuhaben, und wird so weit führen, dass sogar Völker als Ganze sich bereitwillig der Hoheit Jeschuas unterstellen.

Dies ermöglicht der Neue Bund durch das Blut des Lammes Jeschua, und der Neue Bund erfüllt sich in der Vereinigung des Ewigen mit den Menschen zu einer liebevollen Einheit, wozu die völlige und endgültige Heilung von Leib, Seele und Geist gehört. Das Natürliche wird sich mit dem Geistlichen vereinen, das Sterbliche mit dem Unsterblichen.

Es gibt noch einen weiteren Aspekt des Neuen Bundes, welchen wir jetzt betrachten müssen, und dieser Aspekt steht womöglich dem Herzen Gottes und seinen ewigen Absichten noch näher als selbst das Wachstum seines Reiches und die Wiederherstellung der Erde.

KAPITEL 11

Die Braut rückt in den Mittelpunkt

Und alles hat er seinen Füßen unterworfen und ihn als Haupt über alles der Gemeinde gegeben, die sein Leib ist, die Fülle dessen, der alles in allen erfüllt (Eph 1,22-23).

Ihr Männer, liebt eure Frauen, wie auch der Christus die Gemeinde geliebt und sich selbst für sie hingegeben hat ... damit er die Gemeinde sich selbst verherrlicht darstellte, die nicht Flecken oder Runzel oder etwas dergleichen habe, sondern dass sie heilig und tadellos sei ... Denn niemand hat jemals sein eigenes Fleisch gehasst, sondern er nährt und pflegt es, wie auch der Christus die Gemeinde (Eph 5,25.27.29).

Man sieht es Gott an den Augen an – vergleichbar einem werdenden Vater, der der Geburt seines langersehnten ersten Kindes entgegensieht. Gott hat ständig ein Bild vor Augen, das Bild der wunderschönen Frau, die sich für ihren Bräutigam zurechtmacht. In verbalen Bildern hat unser Herr mitgeteilt, was für ihn am allermeisten zählt. Schon längst vor der Erschaffung dieser Welt ging der Wunsch des Vaters dahin, eine Braut und einen Leib für seinen Sohn und ein Haus, eine Familie für sich selbst zu haben.

Viel zu oft richten wir Menschen unseren Blick nach innen. Wir sehen in erster Linie, was *wir* nötig haben. Wenn wir dann Gott anschauen, denken wir, er habe dieselben Prioritäten wie wir und habe nichts Eiligeres zu tun, als unsere ach-so-dringenden Wünsche zu erfüllen: uns vor der Hölle zu retten, uns zu erlösen, uns

Sieg über die Sünde zu schenken, unsere Körper und Herzen zu heilen und unsere materiellen Bedürfnisse zu stillen.
  Nun ist es gewiss so, dass der Herr liebend gern für uns sorgt und dass es sein Wesen ist, uns zu erlösen und von den Konsequenzen unserer Sünde und unseres Gefallenseins frei zu machen. Nichtsdestotrotz hat er nach wie vor stets sein eigenes Ziel vor Augen. Wie wir in den Anfangskapiteln dieses Buches sahen, verfolgt Gott mit unserer Existenz ein Ziel. Dieses Ziel ist schon vor dem Beginn von Zeit und Raum im innersten Wesen Gottes verborgen gewesen. Es hängt sehr eng mit dem Geheimnis zusammen, auf das Paulus immer wieder Bezug nahm.

Das Geheimnis Christi und der ewige Vorsatz Gottes

Schauen wir uns die Gesamtheit jener Stellen an, an denen Paulus auf das „Geheimnis" Bezug nimmt (vgl. Röm 16,25-26; Eph 1,9-12; 3,3-12; 5,32; Kol 1,26-27; 2,2; 4,3; 1 Tim 3,9), so sehen wir, dass er diesen Ausdruck benutzte, um gemischt jüdisch-nichtjüdischen Gemeinden zu vermitteln, dass Gott etwas Herrliches im Herzen getragen hatte, etwas, über das er sich still und heimlich gefreut hatte – und das er nun in ihnen zur Erfüllung gebracht hatte:

> *Dem aber, der euch zu stärken vermag nach meinem Evangelium und der Predigt von Jesus Christus, nach der Offenbarung des Geheimnisses, das ewige Zeiten hindurch verschwiegen war, jetzt aber offenbart und durch prophetische Schriften nach Befehl des ewigen Gottes zum Glaubensgehorsam an alle Nationen bekannt gemacht worden ist, dem allein weisen Gott durch Jesus Christus, ihm sei die Herrlichkeit in Ewigkeit! Amen* (Röm 16,25-27).

Tatsächlich hatte er uns längst durch die Propheten Hinweise auf seine Pläne gegeben, aber ohne diese beim Namen zu nennen. Deshalb erkannten viele in Israel es nicht, als der Plan sich erfüllte. Es war immer noch ein gut gehütetes Geheimnis.
  Paulus' „Geheimnis" hatte mit mehreren Dingen zu tun: einmal mit dem Geheimnis Gottes, nämlich der Herabkunft des inkarnierten Jahwe, des Messias Jeschua, auf die Erde und seiner Identität (vgl. Kol 2,2). Sodann mit dem Geheimnis des Messias, dass er nämlich in uns lebt, er, die Hoffnung der Herrlichkeit (vgl. Kol 4,3;

1,26-27). Schließlich mit dem Geheimnis, dass die Nichtjuden dank der guten Nachricht Miterben sein sollen und dass es einen geeinten Leib aus Juden und Nichtjuden geben sollte, die gemeinsam an den Verheißungen Gottes Anteil haben sollten (vgl. Eph 3,3-6). Die Nichtjuden sollten in Gottes eigene Familie, Israel, eingeschlossen werden.

Voller Freude rief Paulus aus, ihm sei das Vorrecht zuteil geworden, jedermann erkennen zu lassen, wie dieser verborgene Plan, dieses Geheimnis, in Erfüllung ging. Dieser seit Äonen im Inneren Gottes verborgene Plan diente dazu, den geistlichen Herrschern und Autoritäten in den Himmeln durch die Existenz der Gemeinde zu zeigen, wie vielseitig Gottes Weisheit ist. Das ist seine ewige Absicht, ausgeführt durch Jeschua (vgl. Eph 3,8-11)!

Gottes ewiger Vorsatz gelangte nämlich zur Erfüllung, als durch den neu zusammengefügten Leib der Gläubigen an *Schavuot*, dem Pfingsttag, seine Träume wahr wurden. Auch heute erfüllt sich jedes Mal dann sein Ansinnen, wenn eine Gruppe von Gläubigen anfängt, miteinander als Familie zu leben und als eigenständiger, integrierter Leib füreinander zu sorgen. Sie werden damit zur Familie Gottes selbst, eingebaut in ein lebendiges Haus, den neuen, gültigen Tempel des Vaters, in dem er durch seinen Heiligen Geist leben möchte. Zugleich werden sie zur Braut seines Sohnes, einer lebhaften, reinen, freudvollen Gemahlin, der neuen Eva für den neuen Adam. Und schließlich werden sie zum Leib des Sohnes selbst, eng vertraut und auf unglaubliche Weise mit ihm verwachsen, sodass sie an der Gemeinschaft teilhaben können, die zwischen Vater, Sohn und Geist fließt (vgl. 2 Pt 1,4).

Mit anderen Worten, nur durch die Gemeinde kann sich die ewige Absicht des Vaters erfüllen! Und diese verbalen Bilder sind seine Art, uns beizubringen, wie diese Lebensweise aussehen soll.

Während meiner Bibelschulzeit machte die Lehre von der Gemeinde (Ekklesiologie), wie sie unterrichtet wurde, kaum Eindruck auf mich, und das nicht, weil die Lehre nun besonders dürftig oder unorthodox gewesen wäre, sondern deshalb, weil ich nicht zu erkennen vermochte, dass die Bibel allzu viel über „Gemeinde" sagte, zumindest nicht über die Art von Gemeinde, wie ich sie damals kannte. So erwähnt z. B. Jeschua die Gemeinde so gut wie gar nicht. Ich dachte, wenn das doch das überragende Ziel ist, das durch die Einsetzung des Neuen Bundes hervorgebracht wird, wieso hat dann Jeschua nicht andauernd darüber gesprochen? Wie kommt es, dass die Apostel kaum über Gemeinde lehren? Sie erwähnen sie als existent, aber offenkundig sehr viel mehr als Gegebenheit denn als Ziel.

In Wirklichkeit lehren die Apostel die *Ekklesia* tatsächlich als ein großes Ziel – nur nicht in der Form, in der ich sie zu erleben pflegte. Deshalb konnte ich die Art von Gemeinde, die sie in der Bibelschule lehrten, auf den Seiten des Neuen Testaments nicht wiederfinden.

Die Frage ist: Wie nehmen wir Gemeinde wahr? Was ist Gemeinde? Ist Gemeinde eine Versammlung von Menschen, die sich allwöchentlich treffen und in Reihen hintereinander sitzen, um eine Vorlesung zu hören? Ist Gemeinde eine Institution, die sich wie eine Firma mit Vorgesetzten und Mitarbeitern organisiert hat, um ein Produkt an den Mann zu bringen (nämlich die Lehre von der Wahrheit sowie persönliche Erlösung), komplett mit Buchhaltung und finanziellen Engpässen, mit Programmen, Plänen und Werbestrategien? Wenn das unser Begriff von Gemeinde ist, haben wir ein Problem, denn solcherlei Gemeinde kann man in der Bibel nicht finden. Das ist nicht das Ziel.

Oder ist Gemeinde ein lebendiger Organismus, bestehend aus einer Gruppe von Menschen, die sich gegenseitig echt gut kennen, einander in Liebe und großer persönlicher Hingabe verbunden sind und gemeinsam den Herrn immer besser kennenlernen, die durch dick und dünn zusammenhalten und Wege finden, ihrer Stadt Gottes Liebe und Fürsorge konkret zu erweisen?

Unsere Wahrnehmung davon, was Gemeinde ist und wie sie praktisch gelebt werden sollte, bestimmt darüber, welche Elemente wir für die Gemeindepraxis unerlässlich finden. Leider sind wir aus der Geschichte nur allzu sehr daran gewöhnt, uns aus unserem kulturellen Repertoire zu bedienen – egal, wie unsere jeweilige Kultur beschaffen ist – und diese kulturellen „Errungenschaften" dann zu christlichen Werten zu erklären. Zuweilen ist das harmlos, ja manchmal sogar hilfreich gewesen. In den meisten Fällen aber war es anders. Viel zu oft schwächt das, was wir aus unserer Kultur heraus verchristlichen, unsere Gemeinden dramatisch, aber weil es uns so vertraut und bequem ist, sind wir blind für das, was es aus uns macht.

In allen Kulturen neigen Christen dazu, das, was ihnen in der Welt als normal gilt, in ihre gemeindliche Praxis und ins christliche Leben zu integrieren. Amerikaner neigen dazu, in der Bibel einen Weg zum Wohlstand zu entdecken. Da viele mit dem Geist des Materialismus Kompromisse eingegangen sind, macht es ihnen keine Probleme, ein Wohlstandsevangelium zu verkünden. Selbst wenn sie Letzteres zurückweisen, haben sie dennoch die Neigung, ein Evangelium zu predigen, das ein bequemes Leben und Lösungen für alle Probleme verspricht, sofern der Suchende nur Jesus in sein Herz aufnimmt.

Kulturen, die stark leiterschaftsorientiert sind, finden in der Bibel hierarchische Leiterschaftsstrukturen, wo immer ihnen das Wort „Leiter" begegnet. Unterdrückte Völker in Lateinamerika entdecken auf den Seiten der Schrift eine Theologie der Befreiung, ja der Revolution. Europäer, die unter endlosen Kriegen gelitten haben, lesen überall in der Bibel Pazifismus hinein, selbst wenn die Art, in der Gott geschichtlich mit Israel umging, das kaum nahezulegen scheint. Auch die frühe Kirche war gegen diese Tendenz nicht immun, vor allem nachdem die Apostel von der Bildfläche verschwunden waren, weshalb die meisten Kirchen heute weit mehr in die griechische Kultur und Philosophie verstrickt sind als in die Kultur der Hebräer – unsere eigentliche biblische Quellkultur –, meist ohne sich dessen bewusst zu sein.

Was mir während meines Theologiestudiums an der Universität aufging, war, dass Jeschua und die Apostel in ihrer Lehre den Schwerpunkt auf das Reich Gottes legten und nicht auf die Gemeinde. Im Gegensatz dazu konzentriert sich die moderne Theologie auf die Kirche als Organisation und vergisst dabei fast völlig die Lehre vom Reich Gottes.

Nachdem wir uns bereits ausgiebig mit der Reich-Gottes-Verkündigung Jeschuas befasst haben, verstehen wir, dass er erwartete, dass ein verwandeltes Volk die Erde durchdringen und erfüllen würde. „Vermehrt euch und füllt die Erde" – das ist die Anweisung, die in der Schrift immer wieder auftaucht. Mithin ist die Gemeinde das Mittel zu diesem Zweck, nämlich der Ausbreitung von Gottes Königreich. Aber sie ist noch mehr als das, wie wir sahen. Die Gemeinde ist auch das große Ziel des Vaters, die Erfüllung seiner Träume.

Die Reich-Gottes-Betonung Jeschuas und der Apostel passt gut zu einem Verständnis von Gemeinde als lebendigem Organismus, denn jede Gruppe, die sich in einem Haus oder einer Wohnung versammelt, kommt einem Teil der Kolonie Gottes auf Erden gleich, der dessen Interessen und seine Herrschaft zum Ausdruck bringt. Im Wachstum und in der Multiplikation solcher Gruppen breitet sich Gottes Reich aus und nimmt immer mehr ehemaliges Feindesland ein.

In dem Moment also, in dem sich die ersten neuen Gemeinden in Jerusalem bildeten, schaltete der große Plan des Vaters einen Gang höher. Dieser Plan, den der Herr in sich selbst geschmiedet hatte, nämlich aus der Masse der Menschheit eine Liebhaberin, eine Braut und einen Leib für Jeschua herauszuwerben, kam in diesem Augenblick seiner Verwirklichung ein gewaltiges Stück näher.

Das Kind mit dem Bade ausschütten?

Ich kann mir vorstellen, dass etliche meiner Leser genau dasselbe denken, was ich schon viele Male gehört habe: Können wir denn nicht beides haben? Einerseits engste Gemeinschaft, andererseits aber auch eine große Gemeinde? Wie sagte kürzlich ein befreundeter Pastor: „Wer denkt, er könne eine Gemeinde ohne Organisation haben, führt sich selbst hinters Licht!"

Ich verstehe diese Einwände, und sie ergeben auch Sinn. Ein gewisses Maß an Organisation ist immer erforderlich, damit Ordnung herrscht und nicht Chaos. Bei jedem geschaffenen Organismus finden wir Anzeichen organisierten Denkens und Planens. So ist es auch mit der Gemeinde Gottes. Aber das ändert nichts an der Tatsache, dass unsere Ortsgemeinde, ob sie nun fünf oder 5000 Mitglieder hat, entweder Organisation oder Organismus ist. Manche Hausgemeinden, die nur eine Handvoll Leute umfassen, sind sogar noch mehr organisiert und bürokratisiert als manche große Gemeinde. Auch eine größere Gemeinde kann beziehungsorientiert sein, aber das ist sehr schwierig.

Worin besteht der Unterschied zwischen einer organischen Gemeinde und einer Organisation? Schauen wir mal ein paar Einzelheiten an, wie man in einer „organisierten Gemeinde" normalerweise denkt. Wie z. B. fangen wir es in unseren heutigen Kirchen üblicherweise an, Frucht hervorzubringen? Ich behaupte, normalerweise tun wir das mit der *Labormethode.* Die Labormethode sieht so aus, dass wir alles zusammenfügen, was nötig ist, um eine Frucht zu schaffen.[1] Wir stellen uns das Endprodukt, die Frucht, vor. Sind es Neubekehrte, auf die wir aus sind, so stellen wir eine Situation her, in der die notwendigen Elemente dafür in der richtigen Art und Weise zusammenkommen und in der wir den geeigneten Katalysator anwenden können. Geht es uns beispielsweise darum, dass unsere Gemeindeglieder die Verlorenen erreichen, dann holen wir sie für ein Schulungsprogramm zusammen. Wir denken uns ein Programm aus, das die Mitarbeiter mit überzeugendem Arbeitsmaterial in Kontakt bringt, etwa in Form einer mitreißenden biblischen Lehreinheit, und hoffen darauf, dass der Funke irgendwie überspringt, sodass der eine oder andere Feuer fängt und evangelistisch aktiv wird.

Haben wir den Wunsch, dass Ungläubige sich in unserem Gemeindehaus versammeln, damit sie von einem einzelnen Evangelisten direkt angesprochen werden können, dann verlangt die Labormethode, dass die Zielpersonen, die Verlorenen, mit dem verändernden Stoff, also der Heilsbotschaft, in Berührung kommen. Folglich entwerfen wir ein Programm, das sie in eine Umgebung lockt, in der sie diese Botschaft hören können. Tatsächlich scheint das zu funktionieren, jedenfalls manchmal und bei manchen Leuten, auch wenn statistisch gesehen nur wenig von der „Frucht" auf Dauer zu bleiben scheint. Wenige Menschen werden zur „bleibenden Frucht", von der Jeschua gesprochen hat. Das Problem liegt darin, dass es sich nicht um organische Frucht handelt, sondern um solche, die in unserem Gemeinde-„Laboratorium" künstlich hergestellt wurde. Wir entwerfen ein fabrikähnliches Programm zur Herstellung von Frucht, aber wir ließen sie nicht heranwachsen. Hier liegt ein wahrnehmbarer Unterschied, der Enttäuschung vorprogrammiert, denn das, was wir haben, ähnelt nicht mehr sehr den biblischen Schilderungen der Art von Leben, welches die Gemeinde in der Apostelgeschichte besaß.

Organisches Wachstum unterscheidet sich sehr von programmiertem Wachstum. Organisches Wachstum entspringt aus Sa-

---

[1] Vgl. F. Viola, *Reimagining Church:* Pursuing the Dream of Organic Christianity, Colorado Springs, CO 2008, S. 33-37; 45-47; erscheint im Herbst 2010 bei GloryWorld-Medien in Deutsch (voraussichtlicher Titel: „Ur-Gemeinde").

men, der gesät wurde. Wird der Same zur rechten Zeit in den richtigen Boden gelegt und hat er gute Wachstumsbedingungen, so wird er in jedem Fall ausschlagen, heranwachsen, wie er soll, und zur rechten Zeit die richtige Art von Frucht hervorbringen, und zwar ohne jede äußere Manipulation, ja sogar ohne irgendwelche Leiterschaft, die den Weg weist! Eine Weintraube zieht man heran, indem man den Boden vorbereitet und Traubensamen sät. Sind Sonne, Wasser und Nährstoffe vorhanden, wird der Same anwachsen und am Ende *immer* einen Weinstock hervorbringen, an dem die gewünschte Art von Frucht wächst. Es geht nicht darum, dass wir die Weintraube in einem Labor zerlegen, um zu sehen, welche Bestandteile sie hat, und dann versuchen, ebendiese Bestandteile neu zusammenzufügen, um Weintrauben herzustellen.

Der Schlüssel dafür, dass eine geistliche Frucht natürlich, organisch wächst, liegt darin, das Subjekt (den Gläubigen) tiefer in den Messias hineinzuführen. Er wird in uns zum Samen, welcher, im rechten Umfeld einer Liebesbeziehung mit ihm gewässert und genährt, die rechte Frucht zur rechten Zeit hervorbringen wird – nämlich zu seiner, des Herrn, Zeit, die nicht notwendigerweise mit unseren Vorstellungen übereinstimmen muss. Mit Paulus' Worten:

> *So ist weder der da pflanzt etwas, noch der da begießt, sondern Gott, der das Wachstum gibt* (1 Kor 3,7).

Das Problem der meisten von uns besteht darin, dass wir in einer griechisch-philosophischen Kultur aufgewachsen sind, welche zuerst Analyse und dann Handeln erfordert. Wir spüren, dass wir etwas *tun* müssen, um den Missionsbefehl zu erfüllen, nachdem wir das Evangelium angenommen haben. Wir müssen aktiv sein. Es fällt uns ungemein schwer, darauf zu warten, dass Samen ausschlagen, weil wir meinen, wir müssten die Lage unter Kontrolle haben und Resultate erzielen.

Hebräisches Denken ist anders. Die biblische Kultur legt weit mehr Wert aufs innere Leben und eine damit übereinstimmende Lebensführung als auf äußere Aktivitäten. Im Brennpunkt steht viel mehr, wer du bist, als was du tust. Sein geht vor Tun! Wir dagegen ziehen es vor, am Äußeren einer Person herumzupfuschen, statt dass wir dem Herrn erlauben, sein inneres Leben in dieser Person zu entfalten.

Zum Glück hat der Herr die Anlagen wahren Lebens in uns hineingelegt, genau wie er jedem lebendigen Wesen seine DNA gegeben hat. Weil ein Same DNA enthält, wächst er stets nach Plan und bringt Frucht hervor, solange er das richtige Umfeld hat und nichts Lebensnotwendiges fehlt oder gestört ist. Ertränkst du deine Saat, stirbt sie. Wässerst du sie aber nicht oder ist der Boden zu sauer, so gedeiht sie ebenfalls nicht.

Meiner Erfahrung nach ist es heutzutage sehr schwer, eine kleine Gruppe von Christen zusammenzubringen und dahin zu führen, dass sie gesundes, organisches Gemeindeleben erfährt, in dem jeder dem anderen dient, jeder den anderen liebt, alle miteinander den Herrn kennenlernen und sich im selben Streben nach Gott gegenseitig ermutigen. Ich glaube, das kommt daher, dass der „Same" so sehr in unsere griechische Gemeindekultur und unsere historisch gewachsenen Erwartungen an das, was „Kirche" für uns leisten sollte, eingelegt ist, dass die meisten Menschen einfach nicht mehr ohne die künstlichen Stützen auskommen, die sie seitens der kirchlichen Maschinerie zu beanspruchen gelernt haben.

Organische Gemeinde versus programmorientierte Gemeinde

Ich möchte Ihnen eine einfache Definition einer organischen Gemeinde geben – einer hebräischen Gemeinde, wenn Sie so wollen – und diese dann mit dem vergleichen, was wir gewohnheitsmäßig Gemeinde nennen.

Die „herausgerufene Gemeinde" (griechisch *ekklesia*, hebräisch *kehilah*)[2] besteht aus Menschen in aller Welt und an jedem beliebigen Ort, die an Jeschua glauben. Sie versammelt sich, wann immer Gläubige sich treffen, um *dem Herrn zu begegnen* und

---

[2] In seiner Ursprungsbedeutung bezeichnet das Wort eine Versammlung, die zu einem bestimmten Zweck einberufen wurde, nicht etwa eine Gruppe, die sich Woche für Woche aus bloßer Tradition zusammenfindet. Dafür kennt das Hebräische in anderes Wort, nämlich *edah*, griechisch „Synagoge". Hätten die Schreiber des Neuen Testaments an eine passive Versammlung gedacht, die sich in einem dafür bestimmten Gebäude zusammenfand, so hätten sie sich des weit verbreiteteren Wortes „Synagoge" bedient.

Gemeinschaft miteinander zu haben (im Gegensatz zum Zusammenkommen zu irgendeinem anderen Zweck wie z. B. der Diskussion eines gemeindlichen Problems oder einer schwierigen Bibelstelle oder auch, um gemeinsam Kuchen zu backen).

Biblisch gesehen gibt es keinen „Gemeindegottesdienst". Heute gibt es das, und es ist in unseren Augen zu einer heiligen Sache geworden! Aus irgendeinem Grund sind wir zu der Überzeugung gelangt, dass es wöchentlich unbedingt eine heilige Versammlung geben muss, die wir „Gottesdienst" nennen. (Inwieweit unsere Gottesdienste Gott wirklich dienen, war mir seit Kindertagen ein Geheimnis.) Es handelt sich um eine formelle Zusammenkunft mit zumindest zwei absolut notwendigen liturgischen Elementen: einer Zeit der Anbetung, zu der Gesang gehört, und der Predigt. Ob eine Gruppe fähig ist, einen wöchentlichen „Gottesdienst" zustandezubringen und aufrechtzuerhalten, ist zum Maßstab dafür geworden, ob es sich um eine Gemeinde oder nur um einen Hauskreis handelt, ebenso wie die Frage, ob diese Gruppe sich eine Gemeindesatzung gegeben und sich ins staatliche Vereinsregister hat eintragen lassen.

Lesen wir uns sorgfältig in die biblische Geschichte ein, so sehen wir, dass die frühe Gemeinde sich stets nur in den Häusern versammelte und niemals in einem speziellen Gebäude Gottesdienst hielt, wie wir es heute für selbstverständlich halten. Wir wissen nur, dass die frühen Christen sich regelmäßig trafen, nicht aber, wie oft sie das taten. Tatsächlich lebte die frühe Gemeinde kommunitär, in Gemeinschaft untereinander. Die durchgeplanten Versammlungen, die wir pflegen, hätten diese Leute als sehr dürftig angesehen, lebten sie doch weit mehr wie eine große Familie miteinander, wo jeder ständig beim anderen ein und aus ging und wo man nicht nur nebeneinander in einer Kirchenbank saß.

Ziel organischer Gemeindezusammenkünfte ist, dass die (geistliche) Familie sich trifft und man sich gegenseitig im Glauben aufbaut. Unser Hauptziel ist, Jeschua, den Messias, kennenzulernen und so zu leben, wie es ihm gefällt. Deshalb geht es bei unseren Treffen hauptsächlich darum, dass jeder mitteilen kann, was er im Lauf der Woche in seiner Beziehung mit dem innewohnenden Messias erlebt und gelernt hat, sodass wir einander erbauen und in unserer Gottesbeziehung wachsen.

Die erstrangige Berufung, die wir alle haben, ist, den Herrn zu kennen. Alles, was wir in den vorausgegangenen Kapiteln über die Funktion der Thora gelernt haben, nämlich Israel zu behüten, bis es das „Zeitalter der Fülle" erreicht haben würde, in dem der Messias erscheinen und das Volk dahin bringen würde, dass es „den Herrn in seinem Herzen kennt", und auch was wir über die Funktion des Neuen Bundes gelernt haben, zeigt uns, dass das, also Gott zu kennen, der absolute Dreh- und Angelpunkt ist. Mithin besteht der Zweck unserer Gemeindezusammenkünfte *nicht* darin, Wissen über Gott anzusammeln oder sicherzustellen, dass jedermann die moralischen Gesetze kennt und befolgt, sondern darin, dass jeder Beteiligte sich aktiv bemüht, anderen dabei zu helfen, den Herrn tagtäglich und praktisch mehr kennenzulernen, und dass auch er selbst die Ermutigung empfängt, die er braucht.

Alles dreht sich darum, Jeschua zu kennen. Deshalb sollte es in unseren Versammlungen in allererster Linie darum gehen, dass die Beziehung eines jeden zu ihm weiterentwickelt wird. Haben unsere Leute es gelernt, zu den Versammlungen zu kommen, um eifrig weiterzuerzählen, was der Herr ihnen im Lauf der Woche gesagt hat, dann werden alle ermutigt und erbaut. Selbst jemand, der damit zu kämpfen hat, Gottes Stimme erkennen zu können, spürt im Normalfall durch das Beispiel und die Erlebnisse der anderen sehr rasch, dass es ein breites Spektrum an Möglichkeiten gibt, wie Gott zu uns redet. Oft geht solchen Menschen mit einem Mal auf, dass sie Gottes Stimme schon längst gehört haben, ohne sich dessen bewusst gewesen zu sein. Liegt das Augenmerk bei unseren Zusammenkünften darauf, was wir auf unserem Weg mit Gott erleben und was er uns lehrt, dann werden wir in dem Einen wachsen, wovon Jeschua gesagt hat, es sei das Allerwichtigste (vgl. Ps 27,4; Lk 10,42).

Und doch tun wir uns heute sehr schwer mit der Einsicht, dass das alles ist, wofür Gemeinde da sein soll. Vielleicht kommt das daher, dass wir eine 1900-jährige Geschichte antigemeindlicher Praxis hinter uns haben, nämlich eines kirchlichen Lebens, das von griechisch-römischem Denken und Handeln geprägt war. Die griechische Partikel *anti-* meint ja längst nicht nur „gegen", sondern auch „anstelle von". Anstelle biblischer Gemeinschaft trat die Antikirche in Gestalt einer an formalen Kriterien ausgerichteten religiösen Struktur, die nichts mehr mit beziehungsorientierter

Gemeinschaft zu tun hatte. Von griechischer Philosophie bestimmtes kirchliches Leben ist der Inbegriff der abgeirrten Gemeinde, des großen Abfalls, den Jeschua und die Apostel vorhersagten. Diese Art, Gemeinde zu verstehen und zu praktizieren, ersetzte das Original so durchgreifend, dass wir uns heute kaum noch daran zu erinnern vermögen, dass es jemals anders war, als das, was wir daraus gemacht haben. Deshalb spreche ich von Antigemeinde. Es handelt sich gar nicht wirklich um Gemeinde, auch wenn unter diesem Begriff landläufig genau das verstanden wird.

Was ist eine Programmgemeinde? Eine Gemeinde, die sich der Labormethode zu bedienen versucht, um den Bedürfnissen der Gläubigen gerecht zu werden und die Verlorenen zu evangelisieren. Die meisten von uns haben sehr lange in solcherlei Gemeinden mitgemacht. Die Wurzeln davon gehen zurück bis in die frühe Zeit kurz nach dem Aussterben der Apostel, als Kirchenführer wie Ignatius von Antiochien damit begannen, die Ältesten als herrschende Leiter über die Gemeinden einzusetzen, um der Häresie zu wehren.

Programmorientierte Gemeinden sind mehr um Programme und Traditionen als um Beziehungen strukturiert. Es ist typisch für sie, dass sie sich um Gebäude, Haushaltspläne, Verwaltungsapparate, Mitarbeiterschaft und professionelle Kleriker – zuweilen Pastorenteam genannt – drehen. Im Grunde wenden sie Programme, Predigten, direktive Leiterschaft und Organisation an, um die Veränderung in den Mitgliedern von außen hervorzubringen.

Im Gegensatz dazu hat eine Gemeinde, die Organismus und nicht Organisation ist, erkannt, dass Veränderung nur von innen her entstehen kann.[3] Weil wir als Kinder des Lichts wiedergeboren worden sind, tragen wir den Samen des Herrn in uns. Deshalb werden wir durch unsere eigene Beziehung zum Herrn sowie die Ermutigung und den Rat unserer Geschwister in sein Bild umgewandelt. Selbst Ordnung und Leiterschaft erwachsen dann ganz natürlich aus dem Kreis der Gläubigen, wenn sie im Herrn heranreifen. Diejenigen, die gut und selbstlos dienen, wird man als praktische Leiter ansehen, ob mit oder ohne formellen Titel.

---

[3] Vgl. Viola, S. 18.

Wir haben von der Eheberatungsorganisation Team.F gehört, die in ihrem Dienst zu einer ungewöhnlichen Methode gegriffen hat. Im Grunde führt dabei der Seelsorger den Suchenden zum Herrn selbst. Statt sein Problem zu analysieren und eine psychologisch basierte Antwort zu geben oder Therapie zu veranlassen, führt er den Betreffenden in einen Prozess der Wiederaufnahme seiner Gottesbeziehung hinein. Genau das meine ich mit Veränderung, die von innen heraus entsteht, nämlich aus der Kraft und Gegenwart des in uns wohnenden Heiligen Geistes.

Kennzeichen der programmorientierten Antigemeinde

Wie sieht eine Programmgemeinde normalerweise aus? Natürlich ist jede anders. Einige sind besser, einige schlechter als andere. Etliche haben eine Menge Gutes getan und viel dazu beigetragen, Gottes Reich auszubreiten. Andere wiederum haben den Namen des Herrn in großen Misskredit gebracht. Für einen Augenblick müssen wir die Frage beiseitelassen, ob die Gemeinden, die wir selbst erlebt haben, hilfreich waren oder nicht, und uns vielmehr anschauen, was unsere Methoden, Gemeindearbeit zu betreiben, für (oder gegen) uns tun.

Wir konzentrieren uns auf den wöchentlichen „Gemeindegottesdienst", weil er für die meisten Christen heutzutage im Zentrum des Gemeindelebens steht. Üblicherweise sollen unsere Gottesdienste folgende Aufgaben erfüllen:

- die Heiligen ermutigen;
- Gott anbeten;
- mit anderen im Leib Christi zusammen Gott anbeten;
- dem Herrn unsere Opfer (Zehnten) entgegenbringen;
- geistlich genährt werden für die Woche;
- Bibellehre empfangen oder, wie man es in manchen Traditionen sagt, *die Verkündigung des Wortes* durch einen ordinierten Leiter hören, was in manchen Kontexten als heiliger Akt in sich gilt;
- das Abendmahl empfangen, das ein Mitglied des Klerus austeilt.

Die meisten dieser Punkte sind gut und notwendig. Die Frage ist, wie wir sie füllen. Aus meiner Erfahrung als Mitarbeiter in Pastorenteams weiß ich um die dauernden Klagen darüber, dass zwanzig Prozent der Leute achtzig Prozent der Arbeit machen. Immer wieder stellten wir strategische Überlegungen an und sammelten Ideen, wie wir die Leute dazu bringen könnten, nicht mehr nur passiv dazusitzen, sondern aktive Laienmitarbeiter zu werden, die sich in allen Bereichen der Gemeindearbeit engagierten.

Wir klagten darüber, dass es so wenig echte Liebe gebe, obwohl wir die Gemeinde in Hauszellen organisiert hatten, sodass die Glieder mehr Gemeinschaft untereinander pflegen konnten. Die Zellgruppen funktionierten auch weitgehend. Sie verhalfen den Leuten dazu, wenigstens ein paar andere in der Gemeinde gut kennenzulernen und sich mit dem Leiter auseinanderzusetzen, der die Botschaft brachte. Letzten Endes aber waren die Zellgruppen für die Menschen nichts anderes als ein kleiner Gottesdienst in der Mitte der Woche, der die meisten Bestandteile des großen Gottesdienstes am Sonntag enthielt. Und trotz allem hörte man von den Gemeindegliedern immer wieder die klagende Frage: „Wo ist die Liebe geblieben?" Liebe oder Gemeinschaft ließ sich einfach nicht programmieren.

Was fehlte uns denn? Viele in den Gemeinden heute vermissen etwas. Wir gehen freundlich miteinander um und freuen uns, den anderen zu sehen, jedenfalls meistens. Verglichen mit der Welt sind wir liebevoll und nett. Und doch fühlen sich viele leer.

In den achtziger Jahren gab es eine Hamburger-Werbung in den Vereinigten Staaten, in der eine alte Dame mit fordernder Stimme fragte: „Wo ist das Fleisch geblieben?" Offenkundig wurde ihr Hamburger ihren Erwartungen nicht gerecht. Eine ähnliche Frage könnten wir heute auch im Blick auf die meisten Gemeinden stellen: „Wo ist die Liebe geblieben?" Die erste Gemeinde war nicht dafür bekannt, dass Tausende von Bekehrungen stattfanden, obwohl das der Fall war. Man kannte sie nicht wegen ihrer monumentalen Kirchengebäude samt ausgedehnten Parkplätzen für Maulesel und Karren oder dank ihrer Sonntagsschulprogramme für die ganze Familie. Die Dynamik, für die man sie kannte, und das, was Außenstehende den Glauben an den jüdischen Messias massenhaft annehmen ließ, war ihre echte Liebe zueinander, auch wenn sie dies alles kostete.

Wir müssen es in unseren Kopf kriegen, dass – um sich einmal der Managementsprache moderner Gemeinden zu bedienen – das Hauptprodukt der Gemeinde nicht Bekehrung oder religiöse Bildung bzw. Zurüstung ist. Hauptprodukt der Gemeinde ist die Liebe. Jeschua sagt, an der Liebe, die wir zueinander haben, werden die Menschen in der Welt erkennen, dass wir zu ihm gehören (Joh 13,34-35). Wenn die Welt sieht, dass wir das „Fleisch", die Liebe, haben, weiß sie, dass wir echt sind. Viele bleiben weg, weil sie zwar Programme und Predigten wahrnehmen, aber nur wenig von dem eigentlichen Produkt, nämlich unserer Liebe untereinander.

Wir müssen noch einmal die Frage stellen, worin diese Liebe denn besteht, die uns fehlt. Was war an der Gemeinde des 1. Jahrhunderts anders? Wofür war sie bekannt? Vielleicht liegt der Unterschied darin, dass im Mittelpunkt des Gemeindelebens das gemeinsame Leben mit dem Herrn und miteinander stand. Damals waren die Gemeinden wohl viel gemeinschaftsorientierter als die meisten Gemeinden heute. Sie lebten eher als Großfamilie denn als Verein.

Da sich diese Gemeinden in Privathäusern trafen, waren sie klein und persönlich genug, damit die Leute einander wirklich gut kannten. Einander zu lieben, meint transparent genug zu sein, die anderen unsere wahren Bedürfnisse und Gefühle sehen zu lassen und keine Maske aufzusetzen, sobald die Gemeinde zusammenkommt, und mechanisch zu sagen: „Danke, gut", wenn man gefragt wird, wie es einem geht. Das erfordert Vertrauen, Zeit und Gespräch, vor allem Gespräche, die weiter gehen als bis zum Wetter und den Bundesliga-Ergebnissen.

Wenn jemand etwas nötig hatte, trugen die frühen Christen aktiv dazu bei, dieses Bedürfnis abzudecken. Das ist Liebe. Brauchte jemand Gebet und Rat, so nahmen sie sich Zeit dafür. Ging es um eine praktische Not, gaben sie von ihrem Essen, ihrer Kleidung ihrem Geld und ihrer Zeit. Die frühe Gemeinde steckte ihr Geld in die praktische Liebe zu den Bedürftigen, nicht in Gebäude und Gehälter.

Wofür wir unser Geld ausgeben, zeigt, wo unser Herz steht. Wenn wir neunzig Prozent unserer finanziellen Mittel in die Unterhaltung der Gebäude, Programme und professionellen Mitarbeiter stecken, die *uns* dienen, was sagt das dann über unsere

Werte? Geben wir aber neunzig Prozent unserer Mittel für die Nöte der Bedürftigen unter uns (oder in unserer Stadt) aus, indem wir uns um die alleinerziehenden Mütter in unserer Nachbarschaft kümmern, dafür sorgen, dass Arbeitslose einen Beruf erlernen, mit dem sie sich ernähren können, oder einer bedürftigen Familie die medizinischen Behandlungskosten bezahlen, für die sonst niemand mehr aufkommt, dann zeigen wir, dass wir echt Anteil nehmen.

Die Wahrheit ist, dass die tatsächliche Praxis unseres Gemeindelebens viel lauter redet als unsere Lehre. Kommt jemand in unsere Gottesdienste, so sieht er sich in 99 von hundert Fällen reihenweise Stühlen gegenüber, die vor einer Bühne aufgestellt sind. Auf der Bühne steht entweder eine massive, manchmal erhöht platzierte Kanzel oder ein eleganteres Plexiglas-Modell, hinter dem der Prediger irgendwie eine persönlichere Ausstrahlung hat.

Welche Botschaft senden wir unterbewusst dadurch aus? *Dass hier eine Vorführung stattfinden wird.* Wir können noch so überzeugend lehren, predigen und argumentieren, dass wir hier ein Leib, eine geistliche Familie, und nicht ein Publikum seien. Wir können den Leuten sagen, dass Gemeinde mit Beziehungen zu tun hat und wir alle Teil des Leibes sind, dass wir alle Verantwortung tragen und eine Berufung haben, den Missionsbefehl zu erfüllen. Es mag auch eine Zeit lang besser gehen, aber am Ende landen wir immer wieder in unserer alten Klagespirale.

Soziologen sagen, siebzig Prozent unserer Kommunikation entfielen auf unsere Körpersprache; und wo diese im Widerspruch zu dem stehe, was wir verbal sagen, werde die Körpersprache wahrgenommen und geglaubt und nicht unsere Worte. Wenn ich meiner Frau saftlos, erschöpft und verzagt, mit hängendem Kopf und abgewandtem Gesicht sage, dass ich sie liebhabe, was wird sie glauben? Was ich mit Worten sage, wird sie kaum hören. Statt dass ihr das Herz im Leibe hüpft, wird sie mich besorgt fragen, wo das Problem liegt!

Worin besteht nun die „Körpersprache" des heute typischen Gemeindegottesdienstes? Sie drückt aus, dass

- Gemeinde bedeutet, ein besonderes, „heiliges" Gebäude aufzusuchen;

- gute Christen die Pflicht haben, allwöchentlich einen „Gottesdienst" zu genießen (oder zu ertragen);
- dort eine Vorführung stattfindet. Architekten sagen, die Form folge der Funktion. Ein Gebäude ist so konzipiert, dass es seine Funktion erfüllt; beides ist nicht zu trennen. Hat die Form eine gewisse Ausprägung, so wird das die Leute, die in ein Gebäude kommen, zu einer entsprechenden Reaktion veranlassen. Sieht jemand Stühle, die vor einer Bühne aufgestellt sind oder jedenfalls so, dass sie allesamt nach vorne „schauen", so weiß er, es wird von ihm erwartet, dass er sich hinsetzt und still ist, damit die Dinge ordentlich ablaufen und diejenigen, die sich auf die Vorstellung vorbereitet haben, ihren Job machen können. In dieser Formation ist es kaum noch möglich, dass ein Mitglied der Gemeinde einem anderen wirklich dienen kann;
- jemand anders dafür verantwortlich ist, die Schritte meines „Dienstes" für Gott auszuführen, und ebenfalls, dass jemand anderes dafür verantwortlich ist, mir und meinem Nebenmann geistlich zu dienen.

Diese Dinge ersticken wahres Gemeindeleben fast gänzlich. Vergleichen wir das einmal mit den Hinweisen darauf, was in einer Gemeindeversammlung des 1. Jahrhunderts passierte:

Was ist nun, Brüder? Wenn ihr zusammenkommt, so hat jeder einen Psalm, hat eine Lehre, hat eine Offenbarung, hat eine Sprachenrede, hat eine Auslegung; alles geschehe zur Erbauung (1 Kor 14,26).

... indem ihr zueinander in Psalmen und Lobliedern und geistlichen Liedern redet und dem Herrn mit eurem Herzen singt und spielt! Sagt allezeit für alles dem Gott und Vater Dank im Namen unseres Herrn Jesus Christus! (Eph 5,19-20).

Das Wort des Christus wohne reichlich in euch; in aller Weisheit lehrt und ermahnt euch gegenseitig! Mit Psalmen, Lobliedern und geistlichen Liedern singt Gott in euren Herzen in Gnade! (Kol 3,16).

... lasst uns aufeinander Acht haben, um uns zur Liebe und zu guten Werken anzureizen, indem wir unser Zusammenkommen nicht versäumen, wie es bei einigen Sitte ist, sondern einander

ermuntern, und das umso mehr, je mehr ihr den Tag herannahen seht! (Heb 10,24-25).

Wir haben hier vier Bibelabschnitte, die im Grunde ein und dasselbe sagen, nämlich dass jeder von uns dafür verantwortlich ist – *jedes Mal*, wenn wir zusammenkommen –, daran mitzuwirken, dass alle anderen auferbaut werden. Und sie sagen auch, dass wir *vorbereitet* zusammenkommen sollen – vorbereitet darauf, den anderen Anwesenden zu dienen. Das heißt, dass sich unter der Woche jeder Zeit nimmt, den Herrn zu fragen, wie er, und sei es nur im Kleinen, etwas einbringen, sagen, singen oder beten kann, das dazu beiträgt, die Gruppe oder zumindest eine Person darin aufzuerbauen.

Wenn wir alle das Woche für Woche tun würden, jeder nach seinem Maß, seiner Erfahrung und Begabung, was meinen Sie, wie rasch wir in unserem (dann sehr praktischen) Glauben wachsen würden? Und es mag Ihnen auch aufgegangen sein, dass man das nur schwer umsetzen kann, sobald mehr als 15–30 Leute anwesend sind.

Ich weiß, dass es viele gibt, die sagen, die angeführten Texte böten nur Beispiele für das Handeln der frühen Christen und stellten keineswegs eine biblische Anweisung dafür dar, wie wir Gemeinde zu leben haben. Aber ist Ihnen klar, dass wir allein in diesen Stellen viermal so viel biblische Grundlage für diese Lehre haben, als wir für die gängige Praxis besitzen, einen Gemeindepastor zu unterhalten? Dafür gibt es nur einen einzigen Vers, der schrecklich verzerrt und aus dem Kontext gerissen wird.

Der große Ersatz

Die Form, der sich fast jede protestantische Gemeinde in den vergangenen 500 Jahren bedient hat, die Form eines Vortragssaals, ergab sich, als die Protestanten, soeben befreit von der Tyrannei der religiösen Strukturen ihrer Zeit, mit ebendieser Frage rangen, in welcher Weise Gemeinde zusammenkommen solle. Sie hatten mit einer mächtigen religiösen Tradition gebrochen und wussten, sie mussten die falsche Praxis der Eucharistie in der Messe durch etwas anderes ersetzen, sonst würden die Menschen von den alten Gepflogenheiten wieder aufgesogen werden. Aber was sollte das Neue sein?

Leider suchte man nicht in der Schrift und bei den frühen jüdischen Gemeinden nach Inspiration, sondern sah nur bis ins 4./5. Jahrhundert zurück. Dort entdeckte man die Vorbilder der großen Prediger, vor allem Augustin und Johannes Chrysostomos, die in den Gemeindeversammlungen zu predigen pflegten. Was den Zeitgenossen nicht aufging, war, dass diese Männer ehemalige Rhetoren (gute Redner) gewesen waren, zu ihrer Zeit so berühmt wie heute Hollywoodstars, die nach ihrer Bekehrung ihre Begabung für Gott einsetzen wollten. Da war es ganz natürlich, dass sie begeisterte Massen anzogen und vom Fleck weg christliche „Stars" waren. Zugleich waren sie Lehrer der griechischen Philosophie und vermischten diese mit ihrem neuen Glauben an den Gott Israels.

Ohne zu erkennen, dass die Quelle nicht rein war, nahmen die Reformatoren sich diese Prediger zum Vorbild und gestalteten den neuen protestantischen Gottesdienst um die Verlesung der Heiligen Schrift – was selbstverständlich eine gute Sache ist – und die Predigt herum. Es dauerte nicht lange, bis die Wortverkündigung, auf die in Europa zuvor die Todesstrafe gestanden hatte, zum neuen Heiligen Gral des kirchlichen Gottesdienstes wurde. Bald schon nannten die Reformatoren den Gottesdienst „Wortgottesdienst": Das Zusammenkommen der Gemeinde war dafür da, dass das Wort verkündigt wurde, und die Verantwortung der Menschen bestand darin, zugegen zu sein, um das Wort zu hören.[4]

Leider hat das Predigen einige unschöne Nebeneffekte. Wenn Sie sich ein paar Kapitel zurückerinnern, sprachen wir darüber, was wahre geistliche Reife ausmacht. Geistliche Reife entsteht nicht aus dem Ansammeln biblischen Wissens und daraus, dass man großen Lehrern lauscht, sondern erwächst aus den Entscheidungen, die wir im Lauf des Tages aus unserer Beziehung zum Herrn heraus fällen. Reife bemisst sich an unserer Bereitschaft, sogar persönlich schmerzhafte Entscheidungen zu treffen, um dem Herrn gehorsam zu sein.

---

[4] Vgl. F. Viola / G. Barna, *Heidnisches Christentum?* Über die Hintergründe mancher unserer vermeintlich biblischen Gemeindetraditionen, GloryWorld-Medien, Bruchsal 2010, S. 132.

Die allgemein übliche starke Betonung des Predigens geht davon aus, dass das wöchentliche Austeilen geistlicher Wahrheiten geistliche Stärke hervorbringt. Nach meiner Meinung macht Jeschuas Erfahrung mit den Pharisäern hinreichend klar, dass man durch und durch mit biblischen Wahrheiten vertraut sein und doch jeder geistlichen Reife entbehren kann – vielmehr macht uns bloßes Bibelwissen meistens nur religiös. Und ich glaube, der Herr hasst Religion, denn das Festhalten an einer bloßen Form, ohne dass man deren Inhalt liebt, nämlich die Person des Herrn selbst, treibt Menschen im Endeffekt von Gott weg. Sie geben sich dann in der Überzeugung zufrieden, alles zu haben, obwohl sie gar nichts besitzen.

Viele wandern von Bibelstunde zu Bibelstunde, von Prediger zu Prediger, immer auf der Suche nach neuen biblischen Einsichten, die ihnen das Gefühl geben, geistlich zu sein. Und doch zeigt sich in ihrem Leben nichts von göttlichem Einfluss.

Ich möchte Ihnen eine radikale Überlegung vorschlagen. Könnte es sein, dass unsere gegenwärtige Vernarrtheit darin, Lehre und Predigt in unseren Versammlungen von einem ausgebildeten Professionellen entgegenzunehmen, ein Ersatz für das persönliche Kennen des Herrn geworden ist? Auch diese Woche wieder stehen Tausende von christlichen Leitern in ihren Versammlungen in aller Welt auf den Kanzeln und bläuen ihren Hörern ein, wenn sie nicht jeden Sonntag kämen, um die Predigt zu hören, würden sie sich auf jeden Fall zurückentwickeln und könnten nicht stark im Glauben sein. Denn schließlich, so fragen sie, wie kannst du geistlich stark sein, wenn du keine geistliche Nahrung zu dir nimmst? Also komm zum Futtertrog, sagen sie, und hol dir deine wöchentliche Dosis an geistlicher Nahrung! Und doch ist so vieles, was den Leuten Woche für Woche an Speise dargeboten wird, kaum mehr als Milch. Die Prediger fürchten sich so sehr davor, Leute zu verletzen, dass sie sich häufig nicht trauen, konfrontative Themen anzusprechen, und das Wort „Sünde" kaum noch erwähnen. Viel zu viele geben den Gläubigen nicht das echte Schwarzbrot des Wortes Gottes. Die meisten Predigten sind kaum noch etwas anderes als Anfeuerungsreden, Anleitungen zur Selbsthilfe und Positiv-denken-Seminare. Genau wie eine Arznei, die nur die Symptome behandelt, fühlt sich das für einen Moment zwar gut an, aber es kann keinerlei langfristige Veränderung bewirken!

Keine Frage, dass es sehr, sehr wichtig ist, die Heilige Schrift zu kennen. Keineswegs will ich sagen, dass Lehre nicht ihren Platz haben sollte. Diesen Platz sollte es unbedingt geben. Ich liebe Lehre, und ich liebe es zu lehren. Lehre werden wir immer nötig haben, gelegentlich sogar in großen Gruppen, z. B. bei Konferenzen oder Seminaren. Aber das ist dann ein anderes Umfeld als die regelmäßigen Familientreffen. Wir müssen uns kritisch fragen, wo ein Nachfolger Jeschuas seine geistliche Stärke hernimmt und wo er wirklich Speise empfängt.

Darauf gibt es nur eine mögliche Antwort: Die Kraft kommt aus seiner persönlichen Beziehung mit Jeschua, dem Messias, indem er Zeit mit ihm verbringt, über seine Worte meditiert und sich durch seine Gegenwart stärken lässt. Die Hoffnung der Herrlichkeit ist der Messias in uns. Unsere Stärke ist in dem Herrn, der in uns wohnt. Das Geheimnis des Messias ist, dass er in jedem von uns lebt! Deshalb gibt es nur einen Ort, den aufzusuchen wir schwächere Christen – oder auch jeden Christen – ermutigen sollten, wenn es darum geht, Nahrung zu empfangen: die Stille vor dem Herrn. Und ja, jemand muss sie an die Hand nehmen und ihnen zeigen, wie das geht. Aber das geht von Mensch zu Mensch und funktioniert am besten im Rahmen von Jüngerschaft und nicht durch Predigthören.

Leider haben wir aus unserem Christsein für gewöhnlich ein ermüdendes, anstrengendes Ringen um ein siegreiches Glaubensleben gemacht, in dem wir regelmäßig Unterstützung durch die Infusionen suchen, die ein bezahlter Berufschrist uns verpasst. Dabei sollte Christsein ein Leben in Beziehung sein, in dem wir den Einen kennenlernen, der uns in unserem geistlichen Abenteuer erst dann Erfolg geben kann, wenn wir ihm erlauben, von innen nach außen sein Leben in uns zu entfalten. Erst muss das innere Leben sich entwickeln, dann kann sich auch das äußere zeigen.

"Denn alles, was früher [während des Alten Bundes] *geschrieben ist, ist zu unserer Belehrung geschrieben"* (Röm 15,4), auch wenn es die historischen Gestalten jener Zeit waren, die die Dinge real erlebten, sagt Paulus. Es war also nicht nur ein Beispiel für den Einfallsreichtum Gottes, dass er den Israeliten in der Wüste jeden Morgen Manna vom Himmel herabschüttete. Sie hatten die Anweisung, jeden Tag frisches Manna einzusammeln, weil ihr

Manna, ihr Brot aus dem Himmel, sich immer nur einen Tag frischhielt. Am nächsten Tag war es ranzig, verdorben und ungenießbar. Beachten wir auch, dass jede einzelne Familie selbst dafür zuständig war, ihr Manna einzusammeln. Niemand organisierte professionelle Manna-Einsammler, die die Arbeit für die Leute getan hätten.

Und genau das müssen wir *alle* tun, um zu überleben und geistlich zu gedeihen. Jeder von uns muss jeden Tag frisches Manna sammeln, sonst leidet er an Unterernährung. Leider haben wir, die heutigen geistlichen Leiter der Gemeinde, die Menschen von uns abhängig gemacht, wenn es um ihre geistliche Ernährung geht. Wir brauchen es, dass sie uns brauchen, und den Leuten ist es so auch lieber.

Wo Leiter versuchen, die Nahrung für die Gemeinde bereitzustellen, schaffen sie es meistens nur, gerade genug Krumen auf den Tisch zu bringen, um den größten Hunger der Leute zu befriedigen. Echte Sättigung kann aber *nur* durch eine direkte Berührung vom Herrn selbst geschehen. Nachdem aber ihr größter Hunger gestillt ist, wollen die meisten Christen sich nicht noch die Mühe machen, selbst den Herrn zu suchen. Dieses ganze kirchliche System, das aus dem wohlmeinenden, aber irregeleiteten Enthusiasmus der Reformatoren erwachsen ist, hat eine ausgezehrte, unterernährte und geistlich oberflächliche Braut hervorgebracht, die auf die Schlachten der letzten Tage nicht vorbereitet ist.

Wieder Löwe sein!

In seiner Internet-Veröffentlichung *The Rebuilders Newsletter*[5] stellt Milt Rodriguez faszinierend dar, was mit Löwen passiert, wenn sie domestiziert und im Käfig gehalten werden. Gott hat einen Löwen mit bestimmten Grundinstinkten geschaffen. Löwen jagen. Und Löwen leben in einer sozialen Ordnung, die wir als Rudel bezeichnen. Solange Löwen in freier Wildbahn leben, erjagen sie sich ihre Nahrung selbst und schaffen zusätzlich für das Rudel Fleisch heran, welches sie mit allen teilen. Das ist ein schönes Bild für die Zusammenkünfte der frühen Kirche. *„Wenn ihr zusammenkommt, so hat jeder"* etwas; *„alles geschehe zur Er-*

---

[5] www.therebuilders.org/weblogs/archives/

bauung" der Gemeinde (vgl. 1 Kor 14,26). Jeder ging auf die Jagd, und jeder teilte dann mit den anderen, was er während der Woche erbeutet hatte.

Ein Löwe in Gefangenschaft ist ein widernatürlich lebendes Tier. Ein Löwe, der in Gefangenschaft aufgewachsen ist, büßt all seine natürlichen Instinkte ein. Er ahnt nicht einmal, dass Fleisch von Gazellen stammt, Gazellen aber nicht freiwillig in seinen Fleischtopf hüpfen. Was diesen Löwen angeht, gibt es Fleisch regelmäßig um fünf Uhr nachmittags, wenn die Käfigtür aufgeht und ein saftiges T-Bone-Steak reingeworfen wird. Woher das Fleisch kommt und wie es zu ihm gelangt, ist nicht sein Problem. Dafür wird schließlich der Wärter bezahlt.

Ein gefangener Löwe büßt auch seine sozialen Instinkte ein. Löwen, die zusammen in einem Käfig gehalten werden, sind nichts weiter als Löwen, die nebeneinander liegen. Sie mögen sogar miteinander verwandt sein, aber sie leben nicht als Rudel. Wenn das Lendenstück durch die Tür gesegelt kommt, ist jede Katze sich selbst die Nächste! Kein Gedanke daran, das Fleisch untereinander zu teilen.

In Südafrika sind Löwendompteure dabei, Methoden zur Wiedereinwilderung der Tiere zu entwickeln. Die Löwen müssen lernen, woher das Fleisch kommt und wie man es schlägt. Im ersten Schritt wird ein Löwe in die Wildnis ausgeführt. Einfach nur wandelnden Lendensteaks nahezukommen verändert schon die Perspektive der Jungtiere. Sie kommen auf den Geschmack. Sie müssen lernen, geduldig zu sein, sogar lange Zeit abzuwarten, stillzusitzen und zu lauschen. Sie müssen lernen, auf den Wind zu achten und mit der Nase zu merken, wo ihr nächster Hamburger spazierengeht.

Auch wenn jedes Gleichnis seine Grenzen hat, passt dieses Bild sehr gut. Die heutigen Nachfolger Jeschuas müssen es lernen, wieder nach einem Wort vom Herrn auf die Jagd zu gehen, und zwar *nicht*, indem sie den nächstbesten Propheten aufsuchen! Das heißt, sie müssen es, genau wie die Löwen, lernen, ruhig zu sein, geduldig zu sein und auf den Herrn zu warten. Sie müssen lernen, auf das Wehen des Heiligen Geistes zu achten und zu „erschnüffeln", was er gerade jetzt, in diesem Moment, tut – zu spüren, was auf seinem Herzen liegt.

Ich verrate Ihnen ein Geheimnis. Solange der Löwe in seinem goldenen Käfig liegt und ohne jeden Zweifel weiß, dass am Sonntagvormittag um elf Uhr jemand die Tür öffnen und ihm ein Steak frisch aus der Schlachtung hinwerfen wird, wird er nie im Leben selbst jagen lernen – selbst wenn die Tür offensteht und er frei seiner Wege ziehen kann. Es mag zwar nur ein Leben zweiter Klasse sein, in Gefangenschaft auszuharren, aber das Leben auf freier Wildbahn ist einfach zu anstrengend!

Wir müssen neu darüber nachdenken, was wir tun und warum wir es tun. Gemeinde ist nicht dazu da, Gottesdienst zu feiern. Gemeinde gibt es, damit wir in unserer Beziehung zu Jeschua wachsen. Egal, um was es geht: Man lernt immer dann am besten, wenn man an etwas aktiv beteiligt ist. Folglich ist es für eine Gruppe von Gläubigen, die wachsen und gesund bleiben wollen, das Beste, ein gemeinsames Leben zu entwickeln, in dem jeder danach eifert, jeden Tag Manna für sich selbst zu sammeln (oder zu erjagen), genauso wie er darauf bedacht ist, Leckerbissen und Ermutigungen zu erhaschen, die er den anderen (dem Rudel) mitbringen kann, wenn sie alle zusammenkommen.

Selbstverständlich kann man auf diese Art nur dann zusammenleben, wenn der Leib klein genug ist, dass jeder Gelegenheit findet, sich mitzuteilen, und alle sich gegenseitig kennen und vertrauen. Tatsächlich weiß ich um keinen vermeintlichen Vorteil einer großen Gemeinde, dem nicht bei näherem Hinschauen in kleinen Gruppen etwas Besseres, Sinnvolleres gegenübersteht. Vielleicht haben wir deshalb keinen Nachweis dafür, dass sich vor dem Jahr 316, in dem Konstantin die Ausdrucksweise und das Selbstverständnis der Christenheit veränderte – entsprechend denen die meisten von uns noch heute leben –, je eine christliche Gemeinde in einem speziellen Kirchengebäude versammelt hätte. Die einzigen archäologischen Nachweise, die wir für „Kirchengebäude" aus der Zeit vor 316 besitzen, betreffen vergrößerte Wohnräume in Privathäusern.

Vielfach habe ich den Einwand gehört, die frühe Christenheit habe sich aufgrund von Verfolgung und Armut in kleinen Gruppen versammeln müssen. Dieses Argument hält näherer Untersuchung nicht stand. Verfolgungen fanden zumeist sporadisch und örtlich begrenzt statt. Nur selten wurden Verfolgungsmaßnahmen von Rom aus angeordnet und reichsweit durchgeführt. Und selbst dann dauerten ihre intensivsten Phasen meist nur ein, zwei Jahre, höchstens ein bis zwei Jahrzehnte. Viele Städte genossen Religionsfreiheit oder zumindest Zeiten der Ruhe zwischen den Stürmen, in denen man sehr wohl kirchliche Strukturen hätte aufbauen können – zumindest dann, wenn man es gewollt hätte. In puncto Armut lässt sich dasselbe sagen. In der Tat waren die Gemeinden mancherorts arm. Aber die Auflistungen von Gläubigen, die wir in der Apostelgeschichte und dem einen oder anderen Paulusbrief finden, zeigen, dass es auch jede Menge einflussreiche und wohlhabende Leute unter ihnen gab und folglich auch reiche Gemeinden.

Ferner standen den frühen Christen die Diaspora-Juden vor Augen, die sich spezielle Studienhäuser, die Synagogen, erbaut hatten. Dass die Gemeinden des 1. Jahrhunderts das nicht nachahmten, zeigt, dass sie gute Gründe hatten, es nicht zu tun. Sinn und Zweck ihrer Versammlungen erforderte es, sich in familiärem Rahmen zu treffen.

Manche sagen auch, die frühen Christen hätten sich sowohl in großen Gruppen (im Tempel, Apg 2,46) als auch in kleinen (in den Häusern) versammelt. In Zellgemeindekreisen wird dies die „Theorie der zwei Flügel der Gemeinde" genannt. Auf Grundlage dieses Verses sagt man dort, die Gemeinde brauche zwei Flügel, um ausgewogen zu sein sowie hoch und geradeaus fliegen zu können. Man brauche das große Treffen (Gottesdienst bzw. „Celebration" genannt), wo sich alle versammeln, um als ganze Gemeinde anzubeten und Lehre vonseiten der Leiterschaft zu empfangen, damit die Gesamtgemeinde synchron vorangeht; und genauso bedürfe es der Intimität und Offenheit der Kleingruppen in den Häusern, der Zellen.

Freilich brauchen wir mehr als einfach nur einen Beweistext, der uns grünes Licht zu geben scheint, um unseren Weg zu gehen und das zu tun, was uns sinnvoll erscheint. Wenn wir uns in Lage und Geschichte der Gemeinden des 1. Jahrhunderts hineindenken, erkennen wir, so meine ich, etwas anderes. Die Treffen im Tempel waren eine zeitweilig geeignete Einrichtung, um die Lehre weiterzugeben, die die neu gewonnenen jüdischen Gläubigen brauchten, wenn sie mit den Veränderungen im Leben mit Gott Schritt halten wollten, die der Messias ihnen soeben erst gebracht hatte. Der Tempel war *nicht* der neue Mittelpunkt oder eines der neuen Zentren gemeindlichen Lebens. Und es steht fest, dass wir für die nächsten 300 Jahre keinerlei Hinweis auf einen solchen Versammlungsort für große Zahlen von Christen in *irgendeiner* anderen Stadt haben.

Am nächsten kommt einer solchen Situation die in Ephesus, wo Paulus eine Zeit lang tägliche Versammlungen in der Halle des Tyrannus abhielt. Der Bericht scheint jedoch nahezulegen, dass es sich hier weit eher um einen evangelistischen Treffpunkt oder eine Schulung für die jungen Gemeindegründer handelte, die sich an jenem Ort um Paulus zu scharen begonnen hatten – unter ihren Epaphroditus, Timotheus und Titus –, als um regelmäßige Gemeindeveranstaltungen.[6]

Mittelpunkt des Gemeindelebens ist die (natürliche bzw. geistliche Familie): Hier vereint die Familie, der Leib, sich in Liebe, Gemeinschaft und Anbetung mit Jeschua. Dies fand in den Häusern statt. Eine Stätte großer, lehrhafter Versammlungen als Mittelpunkt des Gemeindelebens zu bezeichnen, wäre so, als würde man die Schule als Mittelpunkt des Familienlebens sehen. Schule ist notwendig, aber nur für eine Zeit; und sie ergänzt das Familienleben, ist aber nicht mit diesem identisch.

Liebe Freunde, ich sage nicht, Hausgemeinden sind die Antwort, weil ich einem begeisterten Hausgemeinde-Fanclub angehöre. Vielmehr habe ich mich jahrelang gegen dieses Konzept gewehrt. Als der Herr anfing, mich in diese Richtung zu ziehen, begann ich die Hausgemeinde-Bewegung zu untersuchen, um zu sehen, ob das wohl ein gangbarer Weg sein könnte. Aber sehr bald gab mir der Herr den Eindruck, ich solle damit aufhören. Vieles, was unter der Flagge von Hausgemeinden segelt, ist keinen Deut besser als jede andere Form von Gemeinde auch. Das Höchste, was man von einigen dieser Gruppen sagen kann, ist, dass sie klein sind. Davon abgesehen sind viele von ihnen genauso unorganisch, traditionell und in die Wesenszüge der konstantinischen Antigemeinde verstrickt wie viele große Gemeinden.

Nein, ich habe es deshalb für notwendig gehalten, das vorliegende Kapitel einzubeziehen, weil es dann, wenn Sie zu entdecken beginnen, was Gottes Absichten sind, wenn Sie anfangen,

---

[6] Vgl. F. Viola, The Untold Story of the New Testament Church: An Extraordinary Guide to Understanding the New Testament, Shippensburg, PA 2004, S. 115; erscheint Ende 2010 bei GloryWorld-Medien in Deutsch.

den Ruf des Schofars zurück zum einfachen, praktischen, beziehungsorientierten Leben im Messias zu hören, notwendig sein wird, dass Sie sich mit anderen Gläubigen an einem Ort und in einer Weise zusammentun, die es diesem Leben ermöglicht, sich zu entfalten. Viele der unter uns geläufigen Formen gemeindlicher Praxis behindern im Endeffekt die Entfaltung dieses Lebens – darunter Predigten, Gemeindehäuser, Programme und sogar die Leiterschaftsstrukturen, die wir tolerieren.

Leiten: Herrschen oder Befähigen?

Diese Anmerkung zum Thema Leiterschaft/Leitung ist sehr wichtig, aber sie auszuführen würde ein weiteres Kapitel oder gar ein weiteres Buch erfordern. Ich empfehle sehr, den Titel „Reimagining Church" von Frank Viola zu lesen.[7] Trotzdem erachte ich es als lohnenswert, einige Beobachtungen darüber anzustellen, weil das Verständnis von Leitung, das man heute fast überall antrifft, der Entwicklung wahrer Reife ebenso sehr entgegensteht wie die Predigt. In evangelikalen, pfingstlichen und charismatischen Gemeinden stehen Leiter sogar häufig zwischen den Menschen und dem Herrn, weil sie meinen, die Menschen seien von ihnen, ihrer Leiterschaft, der von ihnen dargebotenen geistlichen Nahrung und ihrem Schutz abhängig, um im Glauben voranzukommen.

Im Gegensatz dazu haben die frühen Gemeindegründer Gemeinden in vergleichsweise wenigen Monaten gepflanzt (die biblischen Beispiele, die wir haben, sprechen von drei bis 18 Monaten): Sie führten Juden und Nichtjuden zum Glauben an Jeschua, fundierten sie in Jeschua und darin, wie sie in ihm leben sollten, lehrten sie einander zu dienen, zu ermutigen und als Familie zusammenzu leben, und *überließen dann die Gemeinden dem Heiligen Geist.* Es anders zu machen fördert eine ungesunde Abhängigkeit der Herde von ihren geistlichen Eltern. Nimmt ein Leiter innerhalb einer Gemeinde eine Autoritätsposition ein und behält diese bei, es sei denn in jener notwendigen Formationszeit der Gemeindegründungsphase, so wird er für die Menschen wie

---

[7] F. Viola, Reimagining Church, a. a. O.; erscheint im Herbst 2010 bei GloryWorld-Medien in Deutsch.

ein Vater, der darauf besteht, bei seinen erwachsenen Kindern zu bleiben und über sie zu herrschen. So kriegen die Leute nie die Chance zu reifen und so verantwortlich zu leben, wie sie es sollten, und ihr Wachstum wird erstickt. Dass unsere heutigen Gemeinden auseinanderfallen würden, wenn wir – ohne Vorbereitung – anfingen, auf biblische Weise zu funktionieren, zeigt nur, dass wir eine unselige Form der Abhängigkeit gelehrt und gefördert haben.

Die Erfahrung lehrt, dass, solange der Gemeindegründer in einer organischen Gemeinschaft bleibt, die Leute weiterhin von ihm erwarten, dass er Dinge initiiert. Sie übernehmen erst dann die volle Verantwortung, Gemeinde zu sein, also einander im Glauben zu unterstützen und füreinander da zu sein, wenn er geht. Eines der Hauptziele der Gemeinde ist, dass der Leib „zu Christus hinwächst" (vgl. Eph 4,15) und dahin kommt, dass alle Glieder mitwirken. Deshalb war es für die Gemeindegründer im 1. Jahrhundert notwendig, weiterzuziehen, und heute ist es nicht anders.

Wie ich in der Einleitung schon sagte, verbot Jeshua ja die hierarchische Leitung, die wir heute als gegeben ansehen und bei der ein Bruder über den anderen herrscht bzw. Autorität ausübt. „Autorität ausüben" ist die Bedeutung des Wortes *kataexousiazo*, jenes Wort, das Jesus in Matthäus 20,25-26 benutzte:

> *Jesus aber rief sie heran und sprach: Ihr wisst, dass die Regenten der Nationen sie beherrschen und die Großen Gewalt gegen sie üben. Unter euch wird es nicht so sein; sondern wenn jemand unter euch groß werden will, wird er euer Diener sein.*

Jesus sagte: **„Unter euch wird es nicht so sein!"** Aber ist das nicht genau das, was wir heute praktizieren?

In Lukas 22,26 fügte er hinzu, dass derjenige, der größer (bzw. ein Ältester) sein wollte, wie der Jüngere werden sollte. Das sagt uns heute nicht viel, weil wir die Jugend erhöhen und die Alten an den Rand drängen. Aber zur Zeit Jeschuas wurden die Alten sehr verehrt und bewundert. Was Jeshua uns damit sagen will, ist, dass, wenn wir von Gott geehrt und als groß erachtet werden wollen, wir die weniger angesehene Position einnehmen sollen: als jung angesehen zu werden, das heißt unerfahren und übersehen. Zwischen dieser Aussage Jesu und der heutigen Praxis der

Gemeindeleitung, bei der die meisten – unter dem Deckmantel, ihren „Dienst" und ihre Berufung zu entwickeln – so schnell wie möglich nach oben drängen, finden wir kaum Gemeinsamkeiten.

Dieses Wort *exousia* (oder auch *kataexousiazo),* das Jeschua hier benutzt, bedeutet, Befehlsgewalt über etwas oder jemanden zu haben, oder die Macht zu haben, dass Dinge geschehen. Es beschreibt die Vollmacht, die Jeschua von Natur aus hat („Mir ist alle Macht gegeben im Himmel und auf Erden"; Mt 28,18), die Vollmacht Jeschuas (die auch allen Gläubigen gegeben ist) über Dämonen und Krankheiten sowie die Macht zu vergeben. Es beschreibt außerdem unsere persönliche Macht, Entscheidungen zu treffen und zu handeln, und auch politische Macht im Allgemeinen. Aber nirgends im Neuen Testament finden wir, dass ein Gläubiger Autorität über einen anderen Gläubigen hätte. Wie Jeschua sagte: „Unter euch wird es nicht so sein." Wir sollen anders als die Welt sein, eine Gegenkultur. Die Wege Gottes gleichen nicht den Wegen der Menschen.

An diese Art der Leitung sind wir so gewöhnt, dass wir überhaupt nicht merken, dass wir immer unsere „hierarchische Brille" aufhaben, wenn wir in der Bibel etwas über Leitung lesen. Gewiss lehnen die meisten unter uns die offensichtlichsten dieser religiösen Hierarchieformen – wie Papst, Kardinal, Bischof, Priester, Diakon – ab, aber stattdessen haben wir subtilere Formen eingeführt. Viele Gemeinden haben hierarchische Strukturen, die außerhalb der lokalen Gemeinde wirksam sind, wie z. B. denominationelle Strukturen, abgelegt, pflegen aber immer noch Hierarchien *innerhalb* der Gemeinde, wie z. B. Hauptpastor, Co-Pastor, Ältester, Verwalter, Leiter und Co-Leiter von Hauszellen. Vielleicht werden sie „Life-Coach", „persönlicher Pastor" oder „Ansprechpartner" genannt. Das ändert freilich nichts an der Tatsache, dass man sie als solche sieht, die Autorität über diejenigen unter ihnen haben und denen die Laien Gehorsam schulden.

Leitung ist notwendig; die Art von Leitung, wie wir sie heute haben, dagegen nicht. Was wir auf den Seiten der Bibel finden, ist funktionale und nicht positionale Leiterschaft. Positionen müssen besetzt werden, sobald eine Stelle frei wird. Ein funktionaler Leiter dagegen befolgt die Anweisungen des Hauptes, des Herrn, in Erfüllung einer bestimmten Aufgabe. Ist diese Aufgabe erledigt, so endet seine Leiterschaftsfunktion. Der Älteste war ein Aufseher

– das ist die ganze Bedeutung des Wortes „Bischof" *(episkopos)*. In erster Linie waren die Ältesten ... älter. Sie waren ältere, weisere Brüder, vielleicht auch Schwestern (Junia und Priscilla lassen sich als Gemeindegründerinnen [Apostelinnen] nachweisen, woraus die Wahrscheinlichkeit folgt, dass einige der Aufseher weiblich waren), die verantwortlich waren, Aufsicht zu führen und sicherzustellen, dass Probleme aufgearbeitet wurden. Sie regierten nicht und übten ihre Aufsicht höchstwahrscheinlich aus dem Hintergrund aus. Wir haben keinen Hinweis dafür, dass ein Ältester derjenige gewesen wäre, der sich vorne hinstellt und ein Programm durchführt. Würden Sie sich in eine Versammlung des 1. Jahrhunderts versetzt sehen, so würden Sie wahrscheinlich nicht einmal merken, wer die Ältesten sind. Ihre Rolle bestand mehr im Bejüngern, Ermutigen oder Ermahnen der Leute außerhalb der Versammlungen oder vielleicht im Korrigieren, wenn etwas falsch lief.

Diese Wahrheit, dass die Gemeinde die Braut ist, müssen wir verinnerlichen. Wenn wir das tun, wird es unser Verständnis von Gemeindeleben und Gemeindeleitung verändern. Johannes der Täufer erkannte eine bedeutende Wahrheit: Er selbst war nur der Freund des Bräutigams; die Braut gehörte nicht ihm. Deshalb musste er abnehmen, damit Jeshua zunehmen konnte. Ein echter Ältester hat den Wunsch, dass Jeshua das wahre Haupt seiner Gemeinde ist und wirklich jedes Treffen der Gläubigen leitet. Kein Ältester, der die Beziehung zwischen Braut und Bräutigam anerkennt, wird sich ins Rampenlicht drängen und der „Zeremonienmeister" sein wollen. Deshalb bin ich der Meinung, dass der biblische Älteste seine Aufsichtsfunktion im Hintergrund ausübt. Er wacht eifersüchtig über die Braut Jeschuas und sorgt dafür, dass ihre Aufmerksamkeit ständig auf diesen gerichtet ist. Er ist ein Befähiger, kein Herrscher.

Die Bibel liefert keinen einzigen Hinweis für das, was wir heute unter Pastor oder pastoraler Leitung verstehen.

Sie haben mich als ihren König abgelehnt

> *Der HERR aber sprach zu Samuel: Höre auf die Stimme des Volkes in allem, was sie dir sagen! Denn nicht dich haben sie ver-*

worfen, sondern mich haben sie verworfen, dass ich nicht König über sie sein soll (1 Sam 8,7).

Die Bibel berichtet oft ganz sachlich über Dinge, die zum damaligen Zeitpunkt bestimmt einen hochemotionalen Gehalt hatten und sich stark auf spätere Ereignisse auswirkten. Hat es nicht große Schmerzen im Herzen Gottes verursacht, als Israel ihn zugunsten eines irdischen Herrschers verwarf? Diese Situation, als Israel von Samuel verlangte, er solle ihnen einen König geben, stellte in der Geschichte Israels einen großen Wandel dar. Sie wollten kein unpolitisches, nicht-institutionelles Land mehr sein, in dem es große Freiheit gibt und allein Gott sie regiert. Sie sagten:

Nein, sondern ein König soll über uns sein, damit auch wir sind wie alle Nationen, und dass unser König uns richtet und vor uns her auszieht und unsere Kriege führt (1 Sam 8,20).

Als Israel um einen König bat, öffneten sie jedoch Satan unbeabsichtigt eine Tür. Sie wollten einen Regierungswechsel von einer Theokratie, in der Gott regiert, zu einer vom Menschen beherrschten Monarchie. Damit erhielt der Feind einen legalen Zugang zu den irdischen Systemen der Menschen, die sich später entwickelten. Nach und nach kamen in Israel menschliche Ideen, Institutionen und sogar Religionen auf, die die Leute von ihrer einfachen Frömmigkeit, ihrer Bundesbeziehung sowie ihrer Bestimmung, die Braut Jahwes zu sein, weglockten. Die Herrschaft der Könige und deren Götzendienst und Bosheit zerstörte Israel letztlich. Nachdem sie dann aus dem Land vertrieben waren, wurden andere menschliche Ideen zum Ersatz für den Tempel und die göttliche Ordnung, wie z.B. Rabbis, Synagogen und der Talmud. Das Zusammenspiel all dieser Dinge hatte zur Folge, dass die Leute davon abgehalten wurden, ihren Messias zu erkennen, als dieser kam. Wenn der Mensch herrscht, kommt der Feind durch die Hintertür herein.

Die Kirchengeschichte ist beinahe ein Spiegelbild der Geschichte Israels. Genau wie Israel hörte die Kirche auf den Sirenenruf der Nationen – und wollte ebenfalls wie diese sein. Schon ab der Mitte des 1. Jahrhunderts sahen sich die Gemeinden die effizienten römischen Organisationsideen an und dachten: „Toll, das wäre sicher eine große Verbesserung. Jawohl, starke Leiter schützen uns bestimmt vor Irrlehrern. Sie könnten (in den Worten von

1. Samuel 8,20 ausgedrückt) *uns richten und vor uns her ausziehen und unsere Kriege führen!"* Und so folgte die Kirche den Fußstapfen Israels und drängte den Herrn still und heimlich aus seiner Leitung ihrer Versammlungen hinaus, sodass jetzt alles reibungsloser, effizienter, weniger spontan und mehr vorhersehbar vonstattengehen konnte.

Das alles aber hatte seinen Preis. Das Leben der Gemeinde war jetzt nicht mehr Sache aller Gläubigen, sondern wurde Fachleuten übergeben. Wie Israel unter den Königen wurden die Gläubigen nun besteuert und zum Dienen aufgefordert, damit die Ziele und Programme der Kirche erfolgreich umgesetzt werden konnten. Und wie bei Israel öffnete die menschliche Herrschaft dem Feind eine Tür, um Götzendienst, Irrlehren und ein religiöses System einzuführen, das sie beschäftigt hielt und von ihrem Gott entfremdete. Christ zu sein bedeutete von nun an nicht mehr, mit dem auferstandenen Herrn in einer echten Freundschaft zu leben, sondern einem mächtigen und fordernden religiösen System zu dienen.

Ich beziehe mich hier natürlich auf das schrecklichste Beispiel dieses Systems, die Anti-Kirche in ihren unterschiedlichen Formen, die im frühen Mittelalter aufkam. In unserer durch kirchliche Leiter dominierten Gemeindepraxis von heute haben wir die Braut jedoch immer noch nicht dem Bräutigam zurückgegeben. Der Mensch ist immer noch am Ruder, selbst wenn er – wie König David – Gott liebt, demütig ist und dient. Und deshalb hat sich nicht viel verändert.

Davids Herrschaft stellte wahrscheinlich das Goldene Zeitalter Israels dar, die beste Zeit, um als Israelit zu leben. Ähnlich waren auch viele unserer Gemeindeerfahrungen nicht nur gut, sondern großartig! In unseren Gottesdiensten haben wir ab und an herrliche Zeiten und die manifeste Gegenwart Gottes erlebt. Gott benutzt das von uns gewollte System auf großartige Weise, um zahllosen Menschen zu helfen und positiv zu beeinflussen. Aber ist es wirklich von Gott? Ist es das, wonach er sich sehnt? Das Königreich Davids war eindeutig *gegen* den Willen Gottes. Nicht der König selbst oder sein Herz, sondern die Institution der menschlichen Herrschaft war gegen den erklärten Willen Gottes.

Jahwe warnte sie durch Samuel, dass das Königtum sie beherrschen, versklaven und schließlich zum Niedergang ihrer Nation führen würde. Da sie aber darauf bestanden, ließ er sie wählen. Und gelegentlich war es gut.

Ein guter Leiter mit einem guten Herzen kann in einer organisierten Kirche heute dafür sorgen, dass man gute Dinge erlebt. Aber das bedeutet nicht, dass es richtig ist oder dass es gar das Beste ist, was wir tun könnten. Das System selbst wird entgegen den besten Absichten das Leben aus denen heraussaugen, die versuchen, „in der Einfachheit der Hingabe an Christus" zu leben. Und menschliche „Könige" in unserer Gemeindepraxis zu haben, wird unweigerlich dazu führen, dass Fehler festgeschrieben werden, während man das Beste versucht, dem System zu dienen und es zu erhalten. So funktionieren Institutionen einfach.

Genau das passierte mit den guten Absichten der frühen Kirche. Damals wollten sie, dass Älteste über sie regierten, um sie vor Irrlehren und falschen Aposteln und Propheten zu bewahren. Stattdessen hätten sie als lokaler Leib Christi Verantwortung für sich selbst und für ihre Stadt übernehmen und mit jeder neuen Bedrohung selbst fertig werden sollen. Als sie ihre Autorität und Verantwortung aufgaben, gaben sie auch einen großen Teil ihrer Identität als Leib Christi mit Jesus als alleinigem Haupt auf. Das Ende vom Lied war, dass es nicht funktionierte. Die Irrtümer und Irrlehren brachen über die Gemeinde herein und überwältigten sie, und die Leitungsstrukturen meißelten die Änderungen in Stein, sodass sie auch den künftigen Generationen erhalten blieben.

Und nun, liebe Leser, stehen auch wir vor der Frage: Werden wir den Fehler weiterhin fortführen, weil wir nichts anderes kennen? Oder werden wir auf den Ruf des Schofars hören, zu den alten Wegen zurückzukehren?

Vom Unabhängigkeitsdrang frei werden

Es gibt eine Krankheit, von der wir alle mehr oder weniger befallen zu sein scheinen und die die Umsetzung gemeinsamen Lebens in der Weise des Neuen Bundes sehr schwierig macht. In manchen Kulturen tritt die Krankheit stärker auf als in anderen. Zugezogen haben wir Menschen sie uns im Garten Eden. Sie ist eingekapselt in die Versuchung, mit der die Schlange Eva lockte: „Weißt du denn nicht, dass du sein kannst wie Gott, Gutes von Bösem unterscheidend?" Betrachten wir, woraus diese Versuchung im Kern bestand, dann ist es dies: dass wir Sterbliche die Dinge erkennen können – Gutes, Böses, alle Dinge eben –, und zwar unabhängig von Gott.

Offenkundig waren Adam und Eva bis zu diesem Moment dem Herrn so nahe, so eins mit ihm und so abhängig von ihm, dass sie nichts wussten und auch nichts wissen wollten, es sei denn, er wollte es ihnen offenbaren. Sie kannten ihn, vertrauten ihm und gaben sich mit dem zufrieden, was er ihnen geben wollte. Ich vermute, die Versuchung des ersten Menschenpaares durch den Baum der Erkenntnis des Guten und des Bösen zielte nicht auf ihren Gehorsam, sondern auf ihre Bereitwilligkeit, in völliger Abhängigkeit von Gott zu leben.

Der Wunsch nach Unabhängigkeit, der Wunsch, die Dinge nach unserem eigenen Gusto zu tun, sitzt sehr tief in uns drin. Das typische Kleinkind kann es kaum abwarten, Dinge „selber zu machen". Gewiss hatte der Herr nie etwas anderes vor, als dass wir erwachsen würden und leistungsfähig, voller Energie und initiativ sind. Doch hatte er immer die Absicht, dass wir die Dinge gemeinsam mit ihm tun. Aller Schmerz, alles Leiden, das wir im Lauf der Zeitalter ertragen mussten, seit wir aus dem Garten gewiesen wurden, hatte seine Quelle in unserem Verlangen, die Dinge losgelöst von Gott selber machen zu wollen.

Wenn es eines gibt, das wir aus den Gottesbünden und während unserer Entdeckungsreise durch dieses Buch gelernt haben, dann dies, dass wir niemals dazu geschaffen waren, losgelöst von Gott zu leben. Wir müssen in Beziehung zum Herrn leben, und auch er freut sich, dass er die Nähe zu uns braucht.

Gott selbst ist eine Gemeinschaft, ein korporativer Leib, und jeden Augenblick seiner Existenz genießt er diese Gemeinschaft, Nähe, Intimität und Liebe, die zwischen Vater, Sohn und Geist fließt. Wissen Sie, dass es unmöglich sein kann, dass Gott einfach nur ein Einzelwesen ist? Wäre er dies, könnte er nicht die Liebe sein. Liebe ist ja nicht nur eine emotionale Befindlichkeit, wie z. B. ein Schmachten und Sehnen nach einem anderen. Liebe ist eine Tat: Sie ist ein selbstloses, sich selbst entleerendes, sich anvertrauendes Geben in Anerkenntnis dessen, dass der andere die Freiheit hat, von uns zu empfangen und seinerseits mit ebensolcher sich selbst gebender Liebe zu reagieren, oder unsere Liebe zurückzuweisen bzw. nur die Gabe anzunehmen, den Geber aber nur zu benutzen, wenn nicht zu missbrauchen. Bestünde Jahwe nicht aus zumindest zwei oder drei Personen, die in Einheit verbunden, durch Liebe wesensmäßig miteinander so verwoben sind, dass sie in Wahrheit einen einzigen Gott bilden, so könnte er nicht die Liebe sein.

Wir sind berufen, Gott auf Erden zu repräsentieren und wie er zu sein. *„Denn wie er ist, sind auch wir in dieser Welt"* (1 Joh 4,17b). Deshalb hat der Herr festgelegt, dass unser Wandel mit ihm nicht einfach eine individuelle Angelegenheit sein kann. Niemals waren wir als bloße Individuen angelegt, die jedes für sich Gott entdecken. Es ist zwar richtig, dass wir Individuen sind, die sich in Gott verliebt haben, aber das ist nur der Anfang. Wenn wir in unsere Berufung und Bestimmung hineinwachsen wollen, müssen wir lernen, eins zu sein. Einssein ist nicht mit dem identisch, was wir landläufig unter Einheit verstehen. Denn damit verbinden wir normalerweise Konformität. „Wenn wir alle dasselbe glauben und unter uns niemanden dulden, der anders denkt, haben wir Einheit." Nein, das ist Konformität und verrät eine Furcht vor wahrer Einheit. In wahrer Einheit können wir unterschiedlich sein und doch einander lieben, verschieden denken und doch völlig angenommen sein.

Natürlich fällt dies westlichen Menschen, die ihre Unabhängigkeit als höchstes Gut feiern, sehr schwer. Denken Sie nur an den in Filmen häufig zu hörenden Ruf nach Freiheit, so wie bei William Wallace in „Braveheart", als er im Galopp die Front seiner angetretenen Truppe abreitet, ehe er sie in die Schlacht führt, und ihnen den Schlachtruf „Freiheit!" einbläut. Ist es uns möglich, einzusehen, dass unsere *Freiheit* uns in Wirklichkeit mehr hindert als fast alles andere, wenn es um unsere Beziehung zu Gott und den Geschwistern geht? Freiheit kann zur Ausrede für eine selbstsüchtige Lebensweise werden. Es mag gerade Ihr sorgfältig gehüteter Sinn für Ihre persönliche Freiheit sein, der Gott von Ihnen fernhält.

Ebenso schwer fällt es uns, Kirche als Gemeinschaft, als geeinten Leib, zu denken, weil wir in unseren westlichen Kulturen so ungemein mobil geworden sind. Die wenigsten von uns haben noch tiefe und zahlreiche Wurzeln an einem bestimmten Ort. Freunde und Familie sind übers ganze Land verstreut. Man lebt dort, wo man Arbeit findet. Beziehungen bleiben dabei auf der Strecke. Unsere sich zersetzenden Familienstrukturen haben zur Folge, dass nur noch wenige wissen, wie Verwandte miteinander leben sollten. Und die vielfältigen Anforderungen an unsere Zeit lassen kaum Raum für sinnerfüllte Freundschaften. Und doch ist es dies und nichts anderes, was wir vermissen und wofür wir in unserem Leben Platz schaffen müssen – weil es genau das ist, was wir brauchen, und weil wir nur auf diesem Weg zu einer echten Gemeinde werden können, die Gottes Konzept entspricht!

Leben in Abhängigkeit von Gott hat vor allem mit Vertrauen zu tun. Können wir uns so völlig auf ihn stützen, dass wir ihm zutrauen, uns zu beschützen, dass wir ihm zutrauen, dass er uns sagt, was wir wissen müssen, und zwar dann, wenn wir es wissen müssen? In Gemeinden gibt es heute so viel Geschwätz und Streitereien, weil Leute denken: „Wenn ich nicht weiß, was ich von diesem oder jenem halten soll, und dann nicht mit anderen darüber rede – selbstredend damit diese schützend ihre Hand über den Betreffenden halten und für ihn beten –, passiert mir womöglich irgendwas Schlimmes." Wenn wir das überwinden können, hören wir auf, vom Baum der Erkenntnis des Guten und des Bösen zu essen.

Gott hat eine Vorstellung von Einheit, die sich mit seiner eigenen Erfahrung verknüpft. Jahwe, unser Gott, ist eine korporative Einheit. Diese Idee völliger Einheit mit einer anderen Person oder mehreren Personen läuft darauf hinaus, dass diese zwei, drei oder auch mehr Personen eine neue, gemeinsame Identität annehmen. Diese Wahrheit zeigt sich an einer der bedeutsamsten Institutionen, die der Herr eingesetzt hat, dem Ehebund. Er ist ja in Wirklichkeit keine Institution, sondern eine besondere Art von Beziehung!

Gottes Auffassung von Einssein meint ein Verbundensein in einer solchen Einheit, dass aus der Verschmelzung der Partner eine neue, eigene Identität erwächst – so wie ein jungverheiratetes Paar im Idealfall zu einer neuen Einheit wird, die man Familie nennt. Die beiden sind dann nicht mehr Peter Meier und Petra Müller, sondern für alle, die sie kennen, nur noch „Peter und Petra". Sie gehen überall zusammen hin, sie planen zusammen, sind füreinander da, lieben einander und stehen füreinander ein.

Ich will nicht sagen, dass eine örtliche Gruppe von Christen im selben Grad „alles zusammen tun" sollte wie ein Ehepaar, und doch gibt es eine gewisse Ähnlichkeit, weil sie in einer Gemeinschaft von Gläubigen leben, die zusammenhält, ihr Zusammensein genießt und eben mehr ist als eine Ansammlung von Individuen, die übereingekommen sind, einen Verein zu gründen und sich „Freie überkonfessionelle Gemeinde Meinestadt" zu nennen. Wenn wir eine solche Ebene von Gemeinschaft und Liebe pflegen, wird die Welt auf uns schauen und erkennen, dass wir mit Jeschua verbunden sind. Man könnte sagen, das ist Jeschuas Definition von natürlicher Evangelisation. Manchmal denke ich, das Gemeindekonzept des Vaters ist weitaus schöner als das, womit wir gelernt haben uns zufriedenzugeben.

In seinem Johannes 17 überlieferten Gebet, das er unmittelbar vor seiner Gefangennahme sprach, betete Jeschua um unsere Einheit:

> ... ich bin nicht mehr in der Welt, und diese sind in der Welt, und ich komme zu dir. Heiliger Vater! Bewahre sie in deinem Namen, den du mir gegeben hast, **dass sie eins seien wie wir!** ... Aber nicht für diese allein bete ich, sondern auch für die, welche durch ihr Wort an mich glauben, **damit sie alle eins seien, wie du, Vater, in mir und ich in dir, dass auch sie in uns eins seien,** damit die Welt glaube, dass du mich gesandt hast. Und die Herrlichkeit, die du mir gegeben hast, habe ich ihnen gegeben, **dass sie eins seien, wie wir eins sind** – ich in ihnen und du in mir –, dass sie in eins vollendet seien, damit die Welt erkenne, dass du mich gesandt und sie geliebt hast (Joh 17,11.20-23; eigene Hervorhebungen).

Wir sind dazu brufen, im Einssein mit Gott, aber auch in einem höheren Maß von Einssein miteinander zu leben, als die meisten von uns es sich je vorstellen konnten. Vielleicht ist das das Schwierigste, was wir jemals tun werden, aber wenn wir die Art von Gemeinde erleben wollen, die der Vater für uns ersonnen hat, müssen wir in wahrer Gemeinschaft mit anderen leben.

Deshalb finden wir in der Heiligen Schrift Neuen Bundes jede Menge Verse, in denen das Wort „einander" vorkommt. So gut wie jede Anweisung und Verheißung richtet sich an eine Gruppe von Gläubigen. Nur gemeinsam können wir jemals die Berufung ausfüllen, die der Herr für uns hat. Wir können die Ziele Gottes nicht verwirklichen, solange wir uns ihm als Individuen nähern, die nebeneinander stehen, einander vielleicht tolerieren, aber sich gegenseitig kaum kennen, geschweige denn umeinander kümmern, solange wir selbst an Salbung und biblischer Erkenntnis zunehmen.

Es kann sein, dass wir als Einzelne zu den gesalbtesten, geschicktesten Dienern am Evangelium werden, die man sich nur vorstellen kann: Leute werden geheilt, wenn wir beten, Menschen werden gerettet, Wunder sind selbstverständlich. Wenn wir es aber nicht lernen zu lieben, wenn wir nicht in der Lage sind, echte Gemeinschaft mit anderen Gläubigen vor Ort zu praktizieren, laufen wir Gefahr, nichts weiter als Lärm zu machen (vgl. 1 Kor 13,1-2). Und wir erfüllen unsere Berufung dann immer nur zur Hälfte, denn die andere Hälfte besteht im Eingebundensein in eine Gemeinschaft von Gläubigen, und zwar nicht als der herausragende „Geistliche", sondern als Otto Normalchrist. Zusammen werden wir zu jener schönen Braut, nach der Jeschua vor Liebe ganz verrückt ist. Und diese schöne Braut können wir niemals werden, solange wir im Wesentlichen Individuen bleiben, die darauf fixiert sind, ihren „eigenen Dienst" voranzubringen. Gemeinsam werden wir zu einer neuen Person, zum Leib Jeschuas, der da, wo wir leben, auf ganz und gar einzigartige Weise Gestalt annimmt, je nach den verschiedenen Charakteren, die in unserer Gruppe vertreten sind.

Wahres Gemeindeleben ist gemeinschaftliches Leben: eine Gemeinschaft von Menschen, die es lernen, sich aufeinander zu verlassen, voneinander zu lernen, einander liebzuhaben, einander vorsichtig zurechtzuweisen, und die im Lauf der Zeit eine solch ausgeprägte korporative Identität entwickeln, dass Außenstehende kaum noch an einen von ihnen denken können, ohne auch an die anderen zu denken. In der Wahrnehmung anderer nimmt diese Gemeinschaft eine neue Identität an, weil ihre Liebe zum Herrn und zueinander sie zu einer neuen Person zusammengeschmolzen hat, einer Person, die vielleicht zum ersten Mal ihrer Stadt wirklich zeigt, wer Jeschua ist. Diese neue Person ist die Braut des Herrn.

Aus diesem Grund hieß es zu Beginn dieses Kapitels, das Leuchten im Auge Gottes gelte jener schönen Frau, der Braut, die er für seinen Sohn zubereitet. Gott sieht unsere Beziehungen miteinander als eine lebendige, wachsende, sich ausbreitende, liebende Person: einen lebendigen Tempel. Zu dieser ebenso schlichten wie wunderschönen Ausdrucksform von Gemeinschaft müssen wir zurückkehren – sie war von jeher Gottes Absicht für uns. Mag sein, dass so ein Leben anfangs unbequem für uns ist und ganz anders als alles, was wir gewohnt sind, aber es wird von uns erwartet, dass wir uns Gott unter seinen Voraussetzungen nähern und nicht unter unseren eigenen.

Leben in der Weise des Neuen Bundes ist einfach. Es ist ein auf Beziehungen gegründetes Leben. Gemeinde ist gemeinschaftsorientiert, nicht lehrorientiert. Gemeinde ist da, wo mitten in einer Stadt Gottes Liebe ausgelebt wird. Sie ist praktisch und handlungsorientiert.

Und genau das haben wir über Gott und seine Absichten mit uns von allem Anfang an, wie sie schon vor der Schöpfung bestanden, herausgefunden. Das ist es, was die Gottesbünde uns lehren. Von jeher waren wir dazu gedacht, Gott zu kennen und ihm gleichzuwerden.

Jetzt stehen wir vor der Herausforderung zu schauen, wie wir diese Dinge in die Praxis umsetzen können. Es muss ja über die bloße Theorie hinausgehen, muss zu unserem Leben werden, und das nicht nur persönlich, sondern auch in der Art unseres Zusammenlebens als Gemeinschaft. Nehmen wir diese Dinge an, ignorieren jedoch die Auswirkungen des griechischen Einflusses auf unsere Praktiken, so werden wir uns nicht von dem Lockruf der Sirenen lösen können, der uns dazu verführen will, es so wie die Welt zu tun.

In Wahrheit ist die Braut Christi nicht nichtjüdisch. Untersucht man ihre Züge sorgsam, so sieht sie entschieden hebräisch aus.

KAPITEL 12

Wie also sollen wir leben?

Als sie aber das hörten, drang es ihnen durchs Herz, und sie sprachen zu Petrus und den anderen Aposteln: Was sollen wir tun, ihr Brüder? Petrus aber sprach zu ihnen: Tut Buße, und jeder von euch lasse sich taufen auf den Namen Jesu Christi zur Vergebung eurer Sünden! Und ihr werdet die Gabe des Heiligen Geistes empfangen (Apg 2,37-38).

Das Haus Israel stand am Scheideweg. Ein vernehmlicher Teil des Volkes hatte Jeschua lautstark abgelehnt und seinen Tod verlangt. Und nun hörte man plötzlich, er sei irgendwie doch am Leben. Statt sich ängstlich in ihren Verstecken zusammenzukauern, waren seine Nachfolger mit einem Mal mit einer Botschaft von Sieg und Hoffnung an die Öffentlichkeit getreten. Statt sich eilends irgendwo zu verstecken, riefen sie aus, das Reich Gottes komme auf die Erde, und jeder von ihnen trat auf, als wäre er Jeschua höchstselbst: Sie sprachen mit Autorität und heilten in Vollmacht.

Wie sollte ein Israelit darauf reagieren? Sein ganzes Leben lang war er darin unterwiesen worden, die Thora zu befolgen, hatte man ihm gesagt, er müsse dem gehorchen, was die Rabbinen sagten, und könne Gott nur mithilfe der Priester und religiösen Experten nahekommen.

Und jetzt tauchen plötzlich erst hundert, dann tausend und schließlich Zehntausende von Nachfolgern Jeschuas auf und erklären, ein neuer Tag sei angebrochen. Wir sollen nicht mehr blindlings den Traditionen der Ältesten, den Anweisungen der Priester Folge leisten und darauf achten, dass wir einigermaßen durchs

Leben kommen. „Nein", sagt diese neue Lehre, „wir sind freigesetzt, Adonai, den Herrn, selbst kennenzulernen! Der Vorhang im Tempel ist zerrissen, jetzt steht der Weg in die unmittelbare Gegenwart Gottes allen offen! Ein neuer Tag ist gekommen, an dem wir gerade so leben dürfen, wie einst David lebte: indem wir mit dem Allerhöchsten wandeln und reden, als wäre er ein Freund." Und diese Leute leben und reden allesamt genau wie Jeschua lebte und redete. Das ist wirklich anziehend.

Nur dass unsere alte Lebensweise so tief in uns verankert ist! Die alten Gewohnheiten und Traditionen unserer Väter sind so tief in unsere Seelen eingebrannt, dass es ganz unmöglich erscheint, überhaupt irgendwie anders zu leben. Was soll ein israelitischer Mann tun? Wie soll er denn nun leben?

Vor genau dieselbe Frage sehen wir uns auch heute gestellt. Wie soll ein an Jeschua Gläubiger im 21. Jahrhundert leben? Ignorieren wir die Praktiken vergangener Generationen? Wie sieht das Leben aus, das ich führen sollte, wenn ich den Ruf des Schofars gehört habe und den Wunsch habe, zu einem mehr hebräischen, einfachen und beziehungsorientierten Leben in Gott zurückzukehren? Ist das alles nicht zum größten Teil reine Theorie?

Zugegeben, in diesem Buch haben wir uns mit einer Menge Theorie beschäftigt. Theorie ist notwendig, weil sie uns ein festes Fundament für unsere Praxis liefert. Wenn wir nicht wissen, wer wir sind, was der Herr vorhat und welche konkrete Bedeutung Bibelstellen haben, wie z. B.: *„Für die Freiheit hat Christus uns frei gemacht. Steht nun fest und lasst euch nicht wieder durch ein Joch der Sklaverei belasten!"* (Gal 5,1), dann sind wir in Unkenntnis der Grundlagen unseres Wandels mit dem Herrn.

Betrachten wir, wie der Apostel Paulus lehrte, so sehen wir, dass er im Allgemeinen erst theoretisch unterwies, ehe er damit anfing, den Leuten zu sagen, wie sie diese Dinge anwenden sollten, um entsprechend zu leben. Er sagte nicht einfach: „Kinder, gehorcht euren Eltern! Väter, reizt eure Kinder nicht! Sklaven, fügt euch euren Herren! Lasst aus euren Mündern keine negative Sprache hervorgehen! Seid heilig!", ohne zunächst den Grund zu legen, auf dem die Gläubigen solche Werke tun sollten. Solange sie nicht richtig fundiert und in den richtigen Verständnisrahmen eingehängt werden, lösen moralische Gebote und ethische Prinzipien nur Schuldgefühle aus, sobald ein Mensch es nicht schafft, sie einzuhalten, oder sie rufen Stolz hervor, wenn jemand es schafft, sie zu erfüllen. Und in den meisten Fällen führen sie zu einem gesetzlich ausgerichteten, leistungsbezogenen Lebensstil. Am Ende stehen dann innere Leere und ein breiter Graben zwischen dem gläubigen Menschen und dem Gott, nach dem er sich sehnt.

Nehmen Sie Paulus' Briefe einmal genau unter die Lupe. Im Epheserbrief sehen wir z. B., dass er die ersten drei Kapitel dafür hernimmt zu erklären, welche Grundlage wir in Gott haben – das ist die Theorie. Dann verwendet er die nächsten drei Kapitel, um darzulegen, wie das in der Praxis aussieht. Erst das Wissen darum, dass Gott uns *„um seiner vielen Liebe willen, womit er uns geliebt hat ... mitauferweckt und mitsitzen lassen [hat] in der Himmelswelt in Christus Jesus"* (Eph 2,4.6), ermöglicht Paulus' Drängen auf ein ethisch einwandfreies, heiliges Leben, hat er uns doch gezeigt, in wessen Kraft und in welchem Vertrauen sich das verwirklichen wird. Nicht aufgrund unserer harten Arbeit, sondern dank der innewohnenden Kraft und Barmherzigkeit des Heiligen Geistes sind wir schon jetzt an dem Ort der Annahme und Vollmacht angekommen – da gibt es nichts mehr zu erkämpfen und zu erlangen! Wir können ganz einfach die Person *sein*, in die er uns erst noch umwandelt!

Deshalb haben wir uns eine Menge Theorie angeschaut, haben versucht zu verstehen, was der Herr gemeint und sich mit den Bünden, die er uns schenkte, vorgenommen hat. Haben wir sauber begriffen, welche Theorie hinter der Gabe des Alten Bundes stand und aus welchem Grund der Herr entschied, dass ein Neuer Bund notwendig sein würde, dann wird uns auch sehr viel klarer sein, wie wir leben sollen. Sicher ist vieles von dem, was wir im vorliegenden Kapitel zusammenfassen werden, in diesem Buch schon zur Sprache gekommen, habe ich doch versucht, die offenkundigsten Schlussfolgerungen zu ziehen und die Sache so praktisch wie nur möglich zu machen.

Was ist uns also im Zuge der Neuuntersuchung der Gottesbünde aufgegangen? Hier kommt die kompakte Stichpunktversion:

- Von Eden bis zum neuen Jerusalem ging und geht es dem Herrn immer um Beziehung. Das ist sein höchstes Ziel, seine größte Absicht: Männer und Frauen, mit denen er jeden Tag in einer liebevollen, innigen Beziehung leben kann und die seine Leidenschaften teilen. Jeder wirklich große Mensch in der biblischen Geschichte hatte eine Beziehung zu Jahwe, die tiefer ging als ein bloßes Gehorsamsgelöbnis. Diese Beziehung wird zu unserer Grundlage, der Grundlage, auf der wir unser Verständnis der Absichten und Ziele des Herrn in seinen Bundesschlüssen und seinem Handeln mit der Menschheit aufbauen.

- In Übereinstimmung mit diesen Zielen legte er durch seine Verheißungen an Abraham die Basis dafür, dass wir im Glauben Annahme und Vergebung der Sünden erfahren können, indem er Vater Abraham als Vorbild dafür setzte, wie der Mensch Gottes Akzeptanz und Wohlgefallen erlangen kann. Legalisiert und in Kraft treten werden sollte dies später durch den Tod und die Auferstehung Jeschuas. Das war der Akt, der uns in Wahrheit mit dem Vater versöhnt bzw. Vergebung und Versöhnung erst ermöglicht.

- Der Alte Bund, eingeführt am Berg Sinai, war sowohl eine Staatsverfassung als auch ein Ehevertrag. Er war eine Bundesvereinbarung zwischen Jahwe und seinem oft ungehorsamen und sich um sich selbst drehenden Volk, die detailliert ausformulierte, wie sie miteinander leben würden.

  – Dieser Bund war eine Thora, gedacht zu ihrer Belehrung, einer Belehrung von der Art, wie ein Vater seine geliebten Kinder belehrt. Er war dazu gedacht, sie näher und immer näher in Beziehung zu ihm hineinzubringen, indem er das Volk ausgiebigst über Gottes Wesen, seine Wege, Wünsche und Freuden belehrte.

  – Er war dazu gedacht, den Menschen die Mittel an die Hand zu geben, mit denen sie ihre Beziehung zu Gott wieder in Ordnung bringen konnten, wenn sie gesündigt hatten. Mithilfe der Rituale und Opfer im Zeltheiligtum bzw. Tempel konnten sie effektiv mit ihren Sünden fertig werden und zugleich lernen, wie ernst ihr heiliger Gott Sünde nahm.

  – Er war als Mittler gedacht, der zwischen den Menschen und Gott stand und ihnen sagte, was sie tun mussten, um sicher und korrekt vor Gott zu sein und ihrem Vater zu gefallen. Der Herr unterhielt keinen täglichen direkten Kontakt zu jedem von ihnen, um sie auf den Wegen des Lebens zu führen. Vielmehr unterwarf er sich den von ihnen selbst am Berg Sinai vorgebrachten Wünschen – dass sie nicht länger Jahwe direkt zu sich reden lassen wollten, vielmehr begehrten, dass Mose in den Riss trete und Mittler zwischen ihnen und Gott sei – und gab ihnen die Thora als Mittlerin, die ihnen definierte, wie ihr Leben in Gemeinschaft mit Gott aussehen sollte. In diesem Sinne haben wir verstanden, dass Israel eine Wahl traf, die vielleicht hinter dem zurückblieb, was der Herr ihnen geben wollte.

– Diese ganze Zeit hindurch gab es also nur eine Art und Weise, die Dinge zu tun, nämlich die der Thora. Natürlich gelang es denen, die diese aufgezwungene Distanz zu Gott als zu wenig an Gemeinschaft fanden, wie z. B. David oder Mose, immer, zu einem weit engeren Wandel mit ihm durchzubrechen. Für diese legte der Herr die Regeln großzügig aus, denn „der Sabbat wurde für den Menschen gemacht und nicht der Mensch für den Sabbat". Mit gutem Recht könnten wir in dieser Formel „Thora" anstelle von „Sabbat" setzen: *Die Thora wurde für den Menschen gemacht, nicht der Mensch für die Thora.* Daraus wird sehr deutlich, wieso es bestimmten Männern und Frauen glückte, in der Zeit des Wartens Israels auf das Kommen des Messias, in der das Volk der Thora als Beschützerin und Wächterin unterworfen war, einen sehr intimen Grad von Gemeinschaft mit Gott zu erlangen.

- Im Gegensatz dazu war der Neue Bund notwendig, um Gottes Volk zu jener unmittelbaren Herz-zu-Herz-Beziehung mit dem Schöpfer emporzuheben, die der Vater von Anfang an im Sinn hatte. Er steht für einen Wandel hin zu einer neuen Ebene von Beziehung. Er bedeutet aber nicht, dass Gott das „Alte Testament" abgeschafft und nach dem Letzten Abendmahl nun eine brandneue Religion aus der Taufe gehoben hätte. Die Heilige Schrift ist klar darin, dass Gott nicht etwa Israel verwarf, weil es sich als unfähig erwiesen hatte, das ganze „Gesetz" zu halten.[1] Die Thora war niemals als Heilsweg gedacht, sondern sollte nur darlegen, wie die Israeliten als Kinder Gottes zu leben hatten.

---

[1] Siehe Anhang.

Zugleich ist der Neue Bund mehr als nur ein „erneuerter Bund", wie einige ihn bezeichnet haben – ausgehend davon, Jeschua habe „den Bund erneuert", indem er Israel zurückrief in den Gehorsam gegen den Herrn –, jedenfalls dann, wenn wir mit solcher Begrifflichkeit nur mehr vom bereits Vorhandenen meinen. Nein, der Wandel, der sich vollzieht, ist ein sehr grundsätzlicher.

- Wir müssen erkennen, dass der Neue Bund gegenüber dem mosaischen den Vorrang hat. Von Paulus haben wir gelernt, dass der Neue Bund auf einer Verheißung gründet, nicht auf einem Abkommen, dessen Erfüllung von den Menschen abhängt. Das ist von Bedeutung, weil uns klar sein muss, dass unsere Erlösung felsenfest ist. Außerdem ist unser Angenommensein auf dieser neuen Ebene von Beziehung zum Herrn nicht an Bedingungen geknüpft. Egal, wie gut oder schlecht wir uns bewähren – wir sind bedingungslos geliebt und angenommen.

- Anstelle Hunderter von Geboten, Regeln, Vorschriften und Verordnungen haben wir ein einziges neues Gebot empfangen, in dem die allerwichtigsten Gesichtspunkte aller anderen zusammengefasst sind: *Liebt einander, wie ich euch geliebt habe.* Dieses Gebot ist Grundlage dafür, wie wir mit Gott und miteinander in der Ära des Neuen Bundes leben, in der der Heilige Geist als Gesetzgeber und Lehrer agiert, der in uns lebt und uns von innen heraus unterweist.

- Folglich sind wir der Autorität der Thora entzogen worden. Weil der Vater von jeher diese innige Herz-zu-Herz-Beziehung mit uns haben wollte, hat er uns von einer Vater-Kind-Beziehung mit all ihren Regulierungen und Begrenzungen in eine gereiftere Beziehung versetzt, eine Beziehung, wie sie eine liebende junge Frau zu ihrem Bräutigam unterhält. Eine solche Liebesbeziehung kann unmöglich durch Gebote geregelt werden; sie muss eine Angelegenheit des Herzens und des Begehrens sein. Der Neue Bund hat uns zurückgeführt zu dem, was Gottes ursprüngliche Absicht mit uns war.

Wie sollen wir leben?

Der Schofar ruft uns zurück zu einem biblischen, hebräischen Lebensstil, d. h. einem Leben, in dem wir in jeder neuen Situation, die uns begegnet, mit Gott in Beziehung stehen. Zugleich ruft er uns zurück zu einem bibelgemäßeren Verständnis der Bundesschlüsse des Herrn mit uns. Wir müssen begreifen, dass es sowohl im Alten als auch im Neuen Bund im Wesentlichen darum geht, wie wir unsere Beziehung zu Gott und zueinander gestalten, viel mehr als um Regeln und Gebote, die wir zu befolgen haben.

Der Herr ruft uns auf, zu dem schlichten, auf das Tun ausgerichteten Wandel mit ihm zurückzukehren, wie er ihn von Anfang an geplant hatte. Wir wurden nicht geschaffen, um Theologen zu sein. Gott sucht nicht nach Leuten, die alles richtig glauben. Ginge es ihm zuvörderst darum, ein Volk mit lehrmäßiger Reinheit zu haben, dann hätte er die richtigen Lehren allesamt in der Bibel aufgeführt. Bitte verstehen Sie mich nicht falsch: Ich möchte die Wahrheit kennen und in ihr wandeln – aber das kann nicht Gottes höchstes Ziel für uns sein, sonst hätte er die Heilige Schrift weitaus klarer gefasst und es gäbe nicht die vielen verschiedenen Meinungen und Lehren, die wir gegenwärtig in der Kirche vorfinden. Auf der richtigen Wahrheitsgrundlage zu stehen vermittelt uns die notwendige Stabilität, *das Ziel aber ist, mit Gott zu wandeln.*

Gott wollte nicht, dass wir Menschen sind, die herausgefunden haben, wie man auf seine „gute" Seite kommt, und dann nach ihrem eigenen Gusto leben. Genauso machen es aber viele Leute. In der Heilserfahrung werden sie von Gott berührt, aber dann, sobald sie eine gute Gemeinde gefunden haben, geben sie sich mit bequemer Routine zufrieden, machen Karriere, gründen eine Familie, stehen vielleicht sogar im geistlichen Dienst – alles in der fordernden Erwartung, dass Gott sie segne und ihnen ein schönes Leben gebe. Dabei bleibt ihr Leben auf ihr eigenes Tun und Lassen fokussiert; es ist keine Existenz mit angehaltenem Atem, in der man voller Spannung auf das nächste Wort wartet, das Jeschua einem ins Herz flüstert. Gott ist daran interessiert, jede Sekunde mit uns zu leben und unser Leben bis in die intimsten Details mit uns zu teilen. Er möchte mit uns in der Kühle des Abends wandeln, genau wie mit Adam und Eva.

Leider geben uns viele unserer gemeindlichen Erfahrungen, darunter Dinge wie Sonntagspredigten, Bibelstunden und Gebetsgruppen, letzten Endes nichts weiter als einen kurzfristig wirksamen „Schuss", der für ein paar Tage vorhält. Sie vermitteln uns das Gefühl, eine geistliche Pflicht erfüllt zu haben und für eine Zeit lang Gott näher zu sein. Und selbst wenn wir sie wirklich brauchen, ist das für sich genommen ein Zeichen dafür, dass sie uns zum Ersatz für das Echte geworden sind. Unsere Beziehung zu Gott baut sich im Geheimen auf, im Gebetskämmerlein, und wird dadurch ausgelebt, dass wir in all dem, was tagtäglich auf uns zukommt, unablässig in seiner Gegenwart bleiben.

Wenn wir wirklich mit Gott wandeln – wenn wir nach ihm hungern, eifrig in seinem Wort forschen, uns Zeit für ihn nehmen und uns ein Herz schenken lassen, das auf seine Stimme hört –, kann jede Predigt uns zur Ermutigung und Freude sein, weil sie uns die Augen für neue Perspektiven auf Gott öffnen kann. Andererseits – wenn das der Fall ist, *brauchen* wir die Predigten eigentlich gar nicht, weil unser Leben in Gott ohnehin pulsiert und wächst. Solche Verkündigung wird dann zur Schlagsahne auf dem Kuchen: ein Genuss und eine Hilfe, aber nicht wirklich notwendig für unser Leben in Gott.

Viele von uns haben weit mehr „lebensverändernde" Predigten und solide biblische Lehre gehört, als wir selbst in mehreren Leben ins wirkliche Handeln umsetzen könnten. Und wo die Wahrheit nicht durch uns hindurchfließt, indem wir sie in die Tat umsetzen, „gerinnt" sie nur noch zu „dem, was wir glauben", und härtet genau wie Cholesterin in der Blutbahn in unseren geistlichen Arterien nur allzu rasch aus mit der Folge, dass wir religiös, gesetzlich und lethargisch werden.

Das christliche Leben ist eine Reise mit Gott. Es ist ausgerichtet auf praktisches Tun und Beziehungen, nicht auf Glaubenssysteme. Wir brauchen einen Wechsel im Denken – weg von der theoretischen Orientierung des griechischen Denkens und hin zu jenem beziehungsmäßigen, praktischen Wandel, wie er die hebräische Gotteserfahrung alter Zeit charakterisierte.

Die wahren geistlichen Wurzeln finden

Einige Zeit nachdem ich begonnen hatte, mich mit diesen Dingen zu befassen, und der Herr angefangen hatte, mir die eine oder andere dieser Einsichten zu offenbaren, wurde ich mit einer kostenlosen Reise nach Israel gesegnet. In unserer Reisegruppe wurde ich mit mehreren anderen bekannt, die sich auf eine ähnliche Wanderschaft gemacht hatten, um dem Ruf des Schofars Genüge zu tun. Sie hatten erkannt, dass der Geist ihren Herzen nahelegte, zu einer „hebräischeren" Ausdrucksform des Lebens mit Gott zurückzufinden, aber das warf viele Fragen auf. Eine Tendenz aber, die mir an ihnen auffiel, war, dass sie von der Annahme auszugehen scheinen, am Ende ihrer Suche werde ein eher jüdischer, vor allem aber thorabasierter Lebensstil stehen.

An einem Abend, es war in einem Kibbuz am See Genezareth, setzte ich mich mit einem von ihnen zu einem Gedankenaustausch hin. Als ich schilderte, was der Herr mir gezeigt hatte, verriet sein Gesicht seine Enttäuschung. Zwar merkte er mir meine Begeisterung über das, was ich zu lernen glaubte, an, ihm aber schien es, als habe meine Forschung überhaupt nichts Neues zutage gefördert und als würden meine Schlussfolgerungen letztlich den nichtjüdischen Gläubigen alle Freiheit einräumen, sich weiter so zu verhalten wie bisher auch. Die Reise hatte bei mir nicht zu dem Schluss geführt, den er erwartet hatte, nämlich dass wir alle nach der Thora zu leben hätten.

Hatte Jeschua denn nicht gesagt, so fragte er mich, dass kein Jota oder Strichlein vom Gesetz vergehen werde, bis alles erfüllt sei? Und dass er nicht gekommen sei, um das Gesetz aufzulösen, sondern um es zu erfüllen? (In der jüdischen Kultur meint diese Wendung, „die Thora auflösen", sie zu missbrauchen oder zu brechen; „die Thora erfüllen" hingegen bedeutet, sie korrekt zu interpretieren.) Meinem Gesprächspartner sagte diese Bibelstelle, dass Jeschua gekommen sei, um die korrekte Auslegung der Thora und ein wahrhaft thoratreues Leben wiederherzustellen. Und in der Tat befreite Jeschua die Thora von allen Extra-Umzäunungen und unbiblischen Talmudgesetzen, die das religiöse System um sie herum aufgerichtet hatte.

Allein: Jeschua kam nicht, um einem System Dauer zu verleihen, egal, wie heilig, gut und gottgegeben es war – einem System, das in seinem innersten Wesen lediglich ein *Platzhalter* für Person und Gegenwart Gottes war. Er kam, um uns in die Erfüllung seines Wunsches nach unmittelbarer, intimer und beständiger Gemeinschaft mit den Menschen hineinzubringen. Ihrem Wesen als Mittlerin und Wächterin nach (vgl. Gal 3,19.24) hätte die Thora weiterhin zwischen uns und Gott gestanden, wenn Jeschua es tatsächlich darauf abgesehen hätte, dass sie unverändert dieselbe Rolle spiele wie zuvor.

An diesem Punkt kommen viele Leute, die den Ruf des Schofars hören, vom Kurs ab. Sie hören einen echten Ruf des Heiligen Geistes nach Rückkehr zu den Wurzeln. Aber sie unterscheiden nicht zwischen den wahren geistlichen Wurzeln und der echten geistlichen Denkweise, die der Herr uns durch Israel gegeben hat, und dem verkehrten religiös-institutionellen System des Judaismus, das sich anstelle des Echten breitgemacht hat. Und dann meinen sie, die Thora befolgen heiße, die Lebensweise und die Institutionen, das ganze Drumherum und die Auslegungen zu übernehmen, die das Judentum ihr aufgezwungen hat.

Vieles von dem, was wir heute als „jüdisch"-religiös kennen, hat seine Ursprünge entweder in der babylonischen Gefangenschaft oder in dem Durcheinander und der Neuordnung der Dinge nach der Zerstörung des Tempels im Jahre 70 n. Chr. Während des babylonischen Exils nahmen die israelitischen Führer eine Anzahl von Veränderungen vor, die dazu beitrugen, israelitischer Kultur und Identität das Überleben zu sichern. Eine dieser Veränderungen bestand im beschleunigten Ausbau des Talmuds, des mündlichen Gesetzes. Eine andere war die Einführung des Synagogensystems und der Autorität der Rabbinen. Nichts von alledem hatte es zur Zeit der Richter oder des Königtums gegeben.

Dann kamen die führenden Rabbinen nach der Zerstörung des zweiten Tempels zu jahrelangen Beratungen in der Stadt Jabne zusammen, wo sie das System des Judaismus reorganisierten und zu dem Stand weiterentwickelten, auf dem es sich noch heute befindet, sodass es auch ohne die Tempelopfer weiterexistieren konnte, die bis dahin im nationalen und religiösen Leben die Schlüsselrolle gespielt hatten. Keine dieser Veränderungen können wir als biblisch bezeichnen, und tatsächlich liefen sie auf eine Institutionalisierung des gottgegebenen Glaubens Israels hinaus.

Steve Meyer beschreibt diesen Prozess auf seiner Internetseite „Time for Reality" so:

„Man hält den Judaismus für den ältesten monotheistischen Glauben; das aber geht auf die Verwechslung mit einer Vorläuferreligion gleichen Namens zurück, die auf Tempelanbetung und Tieropfern basierte und erstarb, als der Tempel im Jahre 70 n. Chr. zerstört wurde. Der Judaismus, wie er heute praktiziert wird, wurde auf dem Konzil von Jabne im Jahr 80 n. Chr. aus der Taufe gehoben, fünfzig Jahre nach Tod und Auferstehung Jesu und zum großen Teil in Reaktion auf ihn. Jüdische Zeremonien sind warm, schön und einladend, die jüdische Theologie jedoch ist seicht und undefiniert, abgesehen von der einmütigen Ablehnung, dass Jesus der Messis ist."[2]

Aber der Judaismus hat sich noch weiter von Gott entfernt, als dass er nur Jeschua ablehnte, auch wenn das vielleicht die logische Konsequenz dessen ist, dass sie sich von ihrem Messias abgewandt hatten. Heute wird in der jüdischen Hauptströmung eine Praxis als normal akzeptiert, die jüdische Führer in den ersten Jahrhunderten nach der Zerstörung des Tempels noch völlig zu Recht als okkult zurückgewiesen hatten. Das Studium der Kabbala hat nicht das Geringste mit Gott zu tun, sondern ist eine kaum verhüllte Form des medialen Spiritismus. Es ist so nahe verwandt mit okkulten *New-Age*-Praktiken, dass selbst bekannte Leute wie Madonna sich sehr wohl dabei fühlen, es auszuüben. Die Kabbalistik durchsetzt das moderne orthodoxe Judentum. So sieht die Realität aus.

Leider verwechseln viele Christen den Judaismus mit den jüdischen und hebräischen Wurzeln unseres Glaubens. Vielen jüdischen Zeremonien wohnen in der Tat Erhabenheit und Schönheit inne, vor allem den gottgegebenen Festen und Sabbaten. Unter die Traditionen mischt sich immer noch Wahres und Gutes. Viele der Traditionen sind harmlos. Die Ursprünge von allem sind immer noch auszumachen und wirken unverändert anziehend, kann man an ihnen doch nach wie vor den Widerschein der Herrlichkeit Gottes erkennen. Doch der Judaismus selbst ist zu einem Gemisch geworden, das mit dem ursprünglichen Glauben Israels nur noch

---

[2] S. Meyer, Judaism's best-kept secret is almost revealed, www.timeforreality.com/2006-a12-judaismssecret.html.

wenig zu tun hat. Genau dasselbe ist auch dem Christentum widerfahren: Auch jene Mixtur von Christentum und heidnischen Ritualen, die sich im Lauf des Mittelalters als Kirche verbreitete, ist weit entfernt vom ursprünglichen apostolischen Glauben. Wenn wir also dem Ruf des Schofars Folge leisten und zu unseren Wurzeln zurückkehren, müssen wir sicherstellen, dass es auch die richtigen Wurzeln sind!

Da die Thora ja von Gott stammt, haben viele angenommen, sie sei die Wurzel, zu der wir zurückgerufen würden. Aber wie uns anhand der Absichten Gottes mit seinen Bundesschlüssen so deutlich wurde, war die Thora nur eine Dienerin, dazu gedacht, uns dem Messias zuzuführen. Ihre Rolle hat sich verändert. Sie übt jetzt keine Autorität über das Kind mehr aus, weil für das Kind die Zeit gekommen ist, zur Braut zu werden.

Wir müssen so sehr aufpassen, dass wir nicht eine Form der Gesetzlichkeit gegen eine andere oder aber unsere Freiheit gegen die Unterwerfung unter eine Institution eintauschen, schon gar nicht eine, die in ihrer gegenwärtigen Erscheinungsform dadurch zustande kam, dass die verantwortlichen Führer ihren Messias ablehnten und sich weigerten, Gott auf dem Weg zu folgen, den er ihnen nunmehr weisen wollte.

Gott steht nicht auf Institutionen. Er gründet keine, und ich glaube, er mag auch keine. Selbst der ursprüngliche Glaube Israels, wie Gott ihn gegeben hatte und wie er von den gerechten Königen Judas praktiziert wurde, stellte keine Institution als solche dar und war ganz anders als in seiner späteren institutionalisierten Form. Der Zweck der Tempelopfer bestand darin, das Gewissen der Menschen zu reinigen, wo sie sich versündigt hatten, um ihre rechte Gottesbeziehung wiederherzustellen. Die Priester waren Diener, die das ermöglichten. Davon abgesehen genoss das Volk innerhalb der Grenzen der Thora ungeheure Freiheiten. Es gab nur sehr wenige religiöse Pflichten, die die Menschen erfüllen mussten. Feste, Sabbate und andere Gewohnheiten waren sichtbare Erinnerungen an ihre spezielle Gottesbeziehung. Aber sie hatten noch nicht einmal regelmäßige wöchentliche Versammlungszeiten wie Synagogengottesdienste oder sonstiges typisch religiöses Beiwerk, an das sie sich zu halten gehabt hätten.

Wir Menschen wiederum lieben Institutionen, weil sie uns die Illusion geben, alles unter Kontrolle zu haben und etwas geschaffen zu haben, das wir lenken können. Sie vermitteln uns auch das sichere Gefühl, die Regeln zu kennen, sodass wir die Wahl haben, entweder auf Kurs zu bleiben oder die Dinge nach unseren Wünschen zu manipulieren. Gott hingegen liebt Beziehungen. Vielleicht kommen wir eine Zeit lang mit unseren armseligen Entscheidungen durch, weil Gott sie respektiert. Doch schließlich und endlich wird es nur eine Weise des Zusammenseins mit Gott geben, nämlich ihn voll und ganz zu erkennen, wie wir von ihm voll und ganz erkannt sind.

Der Ruf des Schofars zielt also nicht auf einen Lebensstil unter dem Diktat der Thora ab, noch nicht einmal auf eine jüdisch unterlegte Frömmigkeit. Es ist ein Aufruf, zu einer schlichten, praxisorientierten Lebensweise mit unserem Gott zurückzukehren. Dabei geht es nicht um Theologie, sondern um die Person Gottes, nicht um Ideen, sondern darum, sehr erdverbunden und randvoll mit Gotteserfahrungen zu sein. Deswegen ist das Leben mit Gott organisch, aber keine Organisation. Im Leben mit Gott dreht sich alles um Beziehungen!

Ist die Thora heute noch zu etwas gut?

Ja! In der Thora offenbarte der Herr seinem Volk einen Lebensstil, der es bewahren und auf eine Beziehung zu ihm, die der Messias ermöglichen würde, vorbereiten sollte. Die Thora steckt voller Lehre über das Wesen Gottes und enthält in ihren Lebensstil eingebaute Erinnerungshilfen, die uns entweder auf dem Pfad des Lebens halten oder aber uns mahnen, auf ihn zurückzukehren. Sehr viel spricht dafür, einen thoragemäßen Lebensstil oder einen, der den ursprünglichen Praktiken Israels nahekommt, zu führen.

Zu diesen Erinnerungshilfen gehören die Fransen an den Gewandsäumen der Israeliten. Der Herr wies sie an, dort einen blauen Faden hineinzunähen, damit sie sich tagtäglich, wann immer sie diesen Faden sahen, daran erinnerten, dass sie dem Herrn, ihrem Gott, gehorchen sollten. Dieses Blau war eine königliche Farbe, die darauf hinwies, dass sich ein Band des Königtums durch ihren Gehorsam gegen den Herrn zog und dass sie vom Herrn zu einem königlichen Priestertum berufen waren. Jeden Tag, wenn sie ihren Geschäften nachgingen, erinnerten sie die blaudurchwirkten Fransen, die sie seitlich an sich baumeln hatten, an ihren bevorrechtigten Platz vor Gott.

Als ich in Israel war, kaufte ich einen Tallith, einen Gebetsschal. Messianisch-jüdische Freunde sagten uns, wenn man sich im Gebet den Tallith über den Kopf ziehe, symbolisiere das den Eintritt ins Zelt der Begegnung, wo man ohne Ablenkungen allein vor dem Herrn sein kann. Der Gedanke gefiel mir, also gewöhnte ich mir an, den Tallith zu tragen, während ich zu Hause betete, und bat den Herrn, er möge das als ein Symbol dafür segnen, dass ich das Gebetskämmerlein der innigen Gemeinschaft mit ihm betrat. Es dauerte nicht lange, bis ich, zu meiner Überraschung, feststellte, dass ich immer dann, wenn ich mir den Tallith über die Schulter warf, mit einem Mal beten *wollte*. Mittlerweile verspüre ich jedes Mal, wenn ich sie überziehe, eine unleugbare Salbung zum Gebet. Ich mache das nicht immer und ganz gewiss nicht, um eine Show abzuziehen, vielmehr ist mir diese Gewohnheit zu einem privaten Ort der Intimität mit dem Herrn geworden.

Es kann also für gläubige Menschen heute, seien sie nun Juden oder nicht, sehr wertvoll sein, die eine oder andere dieser Erinnerungshilfen in ihre Alltagsroutine einzubeziehen. Tatsächlich gab der Herr mit der Thora seinem Volk ja auch einen gewissen Lebensrhythmus vor, Lebenszyklen, die sich an besonderen Tagen festmachten, welche dabei mithalfen, ihre Beziehung zum Herrn frisch zu erhalten.

Der Sabbat ist keine Einrichtung für Religiöse!

Eines der ersten am Sinaiberg erwähnten Gebote ist das des Schabbats oder Sabbats, auch wenn dieses Gebot schon lange vorher erlassen wurde, nämlich bereits mit der Schöpfung einhergehend. Es ist äußerst schade, dass wir den Schabbat unter der Kategorie „Gebot" sehen, weil er an sich eine der größten Segnungen Gottes an die Menschheit, ein wahres Geschenk, ist.

Als ich aufwuchs, hätte ich nie im Leben so über den Schabbat gedacht. Meine Familie hielt den Sonntag nicht im strengen Sinn als Ruhetag ein, aber wir wussten, dass ein guter Christ niemals einen Job annehmen würde, der von ihm verlangte, an Sonntagen zu arbeiten. Meine Lektüre über die Traditionen und kirchlichen Praktiken anderer Kirchen im 19. Jahrhundert vermittelte mir hinsichtlich des christlichen Sabbats den Eindruck, dass man an diesem Tag nicht nur nicht arbeiten, sondern auch keinen Spaß haben durfte. Kein Kind durfte rumrennen und nach Herzenslust spielen, selbst Gelächter erntete Stirnrunzeln. Ein wirklich frommer Mensch war einer, der den ganzen Sonntag lang auf seinem Stuhl saß und die Bibel las, außer natürlich während der Zeit des obligatorischen Gottesdienstbesuchs und des ausgedehnten Familienmahls. Ansonsten waren Bibellesepausen nur zum Beten erlaubt. Ruhe war an der Tagesordnung, Humor galt als unangebracht.

Angesichts meiner Vorstellungen über den christlichen Sabbat, war ich ziemlich stolz darauf, dass meine Familie in dem, was ich als alttestamentlich vorgegeben ansah, nicht ganz so gesetzlich war. Wir waren nicht unterm Gesetz, sondern unter der Gnade, also konnten wir sonntags wenigstens ein bisschen Spaß haben und ein paar Spiele spielen, solange das Ganze nicht ausartete. Allerdings hätte ich mir damals nie im Leben einen Job zugelegt, der von mir verlangt hätte, sonntags zu arbeiten und Geld zu verdienen. Heute ist mir klar, dass meine Motivation nach wie vor auf dem Gesetz und der Vermeidung von Schuldgefühlen basierte. Von der Beziehungsebene, für die der Schabbat eigentlich gedacht war, hatte ich keine Ahnung.

Seit damals habe ich mir die Wahrheit darüber angeeignet, wie Israel den Schabbat sah und wie viele Juden ihn heute sehen, aber auch darüber, was der Herr sich von Anfang an im Blick auf diesen Tag gedacht hatte. Und da entstand ein ganz anderes Bild. Israel sieht den Schabbat als großes Geschenk Gottes an sein Volk an. Er gleicht einem Trauring, der die Israeliten sichtbar als sein Volk ausweist und absondert, und sie sehen ihn als den höchsten der Tage, die beste Zeit, um Gemeinschaft mit Gott zu haben.

Sicher gehen jüdische Familien mit ganz unterschiedlichen Vorstellungen von Freiheit und Gesetzlichkeit an den Schabbat heran. Zu Lebzeiten Jeschuas hatten die Pharisäer den Schabbat längst pervertiert, indem sie ihm eine schwere Last an Regeln aufgesattelt hatten. Im Allgemeinen jedoch – und besonders im Kontrast zu christlichen Sabbatvorstellungen – waren die Juden weit besser als die Christen darin, diesen Tag als krönende Freude von Gott her aufzufassen. Er war keine Last, sondern etwas, worauf man sich die ganze Woche hindurch freute. Die typischen hebräischen

Sabbatgrüße lauten „*Oneg Schabbat!*" („Sabbatfreude!") oder „*Schabbat schalom!*" („Sabbatfrieden!"). Und das sind nicht nur religiöse Floskeln; für viele Juden ist der Sonnabend ein genussvoller Tag der Ruhe.

In der heutigen Welt, in der wir uns zumindest noch daran erinnern können, wie es war, eine Vierzig-Stunden-Woche mit nicht nur einem, sondern zwei arbeitsfreien Tagen am Wochenende zu haben, ist es vielleicht keine so große Sache, wenn Gott uns sagt, wir sollen uns einen ganzen Tag freinehmen. Aber zu fast allen Zeiten der Geschichte kannte man dergleichen überhaupt nicht. Die Armen hatten niemals freie Zeit. Nur die besseren Leute hatten Zeit zum Herumsitzen. Die meisten anderen mussten um des schieren Überlebens willen Tag für Tag hart arbeiten.

Nicht so in Israel. Die Israeliten hatten die Anweisung ihres Gottes – sich Woche für Woche einen ganzen Tag freizunehmen, an dem sie absolut nichts tun sollten! Sämtliche auf diesen Tag bezogenen Anweisungen waren dazu gedacht, alles Trachten gieriger, ichsüchtiger Leute – oder vielleicht auch von Leuten, die Angst hatten, ob es reichen würde – auszumerzen, sich um dieses Gebot herumzumogeln und das Geldverdienen nicht unterbrechen zu müssen. Diese Ordnungen erlegten es sogar Ehemännern und Sklavenhaltern auf, sich am Schabbat nicht von ihren Frauen oder Sklaven bedienen zu lassen, damit *jeder* zur Ruhe kam. Das Einzige, was man unbedingt tun musste, war – die Lasten abzulegen. Zu ruhen. Erstaunlich. Ohne Beispiel. Undenkbar!

Beim Schabbat geht es nicht darum, religiöse Veranstaltungen abzuhalten. Bis zum babylonischen Exil kannte Israel keine Synagogen-Gottesdienste am Schabbat. Er ist dazu da, sich Zeit zum Ausruhen zu nehmen, mit der Familie zusammenzusein, mit Freunden zu reden, mit den Kindern zu spielen und Zeit mit Gott zu verbringen. Was für ein wunderbares Geschenk Gottes: einen Tag zu haben, an dem man endlich dazu kommt, die allerwichtigsten Dinge im Leben zu tun, also etwa mit deiner Frau zu reden, mit deinen Kindern zu spielen, eine Tasse Kaffee mit Freunden zu trinken und Zeit im Gespräch mit Gott zu verbringen. Was für einem Gott dienen wir doch – einem Gott, der tatsächlich sagt: „Hallo du, ich zwinge dich, dir jede Woche einen Tag zum Ausruhen und zur Beziehungspflege zu nehmen, statt dass du Leistung bringst und Geld ranschaffst. Mach was draus!"

Wissen Sie, was am Schabbat so schwierig ist? Nicht dass er eine Last oder eine langweilige Angelegenheit wäre. Sondern dass er Vertrauen fordert. Für die meisten von uns stellt sich die Frage, wie wir es uns denn leisten sollen, pro Woche einen Tag nicht zu arbeiten – wie wir dann alles auf die Reihe kriegen. Ich habe jedoch etwas beobachtet, was wohl die meisten Gläubigen nachvollziehen können: Wenn wir einen Schritt im Glauben tun und ein Risiko eingehen, dann begegnet uns der Herr mindestens auf halbem Wege. Wenn wir uns verpflichten, Gott diesen Teil der Woche zu geben, werden wir erleben, dass wir wundersamerweise genug Zeit für alles andere *haben*. Wir trauen ihm zu, dass er es möglich macht, und er hilft uns dabei.

Müssen wir den Schabbat halten? Fordert das fünfte Gebot von einem neutestamentlich Gläubigen, den Schabbat zu halten? Nein. Betrifft uns das fünfte Gebot überhaupt? Ja, sofern wir uns klarmachen, dass wir die Zehn Gebote besser als „Zehn Worte" auffassen (was eine bessere Übersetzung ist), die uns zeigen, was ein Liebhaber und Kenner Gottes tun sollte und tun wird. Wenn Sie Jahwe, Ihren Gott, kennen (erstes Wort), werden Sie sich ganz natürlich dabei ertappen, dass Sie darum kreisen, alle diese zehn Dinge tun zu wollen, darunter auch, dass Sie dem Herrn ein Siebtel Ihrer Zeit geben, um mit ihm sowie Ihren Freunden und Angehörigen zusammenzusein. Es liegt in seinem Wesen, unser Bestes zu wollen und uns zur Ruhe kommen zu lassen, und so ruft er uns immer wieder beiseite, damit wir Zeiten der Erholung finden und unsere körperlichen wie geistlichen Batterien aufladen können.

Was, wenn ich einen Schabbat verpasse, weil ich arbeiten muss? Muss ich mich dann schuldig fühlen? Nein, ich habe nur einen Segen verpasst, den ich auch nächste Woche wieder genießen kann. Wir leben in der Freiheit der Beziehung zu Gott, nicht unter der Bürde von „du musst" und „du sollst".

Ist nicht für Christen aus dem Sabbat der Sonntag geworden? In all meinen Studien habe ich keinen einzigen Vers finden können, der dies nahelegt. Im Gegenteil, die Geschichte erweist, dass es Konstantin und die Führer der Kirche des Abfalls waren, die nach Jahrhunderten den Tag änderten.[3] Die frühe Gemeinde versam-

---

[3] Katholische Theologen haben behauptet, wann immer Protestanten den Sonntag als Ruhetag hielten, unterwürfen sie sich der Autorität des Papstes, denn dieser Ruhetag wurde erst unter päpstlicher Hoheit und nicht vorher eingeführt.

melte sich häufig sonntags, dies aber deshalb, weil viele Gläubige samstags in der Synagoge waren, wo sie der Verlesung des Wortes zuhören konnten, und sich gerne tags darauf als Gläubige treffen wollten (in der Regel abends, weil die meisten tagsüber arbeiten mussten).[4]

Muss es unbedingt der Samstag sein? Was sagt Ihnen der Heilige Geist in dieser Hinsicht? Biblisch ist der Samstag der Tag des Schabbats, aber sofern die Thora Gottes, die in Ihnen lebt, der Heilige Geist, Ihnen sagt oder zugesteht, den Schabbat an einem anderen Tag zu halten, weil es sich besser in Ihren Arbeitsplan oder Ihre Familiensituation fügt, dann ist er der Chef! Sagt er Ihnen, Sie sollen am vorgegebenen Samstag festhalten – er ist der Chef! Der Schabbat wurde für den Menschen gemacht, nicht der Mensch für den Schabbat!

Meine Familie und ich feiern den Schabbat jetzt seit Jahren und erleben, dass er uns sehr gut tut und entspannt. Besonders mein Sohn freut sich darauf, weiß er doch, das ist der eine Tag, an dem sein Papa nicht schreibend vor dem Computer hockt, betend durch die Stadt geht oder sich mit Leuten trifft. Normalerweise hat er die Spiele und Aktivitäten dieses Tages lange im Voraus geplant. Wir planen durchaus Zeit für gemeinsame Bibellese in der Familie ein, aber oft entspannen wir uns auch abends mit einer DVD.

Wir haben rausgefunden, dass es hilft, den Tag mit einer Zeremonie zu beginnen. Für uns ist das ein üppiges Essen mit Abendmahl und Fürbitte füreinander zu Anfang. Uns ist es wichtig geworden, Anfang und Ende des Tages hervorzuheben – das hilft uns, ihn als einen besonderen Tag zu erleben. Ferner ehren wir den traditionellen biblischen Tag dadurch, dass wir ihn am Freitagabend beginnen und am Samstagabend beenden. Die Hauptsache in puncto Schabbat, die wir verstehen müssen, ist, dass er ein Geschenk Gottes ist, mit dem er uns helfen will, die Beziehung zu ihm und zu unseren Angehörigen zu pflegen. Auf dieser Grundlage ist der Schabbat keine Einrichtung für religiös Veranlagte, sondern für normale Menschen, die daran erinnert werden müssen, was im Leben zählt.

---

[4] Vgl. R. Heidler, *The Messianic Church Arising*, Denton, TX 2006, S. 160.

Ich glaube allerdings, dass es für uns sehr wichtig ist zu verstehen, dass selbst der Sabbat nur ein Schatten ist, der aber eine große Wirklichkeit offenbart, und diese Wirklichkeit ist Jeshua selbst (vgl. Kol 2,16). Unsere Beziehung zu Jeshua ist nämlich der wahre Sabbat unseres Lebens. Wenn wir in unserer Beziehung zu ihm ruhen können und uns nicht mehr abmühen, heilig zu sein, sondern ihn seine Heiligkeit in uns verwirklichen lassen, dann halten wir den wahren Sabbat. Wenn wir uns in ihm nicht entspannen können, wenn wir ihm nicht vertrauen können, wenn wir mit Schuldgefühlen leben und uns durch unsere religiöse Leistung ständig als würdig beweisen wollen, dann wird keine noch so lange Samstagsruhe die Sabbatruhe für uns erfüllen. Wir können für den Rest unseres Lebens jeden Samstag sorgfältig darauf achten, keine Arbeit zu tun, und doch in Wahrheit niemals den „Sabbat halten". Wir müssen auch aufpassen, wie wir darüber reden: Wenn wir ständig denken, wir müssten den Sabbat „halten", dann sehen wir daran, dass wir immer noch unter der Verpflichtung der Thora stehen. Wir dürfen nicht vergessen, dass wir erhöht wurden, mit unserem Gott eine Beziehung zu pflegen, und nur der Heilige Geist kann uns mitteilen, was Gott von uns erwartet.

Verabredungen mit Gott

Zu dem Rhythmus oder Zyklus, den Gott uns gegeben hat, damit wir den Weg mit ihm nicht aus den Augen verlieren, gehört weiter der Festkalender, ein Zyklus ganz besonderer Zeiten. Drei Verabredungen traf Gott mit seinem Volk, drei Zeiten im Jahr legte er fest, an denen die Menschen alles stehen- und liegenlassen sollten, um mit ihm zu feiern. In 2. Mose 23,14 sagt er das so: *„Dreimal im Jahr sollst du mir ein Fest feiern."*

- Es beginnt mit dem *Fest der Ungesäuerten Brote* im März oder April. Dieses Fest setzt sich aus drei separaten, jedoch eng miteinander verbundenen Festen zusammen: dem *Passah* als Feier des Auszugs aus Ägypten, jedoch prophetisch verknüpft mit der Symbolik des Gotteslammes, das für uns stirbt, damit wir es nicht mehr müssen. *Ungesäuertes Brot* erinnert uns an die Sündlosigkeit Jeschuas, die das Opfer seines Lebens für die unsrigen ermöglichte. Das Fest der *Erstlingsfrüchte* ist ein Erntefest, bezieht sich aber in prophetischer Vorausschau auf Jeschuas Auferstehung als Erstlingsfrucht von den Toten (vgl. 1 Kor 15,21.23).

- Es folgt das Pfingst- oder *Wochenfest* (hebräisch *Schavuot*) im Mai oder Juni. Dieses Fest folgt genau fünfzig Tage auf das Fest der Erstlingsfrüchte. Fünfzig Tage lang sollen wir die Tage zählen, bis es so weit ist, was zu wachsender Vorfreude und Erwartung führt. Dieser Tag hat eine dreifache Bedeutung: Gottes Geschenk der frühen Ernte, Gottes Geschenk des Wortes (an diesem Tag erinnert man sich der Gabe der Thora am Sinaiberg) und Gottes Geschenk in Form des Heiligen Geistes, der neuen Thora, die in uns lebt.

- Den Abschluss bildet das *Laubhütten- oder Sukkot-Fest* im September oder Oktober. Auch dieses Fest setzt sich aus drei eng verbundenen Feiern zusammen: Das *Posaunenfest (Teruah)* ist der Tag des Schofarblasens, von dem wir schon eingangs sprachen. Er ruft uns zur Selbstprüfung und Buße. Der *Versöhnungstag (Jom Kippur)* ist der Tag, an dem im Tempel das Sündopfer für das Volk dargebracht wurde. Prophetisch weist er auf den Tag des Gerichts hin. Das *Laubhüttenfest* ist eine einwöchige Freudenfeier. In dieser Zeit baut sich ganz Israel kleine Hütten, in denen man isst und manchmal auch schläft. Prophetisch reden diese Hütten von dem Tag, an dem wir mit Gott in seinem Zelt sitzen werden, dem Tag, an dem er selbst unter uns wohnen wird. Der prophetische Aspekt der Herbstfeste harrt noch seiner Erfüllung.

Jahrhundertelang haben Christen in der Heiligen Schrift von diesen Festen gelesen, sie aber stets als rein „jüdische Feste" abgetan. Beachten wir aber, dass Gott sie ursprünglich als Feste für alle Geschlechter und Zeiten einführte. Wir sahen bereits, dass man sie Sacharja zufolge im Tausendjährigen Reich feiern wird. Und obendrein hängen alle sieben Feste ihrer prophetischen Bedeutung nach mit dem allerwichtigsten Ereignis der Heilsgeschichte zusammen. Wie können wir da sagen, diese Feste seien nur für die Juden? Es gibt nichts „Christlicheres" als eine Feier der Kreuzigung und Auferstehung, des Kommens des Heiligen Geistes und des zweiten Kommens Jeschuas, darin gipfelnd, dass wir für alle Ewigkeit mit dem Vater leben werden!

Interessanterweise warnt Daniel 7,25 davor, das kommende antichristliche System werde *„danach trachten, Festzeiten und Gesetz zu ändern"*. Gewiss ist das schon geschehen, hat doch die Kirche in konstantinischer Zeit alle diese Festfeiern verboten, jeden, der sie dennoch beging, mit dem Tode bedroht und die biblischen Festtage durch andere wie Ostern oder Weihnachten ersetzt, schließlich noch das Datum geändert, an dem die Auferstehung zu feiern sei. Deswegen klaffen Passah und Ostern zeitlich stets auseinander.

Als Familie haben wir gefunden, dass die Feier der biblischen Feste uns mehr gibt als das typische Osterfest. Wir genießen es, an Passah das Haus voller Gäste zu haben. Es ermutigt uns, wenn wir unsere Gäste die Augenbrauen heben sehen, sobald sie die offenkundige messianische (christliche) Bedeutung eines jeden Teils des traditionellen Passahmahls erkennen. Wir spüren der wachsenden Vorfreude der Jünger nach, indem wir am Vorabend von Pfingsten die ganze Nacht aufbleiben, Gottes Wort studieren und beten, indem wir den Heiligen Geist bitten, dieses Jahr in Kraft über uns zu kommen. Und welchem Kind gefällt es wohl nicht, eine Woche lang im Freien eine Hütte aufzustellen (oder meinetwegen auch ein Zelt im Wohnzimmer), damit wir während des Laubhüttenfests „bei Gott wohnen" können?

Diese Dinge sind für uns keine gesetzliche Bürde, sondern eine Freude auf unserer Reise mit Gott. Die größte Schwierigkeit, die wir haben, liegt darin, dass die kirchliche Kultur, in der wir leben, die Feier dieser Feste nicht vorsieht. Anscheinend wird eine wichtige Konferenz oder Besprechung immer gerade auf einen Festtag gelegt ... Aber uns fällt auf, dass der Ruf des Schofars Menschen in wachsender Zahl dahin führt, dass sie mit der Feier der Feste beginnen.

Die unausweichliche Frage lautet: Muss ich als Christ die Feste feiern? Nun, wenden wir das Gesetz der Liebe an. Wäre es lieblos oder unfreundlich, es nicht zu tun? In den meisten Situationen ist es keine Sünde, die Feste zu ignorieren. Aber wenn doch der Vater eine feste Verabredung mit mir hat, *wieso um alles in der Welt* sollte ich sie nicht wahrnehmen wollen? Wenn es hilfreich ist, sich vergangener Siege mit Gott zu entsinnen, seine Treue zu seinem

Volk zu feiern und über die prophetischen Hinweise nachzudenken, die in den Festen stecken, dann will ich dabei sein.

Von Schweinefleisch und koscherem Essen

Es gibt noch weit mehr Fragen, die aufkommen, wenn wir überlegen, wie viel von der Thora für uns heute noch gilt. Was ist mit dem Verzehr von Schweinefleisch, von Fleisch- und Milchspeisen zusammen oder von anderen Speisen, die die Thora untersagt? Auch hier gilt wieder die Faustregel: „Was sagt der Geist *Ihnen*?" Es gibt kein Gesetz als nur das Gesetz des Geistes Gottes in Ihrem Leben. Es geht um Beziehung, nicht um Regeln.

Vielleicht sollten wir ein paar Dinge im Kopf behalten. In Epheser 2,13-16 heißt es:

> *Jetzt aber, in Christus Jesus, seid ihr, die ihr einst fern wart, durch das Blut des Christus nahe geworden. Denn er ist unser Friede* [unser Schalom, unsere Ganzheit]. *Er hat aus beiden eins gemacht und die Zwischenwand der Umzäunung, die Feindschaft, in seinem Fleisch abgebrochen. Er hat das Gesetz der Gebote in Satzungen beseitigt, um die zwei – Frieden stiftend – in sich selbst zu einem neuen Menschen zu schaffen und die beiden in einem Leib mit Gott zu versöhnen durch das Kreuz, durch das er die Feindschaft getötet hat.*

Es gab eine Trennung zwischen Israel und den anderen Völkern, die die Thora schaffen sollte. Vielleicht lag einer der Gründe für die Speisegesetze der Thora darin, dass Israel anders sein, anders aussehen und anders essen sollte als seine Nachbarn. Gottes Volk zu sein ist nicht nur eine innere, private Angelegenheit, weder damals noch heute! Wenn wir Gottes Volk sind, sollte das für alle sichtbar sein.

Nachdem nun Jeschua die Trennwand abgebrochen hat, besteht für die Anordnungen, die jene Trennung hervorbrachten, keine Notwendigkeit mehr. Ja, eine Fortführung der äußeren Speisegesetze, um zu sagen: „Wir sind heiliger, wir marschieren nach einem anderen Rhythmus", könnte möglicherweise die Aufrechterhaltung der Trennung zwischen Juden und Nichtjuden bedeuten, die es nicht mehr geben sollte. Noch wichtiger ist, was Jeschua selbst sagte:

Und er spricht zu ihnen: Seid auch ihr so unverständig? Begreift ihr nicht, dass alles, was von außen in den Menschen hineingeht, ihn nicht verunreinigen kann? Denn es geht nicht in sein Herz hinein, sondern in den Bauch, und es geht heraus in den Abort. Damit erklärte er alle Speisen für rein (Mk 7,18-19).

Manche behaupten, dieser letzte Satz sei eine spätere Zufügung nichtjüdischer Schreiber, die ihn in ihrer vermeintlichen Voreingenommenheit gegen die Thora eingebracht hätten. Ein schwerer Vorwurf, wo es doch keinen direkten Nachweis für die Behauptung gibt. Ich denke, wir sollten das Wort für sich selbst sprechen lassen.

Sollte auch diese Bibelstelle noch nicht ausreichen, so muss in Rechnung gestellt werden, was im Midrasch, einem alten jüdischen Kommentar zum Tanach aus der Zeit vor Jeschua, geschrieben steht. Über den Text in Psalm 146,7b: *„Der HERR macht die Gefangenen frei"* steht im Midrasch: „Was bedeutet diese ‚Freimachung der Gefangenen'? Es gibt solche, die sagen, in der Zukunft werde der Heilige alle unreinen Tiere zum Verzehr freigeben."[5] Auf den ersten Blick ist nicht klar, wie die Thoralehrer dazu kamen, eine Verbindung zwischen „Gefangenen" und „unreinen Tieren" herzustellen. Aber die Hebräische Bibel benutzt hier für „Gefangene" nicht das übliche Wort, אֲסִירִים *(asirim)*, sondern אֲסוּרִים *(asurim)*, was so viel bedeutet wie „verbotene Dinge". Der Midrasch stellt also klar: Wenn der Messias kommt, wird er die Vollmacht haben, die Speisegesetze zu ändern. Er wird die verbotenen Dinge freigeben.

Tatsächlich ist dies einer der Verse, die zeigen, dass es das geweissagte Privileg des Messias ist, Herr über das zu sein, was er begründet und gegeben hat. Nur der Gesetzgeber hat das Recht, sein Gesetz anzupassen oder zu ändern. Genau das tat Jeschua, als er sich zum Herrn des Schabbats ausrief. Er rief sich selbst als den Messias aus. Zum Teil stellte er die ursprüngliche Reinheit des Schabbats wieder her, indem er die Thora von der falschen Umzäunung[6] löste, die die Rabbinen um sie gezogen hatten. Er ver-

---

[5] Midrasch Tehilim 146,7; zit. n. Santala, S. 72-73.

[6] Diese Umzäunung besteht aus den tausendfachen menschengemachten Gesetzen, die jedes Gebot der Thora umschließen. Dahinter steht die Idee, dass, wer alle Anweisungen um das eigentliche Gesetz herum einhält, niemals in Verlegenheit kommt, das

kündete, der Schabbat müsse wieder seiner eigentlichen Bedeutung als Tag der Ruhe und Erholung zugeführt werden. Heilung ist eine der großartigsten Formen von Erholung und passt deshalb absolut zum Schabbat.

Wo wir gerade beim Thema rabbinische Auffassungen sind: Es ist interessant, dass einige der antiken Rabbinen Dinge begriffen, die im heutigen Judaismus abgelehnt werden. Rabbi Schimon ben Eleasar (170–200 n. Chr.) erklärte: „So wird es in den Tagen des Messias sein: Es wird keine ‚Du-sollst'- und ‚Du-sollst-nicht'-Gebote geben."[7] Der zeitgenössische jüdische Theologe Joseph Klausner erläutert: „Das natürliche Verständnis dieser Aussage geht dahin, dass Thora und Gebote in den Tagen des Messias ihre Bedeutung einbüßen werden."[8]

Das Hauptsächliche, an das wir denken müssen, wenn es darum geht, wie wir leben sollen, ist, dass die Schriften des Neuen Bundes uns nur wenig an Leitlinien dafür geben, ob und wie wir die Thora in unserem Leben anwenden sollen – abgesehen von der Bekundung, dass wir, ob nun jüdische oder nichtjüdische Gläubige, nicht mehr unter der Autorität der Thora stehen. Und sie sagen, das Gebot dieser neuen Epoche sei es zu lieben, wie wir von Jeschua geliebt worden sind. Wo wir uns so geleitet sehen, steht es uns frei, die Thora zu befolgen; aber genauso sind wir frei, es nicht zu tun. Es ist also Ihnen überlassen, ob Sie nun Schweinefleisch essen oder nicht, ebenso wie Sie die Freiheit haben, am Schabbat zu ruhen oder es bleiben zu lassen, die Feste zu halten oder eben nicht – solange Sie das alles mit gutem Gewissen vor dem Heiligen Geist tun.

Ich möchte an dieser Stelle etwas verdeutlichen. Wenn wir dem Herrn in dieser Welt von irgendeinem praktischen Nutzen sein sollen, müssen wir der Versuchung widerstehen, ihn mit unserer Religiosität beeindrucken zu wollen. Es gibt eine Reihe Dinge, die ich in der Privatsphäre meines Hauses oder der Intimsphäre meines Gebetslebens mache, aber nicht in der Öffentlichkeit tun würde, und das nicht etwa, weil ich ein Heuchler wäre oder Angst

---

Gesetz selbst zu brechen. Dieses Muster griff Jeschua in aller Deutlichkeit und Entschiedenheit immer wieder an.

[7] Schabbat 130 a-b; zit. n. Santala, S. 71.

[8] J. Klausner, *The Messianic Idea in Israel:* From the Beginning to the Completion of the Mishnah, New York 1955; zit. n. Santala, ebd.

hätte, anders zu sein, sondern deswegen, weil ich den Menschen nicht *unnötige* Stolpersteine in den Weg legen möchte. Es gibt schon genug *notwendige* kulturelle Unterschiede, die es uns angeraten sein lassen, an diesem Punkt weise zu sein. Ich erwähnte schon, dass ich meinen Gebetsschal nur trage, wenn ich mit Gott allein bin. Das ist etwas zwischen uns beiden, eine Geste der Demut und der Sehnsucht nach dem Gebetskämmerlein, die er wohlversteht. Das Beispiel Paulus' im Neuen Testament ist klar genug. Auch er praktizierte Dinge, die er den nichtjüdischen Gemeinden nicht auferlegte.

Genauso verhält es sich, wenn ich in diesem Buch Jesus Christus konsequent als *Jeschua, den Messias,* bezeichnet habe. Das geschah wie gesagt aus der spezifischen Überlegung heraus, dass Sie als Leser, sofern Sie kein Jude sind, verstehen können, wie durch und durch jüdisch-hebräisch Jesus war und dass er nicht wirklich unserer Kultur angehörte. Der einzige Ort jedoch, an dem ich Jesus sonst noch Jeschua nenne, ist in meinem eigenen Gebetsleben sowie vor meinen Angehörigen oder solchen Freunden, die ihn gern genauso anreden. Es gefällt mir einfach, ihn mit dem Namen zu nennen, den seine Freunde und Angehörigen benutzten, als er hier auf der Erde war. Kommen wir dagegen als Gemeinde zusammen, so nenne ich ihn niemals Jeschua, weil das die meisten Leute in ihrem Denken über ihn und ihrem Empfinden seiner Nähe ungemein befremdet. Würde ich dann Jeschua sagen, so wäre das nichts anderes als Religiosität von meiner Seite – unnatürlich und unangebracht.

Als an einen übernatürlichen Gott Gläubige sind wir bisweilen dazu gerufen, radikal anders und übernatürlich zu sein. Die Dinge, zu denen uns Gott manchmal aufruft, sie zu glauben oder zu tun, sind in den Augen der Welt verrückt. Deshalb müssen wir die normalsten und natürlichsten Leute auf dem Erdboden sein – denn wenn er uns darum bittet, etwas Verrücktes zu tun, müssen wir glaubwürdig sein.

Ich halte Kontakt zu messianischen Gemeinden in verschiedenen Ländern. Etwas, das ich in den meisten dieser Gemeinden beobachtet habe, ist, dass die Mitglieder, die sich in diesen messianischen Gruppen am meisten jüdisch geben, nicht die ethnischen Juden sind, sondern die Gläubigen aus den Nichtjuden, die sich ihnen angeschlossen haben. Das sind diejenigen, die üblicherweise die Kippa tragen, fortwährend das Schofar blasen und die Thora sehr streng befolgen. Warum ist das so? Wenn man diese Frage ehemals ultraorthodoxen Juden stellt, die zum Glauben an Jeschua gekommen sind, dann finden diese das verrückt. Wieso sollte denn jemand sich in eine solche Sklaverei begeben *wollen*? Wie schon in der Einleitung gesagt: Hebräischsein hat nichts damit zu tun jüdisch zu sein. Es geht um unsere ganze Art und Weise, zu denken und miteinander und mit Gott in Beziehung zu leben. Das ist wahres „Jüdischsein".

Aus dieser Beziehung zu ihm heraus müssen wir leben und es lernen, ihm zuzutrauen, dass er uns klar zeigen wird, was er sich von uns wünscht. Wo wir seines Willens nicht sicher sind, lassen wir uns von unserem Verständnis seines Wortes und unserem Gewissen leiten und rechnen damit, dass er unser Herz verändert, wenn er etwas anderes möchte. Und was die möglichen Gedanken anderer betrifft, gibt Kolosser 2,16-17 uns einen guten Rat:

> *So richte euch nun niemand wegen Speise oder Trank oder betreffs eines Festes oder Neumondes oder Sabbats, die ein Schatten der künftigen Dinge sind, der Körper selbst aber ist des Christus.*

Paulus sagt weder: „Tu es!", noch: „Tu es nicht!", vielmehr: „Lass dich nicht von anderen deiner Entscheidung wegen verdammen oder richten." Was Paulus selbst angeht, zeigt die Apostelgeschichte immer wieder, dass er die Festzeiten einhielt und sogar seinen Reiseplan so anlegte, dass er dies konnte.

Die Thora als Spiegel

Alles, was ich bis hierher ausgeführt habe, drehte sich um diejenigen Gebote der Thora, die keinen moralischen Bezug haben. Was aber ist mit den Geboten und Anweisungen in der Thora, die definieren und darlegen, was Sünde ist? Sind sie für einen neutestamentlich Gläubigen nach wie vor in Kraft?

Die angemessene Antwort lautet: ja und nein.

Gott verändert sich nicht. Seine Wege sind gestern, heute und für immer dieselben. Niemals wird Gutes böse sein, niemals Gottlosigkeit plötzlich annehmbar. Und doch gibt es eine subtile Veränderung, die mit dem Kommen des Neuen Bundes stattgefunden hat. Wir sind herausgenommen worden aus dem Autoritätsbereich der Thora als der Wächterin Israels und haben jetzt Gott, Elohim, den Schöpfer des Universums, der zu uns gekommen ist, wie Jeschua es verheißen hat, und durch den Heiligen Geist in unserem eigenen Wesen lebt. Jetzt ist er es, der die Autorität hat, unser Verhalten zu bestimmen. Mithin gilt: Nein, die Autorität der Thora gilt für einen neutestamentlich Gläubigen nicht mehr. Folglich kann das Gesetz mich nicht mehr verdammen, genauso wenig wie Sie, wenn Sie im Messias sind.

> *Also gibt es jetzt keine Verdammnis für die, die in Christus Jesus sind. Denn das Gesetz des Geistes des Lebens in Christus Jesus hat dich frei gemacht von dem Gesetz der Sünde und des Todes. Denn das dem Gesetz Unmögliche, weil es durch das Fleisch kraftlos war, tat Gott, indem er seinen eigenen Sohn in Gestalt des Fleisches der Sünde und für die Sünde sandte und die Sünde im Fleisch verurteilte, damit die Rechtsforderung des Gesetzes erfüllt wird in uns, die wir nicht nach dem Fleisch, sondern nach dem Geist wandeln* (Röm 8,1-4).

Bedenken Sie: die Thora wurde gegeben, um über Herzen und Leben der Menschen des Volkes Israel zu wachen, bis der Messias kommen würde. Jetzt, nachdem er gekommen ist, gilt eine andere Autorität; denn alles dreht sich darum, dass wir es lernen sollen, aus der Offenheit der Beziehung zu einer Person heraus zu leben. Mithin ist jetzt der Einzige, der einen gläubigen Menschen verdammen kann, der Heilige Geist, der in ihm lebt; aber Ziel seines Wirkens in uns ist: Er möchte wiederherstellen, freisetzen und göttliches Leben geben und uns keineswegs verdammen. Das heißt nicht, er werde uns nicht richten, sollte das notwendig und hilfreich für uns sein. Aber Gericht und Verdammnis sind zwei sehr unterschiedliche Paar Schuhe: Das eine ist der Atem des Lebens, das andere zerstörerisch.

Die Thora konnte niemals mehr vollbringen, als einem Menschen klarzumachen, wo er sich beschmutzt hatte. Nie hatte sie die Kraft, ihn auch zu reinigen. Sie konnte dem Menschen sagen, was er tun müsse, um mit seiner Schuld fertig zu werden, aber sie konnte nicht sein Verhalten ändern.

Etwas weiter oben gab ich auf die Frage nach der Gültigkeit der Moralgebote der Thora heute die Antwort: ja und nein. Lassen wir die Frage der *Autorität* der Thora über uns beiseite, dann ist die Thora in moralischen Fragen eine große *Hilfe* für uns, weil sie uns die Wege, das Herz und die Werte des Vaters offenbart – und auch, wie sehr sich unser eigenes Herz von seinem unterscheidet. In diesem Sinn ist die Thora ein Spiegel. Schauen wir hinein, so können wir erkennen, wie unser Leben verglichen mit dieser Offenbarung der Werte Gottes aussieht. Das Licht, in dem die Thora und die übrigen heiligen Schriften uns erscheinen lassen, zeigt uns, ob wir schmutzig oder sauber sind, desorganisiert, ungepflegt oder aufrührerisch. Dieses Licht dringt so tief ein, dass es uns sogar die Absichten und Motive unseres Herzens aufzeigt (vgl. Heb 4,12). Im Jakobusbrief heißt es:

> *Denn wenn jemand ein Hörer des Wortes ist und nicht ein Täter, der gleicht einem Mann, der sein natürliches Gesicht in einem Spiegel betrachtet. Denn er hat sich selbst betrachtet und ist weggegangen, und er hat sogleich vergessen, wie er beschaffen war. Wer aber in das vollkommene Gesetz der Freiheit hineingeschaut hat und dabei geblieben ist, indem er nicht vergesslicher Hörer, sondern ein Täter des Werkes ist, der wird in seinem Tun glückselig sein* (1,23-25).

Es ist also absolut notwendig, dass wir das Wort gut kennen, wenn wir mit unserem Gott vertraut sein, ihn und seine Wege verstehen und in enger Gemeinschaft mit ihm wandeln wollen. Als Spiegel unseres Wandels mit Gott ist die Thora ein großartiges Hilfsmittel. Aber die Thora kann unser Handeln ebenso wenig bereinigen, wie man einen Spiegel benutzen kann, um sein Gesicht zu waschen. Ein Spiegel ist viel zu hart und unbiegsam, als dass er tatsächlich den Schmutz abwaschen könnte.

In seiner großen Barmherzigkeit übernimmt der Heilige Geist selbst diese Funktion. Sorgsam und liebevoll schafft er den Knüppel fort, den die Thora über unserem Kopf geschwungen hat für den Fall, dass wir es wagen sollten, eines ihrer Gebote zu brechen. Und nun ist er derjenige, der unser Leben eingehend unter die Lupe nimmt und uns sagt, welche Bereiche er als Nächstes in Angriff nehmen möchte. Er macht nicht alles auf einmal. Er erwartet weder perfekten Gehorsam noch sofortige Heiligkeit, denn auch im richtigen Leben geht nichts von jetzt auf gleich. Integrität, innere Wahrhaftigkeit, Charaktertiefe, Geduld oder Selbstbeherrschung – nichts von alledem kann über Nacht hervorgebracht werden, per entschlossener Willensentscheidung oder durch Handauflegung. Es geht hier nicht darum, einfach einen Segen zu empfangen, sondern um einen liebevollen, manchmal schmerzhaften Formungsprozess unseres Herzens durch einen, der uns kennt, liebhat und völlig annimmt, um diese Veränderung auszuführen.

Die mosaische Thora forderte komplette, unbeugsame Hingabe. Die neue Thora verwandelt uns von innen heraus mit großer Weisheit und Geduld. Zu meiner Verblüffung habe ich in meinem eigenen Leben festgestellt, dass der Heilige Geist über meine Sünden ganz und gar nicht so entsetzt ist wie ich selbst. Er weiß, woraus ich gemacht bin. Und er weiß, woraus er gemacht ist, und vertraut vollkommen auf seine Fähigkeit, mich zur rechten Zeit zu verändern.

Wenn ich in mein Leben zurückschaue, sehe ich, dass meine Schande und Schuld wegen meiner wiederkehrenden Sünden (à la: „O Herr, es tut mir so leid! Ich kann nicht glauben, dass ich das schon wieder getan habe! Ich will es nicht, und diesmal tue ich auch wirklich Buße und versprech' dir, es nie und nimmer wieder zu tun!") nichts anderes bewirkt haben, als den Herrn davon abzuhalten, mich zu verändern. Fest steht, dass meine Schuldgefühle und zerknirschten Bußübungen aus Angst vor Strafe oder dem enttäuschten Blick Gottes nie auch nur ein Quäntchen Gutes bewirkt oder irgendwie dazu beigetragen haben, dass sich mein Herz oder mein Verhalten tatsächlich änderte. Vielmehr haben sie das echte Wirken Gottes in meinem Leben zurückgehalten, weil sie mich von ihm getrennt haben, und zwar nicht deshalb, weil er sich von mir abgewandt hätte, sondern weil ich ihm beschämt den Rücken kehrte! Der Herr hat viele Jahre gebraucht, um mich dazu zu bringen, mich zu entspannen und mir einfach seine Liebe gefallen zu lassen, die mich auf eine neue Ebene des Lebens mit ihm hebt, auf der diese Dinge ihre Anziehungskraft verlieren, weil ich von der Freude, mit ihm zu wandeln, so durch und durch entzückt bin.

Das Gesetz will jedermann auf der Stelle verändern und ist entsetzt beim Anblick von Sünde. Ich habe Leiter zu mir sagen hören: „Du kannst es doch nicht zulassen, dass dieses oder jenes unverheiratete Paar in deiner Gruppe einfach weiter zusammenlebt!

Das ist Sünde, und diese Leute können so niemals im Segen Gottes leben, genauso wenig wie deine Gemeinde!" Aber im nämlichen Fall hatte ich es mit mehreren Neubekehrten zu tun, die geistlich sozusagen noch in den Windeln lagen und doch begeistert im Herrn wuchsen. Es gab einen Zeitpunkt, zu dem der Herr zu ihren Herzen reden würde, was das Heiraten anging. Tatsächlich geschah es so, und sie brachten ihr Leben in Ordnung. Aber zuvor waren sie einfach nur dabei, den Herrn kennenzulernen. Ich konnte nicht von ihnen erwarten, diese Dinge zu kapieren, solange sie noch überhaupt keine Beziehung zum Herrn hatten; und wenn ich verlangt hätte, sie sollten sich von ihren Partnern trennen, hätte ich damit ihr Interesse an einem offenbar so grausamen Gott zertrampelt. Ich habe gelernt, durch Lehre zu verdeutlichen, was die Schrift sagt, und dann darauf zu vertrauen, dass der Herr es zur rechten Zeit und auf die rechte Weise in den Herzen der Hörer klarmacht.

Der Herr weiß genau, in welchem Wachstumsstadium wir uns befinden, und erwartet nicht mehr von uns, als wir bringen können. Liegen wir in den Windeln, dann *erwartet* er von uns, dass wir in die Hosen machen – in diesem Stadium geht es ihm weit mehr darum, dass wir laufen und feste Nahrung zu uns nehmen lernen, als dass wir „sauber" werden. Für einige von uns ist das beste, was wir tun können, um mehr und mehr gehorsam zu werden, dass wir uns genug entspannen, um den Heiligen Geist unseren Heiligungsprozess in die Hand nehmen zu lassen und nicht mehr von uns zu erwarten, als er erwartet! Andere unter uns haben es nötig, sich so sehr in ihn zu verlieben, dass sie wirklich anfangen, mehr das, was er ersehnt, zu ersehnen als ihr Eigenes. Gelingt es uns, dies beides zu tun, so werden wir entdecken, dass unser Leben sich viel tiefgreifender und rascher verändert, als es durch noch so viel gesetzliche Ermahnungen und Schuldspiralen jemals möglich wäre.

Wir sind auf eine Ebene großer Freiheit versetzt worden – freigesetzt, Gott wirklich zu erkennen und von ihm erkannt zu werden.

Christsein hat nichts mit Ethik zu tun – ehrlich!

Die Bedeutung des Lebens unter der neuen Thora der Liebe, unter der Autorität und Führung des in uns wohnenden Heiligen Geistes, liegt darin, dass uns alle Dinge erlaubt sind, sofern wir uns ihm völlig unterordnen und in wahrer Liebe wandeln, in der wir andere selbstlos lieben, genau wie Jeschua uns geliebt hat. Ist das eine gefährliche oder gesetzlose Aussage? Nur dann, wenn wir für das Fleisch leben. Es handelt sich nämlich um eine durch und durch biblische Aussage, wie auch Paulus sie getroffen hat:

Alles ist erlaubt, aber nicht alles ist nützlich; alles ist erlaubt, aber nicht alles erbaut (1 Kor 10,23).

Erkennen Sie, was uns das über Gott zeigt? Er ist so sehr darauf aus, eine echte, tiefe, liebevolle Beziehung zu uns zu unterhalten, dass er darauf besteht, diese Beziehung auch zu ermöglichen, ohne irgendwelche Garantien dafür zu haben, dass wir alles richtig machen. Und ist er nicht schon von Anfang an so verfahren? Die Züge, die er macht, sind so riskant, dass es uns den Atem raubt. Sie lassen uns die Möglichkeit offen, uns falsch zu entscheiden, unsere Freiheit zu missbrauchen. Aber er geht dieses Risiko ein, weil der Lohn für ihn – und für uns – so ungemein groß ist. Er lässt die Möglichkeit bestehen, dass wir seine Gnade missbrauchen. Genau das geschah in Korinth. Die Korinther hatten die atemberaubende Wahrheit unserer Freiheit im Messias so gut verinnerlicht, dass sie sogar die Lehre des Paulus selbst zu einer Waffe gegen ihn umschmiedeten. „Uns ist alles erlaubt", zitierten sie ihn. Jawohl, antwortet er, aber nicht dann, wenn es im Widerspruch zum Gesetz der Liebe steht.

Die Freiheit zu wählen ist integraler Bestandteil unserer Fähigkeit, uns für den Wandel in Liebe mit dem Herrn zu entscheiden. Deshalb ist es nicht das Herzstück der Heiligung, sündenfrei zu sein. Herzstück der Heiligung ist ein abgesondertes Leben, das für und mit Gott geführt wird.

Adams und Evas Vorgehen, vom Baum der Erkenntnis des Guten und des Bösen zu nehmen, war in erster Linie ein Akt, mit dem sie sich von Gott unabhängig machen wollten. Das war ihre Perversion und die Sünde. Wir wurden nicht dazu geschaffen, für uns selbst und aus uns selbst heraus zu denken, sondern unser

Denken soll in liebevoller Unterwerfung unter unseren Gott und in Einheit mit ihm geschehen. Leben wir bewusst in Abhängigkeit von ihm, können sein Leben und seine Weisheit in uns einfließen und eine Flut neuer Möglichkeiten freisetzen. Dann ist uns wahrlich nichts unmöglich. Entscheiden wir uns aber dafür, von ihm unabhängig zu sein, verzerrt und verdüstert sich alles. Der Weg der Unabhängigkeit ist ein Weg ins Dunkel, auf dem wir immer tiefer in Ichsucht geraten und schließlich fleischliche Mittel brauchen, um uns zu schützen und abzusichern, was nichts anderes ist als eine Manifestation der Furcht. Die einzig wahre Freiheit findet sich auf dem Weg völliger Unterwerfung.

All diese Dinge hängen zutiefst mit der Erkenntnis Gottes zusammen. Jawohl, es geht um unsere Sünde und unser Versagen, ebenso wie um unseren Gehorsam und unsere Heiligung, aber die Bedeutung dieser Dinge liegt darin, dass sie entweder Gott gefallen oder aber unsere Freundschaft mit Gott ersticken, weil wir so handeln, dass wir uns selbst und andere kaputtmachen.

Christsein hat mit Gemeinschaft mit Gott zu tun, nicht mit der Verwirklichung perfekten, sündlosen Gehorsams! Ein guter Christ – ein Mensch, der im Herzschlag des Christseins lebt – ist jemand, der Gott zutiefst liebhat, der dabei ist zu lernen, wie Gott tickt, jeden Tag im Gespräch mit ihm lebt, jeden neuen Aspekt des Lebens mit ihm teilt und es genießt, ihm zu gefallen, indem er die Dinge tut und pflegt, die den Vater tief befriedigen und erfreuen.

Ein solcher Mensch wird sich von allein für ein heiliges, ethisch überzeugendes Leben entscheiden. Kennt man Gott, so will man ihm gefallen. Wer Gott kennt, spürt instinktiv, was dem Geist gefällt und nicht gefällt, und trifft seine Wahl entsprechend.

Christsein hat nichts mit Ethik zu tun! Ich kann Ihnen durch und durch moralische, ethisch authentische Atheisten zeigen, die kaum jemals ersichtlich sündigen und im Sinne eines Verständnisses von Christentum, wie es die meisten Christen und selbst die Welt haben, vorbildliche „Christen" sind. Und doch sind sie meilenweit entfernt vom Herzen Gottes und gehen am eigentlichen Sinn des Lebens vorbei. Sie sind tot für Gott und vom wahren Leben abgetrennt.

Wenn wir anfangen, uns darauf zu konzentrieren, dass wir einfach Gott kennenlernen und unsere Beziehung zu ihm dynamisch und doch abhängig von ihm gestalten, und lernen, in der Freiheit zu leben, die er uns in Jeschua gegeben hat, dann finden wir heraus, dass dieses neue Leben besser und leichter ist, als wir es uns jemals hätten vorstellen können. Wir merken dann, dass der Vater das Regelwerk, das sowieso keinen Gehorsam hervorbringen kann, hinweggetan und es durch den Heiligen Geist ersetzt hat, der nunmehr in uns lebt.

Hören wir auf, uns auf den Gehorsam gegenüber Gottes Geboten und Moralstandards zu versteifen, und konzentrieren uns lieber auf unseren Wandel mit ihm, indem wir ihn denjenigen sein lassen, der bestimmt, an welchen Bereichen der Moral und des Charakters in unserem Leben er zu welchem Zeitpunkt und in welcher Reihenfolge gerne arbeiten möchte. Dann werden wir beschleunigt wachsen und in der Heiligung zunehmen.

Ich weiß, einige werden dies Gesetzlosigkeit nennen. Mir ist auch bewusst, dass manche befürchten, die Leute könnten diese Freiheit missbrauchen, um zu machen, was sie wollen, und dass einige jede Weise sündhaften Lebensstils entschuldigen werden, indem sie sagen, sie hätten das Gefühl gehabt, es sei richtig, oder der Herr habe ihnen ja nicht gesagt, es sei verkehrt. Einige werden ihre mangelnde Unterwerfung unter das Herz Gottes damit entschuldigen, dass sie z. B. sagen, der Heilige Geist habe es ihnen erlaubt, eine Affäre zu haben. Die Möglichkeiten, Freiheit zu missbrauchen, sind unendlich.

Aber ebendiese Freiheit ist die einzige Tür zu einer erfüllenden Liebesbeziehung mit unserem herrlichen, mächtigen und barmherzigen Gott. Offenbar hält der Herr selbst den Lohn der Risiken für wert.

Heute ist ein Schofar zu hören, der uns zurückruft zu dem, was wirklich zählt, zur Gemeinschaft mit Gott. Er ruft uns zurück zu unseren israelitischen Wurzeln, Wurzeln, die in ihrer ursprünglichen Form erstaunlich frei von Religion waren. Der Schofar beharrt darauf, dass wir zu unserem ursprünglichen Lebenszweck zurückkehren, nämlich Gott zu kennen und mit ihm zu wandeln, wie es die alten Glaubensriesen und -helden taten. Er drängt uns, Gottes neue Helden dieser letzten Zeit zu werden, Helden, die Glaubensriesen sind, weil sie Gott verstehen und erkennen. Können Sie es hören?

Kürzlich schrieb mir Kurt Holman, ein enger Freund, die folgenden Worte als Reaktion auf eine Unterhaltung über die Themen dieses Buches. Für mich fassen sie auf schöne, geistreiche Weise zusammen, was ich mit diesem Buch mitzuteilen hoffe:

> Christus nachzufolgen kann niemals ein introspektiver, passiver, auf Wissen gründender Lebensstil sein. Es muss ein von Leidenschaft erfüllter und von aktivem Handeln geprägter Lebensstil sein, in dem wir Gott mit unserem ganzen Herzen, unserer ganzen Seele und unserem ganzen Denken lieben. Das wird sich aufs Natürlichste darin ausdrücken, dass wir unseren Nächsten lieben. Gott wirklich zu lieben heißt, seine und unsere Liebe zu denen, die um uns herum sind, weiterfließen zu lassen.
>
> Ein solches Leben hat nichts mit der Theorie der Christusnachfolge zu tun, mit Reden, Denken, Studieren, Beten usw. Es geht schlicht und einfach darum, zu tun, was Christus uns befohlen hat: Einander lieben, wie er uns geliebt hat. Dazu hat er uns geschaffen.
>
> Es sollte uns ganz mit Beschlag belegen, Wege zu finden, um die Menschen in unserem Umfeld zu lieben. Es geht nicht darum, den Beweis führen zu wollen, dass meine „Theologie" stimmt. (Ich glaube durchaus, dass wir es absolut nötig haben, Gottes Wort in- und auswendig zu kennen.) Mit unseren theologischen Debatten haben wir uns aber weit ins Abseits gestellt, auch wenn wir immer noch meinen, wir seien auf dem Spielfeld und spielten nach Gottes Regeln.
>
> Unsere Kultur hat unsere Beziehung zu Christus auf ein intellektuelles Bestreben reduziert, durchsetzt mit unseren kulturell bedingten Empfindungen. So viele Menschen entschuldigen sich damit, einfach nicht genug zu „wissen". Aber alles, was wir wirklich wissen müssen, ist der Weg der Liebe, indem wir andere lieben. Wahres Christsein hat mit Handeln zu tun, nicht damit, alles zu verstehen, bevor wir effektiv sein können. Selbst die kleinste Geste der Liebe kann das Leben eines Menschen verändern.
>
> Ich weiß, das ist elementare Lehre, aber soweit ich sehe, praktizieren es nur sehr wenige. Woher kommt das? Weil wir aus unserer ersten Liebe gefallen sind und uns mühen, unser Leben mit den Angeboten der Welt auszufüllen. Ich möchte mit Gott wandeln. Ich fürchte, wir sind so verstrickt in Methoden, Mar-

keting und Manipulationen, dass wir da, wo es am meisten drauf ankommt, ineffektiv sind."

ANHANG

Die Beziehung der Gemeinde zu Israel

Die Frage der Identität Israels habe ich in diesem Buch fortwährend gestreift; ich meine aber, dass dieses Thema in Gemeindekreisen unbedingt besser verstanden werden muss. Wer oder was macht Israel zu Israel, und wie steht es um Israels Beziehung zu uns anderen? Auch wenn ich in dieses Buch dazu immer wieder Anmerkungen habe einfließen lassen, passte es nirgendwo so gut hinein, dass ich es eingehender hätte behandeln können. Darüber hinaus habe ich gezögert, meine Position klar zu benennen, weil ich weder von der zentralen Botschaft des Buches ablenken noch denen, die hier eine andere Sicht haben, einen Vorwand bieten wollte, das Buch aus der Hand zu legen, ohne es zu Ende gelesen zu haben.

Worin besteht nun aber die Beziehung der Gemeinde zu Israel? Wie haben wir Israel und wie die Gemeinde zu sehen? Aus welchen Menschen besteht das Volk Israel? Ist das überhaupt wichtig? Schlicht gesagt dringen wir mit dieser Frage zum innersten Kern dessen vor, wer wir in Gottes Augen sind. Hier geht es um unsere Identität und darum, welches Erbe wir von Gott erwarten dürfen. Viele Weissagungen in den Schriften des Alten Bundes reden von der zukünftigen Herrlichkeit Israels, manche sind auch Verheißungen von Gott an das gegenwärtige Israel. Welche Bedeutung haben diese Verheißungen für Nichtjuden? Gelten sie nur für andere? Oder hat Gott den nichtjüdischen Gläubigen eine Stellung gegeben, durch die sie ihrerseits an diesen Verheißungen teilhaben können?

Diese Frage ist wirklich wichtig, und die Art ihrer Beantwortung in der Vergangenheit hat die Weltgeschichte stark – und negativ – beeinflusst. Wie wir sie jetzt beantworten, kann maßgeblich darüber mitbestimmen, welche Rolle die Gemeinde des 21. Jahrhunderts in der letzten Zeit spielen wird.

Seit dem 4. Jahrhundert herrschte mehrheitlich die Auffassung, Israel habe Christus abgelehnt und sei deshalb verworfen worden. Viele Kirchen haben erkannt, dass der gesamte Alte Bund auf Jeschua hinweist und dass alle Werke des Vaters in ihm ihre Erfüllung finden (vgl. Eph 1,9-10). Auf dieser Grundlage haben viele in der Kirche seit dem 2. Jahrhundert gelehrt, Christus habe mit seinem Kommen etwas Neues begründet, nämlich die Christenheit oder „die Kirche", und einige gelangten zu der Überzeugung, Israel und die Juden spielten in Gottes Plan keine Rolle mehr – ihre Rolle sei zu Ende, seit Jeschua das Gesetz „erfüllt" habe, und Israel müsse nunmehr vergehen. Noch viel mehr Christen waren der Meinung, infolge der israelitischen Zurückweisung des Messias sei überhaupt die Kirche an die Stelle Israels getreten, sämtliche einst Israel gegebenen Verheißungen seien jetzt an die Kirche übergegangen, und diese sei das neue Israel. Jeder Jude, der sich bekehre, gehe einfach in der Christenheit auf und höre auf, Jude zu sein. Diese Auffassung bezeichnet man im Allgemeinen als „Substitutionstheologie" (oder „Ersatztheologie").

Das klingt jetzt vielleicht wie eine durch und durch theoretische Frage, die Theologen, Bibelschullehrer – und an Jeschua gläubige Juden – interessiert, aber in der geschichtlichen Praxis hat diese Lehre zu einem Massaker an Israel und den Juden geführt. Es hat nichts mit Melodramatik zu tun, wenn ich das sage. Schon im 2. Jahrhundert kamen unter sonst aufrechten, ehrbaren christlichen Führern, die man als liebevolle, fürsorgliche Menschen respektierte, Antisemitismus und Judenhass auf – Führern wie Melito von Sardes (auf den der Begriff „Gottesmord" zurückgeht und dessen Schriften seither herangezogen wurden, um Pogrome gegen Juden anzustacheln; er starb 180 n Chr), Eusebius von Caesarea (263–339, maßgeblich beteiligt an der Ausarbeitung des Nicänischen Bekenntnisses, das alle „jüdischen" Spuren aus der Kirche zu eliminieren trachtete; Eusebius schrieb alle Tragödien des Judentums dessen Rolle bei der Kreuzigung zu) und Johannes Chrysostomos (347–407; er bezeichnete Synagogen als Hurenhäuser und Tempel von Dämonen, bekannte, die Juden zu *hassen*, und war doch berühmt als größter Prediger der frühen Kirche wie als barmherziger, liebevoller Mann). Ich kann mir ehrlich kaum vorstellen, wie wahrhaft an Jeschua Gläubige einerseits zu solch vehementem Hass auf die Juden als „Christusmörder" fähig waren und andererseits unverdrossen meinen konnten, sie folgten demjenigen nach, der gesagt hatte, man solle seine Feinde lieben. Das klingt schon reichlich schizophren.

Leider können wir Antisemitismus und Hass nicht einfach Leuten in die Schuhe schieben, die nur ein Lippenbekenntnis des Glaubens hatten, aber gar nicht wirklich gläubig waren. Auch wenn das auf die meisten „Christen" im frühen Mittelalter durchaus zutreffen mag, hatten sie diese Einstellungen doch von einer Vielzahl der Kirchenväter übernommen (auch wenn die Frage offenbleibt, ob diese Männer Väter der wahren Kirche Gottes waren oder nur die Führer der Kirche des großen Abfalls vom Glauben, den Jeschua geweissagt hatte, der „Antigemeinde", wie ich sie genannt habe). Wie schon früher erwähnt, machte sich selbst Martin Luther der Anstachelung der Bevölkerung zur Gewalt gegen Juden schuldig. Die Realität ist: schlechte Theologie kann tödlich sein.

Haben die Juden Jeschua abgelehnt?

Diese Frage müssen wir beantworten, ehe wir weitergehen, denn sie steht als Grundannahme hinter den meisten dieser gefährlichen Lehren. Könnte man in Wahrheit sagen, Israel habe Jeschua abgelehnt, und könnte man im Gegenzug zeigen, dass die Nichtjuden ihn wahrhaftig angenommen haben, dann würde das die Behauptung untermauern, Gott habe sich von den Juden abgewandt. Ich stimme allerdings mit dieser Aussage nicht überein, weil die Bibel recht deutlich bezeugt, dass es sich nicht so verhält, auch wenn es anders erscheinen mag. Wenn wir andererseits nachweisen können, dass *Israel Jeschua keinen Deut mehr zurückgewiesen hat als die Nichtjuden*, können wir dieser Argumentation den Boden entziehen.

Wie schon früher in diesem Buch gezeigt, waren es nach klarem biblischen Zeugnis in jeder Generation diejenigen, die glaubend auf Gott eingingen, die „gerettet" wurden. Deshalb geht der

Glaubensbund mit Abraham dem Gehorsamsbund mit Mose voraus. Wie Habakuk sagte: der Gerechte wird seines Glaubens leben (vgl. Hab 2,4). Der Glaube an Gott war jederzeit die Grundlage zur Beziehung mit Gott, auch im ersten Bund. Sehr wohl erkannten auch die talmudischen Rabbinen diesen Vorrang des Glaubens selbst unter dem mosaischen Bund, wenn sie schrieben:

> Mose empfing 613 Vorschriften; 365 davon („du sollst") entsprachen der Anzahl der Tage im Jahr und 248 („du sollst nicht") der Anzahl der Knochen im Leib eines Mannes ... Es kam David und reduzierte sie auf elf ... Es kam Jesaja und reduzierte sie auf sechs ... Es kam Micha und reduzierte sie auf drei ... Dann kam nochmal Jesaja und reduzierte sie auf zwei ... Und es kam Habakuk und reduzierte sie auf ein einziges, wie geschrieben steht (Hab 2,4): *„Der Gerechte aber wird durch seinen Glauben leben."*[1]

Das wahre Gebot der Thora also ist das Gebot, sich Gott im Glauben und nicht durch Rituale und äußere Formen zu nahen. (Das geht einher mit dem, was wir in Kapitel 1 über die Menschen herausfanden, die Gott sich für seine Zwecke erwählte: Sie liebten ihn, glaubten an ihn und vertrauten ihm.)

Hesekiel verschärft diese Unterscheidung zwischen solchen, die nur physische Abkömmlinge Israels waren, und den Geretteten. Ihm wird gesagt, er sei als Wächter des Blutes eines jeden schuldig, den er nicht mahne, sich vom Bösen abzuwenden, und der zu Tode komme, ohne vom Bösen gelassen zu haben. Kehrt aber der Böse von seinen bösen Wegen um und beginnt zu gehorchen, *so wird er leben*. Der Text redet von den ewigkeitsbezogenen Fragen um Leben und Tod. Das heißt: Auch im Israel des Alten Bundes hatte ein Israelit keinen Freifahrtschein in den Himmel, sondern sein ewiges Geschick stand durchaus in Frage.

Glaube war von jeher die Voraussetzung des Heils, so wie Abraham es vorgelebt hatte. Zu jeder Zeit gab es in der Geschichte Israels solche, die liebend und glaubend auf Gott eingingen – das waren die Geretteten. Und es gab die, die Gott ablehnten und für sich selbst lebten. So war die Lage, als Elia, versteckt in einer Höhle am Sinaiberg, Gott vorhielt, er sei der Einzige in Israel Übrigge-

---

[1] Makkoth 23-24; zit. n. Santala, S. 70.

bliebene, der Gott nachfolge und nicht den Götzen diene. Darauf antwortete der Herr, indem er sagte: „Wach auf, Elia, ich habe noch einen Überrest von 7000 in Israel, die ihre Knie auch nicht vor den Baalim gebeugt haben." Mithin gab es zur Zeit Elias im Nordreich mindestens 7000, die „gerettet" waren.

Natürlich dürfen wir nicht aus dem Auge verlieren, dass es seit der Auferstehung für jeden Menschen, sei er Jude oder Nichtjude, nur einen einzigen Weg zum Vater gibt: den des Glaubens an Jeschua. Mit den deutlichen Worten des Johannes:

> Jeder, der den Sohn leugnet, hat auch den Vater nicht; wer den Sohn bekennt, hat auch den Vater (1 Joh 2,23).

Es gab also zu allen Zeiten der Geschichte Israels einen Überrest. Dieser Überrest machte im 1. Jahrhundert zeitweise einen gehörigen Teil der Bevölkerung Israels aus, wie man aus der Erwähnung von Myriaden in Apostelgeschichte 21,20 schließen kann; der Ausdruck „Myriaden" bedeutet Zehntausende. Vermutlich dürfen wir daraus lesen, dass es in Jerusalem und Umgebung mindestens 30 000 Gläubige gab, wenn nicht weit mehr. In Anbetracht dessen, dass das zeitgenössische Jerusalem zwischen 80 000 und 400 000 Einwohnern hatte, ist dies eine erhebliche Zahl, in die ja weder die gläubigen Juden Galiläas eingeschlossen sind noch die über den Rest der Welt zerstreuten Juden, die bereits zum Glauben gekommen waren. Nichtsdestotrotz machten sie wahrscheinlich weniger als die Hälfte aller Juden aus, bildeten also einen Überrest. Dieser Überrest wurde immer kleiner, vor allem nach den Kriegen mit den Römern der Jahre 70 und 135 n. Chr. Die meisten gläubigen Juden wurden außerhalb des Landes versprengt und irgendwann zwischen dem zunehmenden Antisemitismus der römischen Welt, der römisch dominierten Kirche und der wachsenden Feindseligkeit vonseiten nichtglaubender Juden zerrieben.

Das Licht, in dem man glaubende Juden sah, veränderte sich zwischen den hochfliegenden Tagen von Apostelgeschichte 5, in denen man sie in Jerusalem hochschätzte, und der Zeit des zweiten Aufstandes gegen Rom 135 n. Chr. sehr, in dem die Rabbinen die Reihen gegen sie schlossen, nachdem die an Jeschua gläubigen Juden ihnen die Unterstützung versagt hatten. Anfangs hatten diese sich mit ihren Landsleuten solidarisiert und waren willens gewesen, dem Widerstand gegen die römische Unterdrückung beizutreten. Inmitten des Kampfes jedoch erklärte der Rabbi Akiva den Führer der Aufständischen, Bar Kochba, zum Messias, was unter den messianischen Juden natürlich Befremden und Abscheu hervorrief, wussten sie doch mit Gewissheit, dass Bar Kochba keineswegs der Messias war. Ihm weiterhin anzuhängen hätte nunmehr bedeutet, die Messianität Jeschuas zu verleugnen. Daraufhin zogen sie sich binnen kurzer Zeit von den Aufständischen zurück, was die anderen Juden als Verrat auffassten.

Es dauerte nicht lange, bis die nicht an Jeschua gläubigen Rabbinen ins Achtzehnbittengebet (Amida), eines der Standardgebete des Synagogengottesdienstes, einen Fluch über diejenigen einfügten, die dem Nazarener nachfolgten. Ferner begannen sie von Jeschua als „Jeschu" zu sprechen, was so viel bedeutet wie „der Verfluchte".

Natürlich fühlten sich die messianischen Gläubigen nicht wohl dabei, an Synagogengottesdiensten teilzunehmen, in denen sie verflucht wurden; gleichzeitig aber wurden sie auch aus den Gemeinschaften der glaubenden Nichtjuden ausgestoßen. Auch in diesen nämlich nahm der Antisemitismus zu; sie ließen sich mitreißen vom antijüdischen Zeitgeist, ausgelöst von zwei großen Kriegen gegen dieses sonderbare, halsstarrige, streitsüchtige Volk, als das man die Juden allgemein wahrnahm. Als der Blutzoll anstieg und der Zorn auf die Juden wuchs, fingen die nichtjüdischen Gläubigen an, sich zu distanzieren – nicht nur von den Juden bzw. den jüdischen Gläubigen, sondern von allem, was sie als „jüdisch" ansahen.

Genauso sahen sich die messianischen Juden des 2. Jahrhunderts zunehmendem Druck ausgesetzt: Sie wurden vor die Wahl gestellt, entweder Jeschua zu verleugnen oder – das war es, was die nichtjüdischen Gemeinden von ihnen verlangten – ihre gesamte israelitische Identität abzulegen und einfach nur Christen zu sein, so als hätten sie nie eine Geschichte mit Gott gehabt und seien nicht von jeher Gottes Volk gewesen. Und doch blieben sie durch die nachfolgenden Jahrhunderte hindurch ein Überrest an Jeschua glaubender Juden.

So kaufte z. B. ein jüdischer Gelehrter namens Christianus Gerson im späten 16. Jahrhundert einer in Armut geratenen gläubigen Frau für acht Schillinge Luthers deutsche Übersetzung des Neuen Testaments ab. Gemeinsam mit seinen beiden Schwägern begann er sie zu studieren, um herauszufinden, wie es hatte angehen können, dass dieser „schwere Irrtum" Hunderttausende von Herzen ergriffen hatte. Die Evangeliumsbotschaft erschütterte ihn so sehr, dass er nicht anders konnte, als das Buch insgeheim für sich allein weiterzulesen. Er verglich die Botschaft mit der des Tanach und seiner eigenen jüdischen Quellen und gelangte so, dem Vorwort seines Buches zufolge, durch das „geschriebene Wort" zum Glauben an Jeschua. Bald schlossen seine Frau und seine Kinder sich ihm im Glauben an, und er legte seine Erfahrungen und Schlussfolgerungen in einem Buch nieder, um seinen Bekannten zu erklären, warum er sich so entschieden hatte.[2]

Dieses Beispiel eines im späten Mittelalter zum Glauben gekommen Juden war kein Einzelfall. Auch wenn man nicht von einer verbreiteten Erscheinung sprechen kann, gab es in den vergangenen 1800 Jahren viele an Jeschua gläubige Juden, wie z. B. Benjamin Disraeli, einen britischen Premierminister des 19. Jahrhunderts. Was uns die Geschichte lehrt, ist, dass es zu jeder Zeit messianische Juden gegeben hat. Auch wenn ihre Anzahl in manchen Zeiten sehr gering war und sie mitunter ihre jüdische Identität verleugnen mussten, um Glieder der Kirche sein zu können, gab es stets, in jeder Generation, einen Überrest jüdischer Gläubiger, die Jeschua bezeugten.

Mithin ist der Gedanke, die Juden hätten Jesus abgelehnt, eine historisch falsche Position, mag er auch noch so sehr anerkannt sein, und zwar gleichermaßen von Juden und Nichtjuden. Genauso verkehrt ist es zu meinen, die Nichtjuden hätten – im Gegensatz zu den Juden – die Evangeliumsbotschaft willig aufgenommen. *Immer* war die Anzahl der Nichtjuden, die dies taten, viel, viel geringer als die derjenigen, die das Evangelium ablehnten, wobei die Tatsache irrelevant ist, dass sich in manchen Ländern Europas jahrhundertelang praktisch jeder für einen Christen hielt. Misst man deren Glaubensinhalte und Praktiken an biblischen Inhalten und Praktiken, so kann man solcherlei Christlichkeit unmöglich als wahres Christsein ansehen. Vielmehr handelte es sich um ein heidnisch-pseudochristliches Gemisch, das man als ganz eigenständige Religion definieren müsste.

---

[2] C. Gerson, *Der Juden Thalmud. Fürnembster Inhalt und Widerlegung*, Helmstedt 1609.

Gleichzeitig gab es unter den Nichtjuden stets Menschen, die nach dem Gott Abrahams, Moses und Paulus' hungerten und imstande waren, die Schranken des Systems zu durchbrechen und zu wahrer, erfüllender Gemeinschaft mit dem wahren Gott, dem Gott Israels, zu finden. Die meisten dieser Menschen bezahlten ihr Ausbrechen aus dem religiösen System mit dem Leben. Viele wurden im sogenannten christlichen Europa brutal gefoltert und auf dem Scheiterhaufen verbrannt.

Nach meiner Überzeugung wird das himmlische Buch des Lebens zeigen, dass die Anzahl der wahren nichtjüdischen Gläubigen drastisch zu sinken begann, nachdem das Christentum 313 n. Chr. legal geworden war. Binnen weniger Jahrhunderte waren in Europa kaum noch wahre Gläubige übrig, die sich nicht in entlegenen Hochtälern der italienischen oder französischen Alpen, in anderen einsamen Gegenden oder weit weg von Europa, beispielsweise in Indien oder Äthiopien, versteckt hielten. Alle anderen hatten sich mit diesem monströsen religiösen „Bastard" arrangiert, der heidnische Glaubensinhalte und Praktiken sowie eine christianisierte griechische Philosophie ohne irgendeinen Bezug zu Israel in sich vereinte. Es dauerte viele Jahrhunderte, bis diese tapferen Überlebenden in den Bergen die protestantische Reformation anfachen konnten, welche die westliche Zivilisation allmählich verändern sollte. Auch die nichtjüdischen Gläubigen bildeten alsbald nur noch einen Überrest, vor allem verglichen mit der gigantischen Zahl von Menschen in aller Welt, die noch nie das Evangelium gehört hatten. Wir sehen also, dass sowohl die gläubigen Juden als auch die gläubigen Nichtjuden in ihren Bevölkerungen jeweils nur einen kleinen Überrest darstellten.

Wollen wir also behaupten, die Juden hätten Jeschua abgelehnt, so müssen wir zugeben, dass die Nichtjuden dies gleichermaßen getan haben!

Ferner müssen wir die Tatsache in Betracht ziehen, dass Paulus *immer* auch die ungläubigen Juden zu Israel rechnet. Und er streicht deutlich heraus, dass Gott Israel *nicht* verworfen und abgetan hat:

> *Ich sage nun: Hat Gott etwa sein Volk verstoßen? Auf keinen Fall! Denn auch ich bin ein Israelit aus der Nachkommenschaft Abrahams, vom Stamm Benjamin* (Röm 11,1).

Ja, wie wir noch sehen werden: Das wahre Israel besteht aus denen, die an den Messias glauben. Und doch sind die physischen Abkömmlinge nicht verstoßen und werden weiterhin mit Israel identifiziert. Immer und immer wieder macht Paulus deutlich, dass es sich so verhält, so widersprüchlich das auch erscheinen mag: Wahres Israelitentum zeigt sich an der Herzensreaktion auf Jeschua.[3] Und doch werden selbst die Juden, die ihn ablehnen, weiterhin als Juden und Glieder des Volkes Israel bezeichnet.[4]

In vielen Büchern wird sehr viel genauer ausgeführt, wie Paulus und die anderen biblischen Autoren in aller Klarheit weiterhin Israel und die Juden als zentrales Element der Pläne Gottes und seinem Herzen nahestehend ansahen. Ich möchte nur ein paar Punkte erwähnen:

1. Der Römerbrief stellt ebenso sehr eine Warnung an die römische Gemeinde dar, ihrer natürlichen Neigung zum Stolz nachzugeben, die aus der Stellung Roms als Beherrscherin der Welt resultierte, wie eine Lehrabhandlung über den Heilsweg. Das zeigen die Kapitel 9-11. Leider schlugen die römischen Gläubigen die Warnung in den Wind und begingen genau die Sünde, vor der Paulus sie gewarnt hatte. Binnen weniger Jahre versuchten die römischen „Bischöfe", sich selbst als über die benachbarten „Bischöfe" gestellt zu befördern, und gerieten am Ende sogar in Rivalität mit den Leitern in Jerusalem. Römer 9–11 können wir als vorbeugende Medizin gegen die Lehre der Ersatztheologie ansehen. Hätte man nur darauf gehört …

2. In Jeremia 31,35-37 heißt es in aller Deutlichkeit: *„So spricht der HERR [Jahwe], der die Sonne gesetzt hat zum Licht für den Tag, die Ordnungen des Mondes und der Sterne zum Licht für die Nacht, der das Meer erregt, dass seine Wogen brausen; HERR der Heerscharen ist sein Name: Wenn diese Ordnungen vor meinem Angesicht weichen, spricht der HERR, dann soll auch die Nachkommenschaft Israels aufhören, eine Nation zu sein vor meinem Angesicht alle Tage. So spricht der HERR:*

---

[3] Vgl. Röm 2,28-29: „Denn nicht der ist ein Jude, der es äußerlich ist, noch ist die äußerliche Beschneidung im Fleisch Beschneidung; sondern der ist ein Jude, der es innerlich ist, und Beschneidung ist die des Herzens, im Geist, nicht im Buchstaben. Sein Lob kommt nicht von Menschen, sondern von Gott." Vgl. auch Röm 9,6-8.
[4] Vgl. z. B. Röm 10,1; 11,1.7-8.25-26; 1 Kor 10,18.

> *Wenn der Himmel oben gemessen werden kann und die Grundfesten der Erde unten erforscht werden können, dann will ich auch die ganze Nachkommenschaft Israels verwerfen wegen all dessen, was sie getan haben, spricht der HERR.*"   Als ich zum letzten Mal aus dem Fenster sah, waren all diese Naturgesetze unverändert in Kraft. Folglich kann der Herr Israel als sein Volk bzw. als Nation nicht verworfen haben.

3. Hätte unser himmlischer Vater Israel wegen seiner Sünde und seines Versagens, den Messias bei seinem Kommen zu erkennen, verworfen, dürften auch wir uns unserer Stellung nicht allzu sicher sein. Denn dann könnte auch unser Verhalten – haben wir uns doch als Volk Gottes historisch gesehen keinen Deut besser geschlagen als Israel – von Gott sehr gut zum Anlass genommen werden, uns von sich zu weisen. Womöglich würde er irgendwann sagen, die heutige Kirche sei so schwach, materialistisch, hohl, bequem, weltlich, lieblos und sündhaft, dass er sich gezwungen sehe, uns zu verwerfen und mit einem neuen „Volk Gottes" zu beginnen.

Aus all diesen Gründen meine ich, können wir mit Gewissheit sagen: Gott liebt Israel und das jüdische Volk immer noch; er hat es nicht verworfen und sieht es der feindseligen Haltung, die die meisten Juden Jeschua gegenüber an den Tag legen, zum Trotz unverändert als sein Volk, wenn auch ein aufrührerisches Volk.

Andere Erklärungsmuster für das Verhältnis Israels und der Gemeinde

Es gibt natürlich zahllose Lehren, die Israels Identität als Volk Gottes bestätigen. Ich möchte auf zwei davon eingehen, die ich am positivsten und in vielerlei Hinsicht beinah akzeptabel finde, auch wenn mir scheint, dass sie nicht die Fülle des biblischen Zeugnisses widerspiegeln.

Das natürliche und das geistliche Israel

Die erste Theorie sagt, die Juden bildeten das natürliche Israel, die Heidenkirche das geistliche. Da steckt viel Wahres drin; zu einem gewissen Grad trifft diese Aussage durchaus zu, vermag sie doch zu erklären, wie ein Gläubiger aus den Nichtjuden zu seiner neuen Identität gelangt. Dennoch lässt sie diejenigen von uns, die nicht jüdischer Abstammung sind, ein wenig im Regen stehen, dann nämlich, wenn es darum geht, welche der Verheißungen, speziell des Alten Bundes, denn nun für uns gelten und welche wir den Juden allein überlassen müssen. Oft heißt es, nichtjüdische Gläubige hätten die Freiheit, viele alttestamentliche Prophetien geistlich anzuwenden, im strengen Sinne jedoch könne man sie ausschließlich auf das natürliche Israel hin auslegen. Das mag in manchen Lagen zutreffen, keineswegs aber in allen.

Ein weiteres Problem ist, dass die Bezeichnung der nichtjüdischen Gläubigen als „geistliches Israel" suggeriert, sie seien nicht das „wahre" Israel, sondern nur irgendwie mit Israel verbunden. Das ist, als klopfe man einem Möchtegern-Israeli mit den Worten auf die Schulter: „Na ja, im geistlichen Sinn, in deinem Herzen, bist du ja auch ein Israelit." Vielleicht hat das ja nur damit zu tun, wie wir Worte hören, aber generell meinen wir, wenn wir davon reden, dass etwas vergeistlicht wird, es werde dem Bereich des Realen entzogen und mehr oder weniger ins Theoretische entrückt. Ich sehe im NT nicht offenbart, dass Heidenchristen theoretische Glieder Israels seien. Aber an dieser Geschichte hängt noch mehr dran, wie wir in Kürze sehen werden.

Das israelitische Commonwealth

Das Verhältnis der Nichtjuden zu Israel als ein *Commonwealth* zu bezeichnen, ist tatsächlich sehr zutreffend. Im Grunde meint man damit, dass die Nichtjuden sozusagen ins „größere Israel" eingepfropft worden sind. Das Wort *Commonwealth* meint ja ursprünglich „gemeinsames Wohlergehen". Heute versteht man darunter eine politische Bündnisgemeinschaft souveräner Staaten. Mit diesem Begriff deutet man an, dass die Gläubigen aus den Nichtjuden einerseits im übergreifenden Sinne zu Israel gehören, andererseits aber eine eigenständige Identität behalten. Leider gibt dieser Ausdruck die Tiefe der Beziehung, die Juden und Nichtjuden in Bezug auf Israel und den König Israels haben, nicht angemessen wieder.

Es ist genau wie wenn man sagen würde, Kanada, Australien und Großbritannien seien allesamt britisch, weil sie alle zum Britischen Commonwealth gehören. Aber fragen Sie mal einen Kanadier, ob er Brite sei – er wird Sie entweder leicht verwirrt ansehen oder Ihnen knallhart widersprechen. Zwar sind die Kanadier kulturell britischer als die Amerikaner, aber sie haben keine britische Identität. Sie sind Kanadier und stolz darauf! Ebenso wenig vermag das Konzept eines israelitischen *Commonwealth* die Frage nach unserer Identität hinreichend zu beantworten.

Wie auch der messianisch-jüdische Leiter Dan Juster, der dieses Konzept vertritt[5], eingesteht, hat diese Idee einige Schwächen. Wir sind mehr als nur ein *Commonwealth*, denn dieser Begriff bezeichnet eine Verbindung, die viel lockerer ist als das, was jüdische und nichtjüdische Gläubige tatsächlich gemeinsam haben. Zusammen werden wir die Braut des Messias sein, zusammen mit gleicher Autorität und gleichem Status im Tausendjährigen Reich regieren. Aber aufs Ganze gesehen mag die Verwendung des Begriffs *Commonwealth* die beste Möglichkeit sein, die wir haben, wenn es darum geht, das Verhältnis zwischen jüdischen und nichtjüdischen Gläubigen auf kurze Weise auszudrücken.

Wie verstand die frühe Kirche diese Beziehung?

Nunmehr ist es an der Zeit, dass wir uns Gottes Wort zuwenden, um zu sehen, was wir zur Klärung des Verhältnisses der nichtjüdischen Jeschua-Gläubigen zu Israel ausgraben können. Als Erstes wollen wir uns die Erfahrung der frühen Kirche anschauen, wie die Apostelgeschichte sie darstellt, die uns vielleicht vermitteln kann, wie ein zeitgenössischer Augenzeuge die Dinge wahrgenommen haben würde. Weil wir die Verbindung zu unseren hebräischen Wurzeln verloren haben, haben viele von uns ein „europäisiertes" Bild der Kirche in ihren frühen Jahren, ganz ähnlich wie mittelalterliche Maler israelitische Gestalten gern in mittelalterlichen Gewändern darstellten, wenn sie biblische Szenen auf die Leinwand brachten. Mittelalterliche Maler hatten nun mal kaum eine Vorstellung davon, wie das Leben zur Zeit Jeschuas aussah, und konnten sich die Leute aus dem 1. Jahrhundert nicht in deren Kontext vorstellen. Wagen wir noch mal einen Blick auf die frühe Kirche – diesmal in den kulturellen „Gewändern" ihrer eigenen Zeit.

---

[5] Vgl. die Besprechung von „The Separation of Church & Faith (Copernicus and the Jews: vol. 1)" auf www.tikkunministries.org/reviews/copjews.asp.

Die Kirche des 1. Jahrhunderts hatte nicht viel Ähnlichkeit mit irgendeiner der Gemeinden aus den Ländern Nordamerikas und Europas, in denen ich das Vorrecht hatte zu wohnen – und ich habe sehr unterschiedlichen Gemeinden angehört! Zwischen dem, was wir heute kennen, und der Erfahrung der Gemeinden des 1. Jahrhunderts, was Gemeindeleben, Lebensstil, Lebensauffassung und geistliche Autorität angeht, besteht ein grundsätzlicher Unterschied, der nicht nur damit zu tun hat, dass die Menschen damals mit größerer Kraft und geistlicher Autorität gesalbt waren. Es geht auch nicht nur darum, dass zu ihrem Leben im Reich Gottes ein soziales Evangelium gehörte, das die Liebe zu den Armen, die unter ihnen lebten, und die Einheit mit ihnen sehr schön zum Ausdruck brachte.

Die Gemeinde der ersten paar Jahre nach der Auferstehung war zu hundert Prozent jüdisch. Das wissen die meisten Christen, jedenfalls sofern sie zufällig daran denken, aber vielleicht geht ihnen niemals auf, wie sehr diese Tatsache Leben und Perspektive der frühen Gläubigen bestimmte und wie sehr diese sich von den meisten von uns, die wir heute glauben, unterschieden. Hier und da hat es in den vergangenen 2000 Jahren Gemeinden gegeben, die dieselbe Art von Liebe und Einheit erlebten. Der Heilige Geist hat in Kraft und Wundertaten mächtig gewirkt. Es hat Erweckungen gegeben, die ganze Nationen verwandelt haben und die man mit dem Wirken der Apostel vergleichen kann, die die römische Welt auf den Kopf stellten.

Doch nach diesen ersten frühen Jahren der Ära des Neuen Bundes hat es nie wieder eine Zeit gegeben, in der jeder Einzelne, der zur Gemeinde Jeschuas gehörte, wo auch immer er lebte, Jude war: beschnitten – sofern männlichen Geschlechts –, koscher essend und die Thora befolgend, weitgehend so wie ihre Vorfahren auch. Sie brachten Friedensopfer im Tempel dar. Sie waren Juden voll weißglühender Liebe zu Jeschua. Sie hatten die Wahrheit begriffen, dass Jeschua den langerwarteten Neuen Bund mit Gott eingeführt hatte und dass sie jetzt in diesem Neuen Bund leben konnten. Und sie waren zu Zehn-, womöglich gar zu Hunderttausenden oder noch mehr, und das allein in Jerusalem und den umliegenden judäischen Gebieten!

Aber dann geschah etwas. Nach ein paar Jahren passierte etwas, das so schockierend und unerwartet war, etwas, das ihre

Weltsicht so tief erschütterte, dass es um ein Haar die Einheit der glaubenden Gemeinschaft zerstört hätte. Wie sich zeigen sollte, wurde dieses Ereignis zum größten Spannungs- und Streitpunkt im Leben der frühen Kirche. Es führte zur Spaltung und Parteinahme in den verschiedenen Splittergruppen, die sich bilden sollten.

Folgendes trug sich zu: Eines Tages führte der Heilige Geist Petrus (oder Schimon Kefa, wie er damals genannt wurde) ins Haus eines Mannes, den er – wie jedermann wusste – eigentlich gar nicht hätte besuchen dürfen. Unter der Leitung des Geistes verkündigte er dort eine Botschaft, die er seiner eigenen Überzeugung nach buchstäblich nur vergebens predigen konnte, da seine Zuhörer gar keine Chance hatten, darauf einzugehen. Dann geschah etwas, das – nach vorherrschendem Verständnis – technisch unmöglich war, entschloss sich doch der Heilige Geist in jenem Augenblick, etwas zu tun, was jedermann als verboten betrachtete: Er berührte das Herz eines Nichtjuden und führte ihn zur Buße und Annahme der Botschaft vom Kreuz. Dann bestätigte er, dass es sich tatsächlich um das Wirken des Heiligen Geistes handelte, nicht um die Impulsivität von Petrus und auch nicht nur um ein emotionales Aufflackern in den Herzen dieser römischen Familie: Cornelius und seine Angehörigen wurden im Heiligen Geist getauft und fingen an, die Geistesgaben genauso zu praktizieren, wie alle jüdischen Gläubigen es taten.

Sie und ich können uns kaum ausmalen, welche Ratlosigkeit dieses Erdbeben unter den frühen Gläubigen auslöste. Für uns ist es ein selbsterklärendes Alltagsereignis. Was soll daran so ungewöhnlich sein? Klar, dass das geschah! Jeschua selbst hatte es vorausgesagt. Jesaja hatte es geweissagt. Wieso brauchten die so lange, um es zu kapieren? Faktisch aber war die Gemeinschaft der Glaubenden drauf und dran, Petrus zu steinigen!

Können Sie sich die Szene vorstellen, als Petrus zurückkam und den anderen Aposteln Bericht erstattete, die sich gerade als Leitungsteam zur Klausur in den Obersaal zurückgezogen hatten, um die nächste Evangelisationskampagne zu planen? Petrus musste sich verteidigen, ja, er wand sich regelrecht, um den anderen zu versichern, dass er nicht wieder in seine alte Gewohnheit zurückgefallen war, erst zu handeln und dann zu denken. „Echt, ich war das nicht! Ich ging drüben in Joppe meinen eigenen Dingen nach, als die Vision kam. Ich hatte diese Woche noch nicht mal um eine Vision gebetet! Ich hatte doch keine Wahl, also macht mir bitte keine Vorwürfe!"

Es war eine große Sache, weil sie eindeutig völlig unmöglich war. Wieso aber war sie unmöglich? Längst vor diesem Ereignis waren Nichtjuden gläubig geworden. Das war nicht das eigentliche Problem. Das Problem war eher das Wie bzw. was nicht geschehen war. Cornelius war kein Jude geworden, bevor er Christ geworden war. „Gottesfürchtig" war er gewesen, aber noch kein Proselyt. Er war unbeschnitten. Und jedermann wusste, Voraussetzung, um in den Neuen Bund eintreten zu können, war, dass man zum Volk Israel gehörte.

Seit den Zeiten Moses waren Nichtjuden dem Volk Israel beigetreten, heißt es doch, „viel Mischvolk" sei mit den Israeliten aus Ägypten ausgezogen. Fremde wurden Israeliten, indem sie sich dem Gesetz Moses, der Thora, unterstellten. Sie ließen sich beschneiden und mussten sich die Lebensweise des Volkes aneignen. Sie mussten sich ein thoragemäßes Leben angewöhnen, indem sie koscher speisten und den Sabbat ebenso hielten wie die 613 anderen Gebote der Thora. Dann gehörten sie dazu. Hörten solche Proselyten später von Jeschua und beugten die Knie vor ihm, so stellte das kein Problem dar, weil sie nunmehr technisch und legal Teil Israels waren und an sämtlichen Israel gegebenen Verheißungen Anteil hatten.

Die Apostel wussten in jenen Anfangsjahren sehr wohl um Jeschuas Befehl, in alle Welt zu gehen und als Volk Israel den Nationen Zeugnis zu geben – genau das hatte Jesaja als Aufgabe Israels geweissagt. Sie waren emsig damit beschäftigt, das neue Werk im ersten und zweiten Kreis zu etablieren, den der Herr mit seinem Auftrag gezogen hatte, als er sagte, sie sollten zuerst in Jerusalem, sodann in Judäa und Samaria Zeugen sein, um schließlich weiter „draußen" unter den Nationen zu arbeiten. Es ist weise, sich heimatnah eine starke Basis zu schaffen, ehe man weiter hinauszieht. Ich weiß nicht, ob wir sagen können, wie sehr sie tatsächlich darüber nachdachten, *wie* sie diese Botschaft den Nationen überbringen konnten, als sie schließlich hinauszogen. Vielleicht dachten sie an die vielen in der Diaspora lebenden Juden, die in aller Welt verstreut waren, und die nichtjüdischen Proselyten unter ihnen. Aber ausgehend von ihrer Reaktion, als der Heilige Geist den Stein schließlich ins Rollen brachte, können wir, glaube ich, mit Gewissheit sagen, wie ihre anfängliche Idee der Heidenmission aussah, dass sie nämlich meinten, Nichtjuden müssten *zuerst* Proselyten werden und könnten *erst dann* durch Jeschuas Blut gerettet werden. Das Allermindeste war, dass diese beiden Schritte zeitnah zueinander gegangen werden mussten.

Und tatsächlich war diese Sicht der frühen glaubenden Gemeinschaft biblisch – soweit sie es damals beurteilen konnten. Sie begriffen das grundlegende prophetische Wort für den Neuen Bund besser als der Durchschnittsgläubige heute. Der Neue Bund, den der Herr durch Jeremia prophetisch ankündigen ließ, war niemals der „Gemeinde" verheißen und sollte auch nicht mit einer Gruppe von Menschen geschlossen werden, die mit Israel nichts zu tun hatten, was unserem heutigen landläufigen Bild von der Kirche entspräche. Wir haben schon einmal bei Jeremia nachgelesen:

> *Siehe, Tage kommen, spricht der HERR, da schließe ich* **mit dem Haus Israel und mit dem Haus Juda** *einen neuen Bund: nicht wie der Bund, den ich mit ihren Vätern geschlossen habe an dem Tag, als ich sie bei der Hand fasste, um sie aus dem Land Ägypten herauszuführen – diesen meinen Bund haben sie gebrochen, obwohl ich doch ihr [Ehe-]Herr war, spricht der HERR* (Jer 31,31-32; eigene Hervorhebung).

Der Neue Bund wurde ganz spezifisch dem *Haus Israel* und dem *Haus Juda* verheißen. *Nichtisraeliten hatten und haben sogar heute keinen Anteil am Neuen Bund.* Jeremia richtete sich nicht an Menschen außerhalb Israels. (Bitte noch keine Steine aufsammeln! Hören Sie mir bitte erst zu Ende zu!) Von daher hatten die Apostel recht mit ihrer Sicht, dass jeder, der dem Neuen Bund beitreten wollte, zuerst Teil Israels werden müsse. Was sie nicht verstanden, war, dass der Herr beschlossen hatte, die gläubig werdenden Nichtjuden in eben dem Moment Israel hinzuzufügen, in dem sie in ihrem Geist die Wahrheit des Kreuzes erkannten und vom Heiligen Geist lebendig gemacht wurden. Sie wurden also in genau diesem Augenblick zugleich auch Glieder Israels. Er fügte sie Israel hinzu, aber nicht durch den Mosebund, sondern durch den Abrahambund, der ein Bund der Errettung aus Glauben ist.

Statt dass der Herr den Nichtjuden sagte: Erst Mose, dann Jeschua!, sagte er ihnen: Lasst euch zuerst aus Glauben rechtfertigen, genau wie seinerzeit Abraham, dann seid ihr mit Jeschua im Bund. Von jeher rangierte der Bund des Glaubens und der Beziehung mit Gott vor dem Bund des Gehorsams und genießt den Vorrang vor diesem.

Die Trennungsdoktrin

Die ersten jüdischen Gläubigen hatten eine gute Entschuldigung dafür, dass es ihnen so viel Mühe machte zu akzeptieren, dass Gott die Weissagungen Jesajas, nämlich die Nationen zum Glauben an ihn zu führen, auf neue Weise erfüllen wollte. Seit Beginn seiner nationalen Existenz hatte Israel immer wieder die Konsequenzen des Ungehorsams auf sich nehmen müssen, wenn Gott es ob seines Abweichens vom rechten Weg zur Rechenschaft zog. Ein Kriterium des Ungehorsams bestand darin, dass der Herr den Israeliten gesagt hatte, sie sollten unter ihm abgesondert leben. Sie unterschieden sich von allen anderen Nationen, waren ein erwähltes Volk und mussten sich abgesondert halten, um ihm heilig sein zu können.

Leider missachteten sie dieses Gebot immer wieder und verheirateten sich mit Angehörigen anderer Völker, nahmen deren Töchter ihren Söhnen zu Frauen und umgekehrt. Die nichtjüdischen Ehefrauen verleiteten ihre Männer zum Götzendienst: „Warum denn nicht diese schlichte kleine Zeremonie, Schatz? Nur um sicherzugehen, dass ich fruchtbar bin und dir einen Sohn schenken kann. Es ist ganz harmlos, dein Gott wird das schon verstehen ..." Genauso wurden die Töchter Israels, die fremdverheiratet wurden, Teil götzendienerischer Haushalte; schließlich wurden sie als Eigentum der Männer betrachtet, denen sie angetraut worden waren, also blieb ihnen keine Wahl, als sich vor deren Göttern zu beugen. In der Folge strafte der Herr Israel, mitunter sehr schwer. Manchmal wurden die Israeliten in die Hände unterdrückerischer Völker gegeben (vgl. Ri 3,6). Dann wieder verlangte Gott von ihnen, ihre nichtjüdischen Frauen aufzugeben und zu schwören, dass sie endlich von ganzem Herzen dem Herrn nachfolgen würden (vgl. Neh 13,23-31).

Dieses letzte „Heilmittel" Nehemias war so traumatisch, verlangte es doch von ihnen, ihre geliebten Frauen und Kinder fortzuschicken, dass die meisten Israeliten sich von dieser Zeit an weigerten, auch nur normalen Sozialkontakt mit Nichtjuden zu pflegen, keinesfalls jedoch deren Häuser betraten und Tischgemeinschaft mit ihnen hielten.

Und in der Zeit, in der Petrus Cornelius begegnete, war diese Trennung von den Nichtjuden den Juden so in Fleisch und Blut übergegangen, dass es ihnen extrem schwerfiel, den Herrn sagen zu hören, dass sie diese neuen Gläubigen in Haus und Herz aufnehmen sollten. So sehen wir, dass Petrus noch Jahre später die Botschaft zwar mit dem Kopf verstanden hatte, sie ihm aber noch lange nicht ins Herz gedrungen war. Mit den nichtjüdischen Gläubigen Antiochiens hielt er Tischgemeinschaft und besuchte sie in ihren Häusern, aber als Jakobus und seine Splittergruppe zu Besuch in die Stadt kamen – Leute also, die noch nicht akzeptiert hatten, dass die Nichtjuden sich nicht erst beschneiden lassen mussten, um zur Gemeinde zu gehören –, zog Petrus sich automatisch aus der Gemeinschaft mit den Heidenchristen zurück.

So geht es zu, wo Gesetzlichkeit herrscht. Selbst wenn wir im Kopf wissen, dass diese oder jene Praktik nichts anderes als kultureller Ballast ist, brauchen wir Zeit, bis aus Wissen Herzensgewissheit wird. So lange sagen uns unsere Gefühle, eigentlich sollten wir das nicht machen, nicht wenn wir wirklich gläubig sind. Das ging mir auf, als ich 1989 nach Europa umsiedelte, um in einem Evangelisationsteam mitzuarbeiten, das hinter dem Eisernen Vorhang wirkte. In unserer Ausbildung hatten wir uns mit diversen kulturell bedingten Gesetzlichkeiten beschäftigt, wie sie speziell in Nordamerika vorherrschen. Wir hatten uns angesehen, was die Bibel dazu sagt, und ich war im Kopf davon überzeugt, dass es Dinge gab, die ich noch nie getan hatte, die aber im Gegensatz zu meinen Vorurteilen nicht sündhaft waren.

Als ich dann aber nach Europa kam und Gläubige mit eigenen Augen genau diese Dinge tun sah, brach in meiner Gefühlswelt schlagartig ein neuer Krieg aus und ich sah mich in meinem inneren Leben in eine Schlacht hineingezogen. Hätte ich der Versuchung zur Gesetzlichkeit nachgegeben, so hätte ich mich vom Herrn distanziert und ihm sein Wirken an meinem inwendigen Menschen mächtig erschwert. Auch hätte ich gegenüber jedem Ungläubigen oder Neubekehrten, mit dem ich in Kontakt kam, unbiblische Mauern um das Evangelium gezogen. Religiosität und der Geist Gottes sind wie Abwasser und Olivenöl: Sie vermischen sich nicht.

Aber welche Entschuldigungen wir auch immer für Jakobus, Petrus und die ersten Gemeinden finden mögen, es bleibt dabei, dass sie das biblische Bild nur zum Teil verstanden hatten. Der Herr entschloss sich, etwas Neues zu wirken, das niemand erwartet hatte. Die biblischen Texte lieferten zwar Hinweise darauf, erteilten aber kein eindeutiges Mandat dazu. Und so widerstanden viele kirchliche Leiter und sogar ein paar der Apostel aufgrund ihrer Liebe und ihrem Respekt für die Thora eine Zeit lang dem Wirken des Heiligen Geistes. Es war die Entscheidung des Vaters, die Nichtjuden unter Umgehung des mosaischen in den Neuen Bund hineinzubringen.

Von daher musste die Gemeinde des 1. Jahrhunderts mit einer radikalen Veränderung fertig werden, die alle Facetten ihrer Gesetzlichkeit und vorgefassten Meinungen in Frage stellte. Sagen wir es wohlwollender: Ihr kulturelles Selbstverständnis machte es ihnen schwer zu sehen, dass dieser kulturelle Rahmen nicht über ihr Heil entschied und auch nicht ihre wahre Identität als das Israel Gottes ausmachte. Zugleich aber muss uns klar sein, dass die frühen Gläubigen durch und durch jüdisch waren. Sogar die ersten Griechen und Römer, die dem Leib des Herrn hinzugetan wurden, übernahmen weit mehr einen jüdischen Lebensstil, als wir es gewohnt sein mögen. In diesen Anfangsjahren war das Christentum als „der Weg" bekannt (vgl. Apg 9,2; 19,9.23; 22,4; 24,14.22) – übrigens in sich eine gänzlich hebräische Bezeichnung für die, die den Weg des Lebens gehen – und wurde lange Zeit von der ganzen römischen Welt als jüdische Sekte betrachtet. Die Schriftrollen vom Toten Meer bestätigen, dass die frühe Kirche als ganz und gar jüdisch wahrgenommen wurde.

Für die meisten Leute heutzutage ist dieses Bild des „Gemeindelebens" im 1. Jahrhundert vollkommen fremd. Sosehr uns vor Augen steht, dass die ersten Christen mehr Liebe, geistliche Lebendigkeit und Vollmacht zum Wunderwirken besaßen, so wenig haben die meisten von uns die frühe Gemeinde je unter diesem Blickwinkel gesehen. Und das ist nur eines der Symptome, die anzeigen, wie weit wir uns von unseren Wurzeln entfernt haben. Wenn wir diese Dinge, die doch aus den Seiten der Apostelgeschichte und der apostolischen Briefe unmissverständlich hervorgehen, nicht begriffen haben, wie viel missverstehen wir womöglich sonst noch? Wenn wir nicht wissen, woher wir kommen, wer wir waren und wie es sich zugetragen hat, dass wir heute etwas ganz anderes sind, werden wir auch nicht wissen, wie wir heute leben sollen, noch wohin unsere Reise als weltweiter Leib des Herrn geht. Wer sind wir wirklich?

Israel ist das durch abrahamitischen Glauben gerechtfertigte Volk Gottes

Selbstverständlich täuschten sich Jakobus und die Anhänger des Judaismus, wenn sie meinten, die Nichtjuden müssten zunächst ihre äußere Unterwerfung unter die Thora als Zeichen der Zugehörigkeit zu Israel unter Beweis stellen, ehe sie das Recht beanspruchen konnten, am Neuen Bund teilzuhaben – wobei wir nicht vergessen dürfen: Der Neue Bund sollte mit Juda und Israel geschlossen werden, ohne dass Jeremia irgendjemanden sonst erwähnt hätte. Andererseits: Wie können wir biblisch rechtfertigen, dass sich die nichtjüdischen Gläubigen ohne Befolgung der Thora und ohne Beschneidung zu Israel rechnen konnten? Um das zu erklären, führt uns Paulus in die Zeit Abrahams zurück.

> *Und der HERR sprach zu Abram: Geh aus deinem Land und aus deiner Verwandtschaft und aus dem Haus deines Vaters in das Land, das ich dir zeigen werde! Und ich will dich zu einer großen Nation machen, und ich will dich segnen, und ich will deinen Namen groß machen, und du sollst ein Segen sein! Und ich will segnen, die dich segnen, und wer dir flucht, den werde ich verfluchen;* **und in dir sollen gesegnet werden alle Geschlechter der Erde!** *(1 Mo 12,1-3).*

Viele Freunde und Unterstützer des modernen Israel zitieren diesen Vers oft und gern, um ihre Solidarität mit dem Staat Israel zu untermauern: Segnen wir Israel, so werden wir gesegnet sein; wo nicht, droht uns der Fluch. Ich glaube nicht, dass es die allerbeste Motivation ist zu sagen: „Segnen wir mal, dann können wir hoffen, dass Gott auch über uns Segen ausgießt." Dieser Vers ist kein geistlicher Spielautomat, dem man mit etwas Glück Segensgewinne entlocken kann. Vielmehr vermittelt er einen prophetischen Einblick in das, was der Herr aus seiner Beziehung mit Abraham heraus und ganz besonders durch Abrahams Glauben an ihn freisetzen wollte. Der aus Vertrauen und Liebe bestehende Glaube, mit dem Abraham sich Jahwe näherte, sollte Vorläufer und Vorbild jener Art von Glauben sein, die Gott gefällt, Grundlage der Beziehungen zwischen ihm und seinem Volk zu allen Zeiten. Durch diesen Mann und diese Art von Glauben wollte er ein Volk gründen, das sein Volk sein sollte, für alle Zeit erwählt aus allen anderen Völkern.

Paulus erkannte diese Wahrheit. Er sagt:

*Ebenso wie Abraham Gott glaubte und es ihm zur Gerechtigkeit gerechnet wurde. Erkennt daraus: **Die aus Glauben sind, diese sind Abrahams Söhne!** Die Schrift aber, voraussehend, dass Gott die Nationen aus Glauben rechtfertigen werde, verkündigte dem Abraham die gute Botschaft voraus: „In dir werden gesegnet werden alle Nationen." Folglich werden die, die aus Glauben sind, mit dem gläubigen Abraham gesegnet* (Gal 3,6-9).

Und etwas weiter unten heißt es:

... damit der Segen Abrahams in Christus Jesus zu den Nationen komme, damit wir die Verheißung des Geistes durch den Glauben empfingen (V. 14).

Paulus sagt also: Die aus dem Glauben sind, sind die wahren Kinder Abrahams! Indem Nichtjuden im Glauben auf Gott eingehen, sieht Gott sie sowohl als gerechtfertigt (durch Glauben gerettet und von ihren Sünden losgesprochen) als auch als Kinder Abrahams an. Und was heißt es, Kind Abrahams zu sein? Einfach nur, dass man geistliche Ähnlichkeit aufweist und sich deshalb ehrenhalber „Kind" nennen darf? *Oder wird man in Gottes Augen zum echten Nachkommen Abrahams, der sich in nichts von irgendeinem seiner sonstigen Nachkommen unterscheidet?*

In Römer 9,6-8 geht Paulus näher darauf ein:

*Nicht aber als ob das Wort Gottes hinfällig geworden wäre; denn nicht alle, die aus Israel sind, die sind Israeliten, auch nicht, weil sie Abrahams **Nachkommen** sind, sind alle Kinder, sondern „in Isaak wird dir eine **Nachkommenschaft** genannt werden". Das heißt: Nicht die Kinder des Fleisches, die sind Kinder Gottes, sondern die Kinder der Verheißung werden als **Nachkommenschaft** gerechnet.*

Hier verfeinert er die Definition derer, die wahrlich zu Israel gehören, in dem Sinne, dass es nicht um rein physische Nachkommenschaft, sondern um Nachkommenschaft Abrahams im Sinne der Verheißung geht. Der Nachkomme, klar als der Messias definiert, als eine einzelne Person,[6] ist die Erfüllung, auf die die Geschichte Abrahams hinausläuft, aber nicht er allein, sondern auch das Volk, das sich in demselben Glauben mit dem Messias verbinden wird. Wer sich also im Glauben an den Messias Jeschua hängt, ist dadurch wirklich Teil Israels, und zwar in gewisser Hinsicht mehr als diejenigen, die nur leibliche Nachkommen Abrahams sind, ohne Verbindung zum Messias zu haben.

Paulus macht also hinreichend deutlich, dass die Nichtjuden Zugang zu Israel haben, indem sie dieselbe Art von Glauben zeigen, die Abraham hatte. Allein auf dieser Grundlage werden sie zu wahren, tatsächlichen Nachkommen Abrahams erhoben. Zu keiner Zeit, sagt der Apostel, war physische Abstammung von gleicher Bedeutung wie die Kindschaft der Verheißung, und physische Abstammung allein qualifiziert auch nicht dazu, Teil des wahren Israel zu sein. So ist es Abrahams Zeugnis, dass diejenigen Nichtjuden, die sich durch Jeschua, den einen wahren Samen Abrahams, mit dem Herrn vereinen, seine wirklichen Nachkommen sind. Und weil sie wirkliche Nachkommen Abrahams sind, gehören sie zu Israel, und deshalb trifft die Verheißung des Neuen Bundes, der den Häusern Juda und Israel gegeben wurde, auf sie zu.

Das Zeugnis des Ölbaums

Seit langem hat man im Ölbaum ein Symbol für das Volk Israel gesehen, ein sehr viel passenderes als das Symbol des Davidsterns, weil die Heilige Schrift von alters her Israel mit dem Ölbaum in Verbindung bringt, während der Davidstern unklare und umstrittene Ursprünge aufweist. In Kapitel 2 wurde uns deutlich, dass Sacharja 4 und Offenbarung 11 die beiden Ölbaume als die Zeugen darstellt, die ständig vor dem Herrn der ganzen Erde und zugleich als seine Repräsentanten für ihn stehen. Wenn wir wei-

---

[6] Siehe Gal 3,16: *„Dem Abraham aber wurden die Verheißungen zugesagt und seiner Nachkommenschaft. Er spricht nicht: ‚und seinen Nachkommen', wie bei vielen, sondern wie bei einem: ‚und deinem Nachkommen', und der ist Christus."*

tergehen zu Römer 11, einem der Haupttexte im Hinblick auf das Verhältnis des nichtjüdischen Gläubigen zu Israel, sehen wir, dass der Ölbaum, auf den Paulus Bezug nimmt, tatsächlich nichts anderes ist als Israel selbst. Wir sehen das vor allem daran, dass Paulus von einem gehegten Ölbaum spricht, einem Baum, in den der Herr so viel an Fürsorge, Pflege und Korrektur investiert hat.

Manche haben die Behauptung aufgestellt, der Baum, in den die fremden Zweige eingepfropft werden, sei Jeschua. Das erscheint plausibel, sind doch die Mittel des Eingepfropftwerdens der Glaube an ihn und das Kreuz. Doch würde das zutreffen, dann benutzte Paulus hier das verkehrte Symbol. Wäre es das, was er vermitteln wollte, dann hätte er sich des Weinstocks und seiner Reben und nicht des Ölbaums bedient. Jeschuas eigene Worte in Johannes 15 hätten als Anknüpfungspunkt viel näher gelegen – es hätte sich dann eine Parallele ergeben, die jedermann auf der Stelle hätte einleuchten müssen. Doch er sprach vom Ölbaum, was zumindest bei seinen jüdischen Lesern ganz eigene Assoziationen auslösen musste: Diesen war klar, dass er von Israel sprach.

Schauen wir uns jetzt an, was Paulus schreibt:

> ... wenn die Wurzel heilig ist, so auch die Zweige. Wenn aber einige der Zweige herausgebrochen worden sind und du, der du ein wilder Ölbaum warst, unter sie eingepfropft und der Wurzel und der Fettigkeit des Ölbaumes mit teilhaftig geworden bist, so rühme dich nicht gegen die Zweige! Wenn du dich aber gegen sie rühmst – du trägst nicht die Wurzel, sondern die Wurzel dich. Du wirst nun sagen: Die Zweige sind herausgebrochen worden, damit ich eingepfropft würde. Richtig; sie sind herausgebrochen worden durch den Unglauben; du aber stehst durch den Glauben. Sei nicht hochmütig, sondern fürchte dich! Denn wenn Gott die natürlichen Zweige nicht geschont hat, wird er auch dich nicht schonen. Sieh nun die Güte und die Strenge Gottes: gegen die, welche gefallen sind, Strenge; gegen dich aber Güte Gottes, wenn du an der Güte bleibst; sonst wirst auch du herausgeschnitten werden. Aber auch jene, wenn sie nicht im Unglauben bleiben, werden eingepfropft werden; denn Gott ist imstande, sie wieder einzupfropfen. Denn wenn du aus dem von Natur wilden Ölbaum herausgeschnitten und gegen die Natur in den edlen Ölbaum eingepfropft worden

bist, wie viel mehr werden diese, die natürlichen Zweige, in ihren eigenen Ölbaum eingepfropft werden!* (Röm 11,16-24).

Denken wir daran: Der Römerbrief wurde nicht zuletzt als Mahnung an die Römer geschrieben, nicht hochmütig zu werden. Offenkundig standen die Gläubigen in Rom vor der großen Versuchung zu denken, sie überragten andere an Größe und seien prädestiniert zum Herrschen. Folglich warnt Paulus sie vor Arroganz gegen die anderen Zweige – denn wenn die natürlichen jüdischen Zweige aufgrund ihres Unglaubens herausgebrochen wurden, könne das sehr wohl auch ihnen passieren!

Und er geht noch weiter, indem er ausführt: Wenn sie, die nichtjüdischen Zweige, nicht am Glauben und an der Güte Gottes festhalten, werden auch sie herausgebrochen werden. Verharren andererseits die jüdischen Zweige nicht im Unglauben, so können sie wieder eingepfropft werden.

Was ich an diesem Text so interessant finde, ist der Vergleich zwischen den jüdischen und den nichtjüdischen Zweigen. Paulus erkennt an, dass sie verschiedenen Ursprungs sind. Der eine stammt von einem wilden Olivenbaum, der andere von dem kultivierten Olivenbaum Israel. Die jüdischen Zweige hatten es nicht nötig, eingepfropft zu werden, sie waren natürliche Teile des Baumes. Aber glaubten sie nicht, *so entfernten sie sich selbst* vom Baum, und zwar durch ihre Entscheidung zum Unglauben, und wurden verworfen. **Weil aber Gottes Gnadengaben und seine Berufung unbereubar sind** (V. 29), sind die Zweige, die sich selbst vom Baum losgerissen haben, nichtsdestoweniger nach wie vor natürliche, kultivierte Olivenzweige. Immer noch sind sie israelitisch-jüdische Zweige. Aber weil sie nicht mehr mit dem Lebenssaft des Baumes versorgt werden können, sind sie auch nicht mehr Teil des wahren Baumes. Das ist eine harte Wahrheit. Sie behalten ihre israelitische Identität bei, aber sie sind aus Gottes Plan und der Gemeinschaft der Heiligen ausgetreten.

Im Gegensatz dazu sind die Zweige, die wild waren, „unnatürlich" eingepfropft worden. Üblicherweise pfropft ein Gärtner einen kultivierten Zweig in einem starken, robusten wilden Stamm ein, um rasches Wachstum der gezüchteten Oliven zu erzielen, auf die er aus ist. Niemals würde ein Gärtner einen wilden Zweig einpfropfen, denn das wäre völlig nutzlos. Deshalb steht das, was Gott tat, im Widerspruch zur Natur. Er nahm die nichtjüdischen Gläubigen, die seinen Plänen und Zwecken völlig fernstanden, absolut nutzlos, undiszipliniert und fruchtlos waren, und pfropfte sie in seinen Baum ein. Das kann nur die Liebe erklären! Der Gläubige aus den Nichtjuden hat keinen Anlass zum Stolz. Die nichtjüdische Gemeinde übernimmt nicht den Baum. Der Lebenssaft entsteht nicht im Zweig und fließt dann zur Wurzel, sondern von der Wurzel in den Zweig. Der Baum kann ohne den einzelnen Zweig überleben, der Zweig aber nicht ohne den Baum. Mit den Worten des Paulus:

> *„... du trägst nicht die Wurzel, sondern die Wurzel dich"* (V. 18).

Deswegen ist es für nichtjüdische Gläubige auch so wichtig, demütig von ihren jüdischen Brüdern zu lernen. Der Ruf des Schofars führt uns dahin zurück, dass wir auf biblische, hebräische Weise in Beziehung zu Gott und Israel leben. Wir müssen auf richtige Weise an unsere wahre, israelitische Wurzel angeschlossen sein.

Es ist auch interessant, sich anzuschauen, wie ein zwar natürlicher, aber ungläubiger jüdischer Zweig wieder eingepfropft wird. Er war herausgebrochen und getrennt sowohl vom Messias als auch vom wahren Ölbaum. Wieder eingepfropft wird er durch Buße und Unterwerfung unter Jeschua als Messias und König. Worin besteht der Unterschied zwischen diesem Eingepfroftwerden und dem Eingepfropftwerden eines nichtjüdischen Wildzweiges? Es gibt keinen! Sobald ein Nichtjude auf dieselbe Weise wie ein zuvor ungläubiger Jude eingepfropft worden ist, gibt es zwischen beiden keinen anderen Unterschied mehr als ihren Hintergrund.

Was uns Paulus also hier lehrt, ist, dass ein Nichtjude, sobald er an Jeschua glaubt, unzertrennlicher Teil des Ölbaums Israel ist, ohne jeden Unterschied gegenüber anderen Zweigen, abgesehen von der Herkunft. Er muss zwar viel lernen, ist aber weder größer noch geringer als die anderen Zweige.

Was ist mit dem ungläubigen jüdischen Zweig? Ich meine, das kann man wie folgt sehen: Trifft ein Kind in einer Familie den Entschluss, nicht mit dem Vater zu gehen, wenn dieser in eine andere Stadt ziehen will, sondern zu bleiben, wo es ist, dann hat es sich auf eigenen Wunsch von seiner Familie getrennt. Sofern der Vater zuvor klargestellt hat, es sei sein Wille, dass alle Kinder mitziehen, und dies sei auch Vorbedingung dafür, eine gute Beziehung zu ihm aufrechtzuerhalten, hat das aufbegehrende Kind einen Weg der Rebellion eingeschlagen. Unterm Strich können wir also sagen, dass nichtglaubende Juden sich zu schwarzen Schafen der Familie gemacht haben. Aber ein schwarzes Schaf zu sein bedeutet für einen solchen Juden nicht, dass er nicht mehr zur Familie gehört. Er bleibt nur leider so lange für die Familie verloren, bis er sich entschließt zurückzukehren. Er trägt immer noch denselben Familiennamen, weswegen ungläubige Juden nach wie vor mit vollem Recht Israeliten heißen und unverändert Anteil an den ihnen im Tanach gegebenen geschichtlichen Verheißungen haben.

Jeschuas Gleichnis vom verlorenen Sohn macht deutlich, dass der Vater immer noch Sehnsucht nach seinen schwarzen Schafen hat. Beständig hält er nach dem Sohn Ausschau und kann kaum den Tag erwarten, an dem dieser genug davon haben wird, auf eigene Faust zu leben, und in den Schoß der Familie zurückkehrt. Wenn es so weit ist, wird der Vater ihn mit offenen Armen aufnehmen und wiederherstellen, indem er ihn aufs Neue in Autorität einsetzt und ihm seinen Platz in der Familie uneingeschränkt wieder einräumt. Ja, er wird so freudentrunken sein, dass Paulus sagt, das Überfließen der Freude des Vaters werde sich zu einem großen Segen für die ganze Welt auswachsen:

Denn wenn ihre [der Juden] Verwerfung die Versöhnung der Welt ist, was wird ihre Annahme anders sein als Leben aus den Toten? (Röm 11,15).

Zwischenzeitlich hat der Vater einige ehemals verwahrloste Straßenkinder adoptiert. Und mehr als das: Er hat sie mit dem Blut des Messias erkauft und zu echten Kindern der Familie gemacht; sie sind nicht nur „Zugaben". Auch diese Kinder tragen den Familiennamen Israel; da aber ihre Beziehung zum Vater von Unterordnung, Gehorsam und Liebe geprägt ist, tragen sie mehr als nur einen Familiennamen – sie tragen in sich das Herz eines wahren Kindes. Deswegen kann Paulus von dem gläubigen Nichtjuden sagen, er sei ein „wahrer Israelit" – sowohl als Teil der Familie als auch in seiner Herzensunterordnung unter den Vater.

Welchem Stamm gehören Sie an?

Hesekiel erwähnt eine noch ausstehende Zeit, in der den Stämmen Israels aufs Neue ihr Land zum Erbteil zugeteilt werden wird. Dort heißt es:

> Und es soll geschehen: Ihr sollt es als Erbteil verlosen unter euch und den Fremden, die sich in eurer Mitte aufhalten, die in eurer Mitte Söhne gezeugt haben. Und sie sollen euch gelten wie Einheimische unter den Söhnen Israel. Mit euch sollen sie es als Erbteil durch das Los erhalten mitten unter den Stämmen Israels. Und es soll geschehen, in dem Stamm, bei dem der Fremde sich aufhält, dort sollt ihr ihm sein Erbteil geben, spricht der Herr, HERR (Hes 47,22-23).

Worum geht es hier? Nicht darum, dass jeder nichtjüdische Gläubige von irgendwoher auf der Welt nach Israel reisen wird, um dort sein Erbteil zu erhalten. Das nicht, aber wenigstens die, die bereits im verheißenen Land leben, werden so unglaublich integriert sein, dass sie sogar eine israelitische Stammesidentität erhalten werden, sodass es zwischen ihnen und geborenen Israeliten keinen Unterschied mehr gibt. Das dürfte dann die palästinensische Frage endgültig erledigen! Dem Namen und dem Herzen nach werden diese Menschen Israeliten sein, die zum Frieden Israels beitragen; denn diejenigen, die dann noch am Leben sind, werden Liebhaber Jeschuas sein.

Was ich hier aufzeigen möchte, ist, dass Israel aus mehr als einem Stamm besteht. Nachdem die Assyrer 722 v. Chr. die Nordstämme ins Exil geschickt und zerstreut hatten, blieb nur ein einziger Stamm übrig, der Stamm Juda. Zwar gab es in Juda integrierte Mitglieder der Stämme Levi und Simeon, ebenso wie Tausende von Israeliten aus dem Nordreich, die vor den Assyrern geflohen waren und nunmehr auch in Juda integriert wurden, sodass es noch heute einige Israeliten gibt, die ihre Herkunft auf einen anderen Stamm als den judäischen zurückführen können, der Tatsache zum Trotz, dass zum Beweis dieser Behauptung keine Stammbäume erhalten sind, die über 70 n. Chr. hinausreichen. Die meisten heutigen Juden aber sind Abkömmlinge Judas.

Mir erscheint es naheliegend, zu sagen, der Platz des gläubigen Nichtjuden innerhalb des Volkes Israel, in das er eingepfropft wird, ist nicht der Stamm Juda. Nichtjuden sollte klar sein, dass Gott sie nicht zu Juden gemacht hat. Sie sind Brüder innerhalb der israelitischen Familie, genau wie Juda und Josef Brüder waren, aber sie sind nicht dazu bestimmt, zum selben Stamm zu gehören. Vielleicht kann man noch ein anderes Beispiel heranziehen, um diesen Sachverhalt zu verdeutlichen: Jüdische und nichtjüdische Gläubige sind im Herrn unzertrennlich zusammengeschmiedet. Sie sind verschieden, aber doch ein Leib, ganz ähnlich wie Mann und Frau ein Leib sind und doch deutlich verschiedene Gaben, Persönlichkeiten und Instinkte haben. Wir ergänzen einander!

Leider sind viele, die zu verstehen begonnen haben, dass sowohl nichtjüdische als auch jüdische Gläubige fest mit ihren hebräischen Wurzeln verbunden sein müssen, einer gefährlichen Annahme anheimgefallen, indem sie nämlich meinen, wenn es sich so verhalte, dass nichtjüdische Gläubige Teil Israels sind, folge daraus automatisch, dass es den Nichtjuden *auferlegt* ist, zur Einhaltung der Thora zurückzukehren. Folglich können wir überall auf der Welt nichtjüdische Gläubige beobachten, die in ein gefährliches Gefälle geraten sind. Es gibt einen direkt aus der Hölle kommenden religiösen Geist, der es darauf anlegt, den Unachtsamen in die Falle zu locken. Diejenigen, deren Liebe zu „allem Jüdischen" ihre Liebe zu Jeschua übersteigt, lassen sich in tote Religiosität hineinlocken, in der einige bereits ihren Glauben eingebüßt und den Herrn verleugnet haben.

Ich hoffe zuversichtlich, durch dieses Buch gezeigt zu haben, dass es weder nichtjüdischen noch jüdischen Gläubigen *auferlegt* ist, nach der Thora zu leben. Indem er uns auf eine neue Ebene unmittelbarer Gemeinschaft mit dem Vater emporhebt, lädt uns der Neue Bund vielmehr ein, der unmittelbaren Führung des Heiligen Geistes in uns zu folgen und in täglicher Interaktion mit ihm zu leben. Es steht uns frei, viele Vorschriften der Thora in unserem Leben einzuhalten, sofern der Heilige Geist uns so führt; das gilt vor allem für so hilfreiche Dinge wie die sieben gottgegebenen Feste. Schauen wir jedoch auf die Rabbinen zurück, dass sie uns sagen, wie wir das im 21. Jahrhundert ausleben können, kann es uns passieren, dass wir an der Schönheit und Kreativität vorbeigehen, in der man diese Dinge heutzutage in der Freiheit des Heiligen Geistes feiern kann! Ich glaube, er möchte uns einen Reichtum dieser hebräischen Wurzeln zeigen, wie ihn uns keine Tradition jemals vermitteln kann, wie sehr sie auch durch Talmud und Überlieferung „geheiligt" sein mag. Aus Traditionen können wir lernen, aber wir stehen nicht unter ihrem Diktat.

Keine Fremden mehr für Israel!

Epheser 2,11-22 gehört zu den Texten, die am deutlichsten die Einheit von Juden und Nichtjuden als Teil von Gottes Auffassung von Israel aufzeigen. Dieser Text ist so deutlich, dass ich kaum begreife, wieso wir so lange gebraucht haben, bis uns diese Wahrheiten aufgingen; es sei denn, wir hätten die klare Aussage dieses Textes tatsächlich „wegvergeistlicht" – oder unsere jeweiligen Vorurteile hätten uns den Blick dafür verstellt, wirklich wahrzunehmen, was dasteht:

> Deshalb denkt daran, dass ihr, einst aus den Nationen dem Fleisch nach – „Unbeschnittene" genannt von der sogenannten „Beschneidung", die im Fleisch mit Händen geschieht – zu jener Zeit ohne Christus wart, ausgeschlossen vom Bürgerrecht Israels und Fremdlinge hinsichtlich der Bündnisse der Verheißung; und ihr hattet keine Hoffnung und wart ohne Gott in der Welt (V. 11-12).

Auch wenn Paulus über das spricht, was die Nichtjuden vor ihrer Bekehrung nicht hatten, wird die Aussage viel stärker, wenn wir die Dinge gerade einmal herumdrehen: „Jetzt habt ihr den Messias! Ihr Gläubigen aus den Nichtjuden seid ins Volksleben Israels eingeschlossen. Ihr habt Anteil an den Bündnissen der Verheißung. Jetzt habt ihr Hoffnung, ja Gott selbst!" Wenn es so ist, dass die Gläubigen aus den Nichtjuden nunmehr das Bürgerrecht Israels haben, wie können wir dann sagen, sie seien etwas anderes als die Juden – nur das „geistliche Israel" und ohne Anteil an den Verheißungen, die Israel als Volk gegeben sind? Jenen Verheißungen, die das Versprechen beinhalten, eines Tages die Erde zu ererben und von Jerusalem aus gemeinsam mit dem Messias zu regieren. Das blenden wir aus und sagen heute stattdessen, die nichtjüdischen Gläubigen würden nur die „geistlichen" Verheißungen des ewigen Lebens und Heils ererben.

In den Versen 19 und 22 des genannten Kapitels bekräftigt Paulus diese Integration glaubender Nichtjuden ins Volk Israel:

> *So seid ihr nun nicht mehr Fremde und Nichtbürger, sondern ihr seid Mitbürger der Heiligen und Gottes Hausgenossen … und in ihm werdet auch ihr mitaufgebaut zu einer Behausung Gottes im Geist.*

Die Nichtjuden sind eingefügt in den Kreis des Volkes Gottes und haben dasselbe Bürgerrecht erhalten wie die Heiligen, mit welcher Bezeichnung zur Zeit des Paulus Israel gemeint war.

Was heißt es für einen nichtjüdischen Gläubigen heute praktisch, Mitbürger zu sein? Es bedeutet, von Gott ohne Wenn und Aber zu seinem Volk gerechnet zu werden, ohne jeden Anflug einer anderen Identität und Zukunftsperspektive. Es bedeutet, dass nichtjüdische Gläubige vollen Anteil an den Verheißungen haben – ebenso wie an den Fluchwarnungen, die Ungehorsam nach sich zieht –, wie sie von allen Propheten ausgesprochen wurden. Es bedeutet, die Helden der Geschichte Israels sind auch ihre Helden und Glaubensväter. Es macht Israels Geschichte zu ihrer Geschichte. Es macht nichtglaubende Juden zu unseren entfremdeten Brüdern, die unsere Liebe und Ermutigung brauchen, damit sie zum Glauben zurückfinden.

Der eine neue Mensch

Wenn wir das Verhältnis zwischen glaubenden Juden und nichtjüdischen Gläubigen richtig verstehen, erkennen wir, dass die Unterschiede abgetan sind und der Herr das geschaffen hat, was er als den einen neuen Menschen aus den vormals zweien bezeichnet. Tatsächlich haben wir etwas Brandneues: ein Volk Gottes, in dem es nicht mehr „die Juden von früher" und „die Nichtjuden, wie sie immer waren" gibt. Jetzt haben wir ein neues Volk, eine Vereinigung von Juden und Nichtjuden zu einem neuen Leib.

Messianische Juden müssen sich klarmachen, dass Jüdischsein nicht unbedingt das ist, auf was Gott aus ist, zumindest nicht das, was Judaismus und jüdische Kultur geworden sind. Ihm geht es um eine tiefe, direkte Beziehung zu ihm, wobei am Jüdischsein als kultureller Lebensform nichts verkehrt ist. Die Thora war gut und notwendig, aber, um es mit den Worten eines messianisch-jüdischen deutschen Freundes von mir zu sagen: Die Thora war auch darauf angelegt, eine Trennung zwischen den Juden und allen anderen zu bewirken. Deshalb sagt Paulus:

> *Jetzt aber, in Christus Jesus, seid ihr, die ihr einst fern wart, durch das Blut des Christus nahe geworden.* **Denn er ist unser Friede** *[unser „schalom", unsere Ganzheit]. Er hat aus beiden eins gemacht und die Zwischenwand der Umzäunung, die Feindschaft,* **in seinem Fleisch abgebrochen.** *Er hat das Gesetz der Gebote in Satzungen beseitigt, um die zwei – Frieden stiftend –* **in sich selbst** *zu einem neuen Menschen zu schaffen und die beiden in einem Leib mit Gott zu versöhnen durch das Kreuz, durch das er die Feindschaft getötet hat* (Eph 2,13-16).

Die Trennung, die die Thora gebot, muss niedergerissen werden. Ein Teil der Beschützerfunktion der Thora bestand darin, Israel von der Assimilation in die Welt und von Versündigung abzuhalten, indem sie sowohl Interaktion und Mischehen beschränkte als auch dem Volk tägliche Erinnerungen daran bescherte, dass es dem Herrn und nicht sich selbst gehörte. Jetzt aber, in der Ära des Neuen Bundes, muss das Trennende beiseite geschafft werden. Und erkennen Sie, wie Paulus sagt, dass Jeschua das in uns tun werde? In seinem eigenen Fleisch reißt er die Bollwerke nieder, indem er das Gesetz der Gebote abschafft. Mit den Worten David Sterns in „Das jüdische Neue Testament": „... indem er in seinem eigenen Leib die Feindschaft zerstörte, die durch die Thora mit ihren Geboten in der Form von Ritualen hervorgerufen wurde."

Was der Herr für uns getan hat, ist, dass er die beiden vormaligen Völker nahm und in sich selbst vereinte. Jetzt, sagt er, seid ihr beide mein; ihr seid nicht nur mein Volk, sondern ich habe euch zu meinem eigenen Leib in dieser Welt gemacht. Indem ihr in mich hineinkommt und in mir ein Leib werdet, seid ihr jetzt miteinander verbunden. Was zu dem alten Mittlersystem gehörte, ist nicht länger in Kraft, denn der Vorhang im Tempel ist zerrissen, sodass alle direkten Zugang zum Vater genießen. Die Gebote und Satzungen haben nicht länger ihre alte direkte Autorität, denn jetzt seid ihr dem Heiligen Geist unterworfen, der als Lehrer in euch lebt. – So reißt er die Bollwerke nieder und schafft das strenge Reglement der Satzungen ab, das zertrennte. Er hat die beiden vereint, hat eine neue „Person" vor seinem Angesicht geschaffen, die weder jüdisch noch nichtjüdisch ist, sondern sein

Leib in dieser Welt. Und daran erkennen wir auch, warum dieser neue Mensch beide vereint: Er besteht nicht nur aus gläubigen Juden und gläubigen Nichtjuden, sondern in Christus und mit Christus zusammen sind sie eine dreifache Schnur, eine neue Person, eine neue Schöpfung.

Gottes Herz brennt für sein Volk Israel

Wie wir von Anfang an sahen, steht Gott leidenschaftlich zu dem Volk, das er geschaffen hat. Er sehnt sich danach, dass wir ihn lieben, und wir finden unsere Erfüllung in unserer Beziehung mit ihm, ebenso wie unsere liebesgesättigte Beziehung zu ihm Erfüllung seiner Pläne und Träume ist. Dieser eine neue Mensch ist es, wonach Gott von Anfang an Ausschau gehalten hat. Er besteht aus Personen aus jedem Volk der Erde, die sich mit ihm eins gemacht haben. Sie gleichen im Grunde nicht einem vielgestaltigen Buffet aus all den verschiedenen Arten von Menschen, die sich entschieden haben, Jeschua nachzufolgen, sondern eher einer bunten Farbpalette von Menschen, die er sich aus jedem Gebiet und jeder Kultur der Erde herausgeholt und in sein Prototyp-Volk Israel eingefügt hat – so wie ein einziges Gourmet-Gericht, das einmalig mundet, weil es aus unendlich vielen unterschiedlichen Geschmacksrichtungen zu einem herrlichen, köstlichen Gaumenschmaus komponiert wurde.

Ich sehe Israel als einen einzigen Ölbaum, dessen Wurzeln bis auf Abraham, Isaak und Jakob zurückgehen und sich durch Mose, durch die grundlegenden Erfahrungen der Wüstenzeit und durch die Eroberung des verheißenen Landes unter Josua zu einem kräftigen Stamm vereinten. Der Stamm wuchs im Lauf der Zeit dank vielerlei Erfahrungen zu einem vielfältigen Volk heran. Der Herr liebt Vielfalt und schätzt differenzierte Nuancen und Geschmacksrichtungen, deshalb hat der Baum etliche unterschiedlich aussehende Zweige. Schließlich gab es von allem Anfang an zwölf Stämme. Dennoch bilden sie einen einzigen Baum, solange sie mit der Wurzel verbunden bleiben und Gottes Lebenssaft in sie hineinfließen kann.

Leider gab es zuzeiten Jeschuas viele Zweige wie den pharisäischen, den sadduzäischen und den essenischen, die gewissermaßen nur noch durch einen seidenen Faden mit dem Baum verbunden waren. Sie hatten ihre Gotteserfahrung in solchem Ausmaß institutionalisiert, dass sie den Herrn gar nicht mehr wirklich brauchten, und nur wenige von ihnen hatten überhaupt eine Beziehung zu ihm. Nur wenige dieser Männer *kannten* den Herrn, wie Mose, David und Elia ihn gekannt hatten. Als Jeschua auf der Bildfläche erschien, gekreuzigt wurde und wieder auferstand, wuchs der Baum zwar weiter, aber die Ausrufung des Neuen Bundes war ein entscheidender Moment. Viele derjenigen, die kaum Zugang zum wahren Lebenssaft des echten Baumes Israel hatten, nahmen Anstoß. Weil ihr Festhalten an den Dingen, auf die es Gott wirklich ankommt, so schwach und dürftig war, ließen sie los, statt fester zuzupacken, und lagen dann verkümmernd auf dem Boden, freilich unentwegt behauptend, sie seien die wahren weiteren Auswüchse des Baumes.

Der Baum wuchs weiter; unter seinen Zweigen waren solche, die von alters her an ihm gehangen hatten, und noch viel mehr aus allen Nationen, die nunmehr eingepfropft waren, um fest mit dem Baum zu verwachsen. Auch wenn der Baum sich verändert hatte, war es immer noch derselbe Baum namens Israel.

Jeschua hat eine einzige Braut!

Es gibt ein einziges Volk Gottes. An keiner Stelle schildert die Heilige Schrift den Beginn eines neuen Gebildes namens Gemeinde. So bezeichneten die Apostel diejenigen, die aus der Welt „herausgerufen" waren, um Gottes Volk zu sein. Sie wurden herausgerufen, um zu dem Volk zu gehören, das für seinen Gott abgesondert war. Was der Herr für seine „Herausgerufenen" möchte, ist, dass sie seine Geliebten sind, ein Volk, das zum einen lernt, ihn zu lieben, und zum anderen, die empfangene Liebe sowohl untereinander als auch einer sterbenden Welt weiterzugeben. Niemals lag es in seinem Plan, eine neue religiöse Institution aufzubauen. Diese war die Ersatzeinrichtung des Teufels, die er Menschen darbot, die mehr daran interessiert sind, ihre eigenen Egos zu pflegen – bzw. alles daransetzen, die Illusion eigener Herrschaft aufrechtzuerhalten –, als demütig in der Gemeinschaft mit anderen zu wachsen, die ebenfalls auf dem Weg der liebevollen Nachfolge des Herrn unterwegs sind.

Der Pfingsttag wird häufig als Geburtstag der Kirche benannt. Doch sogar dieser Tag war ein israelitischer Feiertag, an dem die Gabe der Thora am Berg Sinai begangen wurde und der seine Erfüllung eben darin fand, dass von nun an nicht mehr der Buchstabe der Thora maßgebend sein sollte, sondern die Thora im Herzen durch den Heiligen Geist. Deshalb kam der Geist an diesem Tag und nicht an einem anderen. Ein bestimmter Pfingsttagsbrauch trägt ein interessantes Bild in sich. 3. Mose 23 enthält das Gebot, Israel solle dem Herrn zwei Laibe gesäuerten Brots als Schwingopfer darbringen. Ein gesäuertes, hefehaltiges Opfer war ungewöhnlich, denn der Sauerteig wird oft als Metapher für die Sünde gebraucht. Und doch spricht der Text von zwei Seite an Seite dargebrachten Laiben, was auf ein getrenntes Volk verweist, das immer noch das Israel Gottes ist: Juden und Nichtjuden, beide von sündhaftem Wesen und doch ein vom Herrn angenommenes Opfer. Der Pfingsttag war ein Tag des Neubeginns und doch auch eine Fortführung des Vorherigen.

Es gibt ein einziges Volk Gottes. Alle zusammen ergeben die Menschen dieses Volkes eine wunderschöne Frau, nach der sich Jeschuas Herz sehnt: seine Braut. Mit ihr hat er sich am Berg Sinai verlobt, und er gab ihr den Namen Israel. Er empfindet Leidenschaft für sie, sie ist sein Augapfel. Über Tausende von Jahren hat er seine Liebe zu ihr am Leben gehalten und wertgeschätzt. Immer noch liebt er diejenigen hingebungsvoll, die ihr einst angehörten, die natürlichen Kinder, die die von ihm herbeigeführten Veränderungen missverstanden und sich abwandten. Auch wenn sie im Moment verloren sind, wird er sie eines Tages wieder zu sich ziehen, weshalb er nach wie vor eifersüchtig über sie wacht und an allen Rache nimmt, die es wagen, sie zu bedrohen.

Er ist im Begriff, um seiner Braut willen wiederzukommen, und wird sie als seine Ehefrau zu sich nehmen, um für alle Zeit mit ihr zusammenzuleben. Und wenn er kommt, dann um genau einer Braut, genau einer Frau willen. Er kommt nicht für zwei Bräute. Er kommt für Israel.

Kontakt zum Autor:
E-Mail: info@thewaterhole.eu

Weitere Produkte von GloryWorld-Medien
„Kirche nach dem Herzen Gottes"

Neil Cole, Organische Gemeinde
Wenn sich das Reich Gottes ganz natürlich ausbreitet
288 Seiten, gebunden

Wie wäre es, wenn Gemeinden auf organische Weise entstünden, wie kleine geistliche Familien, aus dem Boden der Verlorenheit geboren, weil hier der Same Gottes ausgesät wurde? Genau dies erlebte Neil Cole, nachdem er anfing umzusetzen, was Jesus selbst zum Thema Gemeinde lehrte.

Innerhalb von sechs Jahren entstanden 800 Gemeinden in 32 Ländern. In diesem Buch fasst er seine Erkenntnisse zusammen: Welche Sicht hatte Jesus selbst von der Gemeinde? Die organische Natur des Reiches Gottes / Der genetische Aufbau des Leibes Christi / Jesu Strategie, sein Reich auszubreiten / Unsere hohe Berufung, an Gottes Plan mitzuwirken.

Mike & Sue Dowgiewicz
Zeiten der Wiederherstellung
Fundamente für ein authentisches Christsein
320 Seiten, gebunden

Wie können wir die Vertrautheit und Vollmacht der ersten Christen zurückgewinnen? Dieses Buch lädt zu einer Entdeckungsreise ein. Sie lernen die Charakteristiken des urgemeindlichen, noch hebräisch geprägten Lebensstils kennen, aber auch die Fehlentwicklungen der frühen Kirche. Im Wesentlichen bietet es aber eine Orientierung auf dem Weg zu geistlicher Erneuerung.

Marco Gmür (Hrsg.)
Väter und Mütter, die die Welt prägen
Reihe: Ein apostolisches Volk steht auf (Band 1); 208 S., Pb.

Wie kann Gemeinde zu einem Ort werden, an dem Menschen die Liebe des Vaters wirklich erleben und ganzheitlich heil sowie in ihre Berufung freigesetzt werden?

Vaterlosigkeit ist heute nicht nur ein Thema in der Gesellschaft, sondern (leider) oft auch in den Gemeinden. Gott, der Vater aller Vaterschaft, sucht geistliche Väter und Mütter, die bereit sind, sich an Einzelne hinzugeben, bis diese selbst fähig sind, geistliche Familien zu gründen.

In der Folge entstehen apostolische Großfamilien, in denen sich das Vaterherz Gottes fortpflanzen kann.

Frank Viola, Ur-Schrei

Gottes Herzensanliegen seit ewigen Zeiten, 300 S., Pb.

Tief im Wort Gottes verborgen finden wir eine einmalige, wundersame Geschichte. Ein Drama, das schon vor Grundlegung der Welt begann, eine epische Erzählung, die mitten aus dem Herzen Gottes kommt und nichts weniger als den Sinn des Lebens und Gottes große Mission auf der Erde offenbart.

Das Buch stellt anhand von drei miteinander verwobenen Erzählsträngen die wesentlichen Ziele vor, die Gott mit der Menschheit von der Schöpfung bis zur Offenbarung verfolgt. Wir erhalten ein Gesamtbild von Gottes eigentlichem und tiefstem Herzensanliegen. Diese Entdeckung wird für immer unsere Sicht auf unser Leben, die Gemeinde und unseren herrlichen Gott verändern.

Wayne Jacobsen / Dave Coleman
Der Schrei der Wildgänse

Aufbrechen zu einem freien Leben in Christus jenseits von Religion und Tradition; 220 Seiten, Paperback

Wie können wir heute als Einzelne und in Gemeinschaft in der Freiheit leben, zu der uns Christus befreit hat? Wie können wir religiöse Zwänge entlarven, die uns diese Freiheit immer wieder rauben wollen?

Die Autoren beantworten diese Fragen mitten aus dem Leben. Sie zeigen auf, wie wir heute ganz praktisch mit Jesus leben und eine Freude und eine Freiheit erleben können, von der wir bisher bestenfalls träumen konnten.

Felicity Dale, Armee der Liebe

Wie Jesus heute mit einfachen Leuten seine Gemeinde baut; 260 Seiten, Paperback

Im ersten Jahrhundert waren es einfache Leute, die Jesus gebrauchte, um seine Gemeinde zu bauen. Die Begegnung mit ihm hatte sie verwandelt, und nun ließen sie sich senden, die Werke Jesu zu tun und die damalige Welt auf den Kopf zu stellen.

Auch heute beauftragt Jesus weltweit wieder ganz normale Menschen, einfache Gemeinden zu gründen. Dieses Buch erzählt die wahren Geschichten etlicher solcher Leute und leitet daraus Grundprinzipien ab, die für die Gründung und Praxis einfacher Gemeinden von Bedeutung sind.

Bestellen Sie in Ihrer Buchhandlung oder direkt beim Verlag:

GloryWorld-Medien | Postfach 4170 | D-76625 Bruchsal
Fon 07257-903396 | Fax 07257-903398 | info@gloryworld.de

Aktuelles, Leseproben, Downloads & Shop: **www.gloryworld.de**